Für die
Vorratskammer

Ingrid Pernkopf · Willi Haider

Für die
Vorratskammer

Die 450 besten Rezepte
vom Einlegen bis zum Räuchern

Fotografiert von
Kurt-Michael Westermann

Weltbild

Dank

Die Autoren danken allen Freunden, Bekannten, Geschäftspartnern sowie dem Verlag für die ausgezeichnete Kooperation und Unterstützung.

Ingrid Pernkopf widmet dieses Buch ihrer Familie. Besonders danken möchte sie …

… meinem Gatten Franz, meiner Mutter, meinem Sohn Michael, meiner Tochter Claudia sowie meinem Schwiegersohn Michael für die Zeit, die ich diesem Buch widmen konnte.
… meinen lieben Enkelkindern Katharina, Maximilian, Konstantin und Sebastian, die mir sowohl beim Kochen, aber auch beim Ernten schon sehr hilfreich zur Seite stehen.
… der gesamten Brigade des Gasthofs Grünberg in Gmunden.
… allen Freunden, Gästen, Wirtekollegen, Lieferanten und Bauern.
… Berufsschuloberlehrer Peter Fischer mit Gattin Gerlinde, die immer mit Rat und Tat zur Seite stehen.
… meiner Freundin Irmi Cuchnal.
… Willi Haider, der gemeinsam mit mir dieses Buch geschrieben hat.
… der Firma Obst und Gemüse Lackner aus Eferding (lackner-gemuesehandel@aon.at) für die Erstellung des Jahreszeitenkalenders
… Kurt-Michael Westermann für die brillanten Fotos.
… Jürgen Ehrmann für das Lektorat.
… allen für ihre Freundschaft und gute Zusammenarbeit.
… der Gmundner Keramik Manufaktur für das Bereitstellen des Geschirrs.

Willi Haider möchte sich ganz herzlich bei Josef Kurzmann, Werner Scherr und Gerhard Paulitsch für die Tipps zum Wursten und Räuchern bedanken.

Die vorliegenden Rezepte sind sorgfältig erarbeitet und ausprobiert worden. Für die Richtigkeit der Angaben sowie ein perfektes Gelingen können allerdings weder die Autoren noch der Verlag eine Garantie bzw. Haftung übernehmen.

Genehmigte Sonderausgabe für
Verlagsgruppe Weltbild GmbH,
Steinerne Furt, 86167 Augsburg
Copyright der Originalausgabe
© 2010 by Pichler Verlag in der
Verlagsgruppe Styria GmbH & Co KG
ISBN: 978-3-85431-545-2
Wien – Graz – Klagenfurt
Alle Rechte vorbehalten

Fotonachweis:
Klemens Fellner: S. 2, 319
Ingrid Pernkopf: S. 24, 60, 65, 100, 110, 120, 167
Alle übrigen Fotos sind Originalaufnahmen von
Kurt-Michael Westermann

Lektorat: Jürgen Ehrmann
Umschlaggestaltung: Büro 18, Friedberg (Bay.)
Umschlagmotiv: © Ellen Silverman | StockFood GmbH
Druck und Bindung: Druckerei Theiss GmbH,
St. Stefan im Lavanttal
978-3-8289-2747-6

2014   2013   2012
Die letzte Jahreszahl gibt die aktuelle Lizenzausgabe an.

Einkaufen im Internet:
www.weltbild.de

Inhalt

6	Vorwort
7	**Genießen auf Vorrat**
	von Christoph Wagner
9	**Das Einmaleins der Vorratsküche**
10	Einkochen von A bis Z
14	Der richtige Gebrauch von Einkochgeschirr und -utensilien
18	Lagerung und Haltbarkeit von Lebensmitteln
20	**Marmeladen, Gelees und Aufstriche**
25	Marmeladen
62	Gelees und Aufstriche
73	**Pikante Marmeladen, Chutneys und Relishes**
76	Pikante Marmeladen
82	Chutneys
90	Relishes
93	**Säfte, Sirupe und Hochprozentiges**
94	Säfte und Sirupe
104	Liköre
115	In Alkohol Eingelegtes
121	Punsche
122	**Kompotte, Muse und Röster**
125	Kompotte
135	Muse
140	Röster
144	**Aromatische Öle und Essige**
145	Aromatische Öle
155	Aromatische Essige
168	**Pikantes und Süß-Saures**
202	**Würz-, Salatsoßen und Pasten**
224	**Aromatische Salze, Zuckermischungen und in Honig Eingelegtes**
225	Aromatische Salze
231	Zuckermischungen
234	In Honig Eingelegtes
239	**Backen im Einmachglas, Brote und süße Festtagsgebäcke**
240	Backen im Einmachglas
245	Brote
251	Süße Festtagsgebäcke
258	**Herzhaftes zur Jause**
259	Butter
267	Schmalz
270	Würste, Schinken und Sulzen
292	**Trocknen und Dörren**
301	**Tipps zum Tiefkühlen**
306	**Österreichisch-Deutsches Küchenlatein**
307	**Gewichte, Volumen, Abkürzungen**
308	**Kulinarischer Jahreszeitenkalender**
310	**Rezeptregister**
317	**Lieferanten und Partner**

Vorwort

„Vorratskammer" – ein Begriff, der viel umschreibt, der noch mehr beinhaltet und auch Kindheitserinnerungen wach werden lässt. Seit sich der Mensch mit dem Thema Nahrung auseinandersetzt – und das tut er im Grunde schon immer –, musste er auch ständig für die zum Überleben notwendigen Vorräte sorgen. Sei es durch die Haltung von Nutztieren, durch das Trocknen von Getreiden oder Kräutern, das Dörren von Obst oder Pilzen oder das Einlegen bzw. Einkochen von pikanten oder süßen kulinarischen Köstlichkeiten. Man war immer bestrebt, Produkte, die gerade verfügbar waren, für einen späteren Zeitraum in irgendeiner Form zu konservieren.

Vielleicht erinnern Sie sich noch daran, wie im Spätsommer emsig damit begonnen wurde, die Vorräte für den bevorstehenden Winter anzulegen. Da wurden Karotten, Sellerie, Kren und Erdäpfel im Keller in den feuchten Sand eingelegt. Äpfel und Birnen wurden sorgfältig in Holzregale gelegt oder zu Kompott, Saft oder Marmeladen verarbeitet und sogar die Eier der Hühner wurden mit der Spitze nach unten behutsam in Gläser gelegt, bevor sie mit einer Kalklösung übergossen wurden. Im Garten gab es eine Grube, in der Kohl, Kraut und Endiviensalat gelagert wurden und die Kohlsprossen standen noch bei Schnee im Garten, bis wir sie geerntet hatten oder sich die Feldhasen an dem köstlichen Mahl erfreuten. Und die alljährliche Hausschlachtung ist vielen wohl auch noch in guter Erinnerung.

Mit diesen Gedanken möchten wir bei Ihnen, den Leserinnen und Lesern dieses Buches, ein wenig das Verlangen nach einer persönlich bestückten Vorratskammer sowie Ihren Gusto auf Selbstgemachtes wecken. Denn nur, wenn man Speisen selbst zubereitet, weiß man auch ganz sicher, was drinnen ist. Und obendrein schmeckt's dann auch gleich nochmal so gut.

In dem vorliegenden Buch finden Sie zahlreiche Rezepte, die Sie animieren sollen, diese selbst auszuprobieren. Mit vielfältigen Variationsmöglichkeiten möchten wir Sie zu eigenen Kreationen anregen. Also, nur zu; die verschiedenen Tipps und Tricks sowohl am Beginn eines Kapitels sowie bei den einzelnen Rezepten helfen Ihnen sicher dabei.

In diesem Sinne wünschen wir viel Spaß beim Gustieren und vor allem gutes Gelingen!

Ingrid Pernkopf und Willi Haider

Genießen auf Vorrat
von Christoph Wagner

Für die meisten von uns sind Einlegegeschichten Kindheitserfahrungen. Denn wer hatte sie nicht, die Oma, die Tante oder – seltener – die Frau Mama, die ganze Kellerregale voll mit herrlichsten Kompotten und Marmeladen füllte? Wer stieg nicht öfters in einen finsteren Keller hinab, in dem es nicht nur nach für die Überwinterung gestapelten Erdäpfeln, sondern auch nach getrockneten Marillen, Dörrzwetschken und Pilzen roch?
Obst, Beeren, Gemüse, Schwammerln, Spargel, Quitten und all die anderen Köstlichkeiten aus dem Nutzgarten (ja, den gab es damals auch noch überall) lagerfähig und winterfertig zu machen, war weiß Gott kein Honiglecken, sondern erforderte harte, oft tagelange Arbeit, und selbst Kinder, die ansonsten in der Küche gern gesehen waren, standen spätestens dann im Weg, wenn sie ständig mit gierigen Fingern an süßen Säften und Konzentraten naschen wollten, an denen sie sich nicht nur verbrennen konnten, sondern die nun einmal nicht zum Naschen, sondern für die Vorratshaltung da waren.
Vorratshaltung, das war in jener Zeit, als es weder Wickie, Slime noch Paiper und schon gar keine Tiefkühltruhen und Mikrowellenherde gab, geradezu eine Überlebensfrage. Gewiss konnte man in Feinkostgeschäften auch damals schon Marmeladen und auch allerlei Eingerextes, Eingewecktes oder sonstwie haltbar Gemachtes erwerben. Fragte sich nur, zu welchem Preis, und in welcher Qualität. Außerdem gab sich die Natur, wenn man einen Nutzgarten erst einmal angelegt hatte, meist recht freizügig, und irgendwo mussten die Körbe voller Früchte, Beeren, Wurzeln und Gemüsen ja wohl hin.
Mittlerweile sind aus den Nutzgärten wohlbesprinkelte Rasenanlagen mit schönen Rosengärten, Magnolienbäumen, Swimmingpools oder vielleicht sogar einem kleinen Biotop geworden. Im Laufe der Zeit – und das stellte nicht nur so manche Großmama fest – war allerdings aus dem, was früher eher nach Armut und Kleinhäuslertum aussah, ohne dass man es so recht merkte, ein veritabler Luxus geworden.
Wer heute Früchte und Gemüse einkauft, um daraus köstliche Marmeladen oder essigsaure „Einlegearbeiten" zu fabrizieren, der muss nicht nur etwas Kleingeld für die leider nicht immer billigen Rohstoffe zur Verfügung haben, sondern sich auch das „Luxusprodukt Zeit" leisten können. Denn selbst wenn sich in küchentechnischer Hinsicht seit den 50er- und 60er-Jahren allerlei zum Besseren gewendet hat, so ist die Arbeit, die mit dem schmackhaften Füllen von Einsiedegläsern samt ihren luftdichten Verschlüssen nun einmal verbunden ist, keineswegs weniger geworden.
Eines gilt jedoch auch: Je mehr Tricks man kennt, desto leichter und schneller kommt man mit der Arbeit ans Ziel. Wohl jener oder jenem also, der heute noch eine Großmutter hat, die sich geduldig hinstellt, um dem Nachwuchs ein Know-how aus Zeiten zu vermitteln, als noch niemand wusste, was Know-how bedeutet. Für all jene jedoch, denen die Chance der mündlichen Überlieferung alter Rezepte nicht gegeben ist, wurde das vor Ihnen liegende Vorratskochbuch geschrieben. Die beiden Autoren, Ingrid Pernkopf und Willi Haider, kennen die alten Rezepturen nicht nur in- und auswendig, sondern sie leben die Vorratsphilosophie auch in ihrem eigenen Küchenalltag.
Alle Rezepte sind für den Hausgebrauch adaptiert und erschließen eine Fülle von

Möglichkeiten, den täglichen Speisezettel durch Selbsteingelegtes, Getrocknetes, Mariniertes oder auf andere Arten haltbar Gemachtes noch abwechslungsreicher zu gestalten und dabei auch noch besonders ernährungsbewusst zu leben.

Das Wichtigste an gelungener Vorratshaltung bleiben jedoch – bei aller Wichtigkeit von Rezepten und Techniken – die gesunden Schätze der Natur, die Äpfel und Karotten, die Rhabarberstangen und Stachelbeeren, die Wurzeln und Knollen, die Gewürze von Knoblauch und Rosmarin bis Majoran und Minze, die Tomaten und Erdbeeren, die Pilze und Nüsse, kurzum: all das, was vor der sprichwörtlichen Haustür wächst. Dazu kommen dann noch gute Essige und Öle, eine Prise Salz sowie die nötige Menge Zucker, und zuweilen darf es auch ein Schuss von etwas Hochprozentigem sein. Der Fantasie sind dabei lediglich durch den zur Verfügung stehenden Stauraum in der Speisekammer Grenzen gesetzt.

Das Einmaleins der Vorratsküche

Einkochen von A bis Z

Abfüllen. Zum Befüllen der Gläser stellen Sie diese auf ein feuchtes Tuch. Dadurch wird ein Zerspringen des Glases vermieden. Marmeladen sollten möglichst bis unter den Glasrand gefüllt werden. Spezielle Einfülltrichter erleichtern diese Arbeit. Anschließend träufeln Sie mit einer Pipette ein paar Tropfen Alkohol auf die Oberfläche des abgefüllten Einmachgutes, zünden den Alkohol an und verschließen das Glas sofort. Verwenden Sie entweder Weingeist aus der Apotheke oder hochprozentigen Korn (80 %). Die verbliebene Luft wird dadurch keimfrei und es entsteht ein Unterdruck, der den Deckel besser abdichtet.

Gläser mit Drehverschluss sollten Sie dann 15 Minuten lang auf den Kopf stellen, die heiße Marmelade sterilisiert den Deckel zusätzlich, und die vorhandenen Fruchtstücke verteilen sich besser im Glas.

Lassen Sie die Gläser langsam abkühlen, damit die Fruchtmasse besser geliert. Hierbei mit einem Tuch oder einer Decke abdecken. Vor dem Einlagern sollten Sie noch einmal die Verschlüsse kontrollieren: Einfach den Deckel leicht andrehen, wenn er nachgibt, noch einmal öffnen, erneut mit Akohol verschließen und alsbald verbrauchen.

Agar-Agar. Das aus einer Alge gewonnene Geliermittel wird z. B. für Marmeladen, Gelees, Chutneys, Tortenübergüsse, Fruchtsoßen, Joghurtterrinen, Fruchtaufstriche, Sulzen, Aspiks, Cremen und Desserts verwendet. Für Marmeladen ist es ratsam auf 1 kg Früchte ca. 2 gestrichene TL Agar-Agar (6 g) zu verwenden. Diese Menge kann je nach Gelierkraft auf 8 g erhöht werden. Damit das Bindemittel voll zur Geltung kommt, muss man das Einkochgut vollständig abkühlen lassen.

Sollte die Bindung zu gering sein, etwas Pulver anrühren und kurz quellen lassen. Mittels Schneebesen in das Kochgut einrühren und nochmals aufkochen lassen. Wenn Sie zu viel Agar-Agar verwenden, wird die Marmelade fest und kaum streichfähig. In diesem Fall erhitzen Sie die Marmelade nochmals und verlängern mit der passenden Flüssigkeit.

Bei der Marmeladenherstellung mit Agar-Agar kann man den Zucker durch Honig, Birnendicksaft, Frucht- oder Diabetikerzucker ersetzen.

Bewahren Sie Agar-Agar gut verschlossen auf, da es durch Feuchtigkeit zu quellen beginnt.

Alkohol. Er verleiht dem Kochgut nicht nur einen besonderen Geschmack, sondern erhöht auch die Haltbarkeit. Grundsätzlich soll Alkohol erst kurz vor dem Abfüllen untergerührt werden, da sich sonst das gewünschte Aroma verflüchtigt. Durch die Beigabe von hochprozentigem Alkohol kann sich unter Umständen die Gelierkraft verringern. Generell sollten Sie bei der Zugabe von Flüssigkeit die entsprechende Menge von der Frucht- oder Saftmenge abziehen.

Ernte. Sammeln Sie Früchte und Obst nicht, wenn es regnet, und auf jeden Fall vor Beginn der Sonneneinstrahlung. Achten Sie darauf, dass die Früchte vorher nicht allzu viel Wasser aufgenommen haben. Bei nassen Früchten ist der Gehalt an Fruchtsäuren und Fruchtzucker geringer, und sie sind auch oft mit mehr Keimen behaftet.

Gelieren. Die Gelierfähigkeit von Früchten ist sehr unterschiedlich. Darum ist es ratsam, immer eine Gelierprobe vorzunehmen, die anzeigt, wann der Einkochvorgang abgeschlossen ist. Dazu nehmen Sie kurz vor Ende der Kochzeit einen Löffel Kochgut aus dem

Topf und lassen die heiße Masse auf einem kalten Teller abkühlen. Stockt diese, so ist die Marmelade fertig zum Abfüllen. Ist sie zu flüssig, dann lassen Sie die Marmelade noch einige Minuten weiterkochen oder rühren mithilfe eines Schneebesens etwas Pektinpulver in die heiße Masse. Die Kochzeit beträgt dann noch eine weitere Minute.
Bedenken Sie, dass die bei den Rezepten angegebenen Einkochzeiten ab Beginn des Aufkochens berechnet sind. Die Kochzeiten sind daher sehr genau einzuhalten. Ständiges Rühren ist notwendig, damit das Kochgut nicht anbrennt und sich das Geliermittel gut und gleichmäßig verteilen kann. Wichtig ist es, sich an die Kochanleitung des Geliermittelherstellers zu halten. Zu langes Kochen bewirkt ein Nachlassen der Gelierkraft. Gelierhilfen und Einkochmittel erhalten Sie sowohl in flüssiger als auch in pulverisierter Form.

Einkochen mit flüssigen Geliermitteln. Die vorbereiteten Früchte zusammen mit dem abgewogenen Zucker in einen Topf füllen, Zitronensäure dazugeben und unter Rühren aufkochen. Nach ca. 15 Sekunden das Geliermittel dazumischen, noch einmal kurz aufkochen lassen, vom Herd nehmen und sofort in Gläser abfüllen.

Einkochen mit Zucker im Verhältnis 1 : 1. Früchte und Zucker werden im gleichen Verhältnis gemischt und so lange gekocht, bis die Marmelade die gewünschte Konsistenz aufweist. Die Kochzeit richtet sich nach Saft- und Pektingehalt der Früchte. Durch das Einkochen wird einerseits der Fruchtgeschmack intensiver, andererseits gehen beim Kochen viele Aromastoffe verloren.

Einkochen von pektinreichen Früchten. Früchte entsprechend vorbereiten. Entweder fein zerdrücken, faschieren oder grob zerkleinern und mit der gleichen Menge Zucker in einen Topf geben. Unter ständigem Rühren langsam zum Kochen bringen und weiterrühren, damit sich die Masse nicht am Boden anlegt. Eventuell mehrmals abschäumen, denn der Schaum bringt mit seinen Bläschen Luft in die Fruchtmenge, welche die Haltbarkeit beeinträchtigen könnte.

Einkochen mit Gelierzucker. Gelierzucker ist ein Spezialzucker, bei dem der Gelierstoff (Pektin) und die Zitronensäure bereits mit dem Zucker vermischt sind. Der Vorteil liegt darin, dass man mit Gelierzucker auch kleine Mengen zubereiten kann. Zudem verkürzt sich die Kochzeit, und die Masse bleibt hierbei sehr fruchtig. Nachteilig ist jedoch, dass im Grundrezept der Pektingehalt der verschiedenen Früchte nicht berücksichtigt werden kann. Hierbei ist eine Gelierprobe unbedingt notwendig. Faustregel: Für 1 kg Frucht verwendet man 1 kg Gelierzucker.
Verwenden Sie zuckersparende Gelierhilfen, so verringert sich der Zuckeranteil, siehe Packungsanweisung (Gelierzucker 1 : 1, 2 : 1, 3 : 1 oder 4 : 1; die erste Zahl bezieht sich auf den Frucht-, die zweite auf den Zuckeranteil). Eventuell können Sie die zerkleinerten Früchte schon am Vorabend mit dem Zucker vermischen und über Nacht stehen lassen. Die Kochzeit von Gelierzucker kann sich bis auf 8 Minuten erhöhen, je nach Flüssigkeitsgehalt oder Intensität des Kochens.

Einkochen mit Gelierpulver. Gelierpulver enthält natürliches Pektin, Traubenzucker sowie Wein- oder Zitronensäure. Der Nachteil dieser Methode ist es, dass Marmeladen etwas zähflüssig werden können. Dafür benötigen sie jedoch nur eine kurze Kochzeit, und es entsteht kaum ein Gewichtsverlust. Ebenso weisen auf diese Art zubereitete Mar-

meladen und Kompotte eine lange Haltbarkeit auf. Zubereitung: Früchte grob schneiden, Gelierpulver unterrühren und zum Kochen bringen. Nun Zucker dazugeben und nochmals aufkochen. Kochzeit nach Rezept einhalten. Einkochgut vom Herd nehmen und sofort in Gläser abfüllen.

Bei Marmeladen, Kompotten oder Ähnlichem, die statt mit Gelier- mit Normalzucker zubereitet werden, verlängert sich die Kochzeit erheblich. Ihre Haltbarkeit bzw. Konsistenz erhalten diese erst durch längeres Erhitzen.

Produkte, die mit Gelierzucker oder anderen Gelierhilfen hergestellt werden, dürfen nach dem Kochen und Einfüllen nicht noch einmal erhitzt werden. Der erreichte Geliereffekt würde zerstört werden. Es können jedoch, falls erforderlich, nach dem eigentlichen Kochvorgang einige vorher eingeweichte Gelatineblätter in das heiße Kochgut gegeben werden. Das jeweilige Kompott oder Gelee wird so zusätzlich geliert.

Honig stellt als Süßungsmittel eine eher kostspielige Variante dar. Verwenden Sie ihn daher sparsam, da durch das Erhitzen die wertvollen Inhaltsstoffe weitgehend zerstört werden und Honig die Eigenschaft hat, leicht anzubrennen. Für kalt gerührte Marmeladen und zum Einlegen von kandierten Früchten eignet er sich aber besonders gut.

Lagern. Lagerung und Haltbarkeit von Lebensmitteln S. 18.

Pektin ist ein rein pflanzlicher Stoff, der je nach Obstsorte in unterschiedlichen Mengen vorhanden ist und das Eindicken bzw. Gelieren fördert. Er wird auch bei der Herstellung von diversen Geliermitteln verwendet. Halten Sie sich bei der Verarbeitung unbedingt an die Angaben des Herstellers.

Wenn Sie z. B. wenig pektinhältige Fruchtmischungen einkochen, die Zuckermenge aber gering halten möchten und die Marmelade nach der Gelierprobe noch zu flüssig ist, erreichen Sie durch Pektinbeigabe das entsprechende Ergebnis.

Pektin können Sie z. B. aus Äpfeln und Quitten auch selbst herstellen. Der relativ neutrale Geschmack der beiden Früchte beeinträchtigt weder den Eigengeschmack noch die Farbe. Die Herstellung ist allerdings etwas aufwendiger, und auch das Portionieren ist nicht so leicht zu handhaben.

Früchte mit hohem Pektingehalt sind Quitte, Apfel, Heidelbeere, Ribisel, Preiselbeere, Stachelbeere und Zitrusfrüchte. Quitten waren lange Zeit kaum begehrt. Sie sind roh ungenießbar, entfalten aber beim Kochen einen intensiven Geschmack und herrlichen Duft. Sie sind aufgrund ihres hohen Pektingehaltes zum Einkochen (Marmelade, Saft) hervorragend geeignet. Hierfür reiben Sie die pelzige Schicht am besten mit einem feuchten Tuch gut ab. Dann entfernen Sie die Blütenstände, da diese beim Einkochen einen bitteren Geschmack entfalten.

Früchte mit mittlerem Pektingehalt sind Brombeere, Weichsel, Himbeere, Pfirsich, Marille, Zwetschke, Pflaume, Ringlotte, Schlehe, Vogelbeere, Sanddorn, Nektarine und Birne.

Früchte mit wenig Pektin sind Weintraube, Hollerbeere, Rhabarber, Kirsche und Erdbeere.

Faustregel: Je pektinreicher die Früchte, desto kürzer die Kochzeit der Fruchtmasse.

Vorbereiten. Befreien Sie die Früchte vor dem Einkochen von Stielen, Blättern sowie schadhaften und angefaulten Stellen. Je nach Bedarf vorsichtig waschen und dann auf

Küchenpapier abtropfen lassen. Steinfrüchte werden halbiert, der Kern wird entfernt. Bei manchen Früchten können Sie zur Abrundung des Geschmacks einige Tropfen Bittermandelöl zufügen.

Beerenobst und Wildfrüchte sollten Sie vor der Verarbeitung sorgfältig verlesen und nur bei gröberer Verschmutzung vorsichtig mit einem leichten Wasserstrahl waschen. Die gleiche Wirkung erzielen Sie, indem Sie die Früchte in ein breites Sieb geben und in Wasser tauchen. Die Stiele werden erst nach dem Waschen entfernt, um einen Saftverlust zu vermeiden.

Bei Früchten wie Marillen, Pfirsichen und Nektarinen kann die dünne Schale entfernt werden. Hierzu werden diese kurz mit kochendem Wasser überbrüht, in kaltem Wasser abgeschreckt, sodass sich die Haut problemlos abziehen lässt.

Früchte können entweder kleinwürfelig geschnitten oder grob geraspelt werden. Größere Mengen können auch durch die Faschiermaschine gedreht bzw. klein gehackt werden. Eine weitere Variante ist das Pürieren während des Kochvorganges mit einem Mixstab. Um bei Beeren eine größere Saftausbeute zu erhalten – aber auch zum rascheren Entkernen – sollten Sie die Früchte kurz aufkochen bzw. leicht dämpfen und dann durch die Flotte Lotte passieren. Diese Arbeit kann aber ebenso mit einer Küchenmaschine mit Passieraufsatz geschehen.

Die in diesem Buch angegebenen Fruchtmengen sind immer netto, also ohne Kerne und Schalen.

Faustregel: Die Abfallmenge beträgt im Durchschnitt 10–20 % des Gewichts, bei Ananas kann der Verlust bis zu 50 % betragen.

Sollten Sie einmal keine Zeit zum Verarbeiten reifer Früchte haben oder die erforderlichen Gläser nicht vorhanden sein, bieten sich folgende Varianten an: Die Früchte wie gewohnt vorbereiten (waschen, entstielen, entkernen etc.), mit Gelierzucker vermischen und über Nacht stehen lassen. Oder die Früchte auf einem großen Blech gefrieren und dann luftdicht, noch besser vakuumisiert abfüllen.

Früchte, die sich leicht verfärben, sollten nach dem Schälen sofort mit Zitronensaft vermischt bzw. beträufelt werden.

Zitronensäure verleiht der Marmelade eine säuerliche Note und rundet den Geschmack ab. Sie bewirkt, dass die Farbe der Früchte besser erhalten bleibt und lässt zudem die Marmelade leichter gelieren.

Der richtige Gebrauch von Einkochgeschirr und -utensilien

Alle zum Einkochen verwendeten Geräte müssen **einwandfrei sauber und fettfrei** sein. Verwenden Sie dafür Geschirr, das Sie ausschließlich zum Einkochen benutzen.

Mit einem **Allesschneider** zerkleinern Sie z. B. Gurken, Karotten, Kraut usw.

Bänder oder gehäkelte **Deckerln** in Verschlussgröße sind ein liebevolles Detail z. B. zum Verschenken der Gläser oder Flaschen.

Bügel und Federn drücken der Deckel fest auf die Einkochgläser. Da beim Einkochen zwischen Deckel und Inhalt ein Vakuum entsteht, hält der Druck von außen die Gläser sicher verschlossen.

Eine **Bürste** zum Abbürsten von Gemüse (z. B. Karotten oder Sellerie), die bei einigen Zubereitungsarten nicht unbedingt geschält werden müssen, ist hilfreich.

Cellophanblättchen gibt es bereits geschnitten (eckig oder rund). Es empfiehlt sich, ein Cellophanblättchen (oder Wachspapier) in hochprozentigen Alkohol zu tauchen und direkt auf die heiße Marmelade zu legen. Ein Zweites sollte dann mit einem Gummiring am Glas befestigt werden. Bedenken Sie jedoch, dass Eingemachtes mit Cellophanverschluss weniger lang hält, austrocknen kann und eher schimmelanfällig ist, da es hierbei nicht zu einem luftdichten Abschluss kommt.

Ein **Dampfentsafter** ist ideal, um größere Mengen an Fruchtsaft zu gewinnen. Er besteht meist aus drei Teilen: Wassertopf, Fruchtkorb und Schlauch. Die Funktionsweise ist wie folgt: Wenn das Wasser im Wassertopf kocht und über den Früchten Dampf aufsteigt, platzen diese und geben ihren Saft ab. Der Dampf kondensiert und der Saft sammelt sich im Saftbehälter. Über einen Schlauch kann der Saft direkt in Flaschen abgelassen werden. Auf diese Weise können in einem Arbeitsgang aus 4–5 Kilo Obst ca. 3 Liter Saft gewonnen werden. Achten Sie darauf, dass der Ablaufschlauch der Herdplatte nicht zu nahe kommt. Je nach Rezept kann mit oder ohne Zuckerzusatz entsaftet werden. Empfehlenswert ist ein Entsafter mit Elektroheizung, da sich hier die Hitze besser regulieren lässt.

Eine **Drahteinlage** ist vorteilhaft, damit die Gläser beim Einkochen nicht direkt auf dem Boden des Topfes stehen und vom Kochwasser unterspült werden können. Als Alternative können Sie den Topf auch mit Zeitungspapier auslegen.

Ein **Dreifuß** ist ein Gestell, in welches man das Etamin (Passiertuch) zum Abtropfen einhängen kann.

Ein **Durchschlag oder Sieb** dient zum Waschen von Früchten und Gemüse.

Als **Einkochgläser** eignen sich grundsätzlich alle Arten von Gläsern (rechtzeitig zu sammeln beginnen). Deckel (Twist-off) sollten generell neu gekauft werden, da bereits gebrauchte gerne Gerüche annehmen und nicht mehr so gut abschließen.

Zum Keimfreimachen sollten Sie die Gläser gründlich mit Spülmittel reinigen. Anschließend setzen Sie sie in einen passenden Topf auf ein Metallgitter, füllen mit Wasser auf und lassen das Ganze etwa 10 Minuten sprudelnd kochen. Danach heben Sie die Gläser aus dem Wasser und stellen sie zum Trocknen mit dem Deckel auf ein sauberes Küchentuch. Sie können die Gläser ebenso bei ca. 100 °C mit Umluft oder ca. 120 °C Ober- und Unterhitze 10–15 Minuten im Backrohr keimfrei machen. Die Deckel kochen Sie separat in heißem Essigwasser aus und legen sie zum Trocknen mit der Öffnung nach unten auf ein weiches Baumwolltuch.
Überprüfen Sie jeweils vor Arbeitsbeginn, ob Sie genügend Gläser und Deckel vorrätig haben.
Am besten geeignet sind sogenannte Weckgläser, die jedoch in der Anschaffung etwas teurer sind. Dazu benötigt man Gummiringe und Metallklammern zum Verschließen. Gebrauchte Ringe bitte nur verwenden, wenn sie nicht brüchig oder überdehnt sind und sie vorher in Essigwasser ausgekocht wurden. Es gibt aber auch Gläser mit einem fix montierten Bügel mit Gummidichtung. Kleinere Gläser sind zu bevorzugen, da ihr Inhalt rascher aufgebraucht wird. Zudem bewirken sie ein schnelleres Gelieren von Marmelade und Co.

Ein sogenanntes **Einkochthermometer** ist für ein gutes Gelingen beim Einkochen unbedingt notwendig. Es ermöglicht die genaue Einhaltung der Temperatur.

Am besten verwenden Sie einen elektrischen **Einkochtopf** mit eingebautem Thermostat, bei dem die Temperatur sehr genau eingestellt werden kann. Als Alternative können Sie Ihre Fruchtsäfte auch im Backrohr einkochen. Aufgrund der unterschiedlichen technischen Ausstattung von Backöfen beruht diese Art des Einkochens aber auf dem Grundsatz „Probieren geht über Studieren". Auch im Umluftherd ist die Hitzeeinwirkung sehr unterschiedlich. Zudem kann trotz Wasserzugabe der Einkochring durch die Hitze spröde werden, im Heißluftofen kann er bei zu intensiver Hitze sogar schmelzen. Generell sollten bei allen Einkochmethoden nur Gläser mit gleicher Höhe und gleichem Umfang sowie gleichartigem Kochgut eingekocht werden.

Ein **Entsafter** oder eine **elektrische Zentrifuge** kann zum Kaltentsaften von Gemüse und Früchten recht nützlich sein.

Gekaufte oder selbst gestaltete **Etiketten** sollten groß und selbstklebend sein. Einkochgut und Herstellungsdatum sollten darauf vermerkt sein.

Flaschen gibt es sowohl mit Schraubverschluss, Gummistöpsel als auch mit Korkstoppel.

Mit der **Flotten Lotte** oder einem **Passiergerät** kann man Früchte mit vielen Kernen

und Schalen passieren. Gute Küchenmaschinen verfügen heutzutage bereits über einen entsprechenden Zusatz. Sie können die Früchte aber auch mit einem Gummischaber durch ein Sieb streichen.

Fruchtpressen gibt es ebenfalls als Zusatzgerät zur Küchenmaschine und zum Fleischwolf. Damit werden naturtrübe Säfte gewonnen, wobei die Früchte langsam zerquetscht werden und der Saft herausfließt. Zum Klären lässt man den Saft einige Zeit stehen, sodass sich die Trübstoffe am Boden absetzen können. Anschließend zieht oder gießt man den Saft vorsichtig ab. Man kann ihn roh mit Zucker verrühren (kurze Haltbarkeit) oder mit Zucker aufkochen.

Fülltrichter sind aus Kunststoff oder Glas erhältlich. Wenn Sie eine Küchenmaschine haben, verwenden Sie am besten den dazugehörigen Trichter. Das hat den Vorteil, dass die Ränder der Gläser sauber bleiben, schneller gefüllt und so besser verschlossen werden können. Beim Einfüllen wird auch kein Einkochgut oder keine Flüssigkeit verschüttet, Gegebenenfalls können Sie auch – je nach Größe des Einfüllglases – die Einfüllstutzen von einer Faschiermaschine oder Getreidemühle verwenden, sofern diese aus Kunststoff sind.

Sehr nützlich ist ein **Glasheber,** eine Art Zange zum Herausnehmen der Einmachgläser aus dem heißen Wasser.

Kochlöffel sollten heutzutage aus Kunststoff sein.

Ein **Küchen- oder Gemüsehobel** dient zum Aufschneiden von Gemüse.

Wenn Sie viel und gerne einkochen, ist es ratsam, sich eine **Küchenmaschine** mit verschiedensten Aufsätzen (Entkerner, Gemüseschneider, Zentrifuge, Entsafter, Fleischwolf, Passiergerät etc.) anzuschaffen. Sie erleichtert Ihnen vor allem bei größeren Mengen die Arbeit erheblich.

Eine digitale **Küchenwaage** ist zu bevorzugen, da damit auch sehr kleine Mengen genau abgewogen werden können.

Mit einem **Küchenwecker** oder **Kurzzeitmesser** (am besten mit Sekundenzeiger) können Sie alle angegebenen Kochzeiten genau einhalten.

Ein **Lochschöpfer**, vorzugsweise aus Nirosta, dient zum Abschöpfen von Schaum. Dieser sollte unbedingt entfernt werden, da er Verunreinigungen und Trübstoffe enthält und auch die Haltbarkeit beeinträchtigen kann.

Zum Abmessen von Flüssigkeiten ist ein **Messbecher** unerlässlich.

Messer und Ausstecher dienen zum Zerteilen und Schälen von Früchten. Nützlich sind ein Gemüsemesser, ein Sparschäler, ein Ausstecher für Kerngehäuse sowie ein Kirschen- oder Zwetschkenentsteiner.

Legen Sie sich eine **Messlöffel**größe zum Einkochen bereit, damit Sie immer die gleiche Ausgangsbasis haben.

Zum Herstellen von Pasten und Pulver verwenden Sie am besten einen **Mörser.**

Ein **Passiertuch** oder **Etamin** benötigt man zur Geleeherstellung oder zum Abtropfen von Obstkuchen. Ersatzweise eignet sich auch eine nicht zu dicke Windel, ein Leinentuch, Flanell- oder Mulltuch (sollte nicht zu dicht gewebt sein). Ein Passiernetz aus Nylon tut ebenfalls gute Dienste.

Zum Verzieren und Beschriften der Gläser sollten Sie einen **Permanentstift** verwenden.

Eine **Pfeffermühle** oder ausrangierte **Kaffeemühle** kann zum Mahlen von Gewürzen Verwendung finden.

Bevor Marmeladegläser verschlossen werden, sollten Sie – je nach Sorte – am besten mit einer **Pipette** einige Tropfen hochprozentigen Rum, Weingeist oder Korn darüberträufeln, den Alkohol anzünden und das Glas sofort verschließen. Der Sauerstoff wird verbrannt, dadurch wird die Keimbildung verhindert.

Ein **Rettichschneider** dient zum Schneiden von festem Gemüse wie Karotten, Gelbe Rüben, Petersilienwurzen etc., das dann getrocknet werden kann.

Schneidbretter sollten generell aus Kunststoff sein.

Schöpflöffel in verschiedenen Größen erleichtern Ihnen das Umfüllen des Einkochgutes vom Topf in die Gläser.

Vor einer nochmaligen Verwendung sollten bereits **gebrauchte Schraubdeckel** ca. 10 Minuten ausgekocht, an der Luft getrocknet und dazu mit der Öffnung nach unten auf ein sauberes Küchentuch gelegt werden.

Schüsseln aus Keramik, Glas oder Nirosta sind wichtige Helfer beim Vorbereiten.

Ein **Sieb** zum Abseihen und Passieren von Säften und Früchten ist sehr hilfreich. Wenn möglich, sollte es einen doppelmaschigen Einsatz haben.

Ein **Stabmixer** zum Pürieren der bereits weich gekochten Früchte ist auf jeden Fall notwendig. Bitte vorsichtig damit hantieren (Verbrennungsgefahr). Je nach Menge des Einkochgutes gegebenenfalls den Topf beim Mixen etwas schräg stellen.

Stein-, Ton- oder Glastöpfe werden verwendet, um Lebensmittel einzusäuern oder auch um einen Rumtopf anzusetzen. Dieser kann aber ebenso in einem großen Glas angesetzt werden. Dieses muss mit Alufolie umwickelt sein, um die Früchte vor Lichteinfall zu schützen. Steintöpfe vor der Verwendung gründlich mit Seifenwasser auswaschen und mehrmals mit heißem Wasser ausspülen.

Teefilter aus Papier oder Nirosta bzw. ein Tee-Ei sind ideal zum Einhängen von Gewürzen, die später wieder entfernt werden müssen.

Eine **Teigkarte** dient zum vollständigen Ausputzen der Töpfe.

Töpfe aus Nirosta (Edelstahl) in unterschiedlichen Größen sind zum Einkochen unabdingbar. Breite Töpfe eignen sind besser als hohe, weil die Flüssigkeit schneller verdampfen kann. Das Fassungsvermögen sollte 6–8 Liter betragen. Töpfe können zum Einkochen, aber auch zum Sterilisieren von befüllten Gläsern verwendet werden.

Zum Abschälen von Orangen, Zitronen und Grapefruits verwenden Sie am besten einen **Zestenreißer**. Zur Not geht auch ein kleines, scharfes Messer.

Eine **Zitronenpresse** aus Glas oder Kunststoff leistet Ihnen sicher wertvolle Dienste.

Zum Feststellen des Zuckergehaltes ist ein spezielles **Zuckerthermometer** unverzichtbar.

Lagerung und Haltbarkeit von Lebensmitteln

- Zu einer gesunden und genussvollen Ernährung gehört natürlich auch die Versorgung mit wichtigen Nährstoffen und Vitaminen. Da diese in Lebensmitteln nicht grenzenlos erhalten bleiben, sondern durch Lagerung bzw. falsche Lagerung rasch verloren gehen, ist auf eine sinnvolle Aufbewahrung zu achten. Anbei möchten wir Ihnen einige grundsätzliche Tipps zur Lagerung von Lebensmitteln geben.

- Lagern Sie Nahrungsmittel grundsätzlich kühl und lichtgeschützt. Günstig ist z. B. ein geeigneter Kellerplatz oder eine Speisekammer, für kleine Mengen reicht auch das Gemüsefach des Kühlschranks, das gilt vor allem für Blattgemüse und Salate, Beerenobst, aber auch für Eier.

- Wählen Sie einen möglichst trockenen, luftigen, dunklen und kühlen Lagerraum, wo Frost oder große Temperaturschwankungen ausgeschlossen werden können.

- Mit Alkohol Haltbargemachtes, das zusätzlich noch im Einkochtopf oder Dampfgarer eingekocht wurde, hält in der Regel 1 Jahr und länger, falls nicht andere Lagerzeiten bei den Rezepten vermerkt sind.

- Die Haltbarkeit ist auch vom Zuckergehalt, der Zubereitungsart sowie von den Verschlüssen abhängig. Am besten schließen Gläser mit Twist-off-Deckeln (diese Deckel sind innen beschichtet) oder Weck- oder Rexgläser mit Klammern. Mit Cellophan verschlossene Gläser sind luftdurchlässig, die Marmeladen und Gelees können leichter austrocknen bzw. verderben, zudem haben sie eine kürzere Lagerfähigkeit. Deckel können im Fachhandel (siehe Adressen) nachgekauft werden.

- Lagern Sie Äpfel, Birnen, Zitrusfrüchte, Bananen, Erdäpfel, Tomaten, Zwiebeln und Knoblauch nicht im Kühlschrank, sondern dunkel und eher bei Raumtemperatur.

- Öle oder Fette sollten Sie kühl und auf jeden Fall lichtgeschützt lagern. Ein sonniger Platz in der Küche ist nicht zu empfehlen.

- Bewahren Sie Brot und Gebäck in Keramikgefäßen oder gut schließbaren Kunststoffboxen auf. Auf diese Art bleibt es länger frisch bzw. feucht, ist aber auch anfälliger für Schimmelbildung. Von Schimmel befallenes Brot oder Gebäck muss vollständig entsorgt werden. Brot lässt sich sehr gut einfrieren (s. S. 303).

- Lagern Sie Eingekochtes bzw. Eingelegtes grundsätzlich kühl und lichtgeschützt. Wärme und Tageslicht können sowohl die Konsistenz als auch Farbe bzw. das optische Erscheinungsbild verändern. Die dunkle Lagerung unterstützt außerdem das Gelieren im Glas. Geöffnete Kompott- oder Marmeladegläser im Kühlschrank lagern und bald verbrauchen.

- Lagern Sie fetthaltige Zutaten wie Nüsse, Mandeln, Kokosflocken, Mohn, aber auch Paprikapulver oder Curry eher kühl und lichtgeschützt. Für eine längere Aufbewahrung können sie gut verpackt auch tiefgekühlt werden.

- Schinken, Speck oder Räucherwaren bzw. Würste sollten Sie lichtgeschützt, kühl und luftig sowie vor allem mit einem Insektenschutz versehen (Netz oder Fliegengitter) aufbewahren.

- Sulzen können gut verpackt oder verschlossen auch eingefroren werden. Tiefgekühlte Sulzen erhalten eine bessere Konsistenz, wenn man sie leicht erwärmt und wieder kühl stellt.
- Bewahren Sie Milch und Milchprodukte dunkel und gekühlt auf und achten Sie darauf, dass keine geruchsintensiven Lebensmittel in unmittelbarer Nähe lagern.
- Vergessen Sie nicht, ihre Lagerbestände im Keller, Kühlschrank und in der Tiefkühltruhe hin und wieder zu kontrollieren bzw. das Ablaufdatum zu überprüfen. Schlichten Sie die Lebensmittel so, dass neue weiter hinten und ältere eher vorne zu liegen kommen.
- Bei der Lagerung in der Tiefkühltruhe ist auf eine eher flache Verpackung sowie eine gute und sichtbare Beschriftung (Inhalt, Datum) zu achten.
- Lagern Sie nur so viel an Lebensmitteln, wie Sie in absehbarer Zeit (1 Jahr) auch verbrauchen können.

DAS EINMALEINS DER VORRATSKÜCHE

Marmeladen, Gelees und Aufstriche

Wer erinnert sich nicht gerne an „Omas köstliche Marmeladen". Ob zum Frühstück, zu einem Kipferl, als Fülle in Palatschinken oder einfach nur so zwischendurch in eine Pofese oder auf ein Stück Brot gestrichen – eine gute Marmelade wusste man zu schätzen. Das Kochen von Marmeladen, Gelees und Fruchtaufstrichen bedarf keiner großen küchentechnischen Anstrengung. In diesem Buch werden die wesentlichen Schritte genau erklärt. Besondere Hinweise und Tipps garantieren ein gutes Ergebnis.

So manches alte, jedoch bestens bewährte Rezept wurde behutsam unseren heutigen Geschmacksvorlieben angepasst. Die folgenden Hinweise sind für das Gelingen ein erster Schritt.

TIPPS UND TRICKS FÜRS EINKOCHEN UND EINLEGEN

- Am Anfang ist es ratsam, eher kleine Mengen auszuprobieren. Sie werden rasch Ihre persönlichen Favoriten finden.
- Manche Rezepturen sind von der Grundmenge eher klein gehalten. Sie können diese je nach Bedarf anpassen (z. B. die Zutaten einfach verdoppeln).
- Bevorzugt werden in diesem Buch vor allem klassische, sortenreine Marmeladen, aber auch Früchtemischungen haben ihren Reiz. Die angeführten Rezepturen und Tipps sollen Ihnen viel Anregung zur eigenen Kreativität und für Variationsmöglichkeiten bieten.
- Marmelade, Kompott oder Saft unbedingt in saubere Gläser bzw. Flaschen abfüllen. Gläser, Deckel und Ringe sollten vor dem Befüllen in kochendes Wasser getaucht bzw. sterilisiert werden. Einrexgummis immer in Wasser einlegen und vor ihrer Verwendung auf Risse kontrollieren.
- Glasränder sollten Sie unbedingt auf schadhafte Stellen kontrollieren. Füllen Sie die Gläser möglichst randvoll und stellen sie dann auf ein feuchtes Tuch, da sie sonst zerspringen könnten. Eventuell kann man sie auch in eine tiefe Wanne stellen. Große Gläser stellen Sie zum Auskühlen mit dem Deckel auf ein sauberes Küchentuch, sodass noch eventuell vorhandene Luft herausgepresst wird. ACHTUNG: Bei schlecht verschlossenen Gläsern oder Flaschen kann es durch Auslaufen des heißen Einkochguts zu Verbrühungen kommen.
- Natürliches Geliermittel (Pektin) ist besonders in unreifen Früchten, hier vor allem in Äpfeln und Quitten enthalten. Daher bewähren sich Marmeladen oder -mischungen aus diesen Sorten im Besonderen. Weitere Geliermittel sind pulverisiertes Zitruspektin, Gelatine (tierisches Geliermittel) und Agar-Agar (ein pflanzliches Geliermittel) sowie handelsübliche Geliermittel (Verwendung laut Angabe des Herstellers). In fertigen Geliermitteln ist bereits Zitronensäure enthalten. Sie sollten also in diesem Fall nur wenig oder fast keine Zitronensäure mehr zugeben, denn dadurch könnte die Gelierkraft herabgesetzt werden.
- Vermischen Sie sämtliche Geliermittel vor der Verwendung mit Feinkristallzucker. Agar-Agar in Fruchtsaft oder Wasser kalt anrühren und kurz aufkochen, Gelatine in kaltem Wasser einweichen und bereits aufgelöst oder ausgedrückt in die heiße Grundmasse geben.
- Vor dem endgültigen Einlagern der fertigen Marmeladen und Kompotte sollten Sie diese ca. 1 Woche nach dem Abfüllen hin und wieder auf guten Verschluss kontrollieren. Die generelle Haltbarkeit von Marmeladen und Kompotten beträgt bei kühler und

dunkler Lagerung ungefähr 1 Jahr. Achten Sie unbedingt darauf, dass alles gut beschriftet ist (Sorte, Datum).
- Vorsicht bei Wetterumschwung bzw. Tiefdruckwetter! Eingelegtes bzw. Eingekochtes kann durch vermehrten Bakterenanteil der Luft in Bodennähe sehr rasch verderben bzw. sauer werden (Gärung).

SPEZIELLE TIPPS ZUM EINKOCHEN VON MARMELADE

- Die Mengenangabe von Früchten bezieht sich grundsätzlich auf das Nettogewicht, also bereits auf die vorbereiteten, entkernten und geschälten Früchte. Die Früchte sollten entsprechend reif, keinesfalls jedoch überreif sein. Die Zuckerzugabe (20 bis etwa 60 % Zucker auf 1 kg Frucht) ist vom Reifegrad abhängig. Anstelle von Feinkristallzucker können Roh-, Rohr- oder Vollwertzucker sowie Süßstoff verwendet werden. Es können auch Tiefkühlfrüchte verarbeitet werden.
- Marmeladen sollten eher in kleinen Mengen (3–4 kg Frucht) sowie nur ungefähr 4–5 Minuten sprudelnd gekocht werden. Dies garantiert die meisten Vitamine, eine schöne Farbe und einen guten Geschmack. Während des Kochens bzw. vor dem Abfüllen sollte der Schaum entfernt werden.
- Da der Pektingehalt in Früchten z. B. auch durch Reife oder Witterung sehr unterschiedlich ist, ist eine **Gelierprobe** bei Marmeladen, Säften und Gelees empfehlenswert. Dazu nehmen Sie kurz vor Ende der Kochzeit einen Löffel Kochgut aus dem Topf und lassen die heiße Masse auf einem kalten Teller abkühlen. Stockt diese, so ist die Marmelade fertig zum Abfüllen. Ist sie zu flüssig, dann lassen Sie die Marmelade noch einige Minuten weiterkochen oder rühren mithilfe eines Schneebesens etwas Pektinpulver in die heiße Masse. Die Kochzeit beträgt dann noch eine weitere Minute.
- Vor dem Kochen sollten die grob zerkleinerten Früchte mit Gelierzucker, Zitronensaft und eventuell Gewürzen mindestens 5 Stunden, am besten über Nacht zugedeckt mariniert werden. Die Früchte lassen sich so besser verkochen, und Sie erzielen dadurch einen besseren Geschmack.
- Nicht jede Marmelade muss so stichfest sein wie kommerziell hergestellte. Eine gewisse Streichfähigkeit und Geschmeidigkeit ist nicht zu unterschätzen. Außerdem eignen sich Fruchtpasten und Marmeladen sehr gut zum Vermischen mit Joghurt, Sauerrahm oder Buttermilch als Zwischenmahlzeit.
- Marmelade kann auch mit Malven-, Hibiskus- oder Hagebuttentee eingefärbt werden. Wer hierbei sicher gehen möchte, dass der Tee nicht in die Marmelade gelangt, schneidet das Teesäckchen auf und füllt den Inhalt in ein Tee-Ei um. Dieses kann zum Schluss problemlos entfernt werden.
- Bei Marmeladekombinationen sollten die Früchte saisonal zusammenpassen: Holler-Zwetschke, Holler-Birne oder Erdbeere-Rhabarber u. a.
- Gläser, die mit Marmelade mit Fruchtstücken oder Kräutern gefüllt sind, nach dem Verschließen unbedingt auf den Kopf stellen, damit sich die Einlage gleichmäßig verteilen kann.
- Wenn die Fruchtstücke während oder nach dem Kochen noch zu groß sind, diese einfach mit einem Stabmixer pürieren.
- Marmeladen können auch mit tiefgekühlten Früchten hergestellt werden. So kann man ganzjährig sehr gute Mischungen zubereiten. Früchte hierzu sorgfältig verschlossen einfrieren, damit diese nicht mit allzu vielen Eiskristallen belegt werden. Die dabei zusätzlich entstehende Flüssigkeit würde die Gelierfähigkeit eher negativ beeinflussen.

- Verwenden Sie nur wirklich gut gereiftes Obst. Unreifes Obst weist keinesfalls ein volles Aroma auf. Überreifes Obst hingegen enthält weniger Pektin (Geliermittel) und verdirbt leichter.
- Wenn Marmelade mit Cellophan verschlossen wird, kann die Oberfläche leicht eintrocknen. Bei Bedarf einige Löffel heißes Wasser oder Rum obenauf geben und verrühren.
- Im Lebensmittelgesetz ist festgelegt, wie die Begriffe „Marmelade" bzw. „Konfitüre" zu verwenden sind. In diesem Buch unterscheiden wir lediglich „pürierte Marmeladen" (aus einer oder mehreren Sorten zubereitet, wobei die vorbereiteten Früchte zerkleinert, geschnitten, gemixt oder durch den Fleischwolf gedreht sind) und „Marmelade mit Fruchtstücken" (Herstellung mit ganzen oder nur grob zerkleinerten Früchten).
- Bei eher säurehaltigen bzw. herben Früchten wie Ribisel oder Preiselbeeren können Sie noch zusätzlich etwas Feinkristallzucker beigeben. Eine geschmackliche Verfeinerung der Marmelade erreicht man durch die Beigabe von Zitronensaft, Zitronensäure oder Zitronenschalenpulver.
- Je nach Jahreszeit werden Früchte auf Vorrat eingefroren. So kann man nach Belieben unterschiedliche Fruchtmischungen ausprobieren. Dazu die reifen Früchte vorbereiten, auf einem großen Blech lose ausbreiten und gefrieren. Anschließend die gefrorenen Früchte in Säcke oder gut schließende Plastikbehälter umfüllen. So vorbereitet, sind diese vielseitig verwendbar, wie beispielsweise auch für einen schnellen Rumtopf oder als Ansatz für Liköre.
- Mitunter sind Früchte (z. B. Birnen oder Äpfel) zwar reif, jedoch in ihrer Beschaffenheit noch eher fest. Hier ist es ratsam, diese vorher mit etwas Flüssigkeit (Wasser, Wein, Most oder Fruchtsaft) weich zu kochen. So vorbereitete Früchte sollten Sie abwiegen. Hierbei geben Sie auf 500–600 g Fruchtmasse 250 g Gelierzucker 3 : 1 dazu und machen – wie bei jeder anderen Marmelade auch – vor dem Einfüllen eine Gelierprobe (s. S. 22).
- Die Früchte können klein geschnitten, durch den Fleischwolf gedreht oder auch gemixt werden. Zum Zerkleinern den Stabmixer in die heiße Masse stellen und fein mixen.
- Bei Beeren mit Kernen (z. B. Himbeeren) sollten Sie die Masse nicht mixen, sondern passieren, da durch das Mixen die Kerne zerstört werden und der Geschmack beeinträchtigt wird.
- Holler sollten Sie vor dem Verzehr unbedingt gut vorkochen, da er roh nicht verwendet werden darf bzw. ungenießbar ist.

MÖGLICHE FEHLERQUELLEN – ZUSÄTZLICHE VERARBEITUNGSHINWEISE

- Nach einem sehr warmen Sommer können die Früchte zu wenig Fruchtsäure enthalten. Dies kann durch Zugabe von Zitronensaft oder Zitronensäure(pulver) ausgeglichen werden.
- Richtiges Abwägen der Frucht- sowie Zuckermenge und präzise Messbecher sind für das Gelingen maßgeblich.
- Wenn die angegebenen Mengen verändert werden, muss dies auch bei den Kochzeiten geschehen.

- Marmeladen müssen unbedingt sprudelnd kochen. Die Kochzeit darf nicht verringert werden.
- Ist der Durchmesser des Kochtopfes größer als die Herdplatte, dann hat die Marmelade womöglich nur in der Mitte richtig gekocht, nicht aber am Rand.
- Bei Gelierhilfen ist das sprudelnde Kochen der gesamten Menge notwendig, Dies ist wichtig, damit genügend Feuchtigkeit (Flüssigkeit) verdampfen kann, die Masse keimfrei wird und die Geliermittel voll zur Wirkung gelangen.
- Kocht die Marmelade zu lange wird das Pektin zerstört, und die Marmeladen werden dadurch zäh- bzw. dünnflüssig
- Ist die Marmelade zu dünn geraten, nochmals aufkochen lassen und zusätzlich Geliermittel darunterrühren.
- Schwer gelierende Marmeladen aus pektinarmen Früchten nicht mit luftdichten Twist-off-Deckeln verschließen, sondern mit Einmachfolie. So kann im Laufe der Zeit die Feuchtigkeit verdunsten.
- Der Zuckeranteil sollte zwischen 54 und 60 % betragen. So hat eine etwaige Schimmelpilzbildung keine Chance. Zuckerarme Marmeladen sind besonders anfällig für Schimmelbefall.
- Überreife Früchte enthalten oft schon zu Alkohol umgewandelten Zucker, der leichter zum Verderb führen kann.
- Feuchte Vorratsräume eignen sich eher wenig zur Lagerung.
- Überprüfen Sie Gläser und Deckel vor der Verwendung auf Sprünge und Beschädigungen.
- Bei zu großen Fruchtstücken in den Marmeladen kann es bei einer zu kurzen Kochzeit zu Schimmelpilzbildung kommen.
- Besonders während einer Regenperiode geerntete Früchte (z. B. Erdbeeren), aber auch stark verunreinigte können bereits Schimmelkeime enthalten. Dies ist auch bei aufgeplatzten Früchten gerne der Fall.

Auf keinen Fall dürfen Marmeladen verwendet werden, wenn sich an ihrer Oberfläche bereits Schimmel gebildet hat. Die Sporen der Schimmelpilze durchsetzen die ganze Marmelade, auch wenn nur einige kleine Pünktchen davon zu sehen sind. Diese Pilze enthalten Substanzen, die u. a. zu schweren bzw. lebensgefährlichen Vergiftungen führen können.

Marmeladen

Marmelade (Grundrezept)

ZUTATEN FÜR 7–8 GLÄSER À 180 ML
1,2 kg entsteinte Marillen, Erdbeeren, Himbeeren, Heidelbeeren, Kiwi, Kirschen etc. • 500 g Gelierzucker 3 : 1 • 1/4 TL Zitronensäure oder 10 ml Zitronensaft • etwas Alkohol (80 %)

ZUBEREITUNG
Gegebenenfalls Früchte klein schneiden. In einen geeigneten Topf geben und mit Gelierzucker und Zitrone mischen, gut verrühren und am besten über Nacht kühl stehen lassen. Unter Rühren aufkochen und 3–4 Minuten sprudelnd kochen. Gelierprobe machen (s. S. 22) und eventuell Schaum abschöpfen. Sofort in vorbereitete Gläser füllen und mithilfe einer Pipette etwas Alkohol darüberträufeln, anzünden und sofort verschließen. Vanillezucker oder Zimt sowie eventuell Schnaps, Likör oder Sirup variieren den Geschmack.

Marillenmarmelade

ZUTATEN FÜR CA. 7 GLÄSER À 200 ML
1 kg Marillen • 500 g Gelierzucker 3 : 1 • etwas Alkohol (80 %)

ZUBEREITUNG
Marillen halbieren bzw. vierteln, entkernen und mit Zucker einige Stunden, am besten über Nacht marinieren lassen. Aufkochen, 4–5 Minuten kochen lassen, Gelierprobe machen (s. S. 22) und Schaum abschöpfen. Sofort in Gläser füllen, mit einer Pipette Alkohol darüberträufeln, anzünden und sofort verschließen.

TIPP: Zur geschmacklichen Abrundung können Sie nach Bedarf Zitronensäure (pro kg Frucht ca. 10 g) oder den Saft von 2 Zitronen oder Vanillezucker, Zimt oder Marillenschnaps zugeben.

Marillenmarmelade mit Feinkristallzucker

ZUTATEN 5–6 GLÄSER À CA. 210 ML
1 kg vollreife, entkernte Marillen • 600–700 g Feinkristallzucker
eventuell Zitronensaft oder -säure • etwas Alkohol (80 %)

ZUBEREITUNG
Die vorbereiteten Marillen in kleine Würfel oder grob schneiden. In einem breiten Kochtopf mit dem Zucker vermischen und unter ständigem Rühren zum Kochen bringen. Weiterrühren und 20–30 Minuten kochen, je nach Wasser- oder Flüssigkeitsgehalt der Früchte. Gelierprobe machen (s. S. 22). Sofort in vorbereitete Gläser füllen. Mithilfe einer Pipette einige Tropfen Alkohol daraufträufeln und gleich verschließen. Eventuell mit Zitronensaft oder -säure verfeinern.

TIPPS
- Nach dem Erkalten soll die Marmelade streichfähig und schnittfest sein. Man kann die Früchte auch nach kurzer Einkochzeit mixen.
- Marillenmarmelade ist als Brotaufstrich, Füllung für Krapfen oder Palatschinken sowie als Einlage für Eisparfait ein Klassiker.
- Vor dem Einfüllen kann zur geschmacklichen Abrundung Marillenschnaps oder Rum eingerührt werden.
- Auch andere Früchte können nach diesem Rezept zubereitet werden. Die Kochzeit kann dabei aber, je nach Fruchtsorte und Flüssigkeitsgehalt, unterschiedlich sein.
- Wenn Sie einen sogenannten Topfteiler (teilt eine Grundmasse in 2 Teile) verwenden, können Sie unterschiedliche Einlagen vor dem Abfüllen unterrühren und Sie benötigen keinen weiteren Topf. So können Sie in einem Arbeitsgang zwei unterschiedliche Geschmacksrichtungen kreieren.

Marillenmarmelade mit Amaretto

ZUTATEN FÜR CA. 8 GLÄSER À 200 ML
1,2 kg entkernte, in kleine Stücke geschnittene oder pürierte Marillen
500 g Gelierzucker 3 : 1 • 10 ml Zitronensaft oder etwas Zitronensäure
40 ml Amaretto • 40 g Mandelblättchen • eventuell etwas Bittermandelaroma • etwas Alkohol (80 %)

ZUBEREITUNG
Marillen mit Zitronensaft sowie Gelierzucker vermengen und am besten über Nacht stehen lassen. Unter Rühren aufkochen, 5–7 Minuten wallend kochen lassen und kurz vor Ende des Kochvorgangs Mandelblättchen und Bittermandelaroma untermengen. Gelierprobe machen (s. S. 22) und gleich in vorbereitete Gläser füllen. Mithilfe einer Pipette mit Alkohol beträufeln, anzünden und sofort verschließen.

TIPP: Die Marmelade kann auch mit Sherry, Rot- oder Weißwein zubereitet werden (Verhältnis Frucht : Alkohol 4 : 1).

Marillenmarmelade mit Agar-Agar oder Gelatine

ZUTATEN FÜR 3 GLÄSER À 390 ML

1 kg Marillen, Zwetschken, Erdbeerer, Ribiseln, Pfirsiche, Äpfel, Birnen, Nektarinen, Rhabarber, Himbeeren, Brombeeren, Heidelbeeren oder eine beliebige Mischung daraus • 250–450 g Fruchtzucker oder Diabetikersüße 30 ml Zitronensaft, ersatzweise etwas Zitronensäure • ca. 2 TL Agar-Agar 50 ml Wasser (ersatzweise Wein, Most oder Fruchtsaft) • etwas Alkohol (80 %)

ZUBEREITUNG

Agar-Agar mittels Schneebesen mit Wasser verrühren und einige Zeit quellen lassen. Die Früchte grob zerkleinern und mit dem Zucker 5–10 Minuten, je nach Festigkeit der Obstsorte, sprudelnd kochen lassen; eventuell mixen. Angerührtes Agar-Agar nun mit dem Schneebesen in die kochende Masse einrühren und diese Masse nochmals 2 Minuten gut aufkochen lassen. Gelierprobe machen (s. S. 22) und in vorbereitete, heiße Gläser füllen. Mithilfe einer Pipette einige Tropfen Alkohol darüberträufeln, anzünden und sofort verschließen. Die Gläser anfangs nicht bewegen, damit die Masse gut stocken kann.

TIPPS

- Agar-Agar können Sie auch durch 6–8 Blatt Gelatine ersetzen (je nach gewünschter Festigkeit). Dazu die Gelatine vorher in kaltem Wasser einweichen und in die fertig gekochte Marmelade einrühren, gut vermischen und nicht mehr kochen lassen. Dann wie oben beschrieben abfüllen.
- Zur Geschmacksabrundung können vor dem Einfüllen noch 30 ml Marillenschnaps eingerührt werden.

Marillenmarmelade mit Rosenblüten

ZUTATEN FÜR CA. 8 GLÄSER À 200 ML

1,2 kg entkernte, in kleine Stücke geschnittene oder pürierte Marillen 500 g Gelierzucker 3 : 1 • 10 ml Zitronensaft oder etwas Zitronensäure 20–40 g Rosenblütenblätter • Marillenschnaps zum Verschließen

ZUBEREITUNG

Marillen mit Zitronensaft sowie Gelierzucker vermengen und am besten über Nacht stehen lassen. Unter Rühren aufkochen und 5–7 Minuten wallend kochen lassen. Gelierprobe vornehmen (s. S. 22), Rosenblütenblätter einrühren und noch einmal kurz aufwallen lassen. Sofort in vorbereitete Gläser füllen. Mithilfe einer Pipette mit einigen Tropfen Marillenschnaps beträufeln, anzünden und sofort verschließen.

TIPP: Durch die Rosenblütenblätter kann sich die Marmelade verfärben.
Foto 3 · Seite 29

Erdbeer-Apfel-Marmelade

ZUTATEN FÜR 7 GLÄSER À 180 ML
800 g halbierte oder geviertelte Erdbeeren • 400 g Apfelwürfel
500 g Gelierzucker 3 : 1 • 10 ml Zitronensaft oder Zitronensäure
eventuell 1 aufgeschnittene Vanilleschote • etwas Alkohol (80 %)

ZUBEREITUNG
Alle Zutaten miteinander vermengen und aufkochen. 5–7 Minuten wallend kochen lassen, Gelierprobe machen (s. S. 22), gegebenenfalls Vanilleschote entfernen und sofort in vorbereitete Gläser füllen. Mithilfe einer Pipette mit einigen Tropfen Alkohol beträufeln, anzünden und sofort verschließen.

TIPP: Als Einlage können Sie 1/4 TL Ingwerpulver oder frischen, klein geschnittenen Ingwer verwenden.

Erdbeer-Kiwi-Marmelade

ZUTATEN FÜR CA. 8 GLÄSER À 180 ML
900 g Erdbeeren • 300 g geschälte Kiwi • 10 ml Zitronensaft oder etwas Zitronensäure • 500 g Gelierzucker 3 : 1 • etwas Alkohol (80 %)

ZUBEREITUNG
Alle Zutaten miteinander vermengen, aufkochen, mixen und 5–7 Minuten wallend kochen lassen. Gelierprobe machen (s. S. 22) und sofort in vorbereitete Gläser füllen. Mithilfe einer Pipette mit einigen Tropfen Alkohol beträufeln, anzünden und sofort verschließen. **Foto 4 · rechts**

Erdbeer-Marillen-Marmelade

Rezept von Anna Rainer

ZUTATEN FÜR CA. 4 GLÄSER À 360 ML
600 g klein geschnittene Erdbeeren • 600 g entkernte, klein geschnittene Marillen • 10 ml Zitronensaft oder etwas Zitronensäure
500 g Gelierzucker 3 : 1 • etwas Alkohol (80 %)

ZUBEREITUNG
Alle Zutaten miteinander vermengen und am besten über Nacht stehen lassen. Unter ständigem Rühren aufkochen und 5–7 Minuten wallend kochen lassen. Gelierprobe machen (s. S. 22) und sofort in vorbereitete Gläser füllen. Mithilfe einer Pipette mit Alkohol beträufeln, anzünden und sofort verschließen.

TIPP: Für die Marmelade können die Früchte auch gemixt werden. **Foto 1 · rechts**

1 2
3 4

Erdbeermarmelade

ZUTATEN FÜR CA. 7 GLÄSER À 200 ML
1,2 kg vorbereitete Erdbeeren • 500 g Gelierzucker 3:1
Schuss Zitronensaft oder Zitronensäure • 30 ml Erdbeerlikör, Orangenlikör,
Mandellikör oder Rum • etwas Alkohol (80 %)

ZUBEREITUNG
Die Erdbeeren nur wenn notwendig waschen. Früchte putzen und pürieren. Mit Gelierzucker und Zitronensaft mischen und über Nacht kühl stellen. Unter Rühren aufkochen, 4 Minuten wallend kochen lassen. Gelierprobe machen (s. S. 22), Likör oder Rum zugeben und sofort in vorbereitete Gläser füllen. Mithilfe einer Pipette einige Tropfen Alkohol darüberträufeln, anzünden und sofort verschließen.

TIPP: Sie können den Gelierzucker auch weglassen. Dann vermischen Sie 25 g Gelatinepulver (Packungsanleitung beachten) mit 600 g Feinkristallzucker, kochen alles zusammen auf und lassen das Ganze 5 Minuten wallend kochen.

VARIANTE

Erdbeermarmelade mit Pfefferkörnern

In die fertige Marmelade 3 EL eingelegte, grüne Pfefferkörner (30 g) untermengen und nur kurz mitkochen und/oder mit frisch gemahlenem Pfeffer zusätzlich abschmecken.

TIPP: Auch einige Chilischoten oder etwas getrocknete Lavendelblätter, 1 TL Pfefferminz-, fein geschnittene Melisseblätter oder Hollerblüten können hinzugefügt werden.
Foto 2 · Seite 29

Erdbeer-Rosen-Marmelade

ZUTATEN FÜR CA. 7 GLÄSER À 200 ML
1,2 kg vorbereitete Erdbeeren • 20 g in feine Streifen geschnittene
Rosenblütenblätter • 10 ml Zitronensaft oder etwas Zitronensäure
500 g Gelierzucker 3 : 1 • etwas Alkohol (80 %)

ZUBEREITUNG
Zucker mit Erdbeeren sowie Zitronensaft vermischen und am besten über Nacht stehen lassen. Unter Rühren aufkochen und 5–7 Minuten sprudelnd kochen lassen. Gelierprobe machen (s. S. 22). Bevor sie den Topf vom Herd nehmen, die Rosenblütenblätter gut einrühren und die Marmelade sofort bis fast unter den Rand in vorbereitete Gläser füllen. Mithilfe einer Pipette einige Tropfen Alkohol darüberträufeln, anzünden und sofort verschließen.

TIPP: Zusätzlich können Sie etwas Rosenwasser oder Rosenöl als Geschmacksverstärker einrühren.

Erdbeer-Marillen-Ribisel-Marmelade

Rezept von Margit Haidinger

ZUTATEN FÜR 2 GROSSE GLÄSER À 360 ML UND 3 KLEINE GLÄSER À 180 ML
400 g vorbereitete Erdbeeren • 400 g Marillen • 400 g Ribiselsaft (s. S. 97)
10 ml Zitronensaft oder etwas Zitronensäure • 500 g Gelierzucker 3 : 1
etwas Alkohol (80 %)

ZUBEREITUNG
Alle Zutaten miteinander vermengen, aufkochen und mixen. 5–7 Minuten wallend kochen lassen, Gelierprobe machen (s. S. 22) und sofort in vorbereitete Gläser füllen. Mithilfe einer Pipette mit Alkohol beträufeln, anzünden und sofort verschließen.

TIPP: Anstelle von Ribiselsaft können Sie auch ganze Ribiseln verwenden.

Erdbeer-Ananas-Marmelade

ZUTATEN FÜR 4 GLÄSER À 270 ML
600 g vorbereitete Erdbeeren • 500 g geschälte, in Würfel geschnittene Ananas
20 ml Zitronensaft • 500 g Gelierzucker 3 : 1 • 30 ml Kirschschnaps oder Rum

ZUBEREITUNG
Erdbeeren und Ananaswürfel mit Zitronensaft und Gelierzucker aufkochen. Mixen und 4–5 Minuten wallend kochen lassen. Gelierprobe machen (s. S. 22). Gleich in vorbereitete Gläser füllen. Mithilfe einer Pipette einige Tropfen Alkohol darüberträufeln, anzünden und sofort verschließen.

TIPP: Hier können Sie zusätzlich frische, in Streifen geschnittene Minzeblätter dazugeben. Durch Zugabe von frischen Blüten und Blättern kann die Marmelade in der Farbe dunkler werden. Der Geschmack wird jedoch intensiviert.

Weitere Erdbeermarmelade-Varianten

Für die folgenden Rezepte jeweils **500 g Gelierzucker 3 : 1** und je nach Belieben noch **Zitronensaft** verwenden.

600 g Erdbeeren, 600 g Pfirsiche, 20 ml Orangenlikör, Orangenschalen
800 g Erdbeeren, 400 g Rhabarber geschält, Zitronensäure oder Saft
950 g Erdbeeren, 150 g Zitronenfruchtfleisch, 40 ml weißer Rum zur Abrundung
950 g Erdbeeren, 150 ml Hollerblütensaft
550 g Erdbeeren, 550 g Pfirsich, 100 ml Orangensaft
800 g Erdbeeren, 400 g Honigmelonenfleisch
750 g Erdbeeren, 350 g Mangofruchtfleisch, 100 ml Maracujasaft
800 g Erdbeeren, 400 g Stachelbeeren
800 g Erdbeeren, 400 g Orangenfilets, ersatzweise auch Saft
700 g Erdbeeren, 250 g Bananen, 250 g Kiwi
800 g Erdbeeren, 400 g Kirschen

Rhabarber-Erdbeer-Marmelade

ZUTATEN FÜR CA. 6 GLÄSER À 250 ML
600 g Erdbeeren • 600 g Rhabarber • Schuss Zitronensaft oder Prise Zitronensäure • 500 g Gelierzucker 3 : 1 • etwas Alkohol (80 %)

ZUBEREITUNG
Erdbeeren falls erforderlich sanft waschen, gut abtropfen lassen und in kleine Stücke schneiden oder mit dem Mixstab zerkleinern. Rhabarberstangen waschen, schälen und in 1 cm lange Stücke schneiden. Die zerkleinerten Früchte zusammen mit Zitronensaft und der Hälfte des Gelierzuckers in einen großen Topf geben, mischen und mindestens 3 Stunden oder am besten über Nacht zugedeckt stehen lassen. Unter Rühren zum Kochen bringen, restlichen Gelierzucker unterrühren und 5–10 Minuten sprudelnd kochen lassen. Nach ca. 5 Minuten die erste Gelierprobe (s. S. 22) vornehmen. Wenn die Konsistenz passt, sofort in heiß ausgespülte Gläser füllen, mithilfe einer Pipette einige Tropfen Alkohol darüberträufeln, anzünden und sofort verschließen. Eventuell aufsteigenden Schaum vor dem Einfüllen abschöpfen.

TIPPS
- Rühren Sie vor dem Abfüllen der Gläser 120 ml Eierlikör in die Marmelade, verringern Sie dann aber die Fruchtmenge um 120 g.
- Anstelle von Erdbeeren können auch Himbeeren oder Heidelbeeren verwendet werden. **Foto 3 · Seite 35**

Marmelade mit gemischten Beeren

ZUTATEN FÜR 3 GLÄSER À 390 ML UND 1 GLAS À CA. 210 ML
1 kg gemischte, frische oder tiefgekühlte Beeren • 100 ml Apfel- oder Orangensaft • 30 ml Zitronensaft oder etwas Zitronensäure
500 g Gelierzucker 3 : 1 • 30 ml Rum oder Orangenlikör • etwas Alkohol (80 %)

ZUBEREITUNG
Beeren mit Fruchtsaft, Zitronensaft und Gelierzucker mischen und ca. 3 Stunden ziehen lassen. In einem großen Topf unter Rühren aufkochen und ca. 4–5 Minuten sprudelnd kochen lassen. Gelierprobe machen (s. S. 22). Rum oder Likör einrühren und in vorbereitete, heiße Gläser füllen. Mithilfe einer Pipette einige Tropfen Alkohol darüberträufeln, anzünden und sofort verschließen.

TIPP: Ein weihnachtliches Aroma erhält die Marmelade, wenn Sie 2–3 TL Lebkuchengewürz mitkochen lassen.

VARIANTE

Für eine **HIMBEER-APFEL-MARMELADE** benötigen Sie:

500 g Gelierzucker 3 : 1 und je nach Belieben noch Zitronensaft
600 g Himbeeren, 500 g Äpfel, Orangenschale, 20 ml Himbeerschnaps

Kalt gerührte Himbeer- oder Heidelbeermarmelade

ZUTATEN FÜR CA. 4 GLÄSER À 200 ML
500 g Him- oder Heidelbeeren • ca. 250 g Feinkristallzucker • Saft einer Zitrone
ca. 4 EL Wasser • 1 gestrichener TL Zitronensäure • 1 gestrichener TL Agar-Agar

ZUBEREITUNG
Beeren mit Zucker und Zitronensaft marinieren und ca. 30 Minuten mit dem Mixer (Knethaken) langsam rühren, bis sich der Zucker vollkommen aufgelöst hat. Agar-Agar mit kaltem Wasser anrühren, mit etwas Beerenmark aufkochen, nur leicht abkühlen lassen und zur restlichen Marmelade geben. Nach Belieben kann die Marmelade vor dem Einfüllen (wegen der Kerne) auch durch ein Spitzsieb passiert werden. Im Kühlschrank ist die Marmelade ca. 2 Wochen haltbar; sie sollte nach dem Öffnen bald verbraucht werden.

TIPP: Agar-Agar ist ein pflanzliches Geliermittel und beginnt schon im lauwarmen Zustand zu stocken. **Foto 2 · Seite 35**

Waldbeerenmarmelade   Rezept von Hilde Lasser

ZUTATEN FÜR CA. 7 GLÄSER À 200 ML
330 g Brombeeren • 330 g Himbeeren • 330 g Walderdbeeren
500 g Gelierzucker 3 : 1 • etwas Alkohol (80 %)

ZUBEREITUNG
Brom- und Himbeeren mit Gelierzucker kurz aufkochen, eventuell passieren, Walderdbeeren zufügen und 2–3 Minuten kochen lassen. Gelierprobe machen (s. S. 22). Sofort in Gläser füllen, mit einer Pipette einige Tropfen Alkohol darüberträufeln, anzünden und sofort verschließen.

TIPP: Als Einlage können Sie ganze Beeren zufügen.

Ribisel-Marillen-Marmelade

Rezept von Christine Lasser

ZUTATEN FÜR CA. 3 GLÄSER À 360 ML UND 1 GLAS À 180 ML
600 g Ribiselsaft (s. S. 97) • 600 g entkernte, klein geschnittene Marillen
500 g Gelierzucker 3 : 1 • 10 ml Zitronensaft • etwas Alkohol (80 %)
eventuell etwas Pektin

ZUBEREITUNG
Ribiselsaft mit den klein geschnittenen Marillen, Zitronensaft sowie Gelierzucker vermischen und über Nacht zugedeckt stehen lassen. Gegebenenfalls pürieren und ca. 4 Minuten sprudelnd einkochen. Gelierprobe machen (s. S. 22), eventuell Pektin zufügen und sofort in vorbereitete Gläser füllen. Mithilfe einer Pipette einige Tropfen Alkohol darüberträufeln, anzünden und sofort verschließen.

Linsenmarmelade

ZUTATEN FÜR CA. 6 GLÄSER À 210 ML
330 g rote oder gelbe Linsen • 1 l Mineralwasser • 350 bis 400 g Gelierzucker 3:1
1 aufgeschnittene Vanilleschote • 20 g frischer oder kandierter Ingwer
1 unbehandelte Zitronenschale • 50 ml Zitronensaft • 40 ml Cointreau
etwas Alkohol (80 %)

ZUBEREITUNG

Linsen in kochendem Wasser ca. 5 Minuten blanchieren, abgießen und auskühlen lassen.
Mit Wasser ca. 20 Minuten weich kochen und ableeren (ergibt ca. 800 g fertig gekochte Linsen). Linsen mit Mineralwasser, Vanille, Ingwer, Zitronensaft und Zitronenschale 15–20 Minuten kochen. 1/3 der Linsen herausnehmen und beiseite stellen. Restliche Linsen mixen und die beiseite gestellten Linsen wieder untermengen. Gelierzucker einrühren und 5–6 Minuten sprudeln kochen. Gelierprobe machen (s. S. 22). Cointreau einrühren und sofort in vorbereitete Gläser füllen. Mithilfe einer Pipette einige Tropfen Alkohol darüberträufeln, anzünden und gleich verschließen.

TIPPS

- Statt Mineralwasser können Sie auch Wein, Most, Orangen- oder Apfelsaft verwenden.
- Den Gelierzucker können Sie durch Rohrzucker und Pektin ersetzen.
- Wer will, kann zusätzlich 20 ml Amaretto oder einige Tropfen Bittermandelöl einrühren.

Ribisel-Kürbis-Marmelade

ZUTATEN FÜR CA. 4 GLÄSER À 360 ML UND 1 GLAS À 180 ML
600 g kleinwürfelig geschnittenes Kürbisfleisch (Muskat oder Hokkaido)
600 g Ribiselsaft (s. S. 97) • 500 g Gelierzucker 3 : 1 • ca. 500 ml Wasser
frisch geriebene Zitronenschale, ersatzweise Zitronenschalenpulver (s. S. 295)
20 ml Zitronensaft • etwas Alkohol (80 %)

ZUBEREITUNG

Kürbisfleisch mit Wasser in einem Topf weich kochen sowie pürieren oder mixen und auskühlen lassen. Mit Ribiselsaft, Zitronensaft oder -schale sowie Gelierzucker vermischen. Zum Kochen bringen und ca. 4 Minuten kochen lassen. Gelierprobe vornehmen (s. S. 22) und sofort in Gläser füllen. Mithilfe einer Pipette einige Tropfen Alkohol darüberträufeln, anzünden und gleich verschließen.

TIPPS

- Eine besonders würzige Note erhält die Marmelade, wenn Sie unter die Hälfte der Masse etwa 20 g grüne, eingelegte Pfefferkörner mischen.
- Statt Kürbis können Sie auch Karotten verwenden.

1 2
3 4

Fenchel-Anis-Marmelade

ZUTATEN FÜR 4 GLÄSER À CA. 210 ML

600 g in kleine Würfel geschnittener Fenchel • 300 g Gelierzucker 3 : 1
1 TL grob gemahlener Anis • 200 ml Wasser oder Apfelsaft • 40 ml Anisschnaps
Prise Salz • 10 ml Zitronensaft • etwas Alkohol (80 %)

ZUBEREITUNG

Fenchel mit Wasser, Anis, Salz und Zitronensaft 10–15 Minuten weich kochen, eventuell mixen. Gelierzucker einrühren und ca. 4–5 Minuten wallend kochen lassen Gelierprobe machen (s. S. 22). Anisschnaps einrühren und in vorbereitete Gläser füllen. Mithilfe einer Pipette einige Tropfen Alkohol darüberträufeln, anzünden und sofort verschließen.

VARIANTEN: Probieren Sie je zur Hälfte Fenchel und Apfel oder Fenchel mit Kürbiswürfeln. **Foto 4 · Seite 35**

Kiwi-Rosen-Marmelade

ZUTATEN FÜR CA. 3 GLÄSER À 200 ML

400 g geschälte, zerkleinerte Kiwi • 200 ml Weißwein, Most, Apfel- oder Traubensaft (ersatzweise Wasser) • 10 ml Zitronensaft oder etwas Zitronensäure • 250 g Gelierzucker 3 : 1 • 20 g in feine Streifen geschnittene Rosenblütenblätter • etwas Alkohol (80 %)

ZUBEREITUNG

Alle Zutaten (außer Rosenblütenblätter) miteinander vermischen, unter Rühren aufkochen und mit dem Mixstab mixen. 5–7 Minuten wallend kochen lassen, Gelierprobe machen (s. S. 22) und die Rosenblütenblätter einrühren. Anschließend sofort in vorbereitete Gläser füllen, mithilfe einer Pipette einige Tropfen Alkohol darüberträufeln, anzünden und sofort verschließen.

TIPP: Der Rosengeschmack kann durch Beigabe von Rosenwasser oder Rosensirup verstärkt werden. **Foto 1 · Seite 35**

Kirschen-Marillen-Marmelade

ZUTATEN FÜR CA. 5 GLÄSER À 250 ML

600 g entsteinte Kirschen • 600 g entsteinte Marillen • 500 g Gelierzucker 3 : 1
20 ml Rum • eventuell 1 TL Pektin zum Eindicken • etwas Alkohol (80 %)

ZUBEREITUNG

Die Marillen eventuell mit heißem Wasser überbrühen und die dünne Schale abziehen. In Würfel schneiden (oder pürieren) und mit den Kirschen sowie dem Gelierzucker unter Rühren aufkochen. 5 Minuten kochen lassen und Gelierprobe machen (s. S. 22). Vor dem Abfüllen den Rum einrühren und sofort in vorbereitete Gläser füllen. Mithilfe einer Pipette einige Tropfen Alkohol darüberträufeln, anzünden und sofort verschließen.

TIPP: Den Saft, der beim Entsteinen austritt, auffangen und mitverwenden.

VARIANTE: Statt Kirschen können Sie Weichseln und statt Marillen Pfirsiche verwenden.

Marillen-Brombeer-Marmelade

ZUTATEN FÜR CA. 8 GLÄSER À 180 ML
1 kg entsteinte Marillen • 200 g Brombeeren • 10 ml Zitronensaft
500 g Gelierzucker 3 : 1 • etwas Alkohol (80 %)

ZUBEREITUNG
Marillen mit Zitronensaft und Gelierzucker vermengen und am besten über Nacht stehen lassen. Unter Rühren aufkochen, Brombeeren dazugeben und mixen. 5–7 Minuten wallend kochen lassen, Gelierprobe machen (s. S. 22) und sofort in vorbereitete Gläser füllen. Mithilfe einer Pipette mit Alkohol beträufeln, anzünden und sofort verschließen.

TIPPS
- Anstelle von Brombeeren können auch entsteinte Weichseln, Pfirsiche, Nektarinen, Himbeeren, Heidelbeeren, Kiwis, Bananen (mit Prise Nelken, Kardamom und Muskatnuss), Ananas, Melonen oder Ribiseln dazugegeben werden.
- Das Verhältnis von Marillen zu anderen Früchten kann auch auf 3 : 1 geändert werden.

Weichsel-Marillen-Marmelade

ZUTATEN FÜR CA. 5 GLÄSER À 250 ML
600 g Weichseln • 600 g entsteinte, in Stücke geschnittene Marillen oder Pfirsiche • 150–200 g Honig • 30 ml Rum (40 %) • 1–2 TL Pektin
etwas Alkohol (80 %)

ZUBEREITUNG
Eventuell die Marillen blanchieren und häuten. In Würfel schneiden und mit den Kirschen sowie dem Honig mischen. Unter Rühren aufkochen, nach Belieben grob oder fein pürieren und 5 Minuten kochen lassen. Mittels Schneebesen Pektin einrühren und nochmals ca. 5 Minuten kochen lassen. Gelierprobe machen (s. S. 22). Vor dem Abfüllen Rum einrühren. Sofort in vorbereitete Gläser füllen und mithilfe einer Pipette mit einigen Tropfen Alkohol beträufeln, anzünden und sofort verschließen.

TIPPS
- Diese Marmelade schmeckt sehr frisch und fruchtig und nicht so süß. Sie hält sich aber aufgrund von Honig als Süßungsmittel nicht so lange wie mit Zucker hergestellte; daher nur kleine Mengen bereiten. Eventuell etwas Einsiedehilfe dazugeben.
- Statt Weichseln können auch Kirschen verwendet werden.
- Vermischen Sie das Pektin vor dem Einrühren mit etwas Zucker.

Marillen-Kokos-Marmelade

Rezept von Wilfried Scheutz

ZUTATEN FÜR CA. 10 GLÄSER À 250 ML
2 kg reife, klein geschnittene Marillen • 1 daumengroßes Stück geraspelte Ingwerwurzel • 500 g Gelierzucker 3 : 1 • 1 P. Gelierpulver 3 : 1 (25 g) etwas Kurkuma und Chilipulver • 40 ml guter Marillenschnaps
1 Dose Kokosmilch • etwas Alkohol (80 %)

ZUBEREITUNG
Marillen mit Ingwer vermischen, aufkochen und einkochen lassen. Gelierzucker, Gelierpulver, restliche Gewürze und Kokosmilch dazugeben, nach Belieben pürieren und kochen lassen. Gelierprobe machen (s. S. 22). Marillenschnaps unterrühren und sofort in vorbereitete Gläser füllen. Mithilfe einer Pipette einige Tropfen Alkohol darüberträufeln, anzünden und gleich verschließen.

Weichselmarmelade mit Vanille und Rum

ZUTATEN FÜR CA. 6 GLÄSER À 250 ML
1,2 kg entstielte, entkernte Weichseln • 500 g Gelierzucker 3 : 1
2 aufgeschnittene Vanillestangen • 10 ml Zitronensaft oder 1/4 TL Zitronensäure • 20 ml Rum • etwas Alkohol (80 %)

ZUBEREITUNG
Die Hälfte der Weichseln mit Zucker vermischen, einige Zeit stehen lassen, dann mit dem Mixstab pürieren. Restliche Weichseln, Zitronensaft und Vanille dazugeben. Unter Rühren zum Kochen bringen und 4–5 Minuten wallend kochen lassen. Gelierprobe vornehmen (s. S. 22). In vorbereitete Gläser füllen und mithilfe einer Pipette einige Tropfen Alkohol darüberträufeln, anzünden und sofort verschließen.

Weichsel-Ingwer-Marmelade

ZUTATEN FÜR 2 GLÄSER À 390 ML UND 3 GLÄSER À 250 ML
1,2 kg entsteinte Weichseln • 30 g frisch geriebener oder kandierter Ingwer
500 g Gelierzucker 3 : 1 • 20 ml Zitronensaft • Schale einer unbehandelten Zitrone oder Zitronenschalenpulver (s. S. 295) • eventuell Prise Zimt, Nelken oder Muskatnuss • etwas Alkohol (80 %)

ZUBEREITUNG
Alle Zutaten miteinander vermischen, aufkochen und 4–5 Minuten wallend kochen lassen. Gelierprobe machen (s. S. 22) und sofort in vorbereitete Gläser füllen. Mithilfe einer Pipette einige Tropfen Alkohol darüberträufeln, anzünden und gleich verschließen.

Bananenmarmelade

Aus überreifen Bananen lässt sich eine herrliche Marmelade bereiten.

ZUTATEN FÜR CA. 3 GLÄSER À 190 ML UND 3 GLÄSER À 220 ML
900 g geschälte, überreife Bananen • 200 ml Weißwein • 40 ml Rum (80 %) oder Weinbrand • 500 g Gelierzucker 3 : 1 • 30 ml Zitronen- oder Limettensaft eventuell 1 aufgeschnittene Vanilleschote • etwas Alkohol (80 %)

ZUBEREITUNG
Weißwein mit Zitronensaft aufkochen, Bananen dazugeben und darin pürieren. Mit Zucker vermischen, Vanille zufügen, aufkochen und ca. 4 Minuten kochen lassen. Dabei darauf achten, dass sich die Masse nicht am Topfboden anlegt. Gelierprobe machen (s. S. 22). Von der Kochstelle nehmen und den Rum einrühren. Vanilleschote entfernen. Sofort in Gläser füllen, mit einer Pipette einige Tropfen Alkohol darüberträufeln, anzünden und sofort verschließen.

TIPPS
- Sollte die Marmelade vorwiegend für Kinder verwendet werden, den Alkohol durch Orangen-, Maracuja- oder Ananassaft ersetzen.
- Wenn Sie vor dem Einfüllen noch 60 g zerkleinerte Schokolade in der Marmelade auflösen und unterrühren, bekommt die Marmelade eine eigene Note.
- Statt Rum eignet sich auch Eier-, Bananen-, Kokos- oder Orangenlikör.

BANANENMARMELADE EIGNET SICH SEHR GUT ALS BASIS FÜR MILCHMIXGETRÄNKE:
1–2 EL Marmelade in ein hohes Glas füllen, 2–3 Eiswürfel dazugeben, mit Milch aufgießen und mit einem Mixstab sehr schaumig aufmixen. Je nach Belieben Kristall- oder Vanillezucker einrühren.

VARIANTEN

Bananen harmonieren auch mit anderen Früchten sehr gut. Für die folgenden Rezepte jeweils **500 g Gelierzucker 3 : 1** und **20 ml Zitronensaft** verwenden und genauso wie im obigen Rezept beschrieben zubereiten:

900 g Erdbeeren, 300 g Bananen
900 g entkernte Kirschen oder Weichseln, 300 g Bananen
800 g Erdbeeren, 200 g Kiwi, 200 g Bananen
900 g schwarze Ribiseln, 300 g Bananen
900 g Brombeeren, 300 g Bananen
400 g Mangos, 400 g Bananen, 400 g Orangen- oder Mandarinenfilets
    ohne Kerne
500 g Zwetschken, 500 g Pfirsiche oder Marillen, 200 g Bananen
800 g Himbeeren, 400 g Bananen
800 g Kiwis, 400 g Bananen
500 g Kiwis, 400 g Äpfel, 300 g Bananen
450 g Birnen oder Äpfel, 450 g Brombeeren, 300 g Bananen

Bratapfelmarmelade mit Zimt und Nüssen

ZUTATEN FÜR 14–15 GLÄSER À 200 ML
3 1/2 kg säuerliche Äpfel (ca. 20 Stück) • 1,2 kg Gelierzucker 3 : 1
Walnüsse nach Geschmack • Saft einer halben Zitrone • 250 g Feinkristallzucker zum Wälzen • ca. 60 ml Öl zum Bepinseln • eventuell 1 kleines Stück Zimtrinde • 1/2 TL Zimtpulver • etwas Alkohol (80 %)

ZUBEREITUNG
Äpfel rundum mit Öl bepinseln und in Feinkristallzucker wälzen oder gut damit bestreuen **(1)**. Im vorgeheizten Rohr bei 250 °C ca. 45 Minuten (eventuell Zimtrindenstücke beigeben) weich braten **(2)**. Die Äpfel passieren **(3/4)** (ergibt ca. 2,4 kg Mus), mit Gelierzucker sowie Zitronensaft bis zur Gelierprobe (s. S. 22) kochen lassen **(5)**. Walnüsse im Rohr etwas bräunen, reiben und je nach Geschmack zur Marmelade geben **(6)**. Mit etwas Zimt abschmecken. Sofort in Gläser füllen, mit einer Pipette Alkohol darüberträufeln, anzünden und sofort verschließen **(8–12)**.

TIPPS
- Sollten die Äpfel nicht so saftig sein, können Sie nach dem Passieren bzw. schon während des Kochens zusätzlich etwas Apfelsaft einrühren.
- Diese Marmelade eignet sich bestens als Fülle für Palatschinken, Torten bzw. Rouladen.

Weihnachtsmarmelade 1

ZUTATEN FÜR 3 GLÄSER À 390 ML UND 1/2 GLAS À CA. 210 ML
500 g geschälte, entkernte, in Würfel geschnittene Äpfel • 600 g entkernte, in kleine Stücke geschnittene Zwetschken • 100 ml Rotwein • 20 ml Zitronensaft oder Zitronensäure • 5 g Zitronenschalenpulver (s. S. 295) oder frisch geriebene Zitronenschale • 1–2 TL Lebkuchengewürz • 350 g Feinkristallzucker, Fruchtzucker oder Diabetikersüße • 30 ml Rum (80 %) • 40 g geröstete Mandel- oder Haselnussblättchen • ca. 2 TL Agar-Agar • etwas Alkohol (80 %)

ZUBEREITUNG
Agar-Agar mit der Hälfte des Rotweins mithilfe eines Schneebesens verrühren und einige Zeit quellen lassen. Restlichen Rotwein mit Äpfeln, Zwetschken, Zitronensaft, -schale, Lebkuchengewürz und Zucker aufkochen und 5–10 Minuten sprudelnd kochen lassen. Angerührtes Agar-Agar mit einem Schneebesen in die kochende Masse einrühren und nochmals 2 Minuten gut aufkochen lassen. Gelierprobe machen (s. S. 22). Rum und Mandelblättchen unterrühren und in vorbereitete, heiße Gläser füllen. Mithilfe einer Pipette einige Tropfen Alkohol darüberträufeln, anzünden und sofort verschließen. Die Gläser anfangs ruhig stehen lassen und nicht bewegen, damit die Masse gut stocken kann.

TIPP: Dieses Rezept kann auch ohne Agar-Agar und Zucker zubereitet werden. In diesem Fall nehmen Sie 500 g Gelierzucker 3 : 1.

MARMELADEN · GELEES · AUFSTRICHE

Weihnachtsmarmelade 2

ZUTATEN FÜR 10 GLÄSER À CA. 210 ML
1,2 kg grob geschnittene Äpfel mit Schale und Kerngehäuse
200 ml Orangensaft • 100 ml Wasser • 50 ml Zitronensaft
600 g Gelierzucker 3 : 1 • 50 g Walnüsse • 50 g Feinkristallzucker
130 g Orangenwürfel • 100 g Rumrosinen • 10 ml Cointreau (60 %)
etwas Lebkuchengewürz, Zimt, Vanillezucker oder aufgeschnittene
Vanilleschote • etwas Alkohol (80 %)

ZUBEREITUNG
Äpfel mit Zitronensaft, Wasser, Orangensaft und Gewürzen zugedeckt ca. 35 Minuten weich kochen und durch ein Sieb passieren: Es bleiben ca. 1,3 kg Apfelmasse (je nach Ausbeute der Äpfel), mit Wasser auf 1,4 kg auffüllen. Die Orangen schälen, Innenhaut und Kerne entfernen und in kleine Würfel schneiden. Feinkristallzucker in einer beschichteten Pfanne hellbraun schmelzen, die Walnüsse dazugeben und kurz mitrösten. Auf eine Silikonmatte oder mit Öl bestrichene Fläche leeren und auskühlen lassen. Silikonmatte entfernen und Krokant mit einem Cutter grob zerkleinern. Das Apfelmus mit Rumrosinen, Orangenwürfeln und Gelierzucker verrühren und aufkochen. Walnusskrokant einrühren und das Ganze 4–5 Minuten wallend kochen lassen. Gelierprobe machen (s. S. 22), eventuell noch abschmecken. Cointreau einrühren und sofort in vorbereitete Gläser füllen. Mithilfe einer Pipette einige Tropfen Alkohol darüberträufeln, anzünden und gleich verschließen.

Apfelstrudelmarmelade

ZUTATEN FÜR 3 GLÄSER À 390 ML UND 1 GLAS À CA. 210 ML
1 kg geschälte, entkernte, in kleine Würfel geschnittene Äpfel
200 ml Apfelsaft oder Weißwein • 500 g Gelierzucker 3 : 1
30 ml Zitronensaft oder Zitronensäure • 50 g grob gehackte Walnüsse
(ersatzweise Haselnüsse, Sonnenblumenkerne oder Mandeln)
50 g Rumrosinen • Prise fein gemahlener Zimt • Prise fein gemahlenes
Nelkenpulver • 30 ml Rum (60 oder 80 %) oder Apfelschnaps
etwas Alkohol (80 %)

ZUBEREITUNG
Äpfel mit Apfelsaft oder Weißwein, Gelierzucker, Zitrone und Gewürzen (eventuell schon am Vortag und über Nacht zugedeckt marinieren lassen) mischen und in einen breiten Kochtopf füllen. Unter Rühren aufkochen und 4–5 Minuten wallend kochen lassen. Gelierprobe machen (s. S. 22). Nüsse, Rosinen und Rum oder Apfelschnaps einrühren und in vorbereitete, heiße Gläser füllen. Mithilfe einer Pipette einige Tropfen Alkohol darüberträufeln, anzünden und sofort verschließen.

Apfel-Karotten-Marmelade

ZUTATEN FÜR 4 GLÄSER À 270 ML
500 g geschälte, kleinwürfelig geschnittene Karotten
ca. 400 ml Wasser zum Kochen, ersatzweise Weißwein oder Orangensaft
500 g geschälte, kleinwürfelig geschnittene Äpfel • 300 ml Weißwein
30 ml Zitronensaft • 500 g Gelierzucker 3 : 1 • 60 ml Apfelschnaps
Prise Muskatnuss und Nelken • etwas Alkohol (80 %)

ZUBEREITUNG
Die Karotten mit Wasser in einen Topf geben und bei mäßiger Hitze ca. 15 Minuten weich kochen. Äpfel, Zucker und Zitronensaft dazugeben und 4–5 Minuten wallend kochen lassen. Gelierprobe machen (s. S. 22) und Schnaps einrühren. In vorbereitete Gläser füllen und mithilfe einer Pipette einige Tropfen Alkohol darüberträufeln, anzünden und sofort verschließen.

TIPPS
- Diese Marmelade können Sie ebenso mit Kürbis, gelben Rüben, Tomaten, Pastinaken oder Zucchini zubereiten.
- Wer mag, kann die Marmelade auch mixen.
- Zusätzlich können Sie die Marmelade mit 2–3 TL geriebenem oder kandiertem Ingwer, Kardamom, Piment, Zimt, Lebkuchengewürz, Orangen- oder Zitronenschale würzen. **Foto 1 · Seite 44**

Apfelmarmelade mit Marzipan

ZUTATEN FÜR 3 GLÄSER À 390 ML UND 1 GLAS À CA. 210 ML
1 kg geschälte, entkernte, in kleine Würfel geschnittene Äpfel
200 ml Apfelsaft oder Weißwein • 500 g Gelierzucker 3 : 1
30 ml Zitronensaft oder Zitronensäure • 50 bis 80 g Marzipan
eventuell einige Tropfen Bittermandelöl • 30 ml Rum (60 oder 80 %)
oder Apfelschnaps • etwas Alkohol (80 %)

ZUBEREITUNG
Äpfel mit Apfelsaft oder Weißwein, Gelierzucker, Zitrone (eventuell schon am Vortag und über Nacht zugedeckt marinieren lassen) mischen und in einen breiten Kochtopf füllen. Unter Rühren aufkochen und 4–5 Minuten wallend kochen lassen. Gelierprobe machen (s. S. 22). Marzipan einrühren, noch einmal aufkochen, Bittermandelöl, Rum oder Apfelschnaps einrühren und in vorbereitete, heiße Gläser füllen. Mithilfe einer Pipette einige Tropfen Alkohol darüberträufeln, anzünden und sofort verschließen

TIPP: Zusätzlich können Sie die Marmelade mit etwas Zimt, Nelken, Lebkuchengewürz, Rosenblütenwasser oder Orangenschale geschmacklich abändern.
Als Einlage noch 60 g in Rum eingelegte Rosinen untermengen. **Foto 4 · Seite 45**

1 | 2

Apfel-Karamell-Marmelade

ZUTATEN FÜR 6 GLÄSER À CA. 210 ML
1 kg geschälte, in kleine Würfel geschnittene Äpfel
500 g Feinkristallzucker • 40 ml Zitronensaft • 200 ml Orangensaft oder Wein
80 g in Rum eingeweichte Rosinen • eventuell Prise Zimt • ca. 2 TL Pektin

ZUBEREITUNG
Zucker in einer Pfanne heiß werden lassen und karamellisieren, mit Orangen- und Zitronensaft ablöschen, die Äpfel beigeben und 5–10 Minuten bissfest kochen. Pektin mit etwas Zucker vermischen und mithilfe eines Schneebesens Pektin einrühren und noch 1 Minute sprudelnd kochen lassen. Gelierprobe machen (s. S. 22). In vorbereitete Gläser füllen und mit einer Pipette einige Tropfen Alkohol darüberträufeln, anzünden und sofort verschließen. **Foto 3**

Winterapfelmarmelade

ZUTATEN FÜR 3 GLÄSER À 390 ML UND 1 GLAS À CA. 210 ML
700 ml Apfelsaft • 500 g geschälte, entkernte, in Würfel geschnittene Winteräpfel • 30 ml Zitronensaft oder etwas Zitronensäure
30 ml Rum (60 oder 80 %) oder Orangenlikör • 350 g Feinkristallzucker
1–2 TL Lebkuchengewürz • ca. 2 TL Agar-Agar • 1 aufgeschnittene Vanillestange • eventuell 1–2 TL selbst hergestelltes Apfelschalenpulver (s. S. 295)
etwas Alkohol (80 %)

ZUBEREITUNG
Agar-Agar mit 50 ml Apfelsaft mittels Schneebesen verrühren und einige Zeit quellen lassen. Restlichen Apfelsaft mit Zitronensaft, Zucker, Gewürzen sowie Apfelwürfeln aufkochen und die Äpfel weich kochen, eventuell mixen. Agar-Agar mithilfe eines Schneebesens gut einrühren und nochmals ca. 2 Minuten kochen lassen. Gelierprobe machen (s. S. 22). Rum unterrühren und gleich in vorbereitete Gläser füllen. Mithilfe einer Pipette einige Tropfen Alkohol darüberträufeln, anzünden und sofort verschließen. **Foto 2**

Stachelbeermarmelade

ZUTATEN FÜR 7 GLÄSER À 200 ML
ca. 1,2 kg unreife Stachelbeeren • 500 g Gelierzucker 3 : 1

ZUBEREITUNG
Stachelbeeren von Stielen sowie Blumen befreien und gut waschen. Mit wenig Wasser in eine Kasserolle geben und so lange ins ca. 130 °C vorgeheizte Rohr stellen, bis sie platzen und weich sind, dann passieren. 1 kg Fruchtpüree mit Gelierzucker aufkochen und sprudelnd einige Minuten kochen lassen. Vor dem Abfüllen eine Gelierprobe machen (s. S. 22). Sofort in Gläser füllen, mit einer Pipette einige Tropfen Alkohol darüberträufeln, anzünden und gleich verschließen.

TIPP: Stachelbeermarmelade passt gut zu Wild- oder Rindsbraten.

Birnen-Melisse-Marmelade

ZUTATEN FÜR 6 GLÄSER À CA. 210 ML
1 kg in kleine Würfel geschnittene Birnen • ca. 400 ml Wasser
500 g Gelierzucker 3 : 1 • 40 ml Zitronensaft • 5–7 Beutel Melissentee
etwas Alkohol (80 %)

ZUBEREITUNG
Wasser aufkochen und Melissentee einrühren. 8–10 Minuten ziehen lassen und abseihen. Tee mit den Birnen vermischen und ca. 10 Minuten weich kochen. Gelierzucker und Zitronensaft dazugeben und unter Rühren 4–5 Minuten wallend kochen lassen. Gelierprobe machen (s. S. 22). In vorbereitete Gläser füllen, mithilfe einer Pipette einige Tropfen Alkohol darüberträufeln und sofort verschließen.

TIPPS
- Statt Birnen können Sie auch Äpfel verwenden.
- Eventuell können Sie noch klein geschnittene Melissenblätter einmengen und etwas Wasser durch Melissensaft ersetzen.
- Wacholderbeeren und Gin passen geschmacklich ebenfalls sehr gut dazu.

Birnenmarmelade

ZUTATEN FÜR 4 GLÄSER À CA. 210 ML
1 kg geschälte, entkernte und in kleine Würfel geschnittene Birnen
500 g Gelierzucker 3 : 1 • 200 ml Orangensaft oder beliebiger anderer
Fruchtsaft, Wein, Wasser oder Most • 20 ml Zitronensaft • 6 Gewürznelken
20 ml Gin • eventuell Stück Zimtrinde bzw. aufgeschnittene Vanilleschote

ZUBEREITUNG
Die Früchte je nach Festigkeit mit Saft 5–10 Minuten kochen (bei längerer Kochzeit Flüssigkeitsmenge erhöhen), restliche Zutaten dazumischen und unter ständigem Rühren aufkochen, eventuell mixen und 4–5 Minuten sprudelnd kochen lassen. Gelierprobe machen (s. S. 22). Sofort in vorbereitete Gläser füllen, mithilfe einer Pipette einige Tropfen Alkohol darüberträufeln, anzünden und gleich verschließen.

TIPPS
- Zum Parfümieren der Marmelade können Sie vor dem Einfüllen noch etwas Birnenschnaps, Gin, Whiskey, Orangenlikör oder Portwein einrühren.
- Als zusätzliche Geschmacksträger dienen gemahlene Pimentkörner, Anissterne, Zimtblüten, Koriander, Wacholderbeeren, Bittermandelöl, Lebkuchengewürz, Ingwer, Walnusskrokant, Pfefferminz- oder Melissenblätter, klein geschnittenes Zitronat oder Aranzini, aber auch in Rum eingelegte Rosinen, Feigen oder Datteln und vieles mehr.

Orangenmarmelade

ZUTATEN FÜR 18–20 GLÄSER À 200 ML
3 kg unbehandelte Orangen • 2 kg Feinkristallzucker
60 g Pektin oder 3 gestrichene TL Agar-Agar

ZUBEREITUNG
2 kg der Orangen mit Schale vierteln **(1)** und über Nacht im lauwarmen Wasser einweichen **(2)**. Am nächsten Tag ca 10 Minuten in kräftigem Salzwasser kochen **(3)** und am besten wieder über Nacht in Wasser einweichen **(4)**. Wasser eventuell öfters wechseln bzw. abschütten. Danach die Orangen zerkleinern. Restliche Früchte auspressen und den Saft mit Zucker und Pektin bzw. Agar-Agar vermischen **(5–7)**. Aufkochen, 10 Minuten sprudelnd kochen lassen und dann im Turmmixer pürieren **(8)**. Gelierprobe machen **(10)** (s. S. 22). Sofort in Gläser füllen, mit einer Pipette einige Tropfen Alkohol darüberträufeln, anzünden und gleich verschließen **(11–12)**.

| 1 | 2 |
| 3 | 4 |

| 5 | 6 |
| 7 | 8 |

| 9 | 10 |
| 11 | 12 |

MARMELADEN · GELEES · AUFSTRICHE

47

Ananasmarmelade mit Kokosflocken

Rezept von Gerlinde Fischer

ZUTATEN FÜR 3 GLÄSER À 390 ML
850 g geschälte, in Würfel geschnittene Ananas • 500 g Gelierzucker 3 : 1
100 ml Kokosmilch • 50 g Kokosflocken • 40 ml weißer oder brauner Rum,
Malibu oder Bacardi • 20 ml Zitronensaft • ca. 1 1/2 TL Pektin
eventuell 1 aufgeschnittene Vanilleschote • etwas Alkohol (80 %)

ZUBEREITUNG
Ananas mit Gelierzucker, Zitronensaft und Kokosmilch aufkochen, mixen und 4–5 Minuten kochen lassen. Kokosflocken unter- sowie Pektin einrühren und nochmals 1 Minute kochen lassen. Gelierprobe machen (s. S. 22). Likör einrühren. In vorbereitete Gläser füllen, mithilfe einer Pipette einige Tropfen Alkohol darüberträufeln, anzünden und sofort verschließen.

TIPP: Anstelle von Kokosflocken können Sie kandierten oder eingelegten Ingwer in kleine Würfel schneiden oder frischen Ingwer oder 50 g Mandelblättchen oder grob geraspelte Bitterschokolade (Orangen-, Erdbeer- oder Limettengeschmack) beigeben.
Foto 4 · links

Ananas-Kiwi-Marmelade

ZUTATEN FÜR CA. 4 GLÄSER À 270 ML
500 g geschälte, in Würfel geschnittene Ananas • 300 g geschälte, zerkleinerte
Kiwi • 200 ml Apfelsaft, Orangensaft, Weißwein oder Kokosnussmilch
10 ml Zitronensaft oder etwas Zitronensäure • 1 aufgeschnittene Vanilleschote
500 g Gelierzucker 3 : 1 • eventuell etwas Pektin • etwas Alkohol (80 %)

ZUBEREITUNG
Alle Zutaten miteinander vermengen, einige Stunden, am besten über Nacht marinieren lassen, aufkochen, Vanilleschote entfernen, eventuell mixen und 5–7 Minuten wallend kochen lassen. Gelierprobe machen (s. S. 22), eventuell mithilfe eines Schneebesens Pektinpulver in die heiße Masse einrühren (Pulver mit etwas Staub- oder Feinkristallzucker vermischen, damit das Gelee nicht klumpt). Die Kochzeit beträgt dann noch eine weitere Minute. Sofort in vorbereitete Gläser füllen. Mithilfe einer Pipette mit einigen Tropfen Alkohol beträufeln, anzünden und sofort verschließen.

TIPP: Anstelle von Kiwi kernlose Weintrauben, Brombeeren, Heidelbeeren, Himbeeren, Birnen, Äpfel, Pfirsiche, Ribiseln, Erdbeeren, Mandarinen, Mangos, rosa Grapefruitfleisch oder Papayas verwenden. **Foto 3 · links**

Ananas-Melonen-Marmelade

ZUTATEN FÜR CA. 4 GLÄSER À 270 ML

700 g geschälte, in Würfel geschnittene Ananas • 300 g geschälte, in Würfel geschnittene Honigmelone • 10 ml Zitronensaft oder etwas Zitronensäure
Eventuell etwas Pektin • 500 g Gelierzucker 3 : 1 • etwas Alkohol (80 %)

ZUBEREITUNG

Alle Zutaten miteinander vermengen, aufkochen, mixen und 5–7 Minuten wallend kochen lassen. Gelierprobe machen (s. S. 22), eventuell mithilfe eines Schneebesens Pektinpulver in die heiße Masse einrühren (Pulver mit etwas Staub- oder Feinkristallzucker vermischen, damit das Gelee nicht klumpt). Die Kochzeit beträgt dann noch eine weitere Minute. Sofort in vorbereitete Gläser füllen. Mithilfe einer Pipette mit einigen Tropfen Alkohol beträufeln, anzünden und sofort verschließen.

TIPPS

- Anstelle von Melone kernlose Weintrauben, Brombeeren, Heidelbeeren, Himbeeren, Birnen, Äpfel, Pfirsiche, Ribiseln, Erdbeeren, Mandarinen, Mangos oder Papayas verwenden.
- Zusätzlich mit Rum abschmecken. **Foto 2 · Seite 48**

Honig-Apfel-Marmelade mit Sonnenblumenkernen

ZUTATEN FÜR 3 GLÄSER À CA. 210 ML

500 g geschälte, fein geriebene Äpfel • 1 EL geriebene Apfelschalen • 250 g Honig
5 g Zitronenschalenpulver (s. S. 295) oder frisch geriebene, unbehandelte Zitronenschale • 40 ml Zitronensaft • 30 g Rumrosinen • 10 g Vanillezucker
50 g leicht geröstete Sonnenblumenkerne • 1 TL Pektin • etwas Alkohol (80 %)

ZUBEREITUNG

Äpfel mit Vanillezucker, Apfelschalen, Zitronensaft und -schale ca. 10 Minuten kochen. Honig untermischen, Rosinen sowie Sonnenblumenkerne dazugeben und Pektin mittels Schneebesen einrühren. Nochmals 1 Minute kochen lassen und Gelierprobe machen (s. S. 22). In vorbereitete Gläser füllen, mithilfe einer Pipette einige Tropfen Alkohol darüberträufeln, anzünden und sofort verschließen. **Foto 1 · Seite 48**

Hagebuttenmarmelade

ZUTATEN FÜR 5 GLÄSER À CA. 210 ML

500 g entstielte, von Blüten befreite Hagebutten • 650 ml Wasser, Wein oder Most • 20 ml Zitronensaft • 1/2 Zitronenschale oder 5 g Zitronenschalenpulver (s. S. 295) • 400 g Gelierzucker 3 : 1 • 1/2 TL Zimtpulver
eventuell noch 5 Nelken • etwas Alkohol (80 %)

ZUBEREITUNG

Hagebutten bei Bedarf waschen, in einen Topf geben, leicht quetschen, mit Wasser auffüllen, verrühren und über Nacht stehen lassen. Am nächsten Tag Gewürze beigeben, aufkochen und ca. 20 Minuten weich kochen, dann passieren. Die Masse sollte ca. 800 g wiegen, gegebenenfalls mit Wasser, Wein oder Most auffüllen und abkühlen lassen. Mit dem Zucker vermischen, unter ständigem Rühren aufkochen und ca. 4 Minuten kochen lassen. Gelierprobe machen (s. S. 22). Sofort in heiße Gläser füllen, mithilfe einer Pipette einige Tropfen Alkohol darüberträufeln, anzünden und gleich verschließen.

Hagebutten-Apfel-Marmelade

ZUTATEN FÜR 8 GLÄSER À CA. 210 ML

400 g vorbereitete Hagebutten • 400 g geschälte, klein geschnittene Äpfel
500 ml Weißwein • 600 ml Wasser • 600 g Gelierzucker 3 : 1
40 ml Zitronensaft • 40 ml Orangenlikör • etwas unbehandelte Orangenschale
eventuell 4 Beutel Malventee zum Einfärben • etwas Alkohol (80 %)

ZUBEREITUNG

Hagebutten bei Bedarf waschen, Blüten und Stiele abschneiden. Früchte halbieren und die Kerne mit einem kleinen Löffel entfernen. Dabei sollten Sie Handschuhe tragen, da die kleinen Härchen zwischen den Kernen einen starken Juckreiz verursachen können. Augenkontakt vermeiden. Die so vorbereiteten Hagebutten mit Wein oder Wasser 15–20 Minuten weich kochen, eventuell Flüssigkeit nachgießen. Äpfel, Gewürze und Gelierzucker dazugeben, aufkochen und mixen. Etwa 4–5 Minuten sprudelnd kochen lassen, Gelierprobe machen (s. S. 22) und in vorbereitete Gläser füllen. Mithilfe einer Pipette einige Tropfen Alkohol darüberträufeln, anzünden und sofort verschließen.

TIPPS

- Die Hagebutten können auch im Ganzen weich gekocht und dann durch die Flotte Lotte oder ein Sieb der Küchenmaschine passiert werden. Die Wassermenge sollte aber nicht zu hoch sein.
- Nehmen Sie für die Marmelade eher große Hagebutten, sie haben viel Fruchtfleisch und lassen sich auch schneller und leichter verarbeiten. Aromatischer sind aber die kleineren Sorten, die im Spätherbst reifen.

VARIANTEN

- Die Äpfel können Sie durch Früchte wie Ananas, Zwetschken, Marillen oder Preiselbeeren, aber auch durch kleine, gehäutete und entkernte Tomatenwürfel ersetzen. Die letztgenannte Variante schmeckt sehr gut zu Rind- oder Wildfleischgerichten und eignet sich auch als Würze für eine Wildsoße.
- Eine süß-saure Note erhält die Marmelade, wenn Sie etwas Wein durch Apfel- oder Mostessig ersetzen und zusätzlich mit Zimt, Nelken oder Piment würzen.
- Anstelle von Orangenlikör können vor dem Abfüllen Kräuter- oder Nusslikör, Whiskey oder Weinbrand eingerührt werden. **Foto 1 · Seite 53**

Hagebutten-Zwetschken-Marmelade

ZUTATEN FÜR 4 GLÄSER À CA. 210 ML UND 1 GLAS À 390 ML
600 g Hagebuttenmus ohne Zucker (s. S. 139) • 500 g in Spalten geschnittene Zwetschken • 500 g Gelierzucker 3 : 1 • Prise Zimt • Prise Zitronenschalenpulver (s. S. 295) oder frisch geriebene Zitronenschale einer 1/2 Zitrone
20 ml Zitronensaft • etwas Alkohol (80 %)

ZUBEREITUNG
Hagebuttenmus mit den anderen genannten Zutaten vermengen, unter Rühren aufkochen und 4–5 Minuten wallend kochen lassen. Gelierprobe machen (s. S. 22). In vorbereitete Gläser füllen. Mithilfe einer Pipette einige Tropfen Alkohol darüberträufeln, anzünden und sofort verschließen.

VARIANTE: Die Zwetschken können Sie durch Preiselbeeren, Äpfel, Birnen oder Hollerbeeren ersetzen.

Hagebuttenmus mit Birnenwürfeln

ZUTATEN FÜR 4 GLÄSER À 390 ML
700 g ungesüßtes Hagebuttenmus (s. S. 139) • 500 g Birnenwürfel
40 ml Zitronensaft • 500 g Gelierzucker 3 : 1 • eventuell Malventee zum Einfärben • etwas Alkohol (80 %)

ZUBEREITUNG
Mus mit allen anderen genannten Zutaten vermengen, aufkochen und 4–5 Minuten wallend kochen lassen. Gelierprobe machen (s. S. 22). In vorbereitete Gläser füllen. Mithilfe einer Pipette einige Tropfen Alkohol darüberträufeln, anzünden und sofort verschließen.

TIPP: Mit aufgeschnittener Vanilleschote, Ingwer, Piment, Zimt oder Kardamom können Sie die Marmelade zusätzlich aromatisieren.

Dirndlmarmelade

ZUTATEN FÜR CA. 5 GLÄSER À CA. 210 ML
1 kg Dirndln • 250 ml Wasser oder Rotwein • 1 P. Gelierzucker 3 : 1
10 ml Zitronensaft

ZUBEREITUNG
Dirndln mit Wasser und Zitronensaft aufkochen und einige Zeit ziehen lassen. Durch eine Flotte Lotte oder Passiergerät der Küchenmaschine passieren. Mus mit Gelierzucker vermischen, aufkochen und ca. 4–5 Minuten sprudelnd kochen lassen. Gelierprobe machen (s. S. 22). In vorbereitete Gläser füllen, mithilfe einer Pipette einige Tropfen Alkohol darüberträufeln, anzünden und sofort verschließen.

TIPP: Diese Marmelade passt sehr gut zu Wild, Rindfleischgerichten und Terrinen oder Leberpasteten.

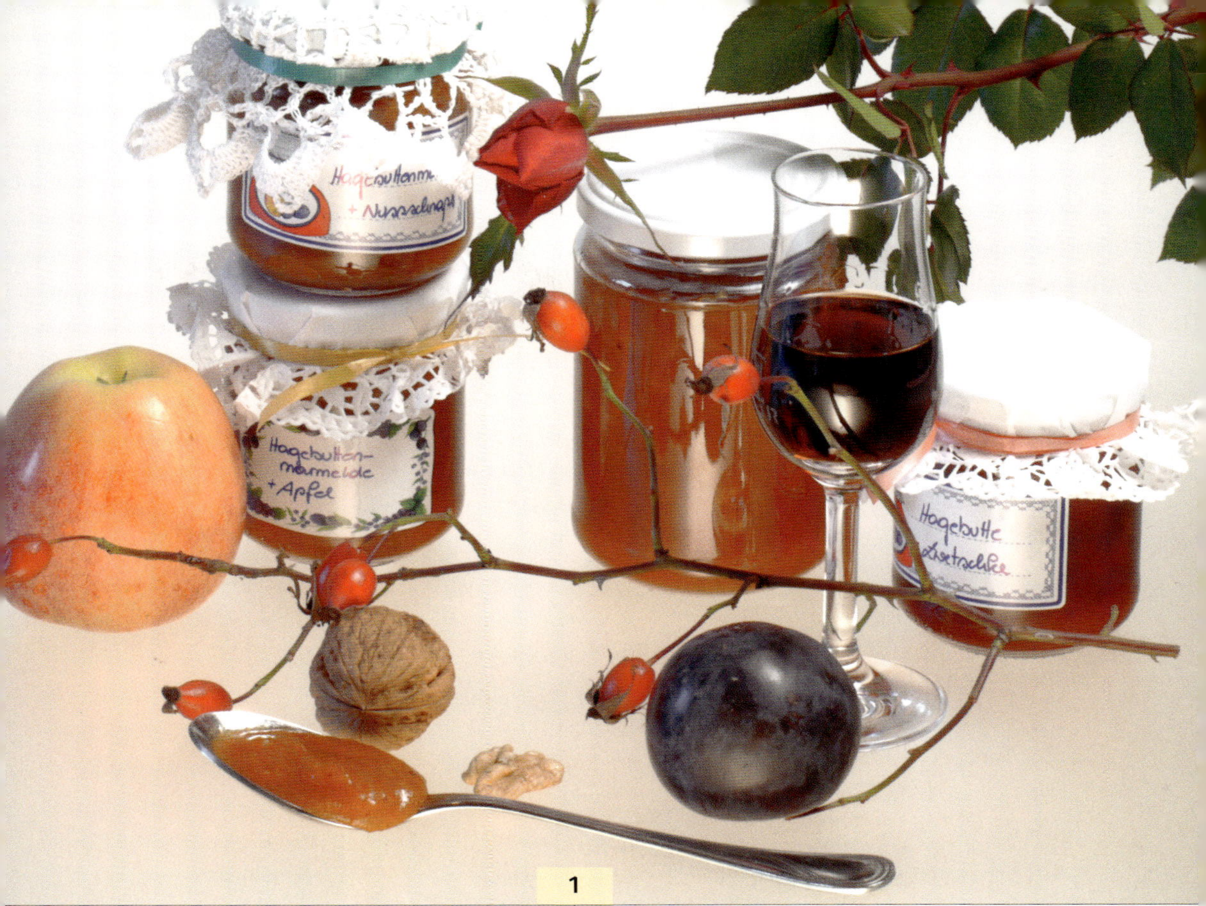
Hagebutten-
marmelade
+ Apfel

1

Feigenmarmelade
+ Chili

2

Feige-Orange
+ Ingwer

3

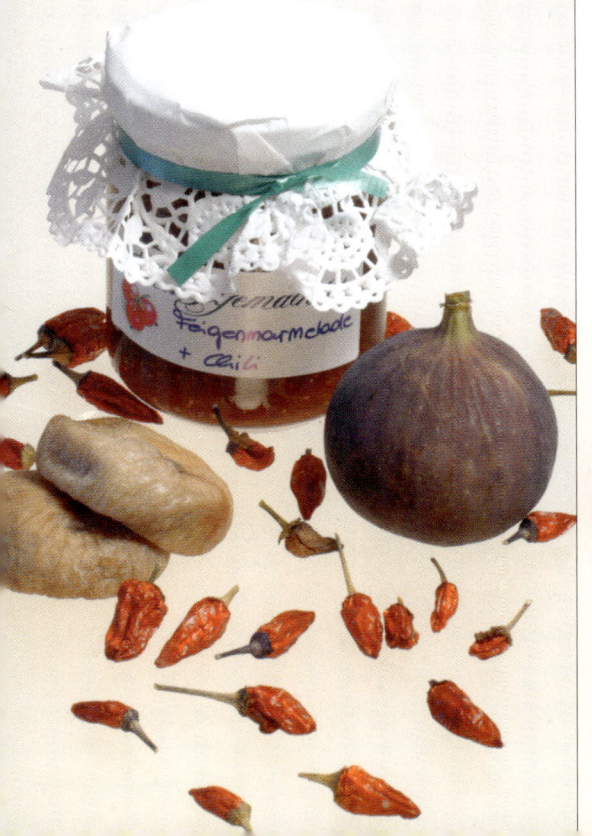

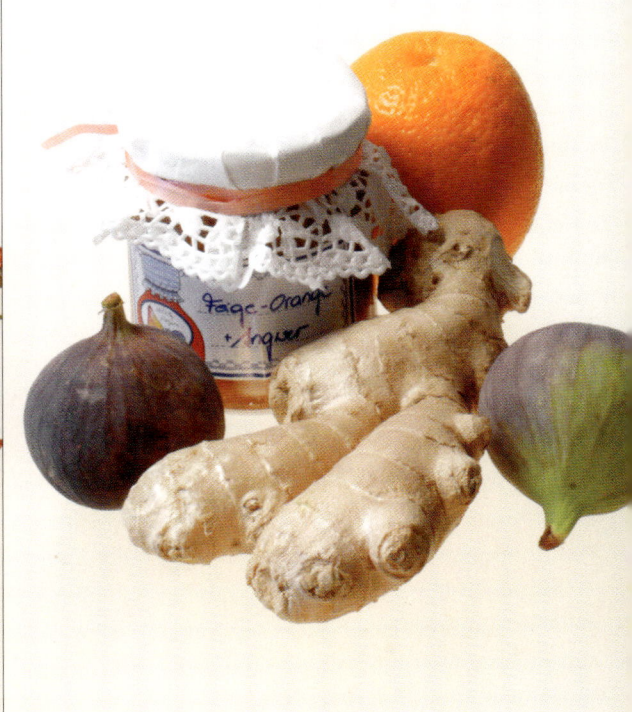

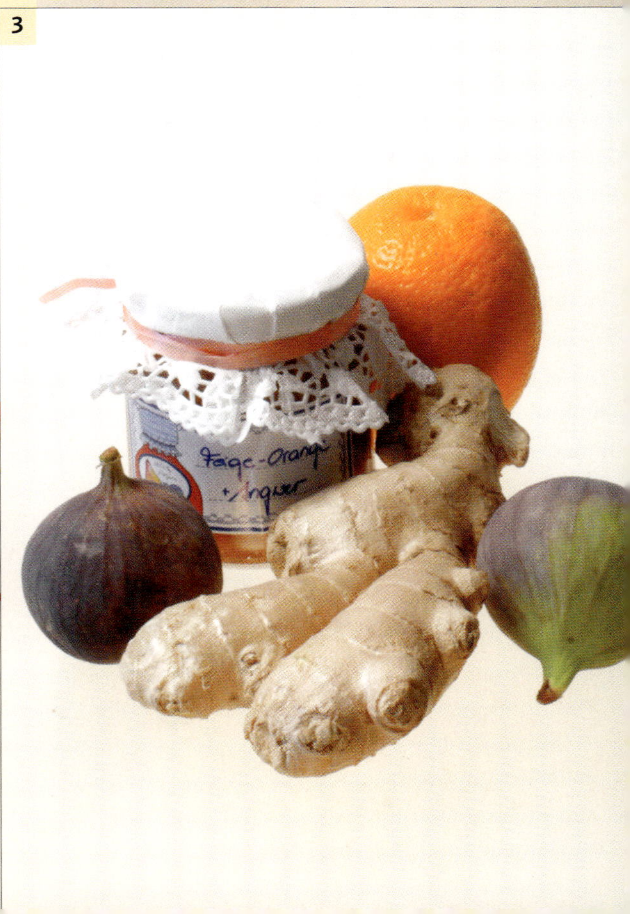

Feigenmarmelade 1

ZUTATEN FÜR 4 GLÄSER À CA. 210 ML
500 g frische, in kleine Würfel geschnittene Feigen • 200 g Orangenspalten oder unbehandelte, in Scheiben geschnittene Kumquats • 20 ml Zitronensaft oder etwas Zitronensäure • Prise Zitronenschale oder Zitronenschalenpulver (s. S. 295) • 250 g Gelierzucker 3 : 1 • ev. 20 g frischer, geraspelter Ingwer etwas Alkohol (80 %)

ZUBEREITUNG
Alle Zutaten (außer Alkohol) miteinander aufkochen und 4–5 Minuten wallend kochen lassen. Gelierprobe machen (s. S. 22). In vorbereitete, heiße Gläser füllen. Mithilfe einer Pipette einige Tropfen Alkohol darüberträufeln, anzünden und sofort verschließen.
TIPP: Kandierter Ingwer, Aranzini, Zitronat, Orangenlikör oder Wodka verleihen der Marmelade ein besonderes Aroma. **Foto 3 · Seite 53**

Feigenmarmelade 2

ZUTATEN FÜR 6 GLÄSER À CA. 210 ML
1 kg frische, in Würfel geschnittene Feigen • 150 ml Rotwein
500 g Gelierzucker 3 : 1 • 30 ml Zitronensaft oder Zitronensäure
Prise unbehandelte Zitronenschale, ersatzweise Zitronenschalenpulver
(s. S. 295) • 1 Stück Zimtrinde • 2 Sternanis • etwas Alkohol (80 %)

ZUBEREITUNG
Alle Zutaten (außer Alkohol) mischen und einige Stunden ziehen lassen. Zum Kochen bringen und 4–5 Minuten sprudelnd kochen lassen, Gewürze entfernen. Gelierprobe machen (s. S. 22). In vorbereitete, heiße Gläser füllen, mithilfe einer Pipette einige Tropfen Alkohol darüberträufeln, anzünden und sofort verschließen.
TIPP: Wer mag, kann eine aufgeschnittene Vanille- oder Chilischote dazugeben und den Rotwein durch Fruchtsaft ersetzen. **Foto 2 · Seite 53**

Feigen-Birnen-Marmelade

ZUTATEN FÜR 2 GLÄSER À CA. 270 ML
200 g frische, in Würfel geschnittene Feigen • 300 g in kleine Würfel geschnittene Birnen • 100 ml roter oder weißer Portwein
40 ml Zitronensaft oder etwas Zitronensäure • 250 g Gelierzucker 3 : 1
20 g Vanillezucker oder 1/2 aufgeschnittene Vanilleschote
30 ml Birnenschnaps oder Rum • etwas Alkohol (80 %)

ZUBEREITUNG
Früchte mit Wein und Zitronensaft zuerst ca. 10 Minuten weich kochen, eventuell mixen. Mit den restlichen Zutaten vermengen und nochmals 4–5 Minuten sprudelnd kochen lassen. Gelierprobe machen (s. S. 22). Schnaps oder Rum untermengen. In vorbereitete Gläser füllen, mithilfe einer Pipette einige Tropfen Alkohol darüberträufeln, anzünden und sofort verschließen.

TIPPS
- Sind die Birnen sehr fest, muss man die Flüssigkeitsmenge eventuell erhöhen und die Kochzeit verlängern.
- Einige mitgekochte Senfkörner verleihen der Marmelade eine interessante Note.
- Diese Marmelade passt sehr gut zu Käse.
- Es dürfen noch einige ganze Fruchtstücke in der Marmelade enthalten sein.

VARIANTE: Wer mag, kann die Birnen durch Äpfel ersetzen.

Rum-Zwetschken-Marmelade

ZUTATEN FÜR CA. 5 GLÄSER À CA. 210 ML
1,1 kg klein geschnittene Zwetschken • 500 g Gelierzucker 3 : 1
20 g Apfelschalenpulver (s. S. 295) • 20 ml Zitronensaft • 70 ml Rum (60 %)
etwas Alkohol (80 %)

ZUBEREITUNG
Alle Zutaten (außer Rum und Alkohol) vermischen, aufkochen und 4–5 Minuten wallend kochen lassen. Gelierprobe machen (s. S. 22). Rum einrühren und in vorbereitete Gläser abfüllen. Mithilfe einer Pipette einige Tropfen Alkohol darüberträufeln, anzünden und sofort verschließen.

TIPP: Eventuell können Sie noch 30 g kandierten bzw. eingelegten Ingwer dazugeben.

Traunseewirte-Zwetschkenmarmelade

ZUTATEN FÜR 5–6 GLÄSER À CA. 210 ML
1,2 kg vollreife, entkernte, halbierte Zwetschken • 500 g Gelierzucker 3 : 1
20 ml Zitronensaft • 1/4 TL Zimtpulver • Prise Nelkenpulver
30 ml Zwetschkenschnaps (eventuell vom Traunseewirt Hans Reisenberger, Altmünster) • etwas Alkohol (80 %)

ZUBEREITUNG
Die vorbereiteten Früchte mit den Gewürzen und dem Gelierzucker in einen breiten Topf geben und nach Möglichkeit einige Stunden ziehen lassen. Unter ständigem Rühren aufkochen und 4–5 Minuten wallend kochen lassen. Gelierprobe machen (s. S. 22). Zwetschkenschnaps einrühren und in vorbereitete Gläser füllen. Mithilfe einer Pipette einige Tropfen Alkohol darüberträufeln, anzünden und sofort verschließen.

TIPP: Zur Verfeinerung können Sie in die Hälfte der Masse 30–50 g kandierten Ingwer einrühren, Mandel- oder Haselnussblättchen einmengen oder gemahlenen, in Rum eingeweichten Mohn einrühren.

VARIANTE: Zwetschken-Holler-Marmelade: Zwetschkenmenge halbieren und durch Hollerbeeren ersetzen **Foto 2 · Seite 56**

1 | 2

Weintraubenmarmelade mit Nüssen

ZUTATEN FÜR 3 GLÄSER À 210 ML
1 kg kernlose, weiße Weintrauben • 30 ml Zitronensaft
2 unbehandelte, klein geschnittene Zitronen • 100 g brauner oder Rohrzucker
400 g Gelierzucker 3 : 1 • 100 g ganze, geschälte, leicht geröstete Mandeln
(ersatzweise Wal-, Peka- oder Haselnüsse, Kürbis-, Pinien- oder Sonnenblumenkerne) • 80 ml Weinbrand oder Schnaps • etwas Alkohol (80%)

ZUBEREITUNG
Weintrauben, Zitronensaft und Zitronen mit Rohrzucker vermischen und 10 Minuten kochen lassen. Gelierzucker einrühren, nochmals aufkochen und ca. 4–5 Minuten wallend kochen lassen. Gelierprobe machen (s. S. 22). Mandeln sowie Weinbrand unterrühren und in vorbereitete Gläser füllen. Mithilfe einer Pipette einige Tropfen Alkohol darüberträufeln, anzünden und gleich verschließen. **Foto 3 · oben**

Preiselbeer-Birnen-Marmelade

ZUTATEN FÜR 3 GLÄSER À 390 ML UND 1 GLAS À CA. 210 ML
500 g kleingewürfelte Birnenstücke • 500 g Preiselbeeren
500 g Gelierzucker 3 : 1 • 200 ml Rotwein, ersatzweise Orangen- oder
Birnensaft • 20 ml Zitronensaft • eventuell 1/2 TL Lebkuchengewürz
etwas Alkohol (80 %)

ZUBEREITUNG
Birnenwürfel in Wein je nach Festigkeit 5–10 Minuten kochen. Dann restliche Zutaten dazugeben, aufkochen und 4–5 Minuten wallend kochen lassen. Gelierprobe machen (s. S. 22). In vorbereitete Glaser abfüllen, mithilfe einer Pipette einige Tropfen Alkohol darüberträufeln, anzünden und sofort verschließen.

VARIANTEN: Die Birnen können Sie durch Äpfel, Quitten oder Zwetschken ersetzen. **Foto 1 · oben**

3 | 4

Quittenmarmelade

ZUTATEN FÜR 2 GLÄSER À 390 ML UND 1 GLAS À CA. 210 ML
1 kg Quitten • 40 ml Zitronensaft • ca. 800 ml Wasser
ca. 450 g Gelierzucker 3 : 1 • etwas Alkohol (80 %)

ZUBEREITUNG
Quitten mit einem Tuch abreiben, waschen und Stiele sowie Blütenansätze entfernen. In sehr kleine Stücke schneiden, bei größeren Mengen mithilfe eines Küchenhobels oder der Küchenmaschine. Früchte inklusive Kerngehäuse, Zitronensaft und Wasser zum Kochen bringen und 30–40 Minuten unter ständigem Rühren leicht köcheln lassen, bis die Quitten sehr weich bzw. musig sind. Eventuell noch Wasser nachgießen. Die Masse mixen und mit einer Flotten Lotte passieren oder durch ein Passiersieb streichen (ergibt ca. 900 g Mus).
Mus mit dem Gelierzucker vermischen, unter Rühren aufkochen und 4–6 Minuten wallend kochen lassen. Gelierprobe machen (s. S. 22). Sofort in vorbereitete Gläser füllen. Mithilfe einer Pipette einige Tropfen Alkohol darüberträufeln, anzünden und gleich verschließen.

TIPPS
- Vor dem Verschließen können Sie pro Glas noch 1 EL rote Pfefferkörner oder 1 EL Senfkörner untermengen.
- Anstelle von Wasser können Sie auch Weißwein oder Most, Wasser und Wein gemischt, aber auch Trauben- oder Apfelsaft verwenden.
- Das Quittenmus kann auch mit Honig eingekocht werden. In diesem Fall rühren Sie nach der Gelierprobe etwas Pektin dazu.
- Zur Geschmacksabrundung können Sie eine Muskatblüte, eine aufgeschnittene Vanillestange, Zimt, Nelken, Lebkuchengewürz, Koriander oder Rosenwasser dazumischen.
- Die Quitten schmecken kräftig süß-sauer und passen sehr gut zu Braten, Wild, Ente sowie Rotkraut. **Foto 4 · oben**

Quitten-Zitronen-Marmelade

ZUTATEN FÜR 3 GLÄSER À 390 ML
1 1/2 kg Quitten • 3 unbehandelte, in Scheiben geschnittene Zitronen (ersatzweise 100 ml Zitronensaft) • ca. 1 1/2 l Wasser (oder Wein und Wasser 50 : 50 gemischt) • 500 g Gelierzucker 3 : 1 • 40 ml Orangenlikör etwas Alkohol (80 %)

ZUBEREITUNG
Quitten mit einem Tuch abreiben, waschen und Stiele sowie Blütenansätze entfernen. In sehr kleine Stücke schneiden, bei größeren Mengen mithilfe eines Küchenhobels oder der Küchenmaschine. Früchte inklusive Kerngehäuse, Zitronensaft und Wasser zum Kochen bringen und 30–40 Minuten unter ständigem Rühren leicht köcheln lassen, bis die Quitten sehr weich sind. Eventuell noch Wasser nachgießen und mixen.
In ein großes, feines Sieb oder in ein Nudelsieb, das mit einem Mulltuch ausgelegt ist, umfüllen und den Saft in einen Topf ablaufen lassen. Nicht drücken, damit der Saft klar bleibt. Abkühlen lassen. Ergibt ca. 1,1 l Saft, eventuell mit Wasser, Wein oder Orangensaft auf die Menge auffüllen.
Saft mit Gelierzucker vermischen, unter ständigem Rühren bei starker Hitze aufkochen und ca. 4 Minuten sprudelnd einkochen lassen. Gelierprobe machen (s. S. 22). Topf vom Herd nehmen und Likör einrühren. Sofort in vorbereitete Gläser füllen. Mithilfe einer Pipette einige Tropfen Alkohol darüberträufeln, anzünden und verschließen.
TIPP: Der Fruchtkuchen kann zu Quittenkäse (s. S. 138) verarbeitet werden.

Preiselbeermarmelade mit Rotwein

ZUTATEN FÜR CA. 3 GLÄSER À 390 ML UND 1 GLAS À CA. 210 ML
1 kg Preiselbeeren • 250 ml Rotwein oder Orangensaft
600 g Gelierzucker 3 : 1 • 20 ml Zitronensaft • 1/4 TL Zimtpulver
Prise Nelkenpulver • eventuell Pektin • etwas Alkohol (80 %)

ZUBEREITUNG
Preiselbeeren, Zitronensaft und Rotwein aufkochen und abkühlen lassen. Gelierzucker sowie Gewürze dazugeben und nochmals 4–5 Minuten wallend kochen. Gelierprobe machen (s. S. 22). Eventuell Pektin zugeben. In vorbereitete Gläser füllen, mithilfe einer Pipette einige Tropfen Alkohol darüberträufeln, anzünden und sofort verschließen.

Kalt gerührte Preiselbeeren

ZUTATEN FÜR 6 GLÄSER À 250 ML
1 kg Preiselbeeren • 600–700 g Feinkristallzucker • etwas Zitronensaft oder 1–2 EL Rotwein

ZUBEREITUNG
Beeren mit Zucker und Zitronensaft oder Rotwein in der Küchenmaschine (Knethaken) 30–60 Minuten rühren, bis sich der Zucker vollkommen aufgelöst hat (zwischendurch Maschine ausschalten). Kühl und dunkel gelagert 6–12 Monate haltbar.

Kirschpunschmarmelade

ZUTATEN FÜR 2 GLÄSER À 390 ML UND 2 GLÄSER À 190 ML
900 g entsteinte Kirschen oder Weichseln • 200 ml Rotwein, ersatzweise Orangensaft • 500 g Gelierzucker 3 : 1 • 50 ml Kirschschnaps oder Kakaolikör
je 1 Messerspitze Zimt, Nelken, Orangen- und Zitronenschalenpulver (s. S. 295)
1 aufgeschnittene Vanilleschote • 30 ml Rum (60 %) • etwas Alkohol (80 %)

ZUBEREITUNG
Alle Zutaten (außer Alkohol, Schnaps oder Likör) unter Rühren aufkochen und 4–5 Minuten wallend kochen lassen. Gelierprobe machen (s. S. 22). Von der Kochstelle nehmen und Schnaps bzw. Likör einrühren. Sofort in vorbereitete Gläser füllen, mithilfe einer Pipette einige Tropfen Alkohol darüberträufeln, anzünden und sofort verschließen.

TIPPS
- Diese Marmelade eignet sich zum Füllen von Germ-, Blätter- oder Plunderteig, für Joghurt und als Geschmacksträger für Cremen und Parfaits.
- Nach Belieben können Sie kleine Schokoladestücke, fein geriebene Schokolade, fein geriebenes Marzipan oder Kakaopulver einrühren.

Mispelmarmelade mit Rumtopffrüchten

ZUTATEN FÜR 13 GLÄSER À CA. 210 ML
1,6 kg Mispeln • 1 l Wasser, ersatzweise Orangensaft oder Weißwein
800–1000 g Gelierzucker 3 : 1 • frisch geriebene Zitronenschale oder Zitronenschalenpulver (s. S. 295) • 30 ml Zitronensaft
20 ml Cointreau (ersatzweise Rum, Weinbrand oder Whiskey)
500 g gut abgetropfte Rumtopffrüchte • etwas Alkohol (80 %)

ZUBEREITUNG
Mispeln mit Wasser in einen Topf geben und 10–15 Minuten kochen lassen. Durch ein Sieb streichen. Dies ergibt ca. 1,9 kg Mus; mit Wasser oder Saft auf 2 kg auffüllen. Mit Gelierzucker, Zitronenschale sowie Zitronensaft vermischen, aufkochen und 4–5 Minuten wallend kochen lassen. Rumtopffrüchte einrühren und noch einmal kurz aufkochen lassen. In vorbereitete Gläser füllen, mithilfe einer Pipette einige Tropfen Alkohol darüberträufeln, anzünden und sofort verschließen.

TIPPS
- Die Mispeln sollten nach dem ersten Frost geerntet werden.
- Als Einlage eignen sich klein geschnittene, kandierte Datteln oder Feigen.
- Die Mispeln können auch mit Quitten und Äpfeln gemischt eingekocht werden.
- Da Mispeln natürgemäß einen sehr hohen Pektingehalt haben, können Sie das Rezept auch mit Feinkristallzucker zubereiten. Die Einkochzeit verlängert sich dadurch.
- Sehr reife, weiche Mispeln lassen sich hervorragend zu einem Likör verarbeiten. Hierfür die Früchte in ein Glas geben und mit Kornschnaps ansetzen. Einige Wochen stehen lassen, abseihen und mit etwas Läuterzucker oder Kandiszuckerkorn beliebig süßen (auf 500 g Mispeln ca. 500 ml 38%igen Korn).

Vogelbeermarmelade

ZUTATEN FÜR 5 GLÄSER À CA. 210 ML

500 g gefrorene Vogelbeeren • 500 ml Rotwein oder Fruchtsaft
500 g Gelierzucker 3 : 1 • 5 g Orangenschalenpulver (s. S. 295) oder frisch geriebene Schale einer unbehandelten Orange • 5 g Apfelschalenpulver eventuell 1 TL Pektin • 30 ml Gin • etwas Alkohol (80 %)

ZUBEREITUNG

Vogelbeeren auftauen lassen und eventuell noch einige Zeit in Salz- oder Essigwasser überkochen, ableeren und abseihen. Früchte mit Rotwein einmal aufkochen lassen, mit Gelierzucker, Apfelschalen- sowie Orangenschalenpulver verrühren und ca. 4–5 Minuten wallend kochen lassen. Gelierprobe machen (s. S. 22). Vor dem Abfüllen Gin einrühren und in vorbereitete, heiße Gläser füllen. Mithilfe einer Pipette einige Tropfen Alkohol darüberträufeln, anzünden und sofort verschließen.

TIPP: Vogelbeeren schmecken sehr herb und bitter und sind für Genießer geeignet, die bittere Marmeladen bevorzugen. Die Bitterstoffe können durch Einfrieren sowie durch zusätzliches Überkochen in leichtem Salz- bzw. Essigwasser gemildert werden. Nach dem Abseihen wie im jeweiligen Rezept angegeben weiterverarbeiten. Vogelbeeren können auch mit anderen Früchten oder Fruchtsäften verarbeitet werden. **Foto 1 · oben**

MARMELADEN · GELEES · AUFSTRICHE

2 | 3

Süß-scharfe Paprikamarmelade

ZUTATEN FÜR 5 GLÄSER À CA. 210 ML
1 kg halbierte, entkernte, geputzte rote Paprikaschoten • 600 g Rohrzucker
1 TL Salz • Prise Chili • ca. 250 ml Wasser

ZUBEREITUNG
Paprikaschoten in Stücke schneiden. Mit Salz, Chili und Wasser bei milder Hitze zugedeckt weich dünsten. Passieren (damit die Hautreste entfernt werden) und mit dem Zucker erneut aufkochen. Unter öfterem Rühren so lange köcheln, bis die Marmelade eingedickt ist (dauert 10–14 Minuten).

TIPPS
- Wenn Sie den Rohrzucker durch Gelierzucker ersetzen, reduziert sich die Zubereitungszeit. Paprika und Gelierzucker werden im Verhältnis 2 : 1 gemischt (z. B. 500 g Paprika und 250 g Gelierzucker).
- Schmeckt wunderbar zu Käse, Wurst und Gegrilltem.
- Farblich kann man das Ganze nochmals abwandeln, indem man entweder gelbe oder orange Paprikaschoten verwendet. Grüne eignen sich weniger, da sie im Geschmack eher herb sind. **Foto 2 · oben**

Tomatenmarmelade

ZUTATEN FÜR 6 GLÄSER À CA. 210 ML
1 kg Fleischtomaten • 30 ml Zitronensaft • 500 g Gelierzucker 3 : 1 • einige Salbeiblätter • etwas Rosmarin • ev. Chili und Basilikum • etwas Alkohol (80 %)

ZUBEREITUNG
Tomaten klein schneiden, mit Zitronensaft sowie Gelierzucker vermischen und einige Stunden oder über Nacht stehen lassen. Aufkochen, passieren und 4–5 Minuten wallend kochen lassen, Gelierprobe machen (s. S. 22). In vorbereitete Gläser füllen. In die Hälfte der Gläser etwas Rosmarin, in die andere Hälfte etwas Salbei einlegen. Mit einer Pipette einige Tropfen Alkohol darüberträufeln, anzünden und sofort verschließen. **Foto 3 · oben**

Gelees und Aufstriche

Rosenblütengelee

ZUTATEN FÜR 7 GLÄSER À CA. 210 ML

500 ml Weiß-, Rotwein oder Most (ersatzweise nur Wasser)
500 ml Apfel- oder Traubensaft • 150 g in feine Streifen geschnittene Rosenblüten • 500 g Gelierzucker 3 : 1 • eventuell 1–2 TL Pektin
etwas Alkohol (80 %)

ZUBEREITUNG

Flüssigkeiten mit Gelierzucker aufkochen und ca. 5–6 Minuten sprudelnd kochen lassen. Gelierprobe durchführen (s. S. 22). Eventuell Pektin nach Packungsanleitung dazurühren. Rosenblüten dazugeben und noch einmal kurz aufwallen lassen. Falls der Rosengeschmack zu wenig intensiv ist, etwas Rosenblütenwasser dazumischen. In vorbereitete Gläser füllen, mithilfe einer Pipette Alkohol darauftäufeln, anzünden und verschließen. Die Gläser ca. 15 Minuten auf den Kopf stellen, damit sich die Blätter gut darin verteilen.

TIPP: Um eine schönere Farbe zu erhalten, können Sie den Sud mit 2–4 Beuteln Malven- oder Hagebuttentee einfärben.

VARIANTEN

- Statt Rosenblüten können Sie auch Hollerblüten, Rosmarin, Lavendel, Veilchen, Apfelminze, Basilikum, Fliederblüten etc. verwenden.
- Das Gelee kann auch aus Apfel- oder Birnensaft oder aus einer Mischung von 1/2 Apfel- und 1/2 Hollersaft, 2/3 Apfel- und 1/3 Himbeersaft oder 1/2 Apfel- und 1/2 Ribiselsaft zubereitet werden. Ferner können Pfefferoni oder Chilischoten mitgekocht oder als Dekoration ins Glas gegeben werden. **Foto 1 · unten**

Kalt gerührtes Waldbeerengelee

ZUTATEN FÜR 7–8 GLÄSER À 500 ML
3 kg Waldbeeren • Staubzucker

ZUBEREITUNG
Früchte roh durch eine Flotte Lotte passieren. Auf 1 kg passiertes Fruchtmus rechnet man je nach Süße der Früchte 1–2 kg gesiebten Staubzucker. Diese Mischung in einer Schüssel so lange rühren, bis sich geleeartige Rillen bilden. Gelee in saubere Gläser füllen und luftdicht verschließen. Diese trocken, kühl und dunkel in einem luftigen Raum aufbewahren. Das Gelee ist aber so nur ca. 2 Wochen lagerfähig.

TIPPS
- Beim Sieden, Erhitzen oder Sterilisieren ginge das sensible Aroma von Waldbeeren verloren.
- Wenn Sie mit einer Pipette einige Tropfen 80%igen Alkohol über das Gelee träufeln, diesen anzünden und die Gläser sofort verschließen, erhöht sich die Haltbarkeitsdauer.

MISCHUNGSVARIANTEN
2 kg Erdbeeren • 750 g rote Ribiseln
2 kg rote Ribiseln • 500 g Erdbeeren oder Himbeeren
2 kg Erdbeeren oder Himbeeren • 1 kg vollreife Stachelbeeren

Ribiselgelee mit Apfelwürfeln

ZUTATEN FÜR CA. 8 GLÄSER À 180 ML
1 l Ribiselsaft (s. S. 97) • 300 g kleine Apfelwürfel • 500 g Gelierzucker 3 : 1
10 ml Zitronensaft • eventuell etwas Pektin • etwas Alkohol (80 %)

ZUBEREITUNG
Alle Zutaten (außer Alkohol) miteinander vermengen, aufkochen und 5–7 Minuten wallend kochen lassen. Gelierprobe vornehmen (s. S. 22), eventuell etwas Pektin einrühren und sofort in vorbereitete Gläser füllen. Mithilfe einer Pipette mit Alkohol beträufeln, anzünden und sofort verschließen. Die Gläser eine halbe Stunde auf den Kopf stellen, damit sich die Apfelwürfel gut verteilen können.

VARIANTE: Statt Apfel- können Sie auch Birnenwürfel verwenden. **Foto 2 · links**

Ribiselgelee mit Chili

ZUTATEN FÜR 8 GLÄSER À 180 ML
1,2 kg Ribiselsaft (s. S. 97) • 3 Chilischoten • 30 ml Limettensaft und
1/2 TL fein geriebene Limettenschale (ersatzweise Zitronensaft)
500 g Gelierzucker 3 : 1 • eventuell fein gehackte Minze oder Rosmarinnadeln
eventuell etwas Pektin • etwas Alkohol (80 %)

ZUBEREITUNG
Die entstielten Ribisel nur bei Bedarf waschen. Chilischoten entkernen und fein schneiden. Ribiselsaft mit Gelierzucker und Gewürzen in einen Topf geben. Unter Rühren langsam aufkochen lassen und 4–5 Minuten sprudelnd kochen lassen. Gelierprobe machen (s. S. 22), eventuell etwas Pektin einrühren und gegebenenfalls Minze oder Rosmarin einrühren und sofort in heiße Gläser füllen. Mithilfe einer Pipette mit Alkohol beträufeln, anzünden und verschließen.

VARIANTE: Selbstverständlich können Sie die Chilischoten auch weglassen oder stattdessen rote oder grüne, eingelegte Pfefferkörner verwenden.

Glühweingelee mit Rumtopffrüchten

ZUTATEN FÜR 5 GLÄSER À CA. 210 ML
700 ml ungesüßter Glühwein (hergestellt aus Rotwein, Zimtrinde, Vanillezucker, Nelken, Zitronen- und/oder Orangenschale oder mit einem fertigen Glühweingewürz aus dem Reformhaus) • 500 g Gelierzucker 3 : 1
300 g gut abgetropfte Rumtropffrüchte • eventuell 1/2–1 TL Pektin
etwas Alkohol (80 %)

ZUBEREITUNG
Glühwein mit Gelierzucker aufkochen und 4–5 Minuten wallend kochen lassen. Rumtopffrüchte dazugeben und nochmals aufkochen lassen. Gelierprobe machen (s. S. 22). Eventuell Pektin einrühren und nochmals 1 Minute wallend kochen lassen. In vorbereitete Gläser füllen, mithilfe einer Pipette Alkohol darüberträufeln, anzünden und verschließen.

TIPPS
- Wenn Sie gesüßten Glühwein verwenden, dann reduzieren Sie die Gelierzuckermenge und dicken das Gelee mit etwas mehr Pektin oder Agar-Agar ein.
- Sie können in Rum eingelegte Trockenfrüchte als Einlage verwenden.
- Das Gelee schmeckt besonders gut während der Weihnachtszeit.

Gewürzmostgelee

ZUTATEN FÜR 13 GLÄSER À CA. 210 ML

2,5 l Landlbirnenmost • 150 ml Weißweinessig (6 %) • 50 ml Zitronensaft
1 kg Gelierzucker 3 : 1 • 400 g Birnenwürfel netto, ohne Schale und Kerngehäuse gewogen (ca. 3 Birnen) • 1 TL frische Pfefferminze
1/2 TL frischer oder getrockneter Rosmarin • 1/2 TL Pfefferkörner
1/2 TL Anis • einige Senfkörner • 10 Wacholderbeeren • 3 Lorbeerblätter
3 cm Zimtstange • 50 g Zwiebelwürfel • Prise Cayennepfeffer

ZUBEREITUNG

Most, Essig und Zitronensaft mit allen Gewürzen und Kräutern ca. 15 Minuten einkochen (1). Abseihen und den Fruchtkuchen gut ausdrücken. Es sollen ca. 2 l Saft verbleiben. Bei Bedarf mit Most auffüllen. Birnenwürfel und Gelierzucker einrühren (2), aufkochen und 4–5 Minuten wallend kochen lassen, Gelierprobe machen (s. S. 22). Das Gelee vor dem Abfüllen kurz stehen lassen, in vorbereitete Gläser füllen und verschließen. Anfangs auf den Kopf stellen (3), damit sich die Fruchtstückchen besser verteilen, nach ca. 1 Stunde wieder umdrehen (4).

TIPPS

- Sie können die Gewürzbeigabe individuell verändern, ganz nach Angebot in Ihrem Kräutergarten oder Gewürzkästchen.
- Verwenden Sie Apfel- anstelle von Birnenwürfel und rühren Sie vor dem Einfüllen einige Chilifäden unter das Gelee.
- Einige Hasel- oder Walnüsse, Rosinen, klein geschnittene Dörrzwetschken oder andere Trockenfrüchte untermengen.
- Eine interessante Note erhält man durch die Beigabe von frisch geriebenem Kren und frischem oder kandiertem Ingwer.
- Mehr Säure erhält das Gelee, wenn Sie die Reduktion ohne Essig kochen und diesen erst mitsamt den Birnenwürfeln beimengen und einkochen.
- Passt sehr gut zu gekochtem Rindfleisch, Wild- und Geflügelgerichten.
- Den Most durch Wein ersetzen.

Biergelee mit Himbeeren

ZUTATEN FÜR 4 GLÄSER À CA. 210 ML

500 ml Weizenbier (ersatzweise helles oder dunkles Bier) • 300 g Himbeeren oder saisonale Früchte • 350 g Gelierzucker 3 : 1 • 1 aufgeschnittene Vanilleschote • 20 ml Zitronensaft • 1/2 TL Pektin • etwas Alkohol (80 %)

ZUBEREITUNG

Bier mit Gelierzucker, Himbeeren, Vanilleschote und Zitronensaft verrühren, aufkochen und 4–5 Minuten wallend kochen lassen. Pektin dazurühren und nochmals 1 Minute kochen. In vorbereitete Gläser füllen, mithilfe einer Pipette einige Tropfen Alkohol darüberträufeln, anzünden und gleich verschließen.

Tomatengelee

ZUTATEN FÜR 3 GLÄSER À CA. 210 ML

FÜR DAS TOMATENMUS: 500 g klein geschnittene, sehr reife Fleischtomaten • 250 ml Wasser • Prise Salz und/oder etwas Zitronensaft

FÜR DAS GELEE: 10 ml Zitronensaft • Prise Zitronenschalenpulver (s. S. 295) oder frische geriebene, unbehandelte Zitronenschale 250 g Gelierzucker 3 : 1 • etwas Alkohol (80 %)

ZUBEREITUNG

Für das Tomatenmus die Tomaten mit Wasser und Salz in einen Topf geben und ca. 15 Minuten kochen, mixen und durch die Flotte Lotte passieren. Tomatenmus mit Gelierzucker und Zitronenschale vermischen. Unter Rühren aufkochen, ca. 4–5 Minuten wallend oder sprudelnd kochen lassen und sofort in vorbereitete Gläser füllen. Mithilfe einer Pipette einige Tropfen Alkohol darüberträufeln, anzünden und gleich verschließen.

TIPP: Vor dem Einfüllen können Sie auch noch etwas kandierten Ingwer, einige grün eingelegte Pfefferkörner sowie fein gehackte Basilikum- oder Estragonblätter daruntermischen.

Traubengelee mit Feigen

ZUTATEN FÜR 3 GLÄSER À 270 ML UND 1 GLAS À 210 ML

750 ml roter Trauben-, Apfel- oder Johannisbeersaft • 250 g frische Feigen 500 g Gelierzucker 3 : 1 • 20 ml Zitronensaft oder etwas Zitronensäure etwas Alkohol (80 %)

ZUBEREITUNG

Traubensaft aufkochen und ca. 5 Minuten kochen lassen. Feigen schälen und würfelig schneiden. Zum Saft dazugeben, unter ständigem Rühren aufkochen lassen und ca. 4 Minuten sprudelnd kochen lassen. Gelierprobe machen (s. S. 22) und sofort in heiße, vorbereitete Gläser füllen. Mithilfe einer Pipette einige Tropfen Alkohol darüberträufeln, anzünden und gleich verschließen.

Radlergelee mit Ingwer

ZUTATEN FÜR 3 GLÄSER À CA. 210 ML
500 ml helles Bier oder Weizenbier • 60 ml Zitronensaft
Prise Zitronenschale • 20–40 g klein geschnittener, kandierter Ingwer
250 g Gelierzucker 3 : 1 • 1/2 TL Pektin • etwas Alkohol (80 %)

ZUBEREITUNG
Alle Zutaten (außer Pektin und Alkohol) vermischen, aufkochen und 4–5 Minuten sprudelnd kochen lassen. Pektin einrühren und eine weitere Minute kochen lassen. Gelierprobe machen (s. S. 22). Wenn die Konsistenz noch zu weich ist, nochmals Pektin einrühren. In vorbereitete Gläser füllen, mithilfe einer Pipette einige Tropfen Alkohol darüberträufeln, anzünden und gleich verschließen.

TIPPS
- Sie können eventuell auch eine Vanilleschote oder etwas Zimtrinde mitkochen.
- Als Einlage könnten Sie geschälte Zitronenfilets verwenden.
- Mit Rum oder Orangenlikör verleihen Sie dem Gelee eine besondere Note.

Gelee aus Fruchtsäften

ZUTATEN FÜR 6 GLÄSER À CA. 210 ML
1 l selbst hergestellter Fruchtsaft (ohne Zucker) von Ribiseln, Himbeeren, Heidelbeeren, Holler-, Brombeeren oder Äpfeln (s. Säfte und Sirupe ab S. 94)
500 g Gelierzucker 3 : 1 • Pektin • etwas Alkohol (80 %)

ZUBEREITUNG
Fruchtsaft und Gelierzucker vermischen, aufkochen und 4–5 Minuten wallend kochen lassen. Gelierprobe machen (s. S. 22), Pektin einrühren und nochmals 1 Minute sprudelnd kochen lassen. In vorbereitete Gläser füllen, mithilfe einer Pipette einige Tropfen Alkohol darüberträufeln, anzünden und gleich verschließen.

TIPPS
- Die Säfte können Sie auch nach Belieben mischen oder 1/2 Fruchtsaft und 1/2 Früchte verwenden.
- Bei der Verwendung von Kristallzucker den Saft mit Gelierpulver, flüssigem Geliermittel oder Pektinpulver verrührt zubereiten. Bitte beachten Sie die Packungsanleitung für das Pektin.
- Anstelle von Fruchtsäften können Sie auch Wein, Bier oder Most verwenden.

Maronimarmelade mit Kirschwasser

Rezept von Gabi Strahammer

ZUTATEN FÜR 8 GLÄSER À 210 ML
1 1/2 kg Maroni • 1 kg Feinkristallzucker • Mark von zwei Vanilleschoten
60 ml gutes Kirschwasser • etwas Alkohol (80 %)

ZUBEREITUNG
Maroni mit einem scharfen Messer kreuzweise einritzen, in einen Topf geben, mit Wasser bedecken und 10–15 Minuten kochen. Schälen, von der Haut befreien und zurück in den Topf geben. Mit Wasser bedecken und auf kleiner Flamme weich kochen. Wasser abschütten und die Maroni durch ein Sieb passieren.
Zucker hell karamellisieren, mit 1 l Wasser ablöschen und den Zucker auflösen. Maronipüree sowie ausgekratztes Vanillemark dem Karamellwasser beigeben und bei niedriger Temperatur unter ständigem Rühren etwa 15 Minuten einkochen. Zum Schluss das Kirschwasser unterrühren. In vorbereitete Gläser abfüllen, mithilfe einer Pipette einige Tropfen Alkohol darüberträufeln, anzünden und gleich verschließen.

TIPP: Die Marmelade lässt sich gut für Tortenfüllungen, Parfaits oder Mousses weiterverwenden.

Grießmarmelade mit Orangensaft

ZUTATEN FÜR 4 GLÄSER À 270 ML
1 l Orangensaft • 100 g feiner Kindergrieß • 50 g klein gewürfelte Aranzini
50 g kandierter, klein gewürfelter Ingwer • eventuell etwas Orangenblütenwasser • 250 g Gelierzucker 3 : 1 • 50 ml Orangenlikör • etwas Alkohol (80 %)

ZUBEREITUNG
Orangensaft mit Grieß, Aranzini sowie Ingwer verrühren, unter Rühren aufkochen und etwas einkochen lassen. Vom Herd nehmen und Gelierzucker einrühren. Nochmals aufkochen und ca. 4 Minuten wallend kochen lassen. Gelierprobe machen (s. S. 22). Vor dem Einfüllen Orangenlikör und Orangenblütenwasser unterrühren. Mithilfe einer Pipette einige Tropfen Alkohol daraufträufeln, anzünden und gleich verschließen.

TIPPS
- Einen Teil des Orangensaftes können Sie durch Campari oder einen anderen Bitterlikör ersetzen.
- Wenn Sie vor dem Abfüllen noch etwas Butter in die Marmelade rühren, wird sie cremiger.
- Eine besondere geschmackliche Note erhält die Marmelade durch fein geriebenes Marzipan. Aranzini und Ingwer sollten in diesem Fall weggelassen werden.
- Die Grießmarmelade eignet sich sehr gut als Brotaufstrich, Palatschinkenfülle, als Beigabe zu Vanilleeis, auf gebackene Waffeln und als Füllung für Kekse.

VARIANTEN: Statt Orangensaft können Sie auch Grapefruit- oder Mandarinensaft, Most, Wein, Trauben- oder Apfelsaft verwenden.

Erdäpfelmarmelade mit Mohn

ZUTATEN FÜR CA. 7 GLÄSER À 210 ML
300 g gekochte Erdäpfel • 800 ml Apfel- oder Traubensaft • 50 g fein gemahlener Mohn • 500 g Gelierzucker 3 : 1 • 5 g Zitronenschalenpulver (s. S. 295) oder frisch geriebene Schale einer unbehandelten Zitrone
1/4 TL fein gemahlener Zimt • 20 ml Rum (80 %)

ZUBEREITUNG

Gekochte Erdäpfel durch eine Presse drücken, mit Apfelsaft aufkochen, mixen und mit den restlichen Zutaten (außer Rum) vermischen. Unter Rühren aufkochen und 4–5 Minuten wallend kochen lassen. Gelierprobe machen (s. S. 22). Vor dem Einfüllen Rum einrühren und sofort in vorbereitete, heiße Gläser füllen. Mithilfe einer Pipette einige Tropfen Rum daraufträufeln, anzünden und gleich verschließen.

TIPPS

- Vorsicht: Die Marmelade kann beim Einkochen ziemlich spritzen. Reduzieren Sie die Hitze und rühren Sie ständig, damit sich die Masse nicht am Topfboden anlegt.
- Pro Glas können Sie zusätzlich 10–20 g Rumrosinen oder Dörrzwetschken und statt Mohn auch fein geriebenes Marzipan oder Nüsse dazugeben.
- Kandierter Ingwer verleiht der Marmelade ein würziges Aroma.
- Sie können die Marmelade auch ohne Mohn, Marzipan oder Nüsse zubereiten und mit Orangensaft, Orangenschalen sowie Orangenlikör abschmecken.

VARIANTE: Bereiten Sie die Marmelade mit Orangensaft oder Weißwein zu, eventuell mit Campari gemischt. Dann schmecken Sie die Marmelade mit Orangenlikör und Orangenschalenpulver (s. S. 22) zusätzlich ab. Als Einlage bieten sich Aranzini an.
Foto 4 · Seite 71

Wein-Nuss-Marmelade

ZUTATEN FÜR 6 GLÄSER À 250 ML
1 l Weißwein • 100 g feiner Kindergrieß • 180 g Honig
200 g Gelierzucker 3 : 1 • 200 g grob gemahlene Walnüsse
30 ml Rum (80 %) • 20 g Vanillezucker • 1/2 TL fein gemahlener Zimt
50 g klein geschnittene Rosinen (ersatzweise Datteln oder Feigen)
eventuell 5 g Orangenschalenpulver oder frisch geriebene Schale einer unbehandelten Orange • etwas Alkohol (80 %)

ZUBEREITUNG

Wein mit Vanille, Grieß und Zimt unter Rühren auf- und etwas einkochen. Walnüsse sowie Gelierzucker dazugeben, nochmals aufkochen, ca. 4 Minuten wallend kochen lassen und vor dem Ende der Garzeit Honig einrühren. Von der Kochstelle nehmen, Gelierprobe machen (s. S. 22), Rum einrühren und sofort in vorbereitete Gläser füllen. Mithilfe einer Pipette einige Tropfen Alkohol darüberträufeln, anzünden und gleich verschließen.

Zitronenmarmelade

ZUTATEN FÜR 3 GLÄSER À 390 ML
350 ml frisch gepresster Zitronensaft • 400 ml Wasser
70 g feiner Kindergrieß • 50 g fein geschnittenes Zitronat • 250 g Butter
300–400 g Gelierzucker 3 : 1 (je nach Geschmack) • 10 g Vanillezucker
1/2 TL Salz • eventuell etwas Pektin • etwas Alkohol (80 %)

ZUBEREITUNG

Zitronensaft, Wasser und Grieß mit Zitronat unter Rühren auf- und etwas einkochen. Von der Kochstelle nehmen und mit einem Schneebesen Gelierzucker einrühren. Aufkochen und ca. 4 Minuten wallend kochen lassen. Butter in kleinen Stücken einrühren, bis sie geschmolzen ist. Sofort in vorbereitete Gläser füllen. Mithilfe einer Pipette einige Tropfen Alkohol daraufträufeln, anzünden und gleich verschließen.

TIPPS

- Als Einlage können vor dem Einfüllen etwas Zitronengras oder Zitronenmelisse dazugegeben werden.
- Statt Zitronensaft kann auch Limetten-, Mandarinen- oder Grapefruitsaft genommen werden.
- Eignet sich hervorragend als Brotaufstrich, Palatschinkenfülle, als Beigabe zu Vanilleeis, zu gebackenen Waffeln, als Keksfüllung unter eine Buttercreme oder unter Eisparfait gerührt.
- Wenn Sie Früchte oder Säfte mit Grieß einkochen, benötigen Sie weniger Zucker. Verwenden Sie aber nur feinen Kindergrieß, denn zu grober Grieß verleiht der Marmelade keine gute Struktur. **Foto 2 · rechts**

Nougataufstrich für Kinder

ZUTATEN FÜR 2 GLÄSER À 270 ML UND 1 GLAS À 190 ML
350 ml Obers • 80–120 g Feinkristallzucker (je nach Geschmack)
30 g feiner Kindergrieß • 200 g Nougat • 100 g in Stücke geschnittene Butter
10 g Kakaopulver • Prise Salz • etwas Alkohol (80 %)

ZUBEREITUNG

Obers mit Zucker und Grieß aufkochen und etwas einreduzieren lassen. Nougat darin auflösen, Kakaopulver einrühren und nochmals aufkochen lassen. Butterstücke mit dem Schneebesen gut einrühren, bis sie geschmolzen sind. Sofort in vorbereitete Gläser füllen. Mithilfe einer Pipette einige Tropfen Alkohol daraufträufeln, anzünden und gleich verschließen. Kühl aufbewahren.

TIPPS

- Sie können auch noch geröstete, klein gehackte Nüsse oder Nusskrokant unterrühren.
- Wenn Sie den Aufstrich in kleine Formen füllen und kurz tiefkühlen, dann mit Topfenteig umhüllen und kochen, haben Sie im Handumdrehen köstliche Dessertknödel. **Foto 1 · rechts**

1	2
3	4

Maroniaufstrich

ZUTATEN FÜR CA. 2 1/2 GLÄSER À CA. 210 ML
400 g Maronipüree aus der Dose oder gefroren oder gekochte Maroni
100 g brauner oder Feinkristallzucker • 1 aufgeschnittene Vanilleschote
20 ml Rum (60 %) oder Orangenlikör • 250 ml Wasser • etwas Alkohol (80 %)

ZUBEREITUNG
Zucker in einer Pfanne schmelzen. Sofort mit Wasser aufgießen und Vanilleschote dazugeben. Ungefähr 5 Minuten kochen lassen. Püree mit einem Schneebesen einrühren, weitere 5 Minuten kochen lassen, Schote entfernen, Rum einrühren und in vorbereitete Gläser füllen. Mithilfe einer Pipette einige Tropfen Alkohol darüberträufeln, anzünden und gleich verschließen.

TIPPS
- Da brauner Zucker bereits dunkler ist als weißer, sollten Sie beim Bräunen auf den Bräunungsgrad achten.
- Vor dem Einfüllen können Sie klein geschnittene Amarenakirschen einmischen.
- Der Aufstrich eignet sich für Wild- oder Rindfleischgerichte, als Fülle für süße Knödel – oder einfach zum Naschen.
- Wenn Sie den Aufstrich mit ganzen Kastanien zubereiten wollen, gehen Sie am besten wie folgt vor: Kastanien auf der flachen Seite kreuzweise einschneiden, im Backrohr bei ca. 160 °C backen oder im Wasser kochen. Noch heiß schälen. Schlechte Kastanien aussortieren. Zucker in einer Pfanne karamellisieren, mit Wasser ablöschen, Vanilleschote dazugeben und aufkochen. Maroni ebenfalls dazugeben, das Ganze aufkochen, mixen und ca. 15 Minuten kochen. Abschmecken, in vorbereitete Gläser füllen und mit Alkohol verschließen.

Karamellcreme Rezept von Luitgard Atzler

ZUTATEN FÜR 4 GLÄSER À CA. 210 ML
500 g Feinkristallzucker • 400 g Butter • 200 g Obers • 1 gestrichener TL Salz

ZUBEREITUNG
Zucker in einem heißen, breiten Topf langsam zu hellem Karamell schmelzen, mit Obers aufgießen und aufkochen lassen. Butter einrühren und unter ständigem Rühren etwas einkochen lassen. Mit dem Stabmixer einige Minuten mixen, damit sich die Masse gut verbindet und sich die Butter nach dem Abkühlen nicht absetzt, Salz einrühren. Sofort in vorbereitete Gläser füllen und verschließen.

TIPPS
- Passt sehr gut als Brotaufstrich zu Apfeltiramisu, Palatschinken oder Waffeln und kann zerlassen unter Soßen oder Cremen gemischt werden.
- Zur geschmacklichen Abrundung können Sie etwas Löskaffeepulver, Irish Coffee, Kaffeelikör oder Rum unter die Creme mischen.
- Sie können die Creme in kleine Formen füllen, kurz tiefkühlen, mit Topfenteig umhüllen und kochen. Sie erhalten auf diese Weise herrliche Dessertknödel.

Foto 3 · Seite 71

Pikante Marmeladen, Chutneys und Relishes

Chutneys – süß-saure, pikante Marmeladen – kommen ursprünglich aus Indien. Während der Kolonialzeit gelangten diese über England in die europäischen Küchen. Auch hierzulande erfreuen sich diese marmeladeähnlichen Würzmischungen längst großer Beliebtheit. So kann beispielsweise ein Kürbischutney eine köstliche Beigabe zu einem einfachen kalten Braten sein.

CHUTNEYS werden aus Früchten oder Gemüse mit Zucker, Essig, Wein, Salz und verschiedenen Gewürzen (Nelken, Zimt, Piment, Senfkörner, Koriander, Ingwer), aber auch kandierten Früchten wie Rosinen, Datteln, Marillen usw. hergestellt. Es gibt sie in vielen Varianten von sehr würzig bis pikant, scharf oder mild, süßlich oder sauer. Dazu werden die Früchte gewürfelt, in Streifen geschnitten oder bei größeren Mengen grob durch den Fleischwolf gedreht. Sie werden ähnlich wie Marmeladen hergestellt und sind ebenso lange haltbar. Sie sind eine ideale Beigabe zu kalten und warmen Vorspeisen, Nudeln, Fisch, Pasteten, Ragouts oder kurz gebratenen Fleischstücken, Käse oder Geflügel. „Süßsaures" passt aber auch vorzüglich zu kaltem Braten. Es kann als Würzung in Soßen oder Salatmarinaden gemixt oder unter eine Würzbutter gemengt werden. Ebenso lassen sich mit Chutneys unterschiedliche Krusten verfeinern.

RELISHES sind Würzsoßen aus Obst oder Gemüse. In feine Würfel geschnitten, werden diese mit Essig, Zucker und Gewürzen abgeschmeckt und ähnlich wie Chutneys zubereitet. Die Geschmacksrichtungen reichen von mild, süß-sauer bis scharf. Verwendet werden sie vor allem zum Würzen von gegrilltem Fleisch, Fisch u. Ä.

Chutneys und Relishes sind ausgefallene und sehr persönliche Geschenke bzw. Mitbringsel. Sie sollten unbedingt 1–2 Wochen ziehen, bevor sie verzehrt werden, da sich erst dann die Gewürze so richtig entfaltet haben. Geöffnete Gläser im Kühlschrank aufbewahren.

EINIGE HILFREICHE TIPPS ZUR HERSTELLUNG

- Gemahlene Gewürze erst kurz vor dem Abfüllen einrühren und nur kurz mitziehen lassen.
- Frische Kräuter immer nur klein geschnitten beigeben und keinesfalls mitkochen, sondern wie bei Marmeladen mit Blütenzusatz erst kurz vor dem Einfüllen untermengen. Probieren Sie Varianten mit Hollerblüten, Rosenblüten, Lavendel (passt besonders gut zu Äpfel und Birnen), Fliederblüten, Melisse, Salbei oder Minze.
- Durch Beimengen von beispielsweise selbst angesetztem Hollersaft (s. S. 101) sowie anderen beliebigen Säften kann der Geschmack verfeinert werden.
- Sollte der Geschmack der Zwiebeln bei Chutneys etwas milder sein, dann können Sie die Zwiebeln vor dem Einkochen in Salzwasser blanchieren und kalt abschrecken oder in Öl anschwitzen und mit den restlichen Zutaten einkochen.
- Zum Süßen können Feinkristall-, Roh-, Braun- oder Kandiszucker (diesen in der Küchenmaschine zerkleinern, er löst sich dadurch leichter auf) verwendet werden. Honig ist auch geeignet. Bedenken Sie jedoch, dass dieser bei zu langem Kochen seine Inhaltsstoffe verliert.
- Besonders „Feurige" geben dem angerichteten Chutney einige Tropfen Tabascosoße bei.

- Die Haltbarkeit kann durch Einkochen im Einkochtopf oder Dampfgarer (bei 98 °C, 20 Minuten) verlängert werden.
- Verwenden Sie nur Essige, die nicht zu viel Eigengeschmack aufweisen, da ansonsten der Geschmack des Chutneys wesentlich beeinflusst werden könnte.
- Ratsam ist es, Chutneys in eher kleine Gläser abzufüllen, damit das Eingemachte rascher aufgebraucht werden kann und nicht verdirbt.
- Die Haltbarkeit erhalten diese pikanter Marmeladen durch Beigabe von Zucker und Essig.
- Neben Essig können Sie den Geschmack mit Sherry, Süßwein, Noilly Prat oder Madeira abrunden.
- Die Konsistenz ergibt sich aus der Kochzeit. Eventuell kann Gelatine oder Pektin beigegeben werden.
- Die in den folgenden Rezepten angeführten Gewürze sind Vorschläge und können je nach Belieben bzw. Verfügbarkeit ersetzt werden.

Pikante Marmeladen

Würzige Cumberlandmarmelade

ZUTATEN FÜR 5 GLÄSER À CA. 210 ML

30 ml Rotweinessig (6 %) • 200 ml Rotwein • je 300 g rote Ribiseln und Preiselbeeren • 150 g Orangenwürfel (dazu die Orangen schälen und die weiße Haut entfernen) • 50 g Zitronenwürfel, ersatzweise Limetten oder Grapefruit • je 5 g Orangen- und Zitronenschalenpulver (s. S. 295) oder fein geriebene Schalen • 400 g Feinkristallzucker • 1/4 TL frisch gemahlener Pfeffer • 50 g Estragonsenf oder 1/2 TL ganze oder gemahlene Senfkörner eventuell 10–20 g kandierter, in kleine Stücke geschnittener Ingwer etwas Alkohol (80 %)

ZUBEREITUNG

Wein mit den Früchten aufkochen, ca. 10 Minuten kochen und passieren. Ergibt etwa 800 g, bei Bedarf mit Wein auf diese Menge auffüllen. Mit den restlichen Zutaten (außer Alkohol) vermischen, aufkochen, 10–15 Minuten sehr sämig einkochen und würzig abschmecken. Gelierprobe machen (s. S. 22). In vorbereitete Gläser füllen, mithilfe einer Pipette einige Tropfen Alkohol daufträufeln, anzünden und gleich verschließen.

TIPPS

- Wenn Sie Gelierzucker verwenden, rühren Sie diesen erst kurz vor Fertigstellung ein und lassen alles 4–6 Minuten wallend kochen.
- Geliert die Marmelade zu wenig, rühren Sie etwas Pektin ein.
- Als Einlage können Sie fein gehackte Aranzini oder grüne, eingelegte Pfefferkörner verwenden.
- Zum Würzen geeignet sind Cayennepfeffer, rosa Pfefferkörner, Chili, Majoran, Rosmarin oder Thymian, Wacholderbeeren, Lorbeerblätter, Nelken oder Zimt.
- Zudem können Sie 150 g kleinwürfelige Schalotten oder Zwiebeln in wenig Öl anschwitzen und dazugeben.
- Die Essigmenge können Sie je nach Geschmack erhöhen.
- Mit Hollerbeeren lässt sich das Chutney ebenso zubereiten.
- Die Marmelade passt zu kaltem Braten, Wild, Lebergerichten, Terrinen, zu Schafkäse- oder Ziegenkäsestrudel und kann auch zum Abrunden unter eine Wild- oder Rindsbratensoße gemischt werden. Aber auch als Zutat zu Rotkraut, Salatsoßen, Mayonnaise (s. S. 212) und Dotterbutter (s. S. 260) ist sie hervorragend geeignet.

Berberitzen „Cumberland"

Rezept von Gabi Strahammer

ZUTATEN FÜR 7 GLÄSER À 210 ML

Saft und in feine Streifen geschnittene Schale einer Limone
50 g in sehr feine Würfel geschnittener Ingwer • 200 g in feine Ringe
geschnittene Zwiebeln • 500 g Feinkristallzucker • 80 ml Wasser
250 ml kräftiger Rotwein • 800 ml frisch gepresster Orangensaft
800 g frische Berberitzenbeeren (Sauerdorn) • etwas fein gehackte,
frische Chilischote • etwas Alkohol (80 %)

ZUBEREITUNG

Zwiebelringe, Ingwer und Limonenschale kurz überkochen und abseihen. Den Zucker hell karamellisieren. Mit Wasser, Rotwein und Orangensaft ablöschen und die Beeren beigeben. Etwa 7 Minuten einkochen und dann mit dem Mixstab pürieren. Durch ein Sieb streichen, nochmals aufkochen und Zwiebeln, Ingwer und Limonenstreifen sowie je nach Geschmack die Chiliwürfel beigeben. Gelierprobe machen (s. S. 22). In vorbereitete Gläser füllen, mithilfe einer Pipette einige Tropfen Alkohol darauftäufeln, anzünden und gleich verschließen.

TIPP: Das Chutney passt sehr gut zu Wild, kalten Braten sowie Pasteten.

Würzige Zwetschkenmarmelade

ZUTATEN FÜR 7 GLÄSER À CA. 210 ML

1 kg entkernte, halbierte Zwetschken oder Früchte nach Belieben
250 g Zwiebelwürfel • 20 g Knoblauchzehen • 100–150 g Rosinen
300–400 ml Most-, Apfel- oder Rotweinessig (6 %) • 350 g Feinkristallzucker
oder Rohzucker • 1 EL Salz • 30 ml Zitronensaft • etwas frisch geriebene
unbehandelte Zitronenschale (ersatzweise Pulver) • 1 TL Gewürznelken
1 grob zerstoßenes Stück Zimtrinde (6 cm) • 1 TL Thymian • 1/2 TL Rosmarin
1 TL Bohnenkraut • 1 TL grob zerstoßene Neugewürzkörner • eventuell 50 g
Honig • etwas Alkohol (80 %)

ZUBEREITUNG

Gewürze (z. B. Nelken und Zimtstange), die später wieder entfernt werden, in ein Tee-Ei geben oder in ein Mulltuch binden. Zwiebeln und Knoblauch in Öl anschwitzen, mit etwas Zucker karamellisieren und mit Essig ablöschen. Restliche Zutaten (außer Honig und Alkohol) dazugeben und unter ständigem Rühren 25–35 Minuten dicklich einkochen lassen. Vom Herd nehmen, Honig dazurühren und sofort in vorbereite Gläser füllen. Mithilfe einer Pipette einige Tropfen Alkohol darüberträufeln, anzünden und gleich verschließen.

TIPPS

- Wenn Sie mehr Schärfe wünschen, geben Sie zwei Pfefferoni- oder Chilischoten dazu.
- Die Marmelade passt zu Wild- oder Rindfleischgerichten, kalten Terrinen sowie Lebergerichten.

PIKANTE MARMELADEN • CHUTNEYS • RELISHES

Pikante Feigenmarmelade

ZUTATEN FÜR 3 GLÄSER À 270 ML UND 1 GLAS À CA. 210 ML

ca. 300 ml Rotweinessig (6 %) • 250 g Gelb- oder Rohzucker
1 EL Salz • 500 g in Würfel oder Scheiben geschnittene frische Feigen
200 g Apfelwürfel • 150 g in Öl angeschwitzte Zwiebelringe oder Schalotten
130 g getrocknete oder frische Datteln • 40 g frischer, in Würfel geschnittener Ingwer • 1 TL gelbe Senfkörner • 1/2 TL gemahlener Piment
eventuell etwas Knoblauch und 1 TL edelsüßes Paprikapulver
etwas Alkohol (80 %)

ZUBEREITUNG

Essig mit Salz und Zucker aufkochen, etwas einkochen lassen, dann restliche Zutaten (außer Alkohol) dazugeben und 20–30 Minuten leicht köcheln lassen. Dabei öfters umrühren, damit die Masse nicht am Topfboden anbrennt. Die Marmelade sollte eine dicke, zähe Konsistenz aufweisen. In vorbereitete, heiße Gläser füllen. Mithilfe einer Pipette einige Tropfen Alkohol darüberträufeln, anzünden und sofort verschließen.

TIPPS

- Rühren Sie eventuell 1 EL frischen, gehackten Estragon kurz vor Ende der Kochzeit darunter.
- Passt sehr gut zu Lamm- und Geflügelgerichten.

Pikante Heidelbeeren

Rezept von Hilde Raffler

ZUTATEN FÜR CA. 5 GLÄSER À 650 ML

2 kg Heidelbeeren • ca. 500 ml Weißweinessig (6 %)
250 ml Wasser, Weißwein oder Most • 30 g frisch geriebener Ingwer
frisch gemahlener Pfeffer • 1 TL Piment oder Neugewürz • 8 Gewürznelken
Prise Muskatnuss • 1 TL gemahlener Zimt • 30 g frisch geriebener Kren
400 g Gelierzucker 3 : 1 (oder Gelb- oder Rohzucker) • 3 Lorbeerblätter

ZUBEREITUNG

Heidelbeeren in vorbereitete Gläser füllen. Sämtliche Zutaten für den Sud in einem Topf aufkochen, etwas ziehen lassen, abseihen und auf die Gläser aufteilen. Es kann sein, dass der Sud die Beeren nicht vollständig bedeckt. Da die Beeren jedoch noch Flüssigkeit verlieren, ist das kein Problem. In den Einkochtopf oder Dampfgarer stellen und bei 85 °C ca. 30 Minuten einkochen und im Topf auskühlen lassen.

TIPPS

- Diese Marmelade können Sie auch ohne den oben beschriebenen Einkochvorgang zubereiten. Hierfür lassen Sie die Beeren in dem heißen Sud einmal aufkochen und füllen sie dann direkt in die Gläser. Hierdurch verkürzt sich allerdings die Haltbarkeit, und der Geschmack entfaltet sich weniger intensiv.
- Passt sehr gut als Beigabe zu Wild- oder Rindfleischgerichten, zu gebratener Leber und eignet sich ebenfalls zum Abschmecken von Soßen sowie Marinaden.

Grüne Tomatenmarmelade

ZUTATEN FÜR 3 GLÄSER À CA. 210 ML
1 kg feinnudelig geschnittene grüne Tomaten • 300–400 g Feinkristall- oder Rohzucker • 100–200 ml Weißwein- oder Mostessig (6 %) • 1 TL frischer, geraspelter oder kandierter Ingwer • 1 aufgeschnittene Vanilleschote 1/2 Zimtrinde • Prise gemahlene Nelken • Prise gemahlene Muskatnuss etwas Alkohol (80 %)

ZUBEREITUNG
Essig mit allen Gewürzen und Zucker aufkochen, über die Tomaten gießen, vermischen und über Nacht zugedeckt stehen lassen. Dann unter Rühren aufkochen und 30–40 Minuten einkochen lassen, bis die Flüssigkeit verkocht und die Masse sämig ist. In vorbereitete Gläser füllen, mithilfe einer Pipette einige Tropfen Alkohol darüberträufeln, anzünden und gleich verschließen.

TIPPS
- Es dürfen nur Tomaten einer grünen Sorte verwendet werden, keine harten unreifen Tomaten.
- Sie können den Zucker auch hellbraun karamellisieren, mit Essig ablöschen, mit den Gewürzen vermischen und dann wie oben beschrieben weiterverarbeiten.
- Diese pikante Marmelade ist eine sehr gute Füllung für Buchteln und andere Germspeisen.

Würzige Preiselbeer-Apfel-Marmelade

ZUTATEN FÜR 2 GLÄSER À 390 ML UND 1 GLAS À CA. 210 ML
450 g vorbereitete Preiselbeeren • 300 g fein geschnittene Apfelwürfel ca. 300 ml Weißwein- oder Mostessig (6 %) • 350 g Rohzucker je 1/4 TL Nelken, Piment und Zimtpulver • 2 Muskatblüten eventuell Maisstärke zum Eindicken • etwas Alkohol (80 %)

ZUBEREITUNG
Alle Zutaten (außer Preiselbeeren und Alkohol) 10 Minuten kochen. Preiselbeeren dazugeben und weitere 10–15 Minuten einkochen. Ist die Masse zu dünn, mit angerührter Stärke vermischen und nochmals gut aufkochen. In vorbereitete Gläser füllen, mithilfe einer Pipette einige Tropfen Alkohol darüberträufeln, anzünden und gleich verschließen.

TIPPS
- Passt ausgezeichnet zu Wild oder Wildgeflügel, aber auch zu Rindfleischgerichten.
- Statt der Gewürze können Sie auch nur Lebkuchengewürz verwenden.
- Eventuell können Sie die Marmelade mit Salz, Pfeffer, Kurkuma oder Senfkörnern noch würziger abschmecken.
- Ein Drittel des Essigs kann durch Rotwein, ein Teil des Zuckers kann durch Honig ersetzt werden.
- Wer mag, kann die Masse auch mixen.
- Zusätzlich können Sie Orangen- oder Zitronenschalen mitkochen lassen.

Pikante Zwetschken-Preiselbeer-Marmelade

ZUTATEN FÜR 5 GLÄSER À 390 ML

300 g klein gewürfelte Zwiebeln • 500 g entkernte, halbierte Zwetschken
500 g Preiselbeeren • 250 g frische oder getrocknete Feigen
100 g kandierte, klein gewürfelte Ingwerstücke • 360 g Feinkristallzucker
50 ml Pflanzenöl • 1 EL Salz • 100 ml Rotwein • ca. 400 ml Rotweinsessig (6 %)
1/4 TL fein gemahlener Zimt • 1 EL Senfkörner • Schale einer unbehandelten
Orange (ersatzweise 5 g Orangenschalenpulver) • etwas Alkohol (80 %)

ZUBEREITUNG

Öl in einem breiten Topf erhitzen. Zwiebeln darin glasig anlaufen lassen, mit Essig sowie Wein ablöschen und alle anderen Zutaten (außer Preiselbeeren und Alkohol) dazugeben. 10 Minuten kochen lassen, dann die Preiselbeeren dazumengen und weitere 15 Minuten einkochen lassen. Dabei öfters umrühren, damit sich die Marmelade nicht am Topfboden anlegt. Je nach gewünschter Bindung Kochzeit eventuell noch verlängern. Gelierprobe machen (s. S. 22). Sofort in vorbereitete Gläser bis 1/2 cm unter den Rand einfüllen. Mithilfe einer Pipette einige Tropfen Alkohol darüberträufeln, anzünden und gleich verschließen.

TIPPS

- Passt ausgezeichnet zu Wild, Rindfleisch, Wildgeflügel, Leberterrinen und Pasteten, ist aber auch zum Abschmecken von Soßen und Rotkraut geeignet.
- Wer mag, kann vor dem Abfüllen noch 1 EL Dijon- oder Estragonsenf unterrühren.
- Die Kochzeit verkürzt sich, wenn Sie mithilfe eines Schneebesens 1–2 TL Pektin einrühren.
- Probieren Sie eine Fruchtmischung aus Vogelbeere und Zwetschke, Birne und Preiselbeeren oder Apfel und Vogelbeere. Beachten Sie hierbei, dass Vogelbeeren sehr bitter schmecken und deshalb vorher in Essigwasser abgekocht oder zuerst tiefgefroren werden sollten.
- Die Essigmenge kann auf 300 ml reduziert werden. Die Differenz füllen Sie dann mit Rotwein auf.

Pikante Walnussmarmelade

ZUTATEN FÜR CA. 4–5 GLÄSER À CA. 210 ML

450 g geschälte Walnüsse • 150 g in feine Würfel geschnittene Zwiebeln
ca. 5 fein gehackte Knoblauchzehen • eventuell 30–50 g frischer Ingwer
(je nach gewünschter Schärfe) • 80 ml Oliven-, Sonnenblumen- oder Rapsöl
500 g geschälte, entkernte, fein geraspelte Äpfel • 1 TL edelsüßes Paprikapulver • ca. 200 ml Weißwein- oder Apfelessig (6 %) • 250 g Feinkristall-, Gelb- oder Rohrzucker • 20 ml Zitronensaft • eventuell etwas Nuss-Schnaps oder Kräuterlikör • etwas Alkohol (80 %)

ZUBEREITUNG

Nüsse auf einem Backblech ausbreiten und im vorgeheizten Backrohr leicht rösten. Die Nüsse dabei häufig wenden, damit sie nicht anbrennen. Auskühlen lassen und fein hacken. Zwiebeln und Knoblauch im Öl hell andünsten (nicht bräunen), restliche Zutaten (außer Schnaps oder Likör und Alkohol) dazugeben und aufkochen lassen. Zugedeckt ca. 20 Minuten leicht kochen, dabei öfters umrühren. Eventuell noch mit Nuss-Schnaps oder Kräuterlikör abschmecken. Die Marmelade sofort in vorgewärmte, vorbereitete Gläser einfüllen und mit einem Löffel gut andrücken, damit etwaige Luftblasen entweichen können. Mithilfe einer Pipette einige Tropfen Alkohol darüberträufeln, anzünden und gleich verschließen.

TIPPS

- Die Haltbarkeitsdauer verlängert sich, wenn Sie die befüllten Gläser noch 20 Minuten bei 90 °C im Einkochtopf oder Dampfgarer erhitzen. Vor dem Verzehr sollten Sie die Marmelade mindestens 2–3 Wochen dunkel, trocken und kühl lagern.
- Durch Beigabe von Walnussöl wird der Nussgeschmack noch intensiver. Es können aber stattdessen auch Haselnüsse, Pekanüsse oder Mandeln verwendet werden.
- Wer es etwas geleeartiger lieber hat, nimmt Gelierzucker. Diesen aber erst kurz vor Ende der Garzeit unterrühren und 4–5 Minuten wallend kochen lassen. Gelierprobe nicht vergessen (s. S. 22). Mit Pektin oder Agar-Agar können Sie die Marmelade ebenfalls eindicken.
- Die Würzmarmelade schmeckt sehr gut zu Fleischgerichten, aber auch zu Terrinen und Lebergerichten. Sie rundet Gerichte, Suppen und Soßen, in denen Käse enthalten ist, perfekt ab.

Chutneys

Mangochutney

ZUTATEN FÜR 5 1/2 GLÄSER À CA. 210 ML

1 kg geschälte, entkernte, in Würfel geschnittene Mangos (ca. 4 Stück, je nach Größe) • 20–40 g frische Ingwerwurzel • ca. 200 ml Most- oder Apfelessig (6 %) • 250 g Feinkristall-, Roh- oder Rohrzucker • 70 g Rosinen oder beliebige Trockenfrüchte • etwas scharfe, fein geschnittene Chilischoten eventuell noch 2 TL ganze oder fein gemahlene Senfkörner • ca. 2 TL Salz

ZUBEREITUNG

Alle Zutaten (außer Alkohol) in einem breiten Topf vermischen und ca. 30 Minuten unter öfterem Rühren einkochen. Mixen und würzig abschmecken. Gelierprobe machen (s. S. 22). In vorbereitete Gläser füllen, mithilfe einer Pipette einige Tropfen Alkohol darüberträufeln, anzünden und sofort verschließen.

TIPPS

- Die Mangos eventuell mit Äpfeln, Birnen, Marillen, Papayas, Pfirsichen, Zwetschken, Gurken, Kürbis oder Tomaten mischen.
- Zusätzlich können Sie noch mit Chili, Curry oder Pfeffer, Kurkuma, Piment, Prise Zimt oder Nelken würzen.

Linsenchutney

ZUTATEN FÜR 8 GLÄSER À 210 ML

330 g rote oder gelbe Linsen • 150 g Zwiebelwürfel • 70 ml Öl
30 g kandierter Ingwer • 1/2 TL Senfkörner • Prise gemahlener Kreuzkümmel
250 ml Essig (6 %) • 1 TL Salz • 150 g Feinkristall- oder Rohrzucker
1 1/2 TL Curry • 200 g Apfelwürfel • 50 g Rosinen • etwas Alkohol (80 %)

ZUBEREITUNG

Linsen in kochendem Wasser ca. 5 Minuten blanchieren und abgießen. Mit Wasser ca. 20 Minuten weich kochen und abgießen (ergibt ca. 800 g fertige Linsen). Zwiebelwürfel in etwas Öl hell anschwitzen, restliche Zutaten dazugeben und unter ständigem Rühren so lange einkochen, bis die Masse dicklich eingekocht ist (dauert ca. 15–20 Minuten). Würzig abschmecken und in vorbereitete Gläser füllen. Mithilfe einer Pipette einige Tropfen Alkohol darüberträufeln, anzünden und sofort verschließen.

TIPPS

- Zusätzlich können Sie noch mit Knoblauch, Cayennepfeffer, Tomatenmark, Liebstöckel, Petersilie, Kreuzkümmel, Nelken, Zimt, Paprikapulver, Thymian oder Piment geschmackliche Variationen erzielen.
- Statt Rosinen können Sie auch getrocknete Feigen, Datteln oder Marillen verwenden.

Kirschenchutney

Rezept von Christine Würflinger

ZUTATEN FÜR 2 GLÄSER À 250 ML
200 g rote oder weiße, würfelig geschnittene Zwiebeln • 500 g gewaschene, entstielte, entsteinte Kirschen • 30 g frischer, in Würfel geschnittener oder kandierter Ingwer • 2 TL grüne, eingelegte, gehackte Pfefferkörner
ca. 200 ml Rot-, Weißwein- oder Mostessig (6 %) • 50 ml Orangen- oder Zitronensaft • 2 Chilischoten • 1 TL klein geschnittene Rosmarinnadeln
200 g Feinkristallzucker oder ersatzweise 100 g Gelierzucker 3 : 1
etwas Alkohol (80 %)

ZUBEREITUNG
Essig und Zucker aufkochen. Kirschen und dann alle anderen Zutaten dazugeben und bei mittlerer Hitze und ständigem Rühren ca. 30–40 Minuten wallend kochen. Die Masse sollte eine dickliche Konsistenz aufweisen. In vorbereitete Gläser füllen, mithilfe einer Pipette einige Tropfen Alkohol darauftröpfeln, anzünden und gleich verschließen.

TIPPS
- Passt sehr gut zu Wild- und Rindfleischgerichten, zu Pasteten, zu Leber und Geflügel.
- Wenn Sie es milder bevorzugen, nehmen Sie statt der Chilischoten Pfeffer.

Apfelchutney mit Ingwer

ZUTATEN FÜR 7 GLÄSER À 210 ML
1 kg geschälte, entkernte, gewürfelte Kochäpfel • 100 ml Most oder Weißwein
150 ml Apfelsaft oder Süßmost • Prise Chilipulver oder Cayennepfeffer
1/4 TL frisch gemahlener Pfeffer • 20–40 g frischer oder kandierter, klein geschnittener Ingwer • 500 g Gelierzucker 3 : 1 • 30 ml Zitronensaft
1/4 TL Zitronenschalenpulver (s. S. 295) oder unbehandelte Zitronenschale
1/2 TL selbst angesetztes Kräutersalz (s. S. 229) oder aus dem Reformhaus
etwas Alkohol (80 %)

ZUBEREITUNG
Die Apfelwürfel mit Most und Apfelsaft weich kochen. Mit den restlichen Zutaten vermengen, aufkochen und 4–5 Minuten wallend kochen lassen. Sofort in vorbereitete, heiße Gläser füllen. Mithilfe einer Pipette einige Tropfen Alkohol darübertröpfeln, anzünden und gleich verschließen.

TIPPS
- Der Ingwer kann durch andere getrocknete oder kandierte Früchte ersetzt werden.
- Vor dem Abfüllen können Sie einige Gläser individuell mit verschiedenen Kräutern wie Zitronengras, Bohnenkraut, Zitronenpfeffer, Rosmarin, grob zerstoßene rosa Pfefferkörner, Lavendelblüten oder Minze versehen.

VARIANTE: Eine etwas säuerliche Alternative entsteht, wenn Sie einen Teil der Flüssigkeitsmenge durch Essig ersetzen.

Apfelchutney mit Zwiebeln

ZUTATEN FÜR 7 GLÄSER À 210 ML

1 kg säuerliche, geschälte, entkernte Apfelspalten • 120 g in kleine Würfel geschnittene Zwiebeln • 120 g Rosinen • 1 TL Ingwerpulver • 1 EL Senfkörner Prise Cayennepfeffer • ca. 300 ml Weißweinessig (6 %) • 600 g Feinkristall-, Rohr- oder zerstoßener Kandiszucker • 1/2 TL fein gemahlener Zimt
1 gestrichener TL Salz • eventuell Pektin • etwas Alkohol (80 %)

ZUBEREITUNG

Alle Zutaten (außer Alkohol) zusammen ca. 30 Minuten unter ständigem Rühren einkochen. Ist die Masse zu flüssig, dann eventuell etwas Pektin einrühren und nochmals ca. 1 Minute kochen. In vorbereitete Gläser füllen. Mithilfe einer Pipette einige Tropfen Alkohol darüberträufeln, anzünden und sofort verschließen.

TIPPS

- Als Geschmackszutaten können noch Kardamom, Currypulver, Senfkörner, Bohnenkraut sowie Estragonsenf verwendet werden.
- Als Einlage eignen sich Chilisamen sowie rote oder grüne Pfefferkörner.
- Das süß-säuerliche Chutney passt sehr gut zu gegrilltem Fleisch und Ripperln, kaltem Braten, Ente, Gans, gekochtem Schinken, Schweinebraten, Lammfleisch, Geflügelleberterrine, aber auch zu Wildgerichten mundet es hervorragend.

Apfel-Marillen-Chutney

ZUTATEN FÜR 6 GLÄSER À CA. 210 ML

50 ml Sesamöl • 50–80 g fein geschnittener, kandierter Ingwer
1 TL gemahlener Koriander • 1 TL gemahlene Senfkörner oder Senfmehl
1/4 TL gemahlener Kardamom • 200 g Zwiebelwürfel • 750 g klein geschnittene, geschälte, entkernte Kochäpfel • 200 g getrocknete, fein geschnittene Marillen • 80 g Gelierzucker 3 : 1 • 80 ml Weißweinessig (6 %)
1 TL Salz • Prise Cayennepfeffer oder Chilipulver • 160 ml Weißwein
etwas Alkohol (80 %)

ZUBEREITUNG

In einer Pfanne Ingwer, Koriander, Senf und Kardamom im Sesamöl anschwitzen. Zwiebeln zugeben und glasig dünsten. Die Äpfel dazugeben und mitdünsten, die Marillen zusammen mit Wein und Essig ebenfalls zufügen. Mit Salz, Cayennepfeffer würzen und unter ständigem Rühren ca. 15 Minuten zu einer dicken Masse einkochen. Ist die Masse noch zu weich bzw. zu wässrig, die Kochdauer entsprechend verlängern. Gelierzucker untermischen, aufkochen und 4–5 Minuten wallend kochen lassen. Gelierprobe machen (s. S. 22). Heiß in Gläser füllen. Mithilfe einer Pipette einige Tropfen Alkohol darüberträufeln, anzünden und sofort verschließen. Zum Abkühlen Gläser auf den Kopf stellen.

TIPPS: Dieses Chutney schmeckt sehr gut zu Geflügel, Leber, Reis, Nudelgerichten, Gemüsetaschen und vielen exotischen Speisen, aber auch zu gegrilltem Fleisch.

Bananenchutney

ZUTATEN FÜR 6 GLÄSER À 390 ML

1 kg geschälte, sehr reife Bananen • 450 g in feine Würfel geschnittene, in Öl angeschwitzte Zwiebeln • 250 g klein geschnittene Datteln oder beliebige Dörrfrüchte • 100 g kandierter, klein geschnittener Ingwer • 250 g Feinkristall- oder Rohzucker • 1 1/2 EL Salz • 400–500 ml Weißwein- oder Apfelessig (6 %) 100 ml Weißwein • 20 ml Zitronensaft • 1/4 TL fein gemahlener Zimt 1/2 TL Piment • 50 g Honig (ersatzweise Feinkristallzucker) • eventuell geraspelte oder geriebene Schokolade • etwas Alkohol (80 %)

ZUBEREITUNG

Bananen in Scheiben schneiden. Mit Essig, Wein und Zitronensaft erhitzen, mixen und dann alle anderen Zutaten (außer Honig und Alkohol) dazugeben. Unter ständigem Rühren 15–20 Minuten einkochen, bis die Masse von sämiger Konsistenz ist (Vorsicht: Spritzgefahr). Honig und eventuell Schokolade einrühren, würzig abschmecken und sofort in vorbereitete Gläser füllen. Mithilfe einer Pipette einige Tropfen Alkohol darüberträufeln, anzünden und gleich verschließen.

TIPPS

- Schmeckt sehr gut zu Käse, zu gegrilltem Fleisch, Geflügel, Lamm, Wildgerichten oder würzigen Würsten, aber auch unter eine würzige Soße gerührt mundet Bananenchutney ausgezeichnet.
- Zusätzliche Würze verleihen dem Chutney Kardamom, einige Chilischoten, frisch gemahlener Pfeffer oder Curry.
- Mandelblättchen ergeben eine dekorative Einlage.

Hollerbeerenchutney

ZUTATEN FÜR CA. 2 GLÄSER À CA. 210 ML

500 g entstielte Hollerbeeren • 150 g Rohrzucker • 130 ml Rotweinessig (6 %)
20 ml Öl • 1 EL grob gemahlene oder ganze Senfkörner • 100 g in Würfel
geschnittene Zwiebeln • 50 g Rosinen • je 1/4 TL Kardamom, Piment, frisch
gemahlener Pfeffer • Prise Nelkenpulver • 1 TL Salz • eventuell 1 TL Pektin
etwas Alkohol (80 %)

ZUBEREITUNG

Öl in einer Pfanne erhitzen. Zwiebeln darin kurz anschwitzen und dann alle anderen
Zutaten (außer Pektin und Alkohol) dazugeben. 30–40 Minuten unter ständigem Rühren
einkochen. Ist die Masse zu flüssig, Pektin mittels Schneebesen einrühren, nochmals
1 Minute kochen lassen und eventuell nachwürzen. Sofort in vorbereitete Gläser füllen.
Mithilfe einer Pipette einige Tropfen Alkohol darüberträufeln, anzünden und sofort
verschließen.

TIPP: Das Hollerbeerenchutney passt sehr gut zu Wild- und Rindfleischgerichten.

Hagebuttenchutney

ZUTATEN FÜR 3 GLÄSER À 390 ML UND 1 GLAS À CA. 210 ML

1 kg Hagebuttenmus ohne Zucker (s. S. 139) • 150–200 g Zwiebelwürfel
100 g Rosinen • 100 g getrocknete Datteln • 30 g kandierter Ingwer
350 g Feinkristall- oder Rohrzucker • 30 ml Öl • 1/4 TL Zimt
Prise Nelkenpulver • 1 TL grob gemahlene Senfkörner
1/4 TL zerstoßene Korianderkörner • 130 ml Weißweinessig (6 %)
etwas Salz • etwas Alkohol (80 %)

ZUBEREITUNG

Öl in einer breiten Pfanne erhitzen, Zwiebelwürfel dazugeben und hell anschwitzen.
Zucker zufügen und kurz karamellisieren. Mit Essig ablöschen. Restliche Zutaten (außer
Alkohol) dazugeben und 15–20 Minuten einkochen, dabei öfter umrühren, damit sich
die Masse nicht am Topfboden anlegt. Ist die Masse zu flüssig, noch einige Minuten
einkochen. Das Hagebuttenchutney eventuell mit etwas Salz abschmecken und noch
heiß sofort in die vorbereiteten Gläser füllen. Mithilfe einer Pipette einige Tropfen
Alkohol darüberträufeln, anzünden und sofort verschließen.

TIPPS

- Die Haltbarkeit verlängert sich, wenn man die Masse noch 30 Minuten bei 90 °C im Einkochtopf oder Dampfgarer einkocht.
- Cayennepfeffer intensiviert zusätzlich Farbe und Geschmack.
- Das Chutney kann selbstverständlich auch mit Gelierzucker zubereitet werden. Hierfür zuerst alles ohne Zucker einkochen und diesen 5 Minuten vor Ende der Kochzeit dazurühren. Achtung: Die Masse dickt bei dieser Zubereitungsart etwas mehr ein.
- Das Rezept kann auch mit Apfel-, Zwetschken- oder Marillenmus zubereitet werden.

Kürbischutney 1

Wenn Sie einmal eine etwas größere Menge zubereiten wollen, ist dies eine geeignete Rezeptur.

ZUTATEN FÜR CA. 45 GLÄSER À CA. 210 ML
5 kg kleine Kürbisfleischwürfel • 3 kg klein geschnittene Äpfel mit Schale und Kerngehäuse • 1 l Weißwein • 300 g Zwiebelwürfel • 100 ml Sonnenblumenöl • 550 g Feinkristallzucker • 700 ml Weißweinessig (6 %) 20 ml Zitronensaft • 400 g kleine getrocknete Marillenstücke • ca. 100 g Salz, je nach gewünschtem Geschmack • 3 EL getrocknetes oder frisches Liebstöckel 1 EL fein gemahlener Pfeffer • 5 TL gemahlene Senfkörner • 5 TL gemahlener Koriander • 1 TL gemahlener Kardamom • 1–2 TL gemahlener Kümmel etwas Alkohol (80 %)

ZUBEREITUNG
Apfelstücke mit Zitronensaft und Weißwein ca. 20–25 Minuten weich kochen. Mit der Flotten Lotte oder in der Küchenmaschine durchpassieren. Das ergibt ca. 3,6 kg; fehlendes Gewicht eventuell mit Wein oder Wasser auffüllen. Öl in einer Pfanne erhitzen, Zwiebel darin hellbraun anschwitzen, Zucker dazugeben und leicht karamellisieren, dann das Apfelpüree einrühren (Achtung: Spritzgefahr!). Kürbiswürfel einmengen und unter mehrmaligem Rühren 50–60 Minuten einkochen. In vorbereitete Gläser füllen, mithilfe einer Pipette einige Tropfen Alkohol darüberträufeln, anzünden und sofort verschließen.

TIPPS
- Als kleine Orientierung: Bei einem Kürbisgewicht von brutto 5,3 kg beträgt der Abfall ca. 1,55 kg. Also verbleibt ein Reingewicht von ca. 3,75 kg.
- Die Zuckermenge können Sie je nach Geschmacksvorlieben um ca. 50–100 g erhöhen.
- Folgende Gewürzvarianten sind möglich: Thymian, Curry, Knoblauch, Chili, Ingwer, edelsüßes Paprikapulver, Kurkuma, Prise Zimt, Lorbeerblätter und Petersilie.
- Dieses Rezept können Sie ebenso mit Karotten, Pastinaken oder gelben Rüben zubereiten.
- Statt Marillen können Sie auch Feigen, Datteln oder Rosinen verwenden.
- Zur geschmacklichen Abrundung sind Kürbiskerne sehr gut geeignet.
- Das Chutney passt ausgezeichnet zu kalten Vorspeisen wie Terrinen, Leberpasteten, zu kaltem Braten, zu Käse und eignet sich als Garnitur für Wildgerichte.

Kürbischutney 2

ZUTATEN FÜR CA. 5 GLÄSER À 390 ML
1 kg Kürbisfleischwürfel • 70 g in Würfel geschnittener Knollensellerie
100 g rote, in Würfel geschnittene Zwiebeln • 100 ml Öl • 300 ml Most
oder Weißwein • 250 ml Weißweinessig (6 %) • 120 g Rohrzucker
1/4 TL fein gemahlener Piment • 50 g kandierter Ingwer • 2 EL gelbe
Senfkörner • 1/2 Zimtstange • 3 Lorbeerblätter • 200 ml Mangosaft
1 Zimtstange • 1 EL Salz • 20 g Maisstärke • 100 ml Most zum Anrühren
der Maisstärke • etwas Alkohol (80 %)

ZUBEREITUNG
Öl in einer breiten Pfanne erhitzen und Zwiebeln darin hell anschwitzen. Gemüse dazugeben und kurz mitdünsten. Restliche Zutaten (außer Maisstärke und Alkohol) zufügen, auf kleiner Flamme unter ständigem Rühren 30–40 Minuten leicht einkochen lassen und nochmals abschmecken, Lorbeer und Zimt entfernen. Maisstärke mit Most verrühren und das Chutney damit eindicken. Sofort bis knapp unter den Rand in vorbereitete Gläser füllen. Mithilfe einer Pipette einige Tropfen Alkohol darüberträufeln, anzünden und sofort verschließen. Für einen ausgewogenen Geschmack, das Chutney einige Tage ziehen lassen.

Vogelbeer-Kürbis-Chutney
Rezept von Gabi Strahammer

ZUTATEN FÜR 3 GLÄSER À CA. 210 ML
300 g in kleine Würfel geschnittenes Muskatkürbisfleisch
1 klein gehackte Schalotte • 1 gekochte, in kleine Würfel geschnittene Quitte
100 g Vogelbeeren • 100 g Feinkristallzucker • 6 EL Rotweinessig (6 %)
100 g Preiselbeersaft • 80 g kleine Rosinen • 1 TL sehr feine Ingwerwürfel
1 TL fein zerstoßene Korianderkörner • 1 TL Johannisbrotmehl (im Reformhaus erhältlich) • etwas frische Chilischote • Prise Meersalz • etwas Alkohol (80 %)

ZUBEREITUNG
Alle angegebenen Zutaten (außer Alkohol) miteinander vermischen und für 2 Tage im Kühlschrank durchziehen lassen, ab und zu durchmischen. Dann alles in einem Topf zum Kochen bringen und so lange kochen, bis der größte Teil der Flüssigkeit verdunstet ist. Die Masse sollte eine breiige Konsistenz aufweisen. In vorbereitete Gläser füllen, mithilfe einer Pipette einige Tropfen Alkohol darüberträufeln, anzünden und sofort verschließen.

TIPP: Dieses Chutney passt sehr gut zu kräftigem Hartkäse, Wild und luftgetrocknetem, würzigem Fleisch.

Grünes Tomaten-Apfel-Chutney

ZUTATEN FÜR 4 GLÄSER À 390 ML

700 g grüne, in Würfel geschnittene Tomaten • 400 g fein geriebene Äpfel
200 g weiße Zwiebelwürfel • 3 EL Salz • 100 g Rosinen • 250 ml Apfelessig (6 %)
5 g Zitronenschalenpulver (s. S. 295) oder abgeriebene Schale einer unbehandelten Zitrone • 20 ml Zitronensaft • 1 EL Senfkörner • 1 TL Korianderkörner • 1/4 TL fein gemahlener Piment • Prise gemahlene Nelken
1/4 TL gemahlener Zimt • 500 g Rohr- oder Gelbzucker • 1 TL Pektin
etwas Alkohol (80 %)

ZUBEREITUNG

Alle Zutaten (außer Pektin und Alkohol) in einen breiten Topf geben. Unter ständigem Rühren je nach gewünschter Konsistenz 25–35 Minuten einkochen und abschmecken. Pektin dazugeben und eine weitere Minute einkochen. Gelierprobe machen (s. S. 22). In die vorbereiteten Gläser füllen, mithilfe einer Pipette einige Tropfen Alkohol darüberträufeln, anzünden und sofort verschließen.

TIPPS

- Es dürfen nur Tomaten einer grünen Sorte verwendet werden, keine unreifen harten Tomaten.
- Zusätzlich verleiht Apfelschalenpulver (s. S. 295) oder zwei mitgekochte, unbehandelte, klein geschnittene Zitronen (mit Schale) dem Chutney ein wunderbares Aroma.

Bier-Birnen-Chutney

ZUTATEN FÜR CA. 3 1/2 GLÄSER À CA. 210 ML

500 ml Weizenbier oder helles Bier • 300 g Birnenwürfel
100 g kleine Zwiebelwürfel • 100–150 ml Essig (6 %), je nach gewünschter Säure • 1/2 TL Senfkörner • 100 g getrocknete Marillen (ersatzweise Datteln oder Feigen) • 200 g Rohrzucker • 1/2 TL Salz • 1/4 TL Pektin • 30 ml Öl
etwas Alkohol (80 %)

ZUBEREITUNG

Öl in einem Topf erhitzen, Zwiebelwürfel darin glasig andünsten, alle anderen Zutaten (außer Pektin und Alkohol) dazugeben und ca. 25 Minuten unter ständigem Rühren einkochen lassen, würzig abschmecken. Pektin einrühren und nochmals 1 Minute wallend kochen lassen. Gelierprobe machen (s. S. 22). In vorbereitete Gläser füllen, mithilfe einer Pipette einige Tropfen Alkohol darüberträufeln, anzünden und sofort verschließen.

Relishes

Zucchini-Tomaten-Relish

ZUTATEN FÜR 4 GLÄSER À 390 ML
500 g Zucchini • 800 g feste Fleischtomaten • 300 g kleine Zwiebelwürfel
3–4 klein geschnittene Knoblauchzehen • 30 g Basilikumpaste (ersatzweise frisches oder getrocknetes Basilikum) • 3 EL frische oder getrocknete Petersilie • 2 EL Oregano • 2 EL Liebstöckel • 40 g Feinkristallzucker oder Rohrzucker • ca. 1–1 1/2 EL Salz • ca. 400 ml Wein- oder Apfelessig (6 %)
2 EL Senfkörner • 1 Zimtstange (3 cm) • 10 gemahlene Gewürznelken
eventuell Maisstärke • etwas Alkohol (80 %)

ZUBEREITUNG
Die Tomaten an der Oberseite kreuzweise einritzen, in kochendem Wasser kurz überbrühen und die Schale abziehen. Vierteln und in kleine Würfel schneiden. Zucchini ebenfalls würfeln. Senfkörner in einer Pfanne kurz trocken rösten. Essig mit Zucker, Zimt, Nelken und Senfkörnern aufkochen. Zucchini, Tomaten, Zwiebeln, Knoblauch zum Sud geben und 25–30 Minuten unter mehrmaligem Rühren sprudelnd einkochen lassen. Die gehackten Kräuter dazugeben und nochmals kurz aufkochen lassen. Bei Bedarf mit etwas angerührter Stärke eindicken. Heiß in vorbereitete Gläser füllen, mithilfe einer Pipette einige Tropfen Alkohol darüberträufeln, anzünden und sofort verschließen.

TIPPS
- Die Zwiebeln und Knoblauchzehen können Sie vor dem Einkochen in etwas Öl anschwitzen.
- Statt Zucchini können Sie auch Gurken, Kürbis, Paprika, Melanzani oder Lauch verwenden. **Foto 1 · rechts**

Tomaten-Quitten-Relish

ZUTATEN FÜR 7 GLÄSER À 390 ML
1 kg in kleine Würfel geschnittene Tomaten • 600 g entkernte, in kleine Würfel geschnittene Quitten • 300 g Zwiebelwürfel • 200 g in Ringe geschnittener Lauch • 350 ml Wasser • ca. 480 ml Weißweinessig (6 %) • 100 ml Sonnenblumenöl • 200 g Rohrzucker • 1 EL Senfkörner • 1 EL edelsüßes Paprikapulver
1 EL grob gemahlene Korianderkörner • 1 EL Salz • 1/2 TL fein gemahlener Pfeffer • eventuell 2 TL Pektin • etwas Alkohol (80 %)

ZUBEREITUNG
Lauchringe und Zwiebelwürfel in Öl anschwitzen. Paprikapulver dazugeben, restliche Zutaten (außer Essig, Pektin und Alkohol) zufügen. Mit Essig ablöschen und ungefähr 35–40 Minuten unter gelegentlichem Rühren einkochen. Gelierprobe machen (s. S. 22),

1 2

eventuell Pektin einrühren und nochmals 1 Minute wallend kochen lassen. Sofort in vorbereitete Gläser füllen. Mithilfe einer Pipette einige Tropfen Alkohol darüberträufeln, an-zünden und gleich verschließen.

TIPPS
- Die Haltbarkeit verlängert sich, wenn man die Gläser noch 30 Minuten bei 90 °C im Einkochtopf oder Dampfgarer einkocht.
- Statt Quitten- können auch Apfel- oder Birnenwürfel verwendet werden. Die Kochzeit verringert sich dadurch ein wenig.
- Dieses Relish ist eine würzige Beilage zu kalten und warmen Fleischspeisen, perfekt zu Ziegen- und Schafkäse.   **Foto 2 · oben**

Eingekochtes Zwiebelkonfit

ZUTATEN FÜR CA. 2 GLÄSER À 210 ML
100 g Sonnenblumen- oder Rapsöl • 400 g rote Zwiebelwürfel oder -spalten 60 g Feinkristallzucker (wahlweise Roh- od. Gelbzucker) • 100 ml Balsamico 30 g Honig • 1/2 TL Salz • Pfeffer a. d. Mühle • ev. etwas Öl zum Abdecken

ZUBEREITUNG
Öl in einer Pfanne erhitzen und Zwiebelwürfel bzw. -spalten darin kurz anschwitzen. Zucker einrühren und karamellisieren. Restliche Zutaten (außer Honig) dazugeben und 10–15 Minuten unter gelegentlichem Rühren einkochen. Honig zugeben.
In vorbereitete Gläser füllen, eventuell mit Öl abdecken und verschließen.

TIPPS
- Zusätzlich können Sie mit Thymian, Rosmarin, gemahlenem Ingwer, Chili, Prise Zimt, Piment, Kümmellikör, Dijon oder englischem Senf würzen.
- Lassen Sie zur geschmacklichen Verfeinerung eventuell 100 g Apfelwürfel mitkochen.
- Das Konfit passt sehr gut zu Käsegerichten, zu gegrilltem Fleisch und Würsten.

Zucchinirelish
Rezept von Christian Pernkopf

ZUTATEN FÜR 2 GLÄSER À 390 ML UND 1 GLAS À CA. 210 ML
500 g kleinwürfelig geschnittene Zucchini • 500 g kleinwürfelig geschnittene Zwiebeln • 3 Knoblauchzehen • 1–2 rote, entkernte, in feine Ringe geschnittene Chilischoten • 20 g Salz • Prise gemahlener Pfeffer
70 g Feinkristallzucker • 130 ml Weißwein- oder Apfelessig (6 %)
1 TL Liebstöckel • frisch geriebene Zitronenschale • 70 ml Sonnenblumenöl
etwas Alkohol (80 %)

ZUBEREITUNG
Öl in einem breiten Topf erhitzen, Zwiebel und Gemüse darin ca. 15–20 Minuten dünsten, nicht bräunen. Restliche Zutaten (außer Alkohol) zugeben und nochmals ca. 10 Minuten, je nach gewünschter Konsistenz einkochen. In vorbereitete Gläser füllen, mithilfe einer Pipette einige Tropfen Alkohol darüberträufeln, anzünden und gleich verschließen.

TIPPS
- Sie können dieses Relish mit folgenden Gewürzen aromatisieren: Curry, Piment, Zimt, grüne Pfefferkörner, Senfkörner, Oregano, Lorbeerblatt, Rosmarin, Koriander, Muskatnuss, Selleriesalz, edelsüßes Paprikapulver oder Kurkuma.
- Das Relish passt zu Gegrilltem, kalten Speisen, Aufstrichen und Lebergerichten.
- Für eine längere Haltbarkeitsdauer können Sie die befüllten Gläser im Einkochtopf oder Dampfgarer noch zusätzlich 30 Minuten bei 95 °C einkochen.

Grüne Tomaten süß-sauer

ZUTATEN FÜR 3 GLÄSER À 270 ML
1 kg grüne, in Würfel geschnittene Tomaten • 150 g würfelig geschnittene Schalotten oder Zwiebeln • 220–250 g Feinkristallzucker • 10 g Salz
ca. 350 ml Weißwein- oder Mostessig (6 %), je nach gewünschter Säure
ca. 350 ml Wasser • frisch gemahlener Pfeffer • 1 EL rote Pfefferkörner
3 Lorbeerblätter

ZUBEREITUNG
Alle Zutaten aufkochen und ca. 35–40 Minuten die Tomaten darin weich kochen. Diese mit einem Lochschöpfer in vorbereitete Gläser füllen. Den Sud sämig einkochen lassen und über die Tomaten gießen. Die Tomaten müssen vollständig mit dem Sud bedeckt sein.

TIPPS
- Es dürfen nur Tomaten einer grünen Sorte verwendet werden, keine harten unreifen Tomaten.
- Die Tomaten sind ideale Begleiter zu Käse, Pasteten, Terrinen und Lebergerichten.
- Für eine längere Haltbarkeit kochen Sie die Gläser noch zusätzlich 30 Minuten bei 95 °C im Einkochtopf oder Dampfgarer ein.

Säfte, Sirupe und Hochprozentiges

Säfte und Sirupe

Natürliche, vor allem selbst hergestellte Fruchtsäfte und Sirupe sind – beliebig verdünnt – ein idealer Durstlöscher für Jung und Alt. Sie finden Verwendung für Bowlen, Heißgetränke, Fruchtsoßen, Punsche, Essenzen und dergleichen. So manches Dessert oder manche Süßspeise wie auch Eis erhält erst dadurch den gewünschten typisch fruchtigen Geschmack. Fruchtsaft oder -sirup mit Wasser oder Mineralwasser aufgegossen ist – nicht nur – bei Kindern sehr beliebt. Zudem ist er auch hervorragend zum Aufgießen mit Sekt, für Bowlen, Punsch, zum Ansetzen von Likören, Cocktails oder als Ausgangsprodukt zum Geleekochen geeignet.

Im Gegensatz zu industriell hergestellten Säften ist die Zuckermenge variabel und damit individuell (z. B. bei Verwendung für Kinder) veränderbar. Des Weiteren enthalten selbst hergestellte Säfte keine Konservierungs- oder Farbzusatzstoffe und sind somit einfach um ein Vielfaches gesünder.

Diese Säfte lassen sich entweder kalt angesetzt mit einer elektrischen Saftzentrifuge bzw. manueller Saftpresse oder mithilfe eines Dampfentsafters (hierbei werden die Zellwände der Früchte durch Wasserdampf zum Aufplatzen gebracht) oder durch Kochen der Früchte in Wasser herstellen. Auch Gemüse (z. B. geschälte Gurkenstücke, kleine Tomatenstücke oder gewaschene, ungeschälte Rote Rüben) eignet sich zum Dampfentsaften. Dabei ist aber kein Zucker zuzusetzen.

Um Sirupe und Säfte länger lagerfähig zu machen, können Sie die befüllten Flaschen nochmals ca. 30 Minuten bei 95 °C im Einkochtopf oder Dampfgarer erhitzen oder mithilfe einer Pipette einige Tropfen 80%igen Alkohol darüberträufeln, anzünden und sofort verschließen. Geöffnete Flaschen bitte unbedingt im Kühlschrank lagern.

Schlehdornsirup

ZUTATEN FÜR 3 FLASCHEN À 500 ML
1 kg gut gereifte Schlehen • 500 g geschälte, geviertelte Boskoop-Äpfel
Mark einer Vanilleschote • 1 kg Feinkristallzucker • 300 ml Wasser

ZUBEREITUNG
Schlehen in einen Topf geben, mit Wasser bedecken und über Nacht stehen lassen. Am nächsten Tag die Beeren abseihen. Die Beeren mit dem Wasser und den übrigen Zutaten in einen großen Topf geben und zum Kochen bringen. Zugedeckt ziehen lassen, bis die Beeren weich sind. Mit einer Kelle die Masse zerdrücken und durch ein feines Sieb oder Etamin (ersatzweise Leintuch) rinnen lassen. Saft nochmals kurz aufkochen lassen, in vorgewärmte Flaschen abfüllen und sofort verschließen.

TIPPS
- Die Schlehen sollten zumindest einen Frost hinter sich haben.
- Der Sirup kann zur Weiterverarbeitung für Eis, Sorbets oder Mousses verwendet werden.

Gekochter Himbeersaft

ZUTATEN FÜR 6–7 FLASCHEN À 330 ML
3 kg reife Himbeeren • 500–700 g Feinkristallzucker • 20 ml Zitronensaft
etwas Alkohol (80 %)

ZUBEREITUNG
Die Beeren verlesen (nur wenn unbedingt notwendig waschen) und gut abtropfen lassen. Mit Zucker und Zitronensaft in einen großen Topf geben und zerquetschen oder andrücken. Aufkochen lassen und ca. 5 Minuten kochen, durch ein Sieb oder eine Flotte Lotte drücken und Saft ablaufen lassen. Sofort in vorbereitete, heiße Flaschen füllen. Mithilfe einer Pipette einige Tropfen Alkohol darüberträufeln, anzünden und sofort verschließen.

TIPPS
- Dieser Saft ist in seiner Konsistenz etwas dickflüssiger und nicht klar, da der Fruchtkuchen ja gut ausgepresst wurde.
- Auf diese Weise kann man auch Saft aus Ribiseln, Erdbeeren, Hollerbeeren, Heidelbeeren, Preiselbeeren, Kirschen usw. oder einer Fruchtmischung bereiten.
- Die Zuckermenge kann je nach Belieben und Fruchtart erhöht werden.
- Wenn Sie klaren Saft gewinnen möchten, mischen Sie die Früchte mit Zucker, zerquetschen sie und lassen die Masse 24 Stunden an einem kühlen Ort stehen. Dann geben Sie den Fruchtkuchen in ein heiß ausgewaschenes Passier- oder Mulltuch, hängen es in ein Dreibein oder einen umgedrehten Stuhl ein und lassen den Saft ca. 12 Stunden abtropfen. Den Fruchtsaft dann einmal aufkochen und sofort in vorbereitete Flaschen füllen. Wie oben beschrieben mit Alkohol verschließen.
- Sie können den Fruchtkuchen auch als Ansatz für einen Likör weiterverwenden. Dazu mit Zucker und wenig Wasser ca. 10–15 Minuten kochen, abpassieren und den so gewonnenen, abgekühlten Saft mit Kornschnaps nach Geschmack vermischen.

Dampfentsafteter Himbeersaft

ZUTATEN FÜR 6–7 FLASCHEN À 330 ML
3 kg Himbeeren • 180 g Zucker (nach Belieben auch mehr)
etwas Alkohol (80 %)

ZUBEREITUNG

Den untersten Teil des Dampfentsafters zu 2/3 mit Wasser befüllen. Topf zusammenstellen und die Beeren sowie den Zucker in den Fruchtkorb füllen. Deckel aufsetzen, Topf auf den Herd stellen, Wasser aufkochen und 35–40 Minuten kochen lassen. Gelegentlich kontrollieren, ob noch genügend Wasser im Topf ist, eventuell nachgießen. Während der Kochzeit schon etwas Saft über den dafür vorgesehenen Schlauch ablassen und oben wieder einfüllen. Nach der vorgegebenen Kochzeit den Saft in vorgewärmte Flaschen füllen. Mithilfe einer Pipette einige Tropfen Alkohol darüberträufeln, anzünden und sofort verschließen.

TIPPS

- Beachten Sie bitte auch die angegebenen Einkochzeiten bzw. Rezepte und Zuckermengen des Herstellers.
- Auf diese Weise kann man auch Saft aus Ribiseln, Erdbeeren, Hollerbeeren, Heidelbeeren, Preiselbeeren, Kirschen, Äpfel, Brombeeren usw. oder einer Fruchtmischung gewinnen.
- Die so hergestellten Säfte eignen sich sehr gut zum Einkochen von Gelees, zum Verdünnen mit Quellwasser, Mineralwasser, für Cocktails, Mixgetränke, Punsche, Bowlen, Eisbecher, süße Soßen, Desserts, als Aufguss für Tees, Glühwein oder andere Heißgetränke.

Mädesüßsirup

Rezept von Gabi Strahammer

ZUTATEN FÜR CA. 3 FLASCHEN À 500 ML
1 kg Feinkristallzucker • 1 l Wasser • 1 EL Zitronensäure
1 Handvoll Mädesüßblüten

ZUBEREITUNG

Zucker sowie Wasser aufkochen und abkühlen lassen. Zitronensäure und Blüten unterrühren und in einem großen Glas für 3 Tage ruhen lassen. Abseihen und in Flaschen abfüllen.

TIPPS

- Als Aperitif mit Prosecco oder mit Wasser aufgegossen, schmeckt dieser Saft ausgezeichnet. Er eignet sich auch sehr gut als Überguss für Eis.
- Das Mädesüß wird auch Spierstaude oder Wiesengeißbart genannt. Die Erntezeit dauert von Juni bis August, die Blüten lassen sich auch gut trocknen.
- Zur Likörherstellung bereiten Sie das Rezept mit Weinbrand oder Cognac zu. Dieser Likör zeichnet sich durch seine eher herbe Note aus.

Zitronensaft

Rezept von Andrea Scholz

ZUTATEN FÜR CA. 600 ML

300 ml Wasser • 200 ml frisch gepresster Zitronensaft • 1 TL Zitronensäure
2 EL grob zerstoßene Wacholderbeeren • 200–300 g Feinkristallzucker
Schale von 1–2 unbehandelten Zitronen

ZUBEREITUNG

Zitronen unter heißem Wasser waschen und abbürsten. Mit einem Sparschäler oder Zestenreißer die Schale dünn abschälen (weiße Haut ist bitter). Wasser mit Wacholderbeeren und Zitronenschalen aufkochen und einige Zeit abgedeckt ziehen lassen. Mit den restlichen Zutaten vermischen, nochmals aufkochen und 2–3 Tage kühl reifen lassen. Dann abseihen, abfüllen und kühl lagern. Geöffnete Flaschen im Kühlschrank lagern.

TIPPS

- Zitronensaft eignet sich sehr gut zum Aufgießen mit Tonicwater (alkoholfreier Ginfizz), mit Mineralwasser, passt aber auch zu Sekt, Bowlen oder Desserts.
- Wer mag, kann die Menge der Wacholderbeeren erhöhen.
- Auch Orangensaft können Sie mit Orangenschale und Lorbeerblättern auf diese Weise zubereiten.
- Probieren Sie statt Wacholderbeeren auch einmal Minze. Diese rühren Sie aber erst in den fertig gekochten, heißen Sud ein.

Ribiselsirup

ZUTATEN FÜR 10 FLASCHEN À 330 ML

2 1/2 l Ribiselsaft • 1 1/2 kg Feinkristallzucker • 500 ml Wasser
250 g Gelierzucker 3 : 1 • 30 g Einsiedehilfe • 60 ml Zitronensaft oder
1 1/2 TL Zitronensäure • etwas Alkohol (80 %)

ZUBEREITUNG

Ribiselsaft mit Feinkristallzucker, Zitrone und Wasser aufkochen und ca. 5 Minuten kochen lassen. Gelierzucker einrühren und weitere 5 Minuten kochen lassen. Vom Feuer nehmen, Einsiedehilfe dazurühren und sofort in vorbereitete, vorgewärmte Flaschen füllen. Mithilfe einer Pipette einige Tropfen Alkohol darüberträufeln, anzünden und sofort verschließen.

GEWINNUNG VON RIBISELSAFT DURCH AUFKOCHEN

Die Ribiseln mit wenig Wasser aufkochen und mithilfe einer Flotten Lotte oder Küchenmaschine passieren. 500 g entstielte Ribiseln ergeben ca. 350 ml Saft. Sollten Sie zu wenig Saft erhalten, mit Wein, Most, Wasser oder Fruchtsaft auf die gewünschte Menge auffüllen.
Die Gewinnung mittels Dampfentsafter s Himbeersaft S. 96.

Vergrabener Spitzwegerichsaft
Rezept von Gabi Strahammer

ZUTATEN FÜR 1 FLASCHE À 500 ML
1 kg Spitzwegerichblätter • 400 g zerstoßener Kandiszucker • 100 ml Wasser

ZUBEREITUNG
Die Spitzwegerichblätter abspülen, in Streifen schneiden und mit dem Zucker mischen. In ein Schraubglas füllen (Füllmenge mindestens 2 Liter) und gut pressen. Mit 100 ml Wasser bedecken. Nun das Gefäß in ein mindestens 60 cm tiefes Erdloch eingraben. Dort entwickelt sich bei gleichbleibenden Temperaturen innerhalb von rund 5 Monaten ein aromatischer Sirup, der sich ausgezeichnet mit Sekt oder Tonicwater aufgießen lässt.

Hollersirup

ZUTATEN FÜR CA. 700 ML
400 g entstielte Hollerbeeren • 600 ml Rotwein (ersatzweise Wasser)
300–500 g Feinkristallzucker • 1 Zimtstange • 1 aufgeschnittene Vanilleschote (ersatzweise Vanillezucker) • etwas Alkohol (80 %)

ZUBEREITUNG
Wein sowie Hollerbeeren in einen Topf geben, ca. 10 Minuten weich kochen und mit einer Flotten Lotte oder einem Passiergerät passieren. Mit den restlichen Zutaten (außer Alkohol) vermischen und nochmals ca. 5–10 Minuten einkochen. Noch heiß in vorbereitete Flaschen füllen, mithilfe einer Pipette einige Tropfen Alkohol darüberträufeln, anzünden und sofort verschließen.

TIPPS
- Der Sirup eignet sich sehr gut zum Aufgießen von Heißgetränken, als Ansatz für Hollerlikör (mit Weinbrand, Rum oder Korn vermengen), für Cremen, Desserts etc.
- Zusätzlich können Sie den Sirup mit Zitronensaft, Wacholderbeeren, Nelken oder Rum abschmecken.

Hollerblütensekt

ZUTATEN FÜR 12 FLASCHEN À 1 L
40 Hollerblüten • 1 1/2 kg Feinkristallzucker • 10 l Wasser
2 in Scheiben geschnittene, unbehandelte Zitronen • 250 ml Weinessig

ZUBEREITUNG
Zucker im Wasser vollständig auflösen. Hollerblüten, Zitronenscheiben sowie Essig beifügen und 24 Stunden ruhen lassen. Abseihen und in dickwandige Flaschen (am besten eignen sich hierfür Sektflaschen) abfüllen. Mit einem scharfen Messer eine flache Kerbe in die Oberfläche des Korkens schneiden. Einen etwa 45 cm langen Bindfaden in die Kerbe drücken und um den Flaschenhalswulst binden, zur Sicherheit doppelt verknoten. Flaschen dunkel und stehend lagern. Nach einigen Tagen tritt eine leichte Gärung ein. Ungefähr 1 Monat später kann das leicht moussierende Getränk genossen werden.

Dampfentsafteter Hollersaft

ZUTATEN FÜR CA. 4 FLASCHEN À 500 ML
2 kg Hollerbeeren • 200 g Feinkristallzucker (nach Geschmack auch mehr) eventuell etwas Zitronensaft • Wasser • etwas Alkohol (80 %)

ZUBEREITUNG
Vorbereitete Hollerbeeren und Zucker in den Fruchtkorb des Dampfkochtopfs füllen und über den Wassertopf sowie das Saftgefäß setzen. Das Wasser in dem geschlossenen Topf zum Kochen bringen und die Hitze dann so regulieren, dass es leicht köchelt. Wasser nach Bedarf zugießen, damit der Topfboden nicht beschädigt wird. Während des Kochens schon etwas Saft ablassen und oben wieder einfüllen. Eventuell Zitronensaft dazugeben. Nach ca. 1 Stunde den Saft mittels Entnahmeschlauch sofort in vorbereitete, heiße Flaschen füllen. Mithilfe einer Pipette einige Tropfen Alkohol darüberträufeln, anzünden und sofort verschließen.

TIPPS
- Zum Ablassen stellen Sie einen kleinen Hocker vor den Herd. Darauf platzieren Sie eine Schüssel, damit der übergelaufene Saft nicht danebentropft. Die Flaschen bis zum Rand befüllen und möglichen Schaum überlaufen lassen. Flaschenhälse vor dem Verschließen säubern.
- Selbstverständlich können z. B. auch Preiselbeeren, rote oder schwarze Ribiseln, Waldheidelbeeren, Kirschen, Weichseln, Himbeeren oder eine Mischung so entsaftet werden. Auch reife, klein geschnittene Äpfel und Birnen, aber auch gereinigtes und zerkleinertes Fallobst können mit Zucker vermischt und entsaftet werden.

Hollerblütensirup 1

ZUTATEN FÜR 12 FLASCHEN À 1 L
40–50 Hollerblüten • ca. 8 l Wasser • je 6 unbehandelte Orangen und Zitronen • 4–4 1/2 kg Feinkristallzucker • 130–150 g Zitronensäure

ZUBEREITUNG
Blüten säubern und in einem sauberen, ausreichend großen Eimer mit ca. 8 l Wasser begießen. Orangen und Zitronen vierteln, ein bisschen Saft ausdrücken und zu den Blüten geben. Mit einem Teller etwas beschweren, mit einem Küchentuch abdecken und kühl stellen. Nach 2 Tagen abseihen. Feinkristallzucker am besten mit etwas abgeseihtem Hollersaft erwärmen und auflösen oder den Feinkristallzucker direkt zu den Blüten geben und unter oftmaligem Umrühren auflösen. Zitronensäure dazurühren. Bis zum Rand in Flaschen füllen, gut verschließen und eventuell im Einkochtopf oder Dampfgarer ca. 30 Minuten bei 80 °C erhitzen. Kühl und dunkel lagern.

Hollerblütensirup 2

ZUTATEN FÜR CA. 1 1/2 L
1 l Wasser (Fruchtsäfte, Weißwein oder Most) • 1 kg Feinkristall-, Rohr- oder Gelbzucker • 20–30 g Zitronensäure • ca. 100–150 g Hollerblüten, je nach Geschmacksintensität • etwas Alkohol (80 %)

ZUBEREITUNG
Hollerblüten vorbereiten. Dazu die Blütendolden etwas ausschütteln, damit eventuell darin verborgene Insekten entfernt werden. Wasser mit Zucker aufkochen und vom Feuer nehmen. Hollerblüten einrühren, Zitronensäure auflösen und 2–3 Tage abgedeckt kühl stellen. Ab und zu umrühren, damit die Blüten immer gut mit der Flüssigkeit bedeckt sind. Durch ein feines Sieb abseihen und in heiß ausgespülte, abgekühlte Flaschen füllen und verschließen; kühl und dunkel lagern. Vor dem Verschließen mithilfe einer Pipette einige Tropfen Alkohol darübertraufeln, anzünden und verschließen.

TIPPS
- Wer den Sirup geschmacklich etwas abändern möchte, kann – nachdem das Zuckerwasser aufgekocht ist – noch 25 ml frisch gepressten Zitronensaft und/oder 100 ml frisch gepressten Orangensaft dazugeben.
- Aus Salbei, (Gold-)Melisse, Schlüsselblumen, Flieder, Lindenblüten, Thymian, Löwenzahn, Rosmarin, Lavendel, Schafgarben, Basilikum, Waldmeister, Pfefferminze, Rosenblüten, Malvenblüten, Veilchen oder Basilikum kann ebenfalls auf diese Weise Sirup hergestellt werden.
- Die abgeseihten, gut ausgedrückten Hollerblüten (Fruchtkuchen) können Sie mit neutralem Essig oder Obstessig mischen und mindestens 14 Tage darin ziehen lassen. Eignet sich für Salate mit Fruchteinlage.
- Für einen aromatischen Likör bedecken Sie die ausgedrückten Blüten mit Kornschnaps und lassen das Ganze einige Zeit ziehen.
- Als zusätzliche Geschmacksträger dienen Vanillezucker, Gewürznelken, Zimtstange, Ingwer oder Kardamom.

Hollerblütengeleewürfel

Zum Naschen für „Groß und Klein"

ZUTATEN FÜR 1 KLEINE KASTENFORM (KEINE GLÄSER)
250 ml Hollerblütensaft (s. voriges Rezept) • 8–10 Blatt Gelatine
200 g Gelierzucker 3 : 1 • Staubzucker, Maisstärke

ZUBEREITUNG
Hollerblütensaft erwärmen, eingeweichte und ausgedrückte Gelatine und Zucker einrühren, abkühlen lassen und in eine geölte und mit Frischhaltefolie ausgelegte Form füllen. Nach dem Stocken in gewünschte Stücke schneiden und in einer Mischung aus Staubzucker und Maisstärke wälzen.

Gekochter Hollerblütensaft

ZUTATEN FÜR CA. 3 L
2 1/2 l Wasser • 2 1/2 kg Feinkristallzucker • 100 g Zitronensäure
150 g Hollerblüten • 130 ml Wasser • 125 ml Apfel- oder Mostessig (6 %)
60 g Feinkristallzucker

ZUBEREITUNG
Wasser mit 2 1/2 kg Zucker aufkochen und abkühlen lassen. Zitronensäure und Hollerblüten dazurühren und über Nacht stehen lassen. Am nächsten Tag Essig mit Wasser und 60 g Zucker aufkochen, überkühlt unter den Ansatz mischen, abseihen und den Saft in vorbereitete Flaschen füllen. Kühl und dunkel lagern.

Hollerhonig

ZUBEREITUNG
500 ml Hollersirup in einem Topf aufstellen und auf kleiner Flamme langsam unter ständigem Rühren ca. 20–30 Minuten einkochen, bis er dickflüssig wie Honig wird. Noch heiß in Gläser füllen und verschließen. Mit beliebigem Sirup ebenso verfahren. Ist sehr konzentriert; daher nur in kleinen Mengen verwenden. Ergibt ca. 300 ml Honig.

Hollerbowle

ZUTATEN PRO PORTION
100 ml Weißwein oder Most • 100 ml Mineralwasser • 30–40 ml Hollersirup
40–60 g beliebige Früchte (Erdbeeren)

ZUBEREITUNG
Alle Zutaten vermengen. Nach Belieben mit etwas Sekt und/oder Likör auffüllen.

Hollerblütenlikör

In den fertigen Hollersirup ca. 250–450 ml Kornschnaps (38 %) je nach Intensität dazurühren und einige Tage reifen lassen.

Hollerpunsch

ZUTATEN FÜR 250 ML
250 ml fertiger Schwarz- oder Grüntee • 1 cm Zimtstange
2 Gewürznelken • Prise gemahlener Ingwer oder kandierte Ingwerwürfel
Schuss Hollerblütensirup oder Hollerlikör

ZUBEREITUNG
Tee mit Gewürzen vermengen, aufkochen und einige Minuten ziehen lassen.
Mit Hollersirup nach Geschmack versetzen, abseihen und sehr heiß servieren.

TIPP: Der Punsch kann zusätzlich mit Honig gesüßt bzw. kann ein Schuss Rotwein dazugegeben werden.

Sirupgelee

ZUTATEN
80 ml Weißwein oder Most • 30 ml Sirup • 1 Blatt Gelatine

ZUBEREITUNG
Gelatine ca. 8 Minuten in kaltem Wasser einweichen, mit Sirup in einem Gefäß warm auflösen und Wein oder Most unterrühren. In eine Form füllen und anziehen lassen.

Kräutersirup

ZUTATEN FÜR 2 FLASCHEN À 1 L
800 g Feinkristallzucker • 1 l Wasser • 10 g Zitronensäure
Saft von 2 Zitronen • 120 g Kräuter (Gold- oder Zitronenmelisse, Minze, Anis oder Ysop)

ZUBEREITUNG
Wasser mit Zucker aufkochen und gut abkühlen lassen. Restliche Zutaten zugeben und 2–3 Tage stehen lassen. Durch ein feines Sieb abseihen, in Flaschen füllen und anschließend in einem Einkochtopf oder Dampfgarer ca. 30 Minuten bei 80 °C erhitzen.

Liköre

Die meisten Liköre sind großteils auf einfache Art herzustellen. Haltbar werden Früchte, Säfte und Kräuteransätze durch Alkohol, dadurch entfällt das eher aufwendige Erhitzen. Den notwendigen bzw. gewünschten Süßegrad erzielt man durch Beigabe von Läuterzucker (Wasser und Zucker im Verhältnis 1 : 1 aufgekocht) oder Zucker. Der Ansatz wird je nach Geschmack mit Spirituosen wie Rum, Weinbrand, Bacardi, Wodka, Obstler oder diversen Bränden aufgefüllt bzw. zubereitet. Die fertigen Liköre werden am besten in vorbereitete Flaschen mit weitem Hals abgefüllt.

Grundsätzliches zum Thema Liköre

Früchte und Blüten mit Alkohol in einem gut verschlossenen Glas ansetzen.

Zum Aromatisieren eignen sich:

GETROCKNETE UND FRISCHE GEWÜRZE ODER KRÄUTER wie Zimt, Vanille, Anis, Sternanis, Kardamom, Kaffeebohnen, Anis, Zitronen- oder Orangenschale, Pfefferkörner, Neugewürz, Kakaopulver, Kümmel, Ingwer, Safran, Muskatnuss, Kümmel, Melisse, Pfefferminze …

Für Magenbitter oder Nuss-Schnaps kann auch Wermutkraut, Tausendguldenkraut, Enzian, Kalmus und Kamille verwendet werden;

GETROCKNETE ODER KANDIERTE FRÜCHTE wie Aranzini, Zitronat, Preiselbeeren, Heidelbeeren, Weichseln, Ananas, Apfelringe, Kletzen, Feigen, Datteln, Mangos, Kiwis, Heidelbeeren, Himbeeren, Papayas, Marillen;

FRISCHE FRÜCHTE wie Himbeeren, Heidelbeeren, Ribiseln, Marillen, Weichseln, Kirschen, Äpfel …

BLÜTEN wie die von Linde, Holler, Rosen, Veilchen …

Legen Sie besonderes Augenmerk auf die Qualität der Spirituosen.

Lassen Sie den Ansatz mindestens 2–3 Wochen an einem nicht zu kalten Ort stehen, denn die löslichen Inhaltsstoffe von Früchten, Wurzeln und Kräutern werden erst bei einer Temperatur von ca. 20 °C freigesetzt.

Verwenden Sie zum Süßen Zuckersirup/Läuterzucker (Wasser mit Zucker im Verhältnis 1 : 1 verkocht). Eine Variante ist es, zerkleinerten Kandiszucker in ein Glas zu geben, dieses bis zum Rand mit Kornschnaps aufzufüllen und so gründlich verschlossen einige Wochen stehen zu lassen, bis sich der Zucker aufgelöst hat (Glas dabei des Öfteren schütteln). Liköre können auf diese Weise beliebig gesüßt werden.

Sollte der Likör zu stark geraten, dann können Sie ihn mit abgekochtem oder destilliertem Wasser bis zum gewünschten Alkoholgrad nachbessern.

Einen besonders runden Geschmack erreichen Sie, indem Sie Gewürze mit Läuterzucker kurz aufkochen bzw. darin abkühlen.

Wenn Sie eine Gewürz-Zucker-Mischung mit der jeweiligen Frucht und/oder den jeweiligen Kräutern vermengen und mit Alkohol versetzen, erhalten Sie ein ganz besonderes Aroma.

Weichsellikör

Rezept von Edi Stadlhuber

ZUTATEN FÜR CA. 1 1/2 L
1 kg sehr reife, fast schon überreife, entsteinte Weichseln (Himbeeren oder Heidelbeeren) • 1 l Kornschnaps (38 %) • 100–150 g fein gemahlener Kandiszucker

ZUBEREITUNG
Alle Zutaten in ein Glas geben und ca. 3–4 Wochen stehen lassen (nicht direkt in die Sonne stellen). Abseihen und in vorbereitete Flaschen füllen.

TIPP: Die Weichseln können Sie mit etwas Rum und Läuterzucker aufbereitet als Rumtopffrüchte weiterverwenden.

Zirbenschnaps 1

Rezept von Edi Stadlhuber

ZUTATEN FÜR CA. 1 L
4–6 Zirbenzapfen (je nach Größe und nur die Außenschale) • 1 l Korn (38 %) 100–150 g gemahlener Kandiszucker

ZUBEREITUNG
Alle Zutaten in einem großen Glas vermengen und nicht länger als 3 Wochen ziehen lassen. Bitte nicht in die Sonne stellen, sonst tritt der Harzgeschmack zu sehr in den Vordergrund. Dann abseihen und in Flaschen füllen.

TIPP: Die Ernte ist ab Mitte Juli möglich. Die Zapfen sind richtig reif, wenn sie sich leicht schneiden lassen und sich das Messer beim Schneiden rot verfärbt. Tragen Sie Handschuhe, Zirbenzapfen sind sehr harzig und färben ab. Bitte beachten Sie, dass Zirben unter Naturschutz stehen. Fragen Sie deshalb unbedingt den Waldbesitzer, ob Sie sich einige Zapfen pflücken dürfen.

Zirbenschnaps 2

Rezept von Bernhard Pontasch

ZUTATEN FÜR CA. 11 L
4 l Obstschnaps • 6 l Korn • 2 Vanilleschoten • 1 kg Kandiszucker
20 Zirben

ZUBEREITUNG
Zirben schneiden und mit den restlichen Zutaten in ein großes Glas füllen, verschließen und 6 Wochen an einem sonnigen Platz reifen lassen. Abseihen und in vorbereitete Flaschen abfüllen.

TIPP: Wenn Sie einmal zu wenig Zeit haben, um den Schnaps sofort anzusetzen, können die Zirben auch als Ganzes eingefroren werden.

Vierkanter

ZUTATEN FÜR CA. 2 L
500 ml kräftiger Rotwein • 500 ml Himbeersirup oder -saft
500 ml Kornschnaps (38 %) • 500 ml Rum (40 %) • eventuell Läuterzucker zum Süßen

ZUBEREITUNG
Alle Zutaten verrühren, in Flaschen füllen und 2–3 Wochen ziehen lassen.

TIPPS
- Sie können den Vierkanter pur oder mit Tee versetzt genießen.
- Geschmacklich kann der Vierkanter mit Zimt, Vanille, Nelken, Zitronen- oder Orangenschale abgerundet werden. Hierfür die Gewürze in wenig Wasser aufkochen, ausgekühlt beimengen und nach 2–3 Wochen abseihen.

Beerenlikör

ZUTATEN FÜR CA. 1 1/2 L
250 g Beeren (entstielte Ribiseln, Holler, Heidelbeeren oder entsteinte Weichseln) • 150 g Feinkristallzucker • 1 l Rotwein
125–250 ml Korn (38 %) oder Cognac

ZUBEREITUNG
Beeren mit Kristallzucker versetzen, Rotwein dazugießen und pürieren. 3–4 Tage ziehen lassen. Abseihen und Rückstand auspressen. Nach Geschmack Korn oder Cognac dazugeben.

TIPP: Den Likör können Sie noch mit Honig, Läuter- oder Kandiszucker süßen.

Bierlikör

ZUTATEN FÜR CA. 2 L
1 l schwarzes Bier • 200 g Feinkristall- oder gemahlener Kandiszucker
20 g Vanillezucker • Prise Zimt • 250 ml Rum (38 %) • 500 ml Kornschnaps (38 %)

ZUBEREITUNG
Bier mit Feinkristall- oder Kandiszucker, Zimt und Vanillezucker 5 Minuten kochen (Vorsicht: Schäumt sehr). Nach dem Auskühlen mit Rum und Schnaps verrühren und in Flaschen füllen.

TIPPS
- Eventuell können Sie noch etwas getrockneten Ingwer, Nelken, Zitronen- oder Orangenschale mitkochen.
- Je länger der Likör lagert, desto intensiver schmeckt er.

Kürbiskernlikör

ZUTATEN FÜR CA. 2 L
300 g Feinkristallzucker • 30 g fein geriebene Kürbiskerne
60–100 ml Kürbiskernöl • 1 l Obers (oder je zur Hälfte Milch und Obers)
eventuell 2 Eidotter • 20 g Vanillezucker oder 1 aufgeschnittene Vanilleschote
750 ml Ansatzkorn (38 %)

ZUBEREITUNG
Kristallzucker in einer Pfanne karamellisieren. Kürbiskerne beigeben und zügig unterrühren. Die Kerne nur kurz rösten, sonst verbrennen sie. Mit Obers aufgießen. Vanillezucker und Kernöl dazugeben und ca. 10 Minuten köcheln lassen. Noch in heißem Zustand mit einem Mixstab die Dotter einrühren, kurz aufmixen und abseihen. Ausgekühlt mit Ansatzkorn vermischen und in Flaschen füllen. Kühl und trocken lagern und vor dem Servieren aufschütteln. Eventuell die Kerne durch Filtern entfernen.

TIPP: Passt sehr gut zu Vanilleeis mit Kürbiskernkrokant und Kürbiskernkompott.

Heidelbeerlikör Rezept von Christine Ziegler

ZUTATEN FÜR CA. 1 1/2 L
350 g trockene Heidelbeeren • 500 ml Kornschnaps • 125 ml Alkohol (96 %)
300 g Feinkristallzucker • 300 ml Wasser • 125 ml Cognac

ZUBEREITUNG
Heidelbeeren in eine Flasche geben und mit Kornschnaps und Alkohol übergießen. Verkorken und 6 Wochen an einen sonnigen Platz stellen. Kristallzucker mit Wasser unter Abschäumen gut aufkochen (Läuterzucker). Diesen erkaltet zu dem Ansatz gießen und wieder verkorken. Nach einer Woche gut aufschütteln und nach einer Stunde ruhigem Abstehen filtrieren. Nach Zugabe des Cognacs abfüllen.

Himbeerlikör 1

Rezept von Christine Ziegler

ZUTATEN FÜR CA. 1 1/2 L
1 l weißer Bacardi • 500 g Himbeeren • 300 g zerkleinerter Kandiszucker
3 Melisseblätter • 1 aufgeschnittene Vanillestange

ZUBEREITUNG
Alle Zutaten in einem größeren Glas vermischen und 3 Wochen an einem dunklen Ort stehen lassen. Abseihen und in vorbereitete Flaschen füllen.

Himbeerlikör 2

ZUTATEN FÜR CA. 1 L
250 g Himbeeren • 500 ml Weißwein (ersatzweise Wasser)
150 g Feinkristallzucker • 375 ml Weingeist (98 %)

ZUBEREITUNG
Die Himbeeren in ein großes Glas mit Schraubverschluss geben und leicht andrücken, Weißwein mit Zucker aufkochen und über die Himbeeren gießen. Wenn das Ganze abgekühlt ist, den Weingeist dazugeben und gut verschließen. Das Glas ca. 3 Wochen an einem kühlen Ort stehen lassen, dabei öfters aufschütteln. Danach durch ein feines Sieb oder Mulltuch seihen, in eine Flasche füllen und gekühlt aufbewahren.

TIPPS
- Diesen Likör können Sie auch mit Heidelbeeren oder Erdbeeren zubereiten.
- Eignet sich sehr gut zum Aromatisieren von Bowlen, Punschen und Desserts.

Himbeerlikör 3

ZUTATEN FÜR 1,1 L
500 g Himbeeren • 200 g Feinkristall- oder Kandiszucker
1 aufgeschnittene Vanilleschote • 1 Zimtstange (ca. 3 cm) • 2 Nelken
700 ml Korn, Himbeergeist, Wodka, Weinbrand oder Gin (38 %)

ZUBEREITUNG
Die Himbeeren leicht andrücken und mit dem Zucker vermischt in ein größeres Glas mit weiter Öffnung geben. Aufgeschnittene Vanilleschote, Zimtstange und Nelke zufügen, mit Alkohol übergießen und unter gelegentlichem Schütteln 6 Wochen stehen lassen, filtrieren und vor dem Genuss noch etwas reifen lassen.

TIPPS
- Zum Filtern können Sie einen Kaffeefilter in Verbindung mit einem Trichter verwenden.
- Als zusätzliche Geschmacksgeber eignen sich frischer oder kandierter Ingwer, Orangenschalenpulver (s. S. 295) oder Orangenzesten oder etwas Bittermandelaroma.

Eiercognac oder -likör 1

ZUTATEN FÜR CA. 1 1/2 L
500 ml Milch (Hälfte kann durch Obers ersetzt werden)
300 g Feinkristall-, Kandis- oder Rohzucker • 6 Eidotter
40 g Vanillezucker oder 1 aufgeschnittene Vanilleschote
500 ml Weinbrand, Korn oder Wodka (38 %) • 60 ml Rum (54 %)

ZUBEREITUNG
Milch mit Kristallzucker und Vanille(zucker) aufkochen. Eidotter mit dem Mixstab in die heiße Masse gut einmixen und nur noch kurz auf der Feuerstelle belassen. Vom Herd nehmen, noch einige Minuten weitermixen und auskühlen lassen. Weinbrand und Rum dazugeben. In Flaschen füllen und kühl sowie dunkel lagern. Vor dem Servieren aufschütteln.

TIPPS
- Cognac oder Likör passen sehr gut zu diversen Eisbechern.
- Als Gewürze können Sie gemahlenen Zimt, Koriander, Sternanis oder Bittermandelöl beimengen.

Eierlikör 2

ZUTATEN FÜR CA. 1 L
250 g Feinkristallzucker • 200 ml Obers • 300 ml Milch
Mark einer halben Vanilleschote oder 1 P. Vanillezucker
140 g Eidotter • 250 ml Weingeist oder weißer Rum (40 %)

ZUBEREITUNG
Hälfte des Zuckers, Milch, Obers und Vanillemark bzw. Vanillezucker vermischen, aufkochen und etwas abkühlen lassen. Restlichen Zucker mit Eidotter über Dunst heiß aufschlagen, Milch-Obers-Mischung zugießen und mithilfe eines Siebes in einen Turmmixer gießen. 1–2 Minuten mixen bzw. homogenisieren und dabei langsam den Alkohol zugießen. Sollte der Eierlikör zu dick sein, etwas Milch zugießen. Likör noch warm in saubere Flaschen abfüllen und kühl stellen. Der Eierlikör ist gekühlt ca. 2 Monate haltbar.

Quittenlikör

ZUTATEN FÜR CA. 1 1/2 L
500 g Quittenmus (s. Quittenmarmelade S. 57) • 200 g Feinkristallzucker
900 ml Korn (38 %) • 100 ml Rum (38 %) • 10 Tropfen Bittermandel- oder Rosenöl • Prise gemahlene Muskatnuss • 2 TL grob gemahlene Korianderkörner

ZUBEREITUNG
Alle Zutaten in einem großen Glas mischen und gut verrühren, bis sich der Zucker aufgelöst hat. Ungefähr 2 Wochen reifen lassen. Durch Filterpapier abseihen und in vorbereitete Flaschen füllen.

TIPP: Den Fruchtkuchen können Sie bei der Rotkraut- oder Soßenbereitung verwenden.

Nougatlikör

ZUTATEN FÜR CA. 1 L
300 ml Obers • 30 g Feinkristallzucker • 160 g klein geschnittenes Nougat
3 Eidotter • 350–450 ml Rum (38 %) • 1/2 aufgeschnittene Vanilleschote

ZUBEREITUNG
Obers mit Zucker und Vanilleschote aufkochen. Vanilleschote herausnehmen, mit einem Mixer die Dotter in die heiße Masse einmixen und Nougat darin auflösen. Falls sich das Nougat nicht auflöst, nochmals kurz unter ständigem Rühren erwärmen, die Masse darf nicht kochen, da sonst die Dotter gerinnen. Abgekühlt mit Rum vermischen, je nach Geschmack die Vanilleschote nochmals einlegen und ca. 3 Wochen reifen lassen. In Flaschen füllen und kühl sowie dunkel lagern. Vor dem Genuss die Flasche gut aufschütteln.

TIPP: Statt Nougat können Sie auch helle oder dunkle Schokolade bzw. Kuvertüre verwenden.

Apfelstrudellikör

ZUTATEN FÜR 1 L
150 g Feinkristallzucker • 300–400 g Apfelspalten mit Schale
5 g Zitronenschalenpulver (s. S. 295) • 60 g Rosinen • 3 cm Zimtrinde
6 Gewürznelken • 1 aufgeschnittene Vanilleschote • 100–200 ml Wasser oder Apfelsaft • 700 ml Korn- oder Apfelschnaps

ZUBEREITUNG
Kristallzucker in einer Pfanne goldgelb karamellisieren und dann mit Wasser oder Apfelsaft ablöschen. Gewürze dazugeben, aufkochen lassen, Apfelspalten und Rosinen darin schwenken und bissfest dünsten. Abkühlen lassen und mit dem Alkohol vermengen. In ein vorbereitetes Glas füllen und gut verschlossen ca. 2–4 Monate ziehen lassen. Schließlich filtern und in eine vorbereitete Flasche gießen. Ruhen lassen und eventuell ein zweites Mal filtern, damit der Likör klar wird.

TIPPS
- Eventuell können Sie mit dem Zucker auch 60 g Wal- oder Haselnüsse karamellisieren.
- Pfefferkörner, Kardamom, Orangenschalenpulver (s. S. 295) sowie Honig verleihen dem Likör ein bemerkenswertes Aroma.
- Servieren Sie die gedünsteten Apfelspalten zu Vanilleeis.
- Likör mit Sekt oder Mostsekt aufgegossen, ergibt ein herrliches Erfrischungsgetränk.
- Bowlen, Dessertsoßen und Desserts verleiht der Likör ein tolles Aroma. Sie können ihn auch zum Verfeinern von Punschen oder Tees verwenden.

Hollerlikör

Rezept von Heidi Hipfinger

ZUTATEN FÜR CA. 2 L
1 kg Hollerbeeren • 1 l Wasser (eventuell teilweise durch Apfel- oder Birnensaft ersetzen) • 300–350 g Feinkristallzucker • 1 aufgeschnittene Vanilleschote oder 40 g Vanillezucker • 4 Nelken • 1 Zimtrinde 30 ml Zitronensaft • 300 ml Weingeist (80 %)

ZUBEREITUNG
Wasser und Beeren ca. 20 Minuten kochen, abseihen und passieren. Saft mit Vanille(zucker), Kristallzucker, Zimt, Zitronensaft und Nelken vermengen und nochmals 20 Minuten kochen lassen, Gewürze entfernen. Abgekühlt mit Weingeist vermischen, in Flaschen füllen und 3–4 Wochen kühl und dunkel stehen lassen.

TIPP: Dieser Likör passt hervorragend zu Desserts, Sekt, Bowlen und eignet sich zum Aufgießen für (Erkältungs-)Tees und heiße Wintergetränke (Grog) sowie zum Parfümieren von Soßen, Cremen, Eis etc.

Most- oder Weinlikör

ZUTATEN FÜR CA. 3 1/2 L
2 l Most oder Wein • 350–400 g Feinkristallzucker • 50 g Vanillezucker 1 Zimtstange • 1 Sternanis • 5 Nelken • 1,2 l Kornschnaps (38 %)

ZUBEREITUNG
Most aufkochen und auf ca. 1,4 l einreduzieren, damit er geschmacksintensiver wird. Kristallzucker, Gewürze und Vanillezucker dazugeben und nochmals aufkochen. Ausgekühlt mit dem Schnaps verrühren. Etwa 2 Wochen ziehen lassen, durch ein feines Sieb oder einen Papierfilter abseihen, in Flaschen füllen und kühl und trocken lagern.

TIPPS
- In diesen Likör können Sie Trockenfrüchte wie Dörrzwetschken oder Marillen einlegen.
- Er rundet verschiedene winterliche Eisbecher ausgezeichnet ab.

Weißer oder roter Wermut

ZUTATEN FÜR 1 FLASCHE À 750 ML
700 ml trockener Weiß- oder Rotwein • ca. 60 ml Cognac (40 %)
1 kleine Zimtstange • 2–3 Nelken • abgeriebene Schale einer unbehandelten
Zitrone • 1–2 frische Zweige Wermut • ca. 80 g Feinkristallzucker (in einem
Teil des Weines aufgelöst; Zuckermenge ist von der Süße des Weines abhängig)

ZUBEREITUNG
Alle Zutaten in einem verschließbaren Glas 2–3 Tage ziehen lassen, abseihen und in
Flaschen füllen. Kühl und dunkel lagern.

TIPP: Sollte der Wermut zu bitter sein, kann er mit Wein oder Mineralwasser verlängert werden. Wird er als Aperitif oder Digestif genossen, dann verdünnen Sie ihn mit Soda. **Foto links**

Nusslikör

Rezept von Veronika Mayrhofer

ZUTATEN FÜR CA. 4 L
3 Liter Korn- oder Obstschnaps (38 %) • 16 grüne Nüsse • 500 g Kandiszucker
20 g Zimtrinde • 10 g Koriander • etwas geriebene Muskatnuss
25 Gewürznelken • 10 g ganzer Ingwer • 10 TL geschnittene Aranzini
1 Zweigerl Pfefferminze • 30 g Fenchel • 20 g Anis • 20 g Sternanis
100 g Honig

ZUBEREITUNG
Die grünen Nüsse klein schneiden, mit allen Zutaten (außer Honig) ansetzen,
6 Wochen an einen sonnigen Platz stellen und dann abseihen. Honig einrühren und je
nach Geschmack mit Läuterzucker (Wasser und Zucker im Verhältnis 1 : 1 aufgekocht)
verdünnen bzw. süßen. In vorbereitete Flaschen füllen und kühl sowie dunkel lagern.

TIPP: Grüne (Wal-)Nüsse werden von Ende Juni bis Anfang Juli geerntet. Sie müssen
innen noch weich sein und eine geleeartige Flüssigkeit enthalten, der Kern darf noch
nicht ausgebildet sein. Unreife Früchte haben eine grüne, sehr bitter schmeckende
Schale, in der sich die verholzte Steinschale einschließt. Beim Schneiden der Nüsse am
besten Einweghandschuhe überziehen, die Farbe lässt sich nur sehr schwer abwaschen.

Nuss-Schnaps „Magenfreund"

Rezept von Katharina Pichler

ZUTATEN FÜR CA. 2 L
15 grüne, geschnittene Nüsse (ca. 300 g; s. Tipp Nusslikör S. 113)
250 g Kandiszucker • 1 Prise Wermutkraut • je 1 TL Tausendguldenkraut und Salbei • 1 TL Kamille • 3 Anissterne • 3–4 Gewürznelken
1 Stück Zimtrinde (3 cm) • 1 1/2 l Kornbranntwein

ZUBEREITUNG
Alle Zutaten in ein großes Glas geben, gut verschließen und 6 Wochen an einen sonnigen Platz stellen. Danach Läuterzucker (1/4 l Wasser mit 100 g Feinkristallzucker) aufkochen, auskühlen lassen und zum Ansatz geben. 2–3 Tage ruhen lassen, abseihen, in Flaschen füllen, gut verkorken und kühl lagern.

TIPP: Als Geschmacksverstärker können Sie je 1 Prise getrocknete Enzian- und Kalmuswurzel sowie klein geschnittene Schale von 1/4 Orange beigeben.

Nusswein

ZUTATEN FÜR CA. 7–8 L
5 l sehr kräftiger Rotwein • 500 ml Wasser • 1 l Korn-, Birnen-, Obst- oder Apfelschnaps (38 %) • 500 g geschälte grüne Nüsse (brutto ca. 850 g; s. Tipp Nusslikör S. 113) • 1 kg Feinkristallzucker oder brauner, gemahlener Kandiszucker • 2 aufgeschnittene Vanillestangen • 1/4 TL geriebene Muskatnuss • 6 Nelken • 2 cm Zimtrinde

ZUBEREITUNG
Die Nüsse halbieren und mit einem kleinen Löffel oder Kugelausstecher aus der Schale lösen, fein hacken oder zerkleinern. Mit allen anderen Zutaten in ein großes Glas geben, abdecken und ca. 40 Tage stehen lassen. Abseihen, in Flaschen füllen und an einem kühlen Ort lagern.

VARIANTE
Eine geschmackliche Abänderung erzielen Sie durch die Beigabe von Anis, Sternanis, Ingwer, Orangen- und/oder Zitronenschale.

In Alkohol Eingelegtes

Rumtopf

**ZUTATEN FÜR EINEN STEINGUTTOPF
ODER EIN GROSSES GLAS (MINDESTENS 5 L)**

600 g Erdbeeren • 300 g Feinkristallzucker • ca. 400 ml Rum (60 %)
vorbereitete, entkernte, geschälte und eventuell klein geschnittene Früchte
nach Marktlage (Marillen, Weichseln, Heidelbeeren, Rhabarber, Kirschen,
Birnen, Himbeeren, Zwetschken …)

ZUBEREITUNG

Erdbeeren eventuell zerkleinern, mit Zucker vermischen und 2 Stunden stehen lassen. In den Steinguttopf oder das Glas füllen und so viel Rum darübergießen, dass er 4 cm über den Früchten steht. Damit die Früchte nicht nach oben schwimmen und vollständig mit Alkohol bedeckt sind, mit einem kleinen Teller beschweren und abdecken. Vor dem Einlegen neuer Früchte (in der Regel alle 4–6 Wochen) diese vorher mit Zucker vermengen (halb so viel Zucker wie Früchte) und 1–2 Stunden marinieren lassen. Dann in den Topf geben und mit so viel Rum aufgießen, dass dieser etwa 4 cm über den Früchten steht. Gelegentlich mit einem sauberen Edelstahl- oder Nirostalöffel vorsichtig umrühren.

BEISPIEL FÜR IHREN RUMTOPFKALENDER

MAI	Erdbeeren, Rhabarber
JUNI/JULI	Weichseln oder Kirschen (nicht entsteint), rote Ribiseln
JULI/AUGUST	Marillen und Pfirsiche (gehäutet, entkernt, halbiert), Brombeeren, Heidelbeeren
AUGUST/SEPT.	Zwetschken, Mirabellen oder Äpfel (entsteint, entkernt, halbiert), Himbeeren
SEPT./OKTOBER	geschälte, entkernte, in Stücke geschnittene Birnen, entkernte Weintrauben

Spätestens 4 Wochen nachdem die letzten Früchte zugegeben wurden, Rum nachgießen. Den Rumtopf dann bis Weihnachten ruhen lassen.

TIPPS
- Wenn Sie ein Glas verwenden, umwickeln Sie es mit einer Alufolie, damit die Früchte nicht ausbleichen.
- Wenn Sie keine frischen Früchte zur Hand haben, können Sie auch tiefgekühlte verwenden.
- Durch die Beigabe von Nelken, Vanilleschote oder -zucker, Zimtrinde, Zitronen- oder Orangenschale, Fenchel, Zitronenmelisse, Hollerblüten, Pimentkörnern oder Sirup können Sie den Rumtopf geschmacklich abrunden. Geben Sie aber die Gewürze in ein Teesäckchen oder -Ei, damit sie später leicht entfernt werden können.
- Einen Rumtopf können Sie auch nur mit einer Obstsorte zubereiten.
- Wer eher weiche Früchte bevorzugt, sollte Äpfel und Birnen weglassen. Brombeeren sind ebenfalls eher fest, und beachten Sie, dass Ribiseln säuerlich und Preiselbeeren sehr herb schmecken können.
- Eine ganz besondere Geschmacksnote erzielen Sie mit Walnusskernen und Haselnüssen, die während der Nussernte zusätzlich zum Rumtopf gegeben werden.
- Unter Marmelade gemischt, ergeben Rumtopffrüchte eine hervorragende geschmackliche Abrundung (s. Mispelmarmelade mit Rumtopffrüchten, S. 59).

Exotische Mischung

Ein exotisches Aroma verleihen Sie dem Rumtopf mit Kiwis, Ananas, Kumquats (mit einer Gabel anstechen), Guaven, Litschis, Mangos, Limettensaft und -schale je nach Marktangebot und Geschmack.

Schneller Rumtopf

ZUTATEN FÜR CA. 1 1/2 L
150–250 g Feinkristall- oder Rohzucker • 150 ml Wasser • 200 ml Rum (60 %)
ca. 600 g gemischte, vorbereitete Früchte (Erdbeeren, entkernte Trauben, Ananasstücke, Zwetschken, Marillen, Birnen, Äpfel, Honigmelone …)

ZUBEREITUNG
Aus Kristall- oder Rohzucker und Wasser Läuterzucker herstellen. Ausgekühlt mit Rum vermischen und Früchte beimengen. Im Kühlschrank 4–6 Tage ziehen lassen.

Leichter Rumtopf mit gefrorenen Beeren

ZUTATEN FÜR CA. 2 L
je 120 g gefrorene Himbeeren, Erdbeeren, Heidelbeeren, Brombeeren, Stachelbeeren, Ribiseln • 600 g Feinkristallzucker • 600 ml Wasser
200 ml Rum (60 %)

ZUBEREITUNG
Wasser mit Zucker aufkochen und auskühlen lassen. Mit Rum mischen und die Früchte dazugeben. Im Kühlschrank 4–6 Tage ziehen lassen; die Beeren tauen langsam auf und saugen sich voll.

TIPP: Durch die reduzierte Rumbeigabe ist der Rumtopf nicht so lange haltbar und sollte rasch verbraucht werden.

Rumfeigen

ZUTATEN FÜR 1 1/2 L
400 g getrocknete Feigen • 1/2 TL unbehandelte Orangenschale oder Orangenschalenpulver (s. S. 295) • 500 ml Weißwein • 100 g Feinkristallzucker
1 Stück Zimtrinde (6 g) • 300 ml Rum (38 %) • eventuell Orangenlikör

ZUBEREITUNG
Feigen eventuell in Würfel schneiden. Wein mit Zimt, Orangenschale und Zucker aufkochen, Feigen dazugeben und gut durchziehen lassen. Zimtstange entfernen. Wenn die Masse abgekühlt ist, Rum dazugeben und in ein vorbereitetes Glas füllen. Gut verschlossen mindestens 1 Woche ziehen lassen. Kühl gelagert halten sich die Früchte mindestens 6 Monate.

TIPPS
- Passen sehr gut zu Eis, Desserts, aber auch zu Wild- oder Wildgeflügelgerichten als Garnitur.
- Zusätzlich können Sie die Rumfeigen mit Vanilleschote, Nelken, Lebkuchengewürz, Kardamom oder Piment geschmacklich ergänzen.

Preiselbeeren in Weinbrand

ZUTATEN FÜR 750 ML
250 g Preiselbeeren • 250 g Zucker • 100 ml Wasser • 150–200 ml Weinbrand
eventuell aufgeschnittene Vanillestange

ZUBEREITUNG
Zucker und Wasser zu Läuterzucker kochen, etwas einreduzieren. Beeren darin kurz aufkochen, in ein Glas füllen und überkühlt mit Weinbrand auffüllen. Mindestens 2 Wochen reifen lassen.

Trockenfrüchte in Rum und Rotwein

ZUTATEN FÜR 1 1/2 L
500 g Trockenfrüchte nach Wahl (Marillen, Rosinen, Zwetschken, Preiselbeeren, Äpfel, Datteln, Feigen, Papayas …) • 450 ml Rotwein • 600 ml Rum (54 %)

ZUBEREITUNG
Trockenfrüchte eventuell klein schneiden und in ein großes Glas schichten. Mit Rotwein und Rum vermischen, verschließen und ziehen lassen. Da das Obst aufquillt, das Glas nicht zu voll machen. Immer wieder mit Rum bzw. Rotwein auffüllen, nach 5–10 Tagen sind die Früchte gut durchgezogen.

TIPPS
- Auch hier können Sie mit diversen Gewürzen (Lebkuchengewürz, Zimt, Nelken, Vanillestange, Orangen- oder Zitronenschalenpulver) geschmacklich variieren.
- Wenn Kletzen beigemengt werden, diese vorher aufkochen, klein schneiden und abgekühlt dazugeben.
- Es können auch diverse Nüsse (ca. 100 g) daruntergemischt werden.
- Schmeckt vor allem während der Weihnachtszeit zu Zimt-, Vanille- oder Apfeleis, als Kompott zu verschiedenen Desserts, zu Cremen oder als Beigabe zu Strudelfüllungen wie Apfel-, Birnen- oder Zwetschkenstrudel.

Feigen in Alkohol

ZUTATEN FÜR 1 L
250 g getrocknete, in Würfel geschnittene Feigen • 50 g Kandis- oder Feinkristallzucker • 400 ml Korn (38 %), Rum (38 %), Weinbrand oder Cognac
20 ml Zitronensaft oder etwas Zitronenschalenpulver (s. S. 295)
40 ml Orangensaft oder etwas Orangenschalenpulver (s. S. 295)
1/2 halbierte Vanilleschote • eventuell 5 Nelken und 2 cm Zimtrinde
eventuell Rotwein zum Verlängern

ZUBEREITUNG
Alle Zutaten in ein Glas geben und mit Alkohol bedecken. 1–2 Wochen stehen lassen.

TIPPS
- Passt hervorragend zu einem weihnachtlichen Eisbecher und ist eine ausgezeichnete Beigabe zu Tee oder Kaffee.
- Den für die Feigen verwendeten Alkohol können Sie mitservieren.

VARIANTE: Entsteinte Datteln können auf die gleiche Weise eingelegt werden.

Weinbrandkirschen

ZUTATEN FÜR 1 L
250 g gut gereinigte, eventuell entstielte Kirschen oder Weichseln
250 g Feinkristallzucker • 100 ml Wasser • eventuell Vanilleschote,
Zimt oder Nelke • 200 ml Weinbrand

ZUBEREITUNG
Kirschen oder Weichseln in ein vorbereitetes Glas schlichten. Zucker und Wasser aufkochen, abschäumen und auskühlen lassen. Eventuell mit Vanilleschote, Zimt oder Nelke würzen. Zuckerlösung mit Weinbrand vermischen und über die Früchte gießen. Glas verschließen und ca. 3 Monate am Fenster ohne direkte Sonneneinstrahlung stehen lassen.

Rosensirup mit Alkohol

ZUTATEN FÜR CA. 600 ML
100 g Rosenblütenblätter • 200 ml Wasser • 400 g Feinkristallzucker
100 ml Korn (38 %) oder Weinbrand (38 %)

ZUBEREITUNG
Zucker mit Wasser zu einem dicklichen Sirup einkochen, Rosenblütenblätter dazugeben, überkühlt mit dem Alkohol vermischen und in Flaschen abfüllen.

Rosenblütenpaste

ZUTATEN FÜR 500 ML
100 g fein geschnittene Rosenblüten • 150 g Gelierzucker 3 : 1
ca. 100 ml Korn • 200 ml Wasser • etwas Alkohol (80 %)

ZUBEREITUNG
Die Rosenblüten am Morgen sammeln, denn da duften sie am stärksten, die Farbe spielt keine Rolle. Zucker und Wasser zu Sirup kochen. Sobald er Blasen wirft, die Blütenblätter dazugeben und ca. 6 Minuten mitkochen lassen. Erkaltet durch ein Sieb streichen oder mithilfe einer Flotten Lotte passieren. Den Korn unterrühren und in vorbereitete Gläser füllen. Mit einer Pipette Alkohol darauftäufeln, anzünden und sofort verschließen.

TIPP: Die Paste eignet sich sehr gut zum Aromatisieren von Desserts und Getränken. Rosengeschmack harmoniert mit Zimt, Koriander oder Zitronen- und Orangenschalenpulver (s. S. 295).

Punsche

Punsche erfreuen sich in der kalten Jahreszeit sehr großer Beliebtheit. Sie wärmen, je nach Gewürzen und Alkoholgehalt, unseren Körper bei (extremer) Kälte. Wichtig ist, dass Sie die alkoholischen Beigaben niemals mitkochen lassen, sondern in die überkühlte Flüssigkeit einrühren, da sonst das Aroma verloren geht.

Rotwein-Punschessenz

ZUTATEN FÜR CA. 1,8 L
1 l Rotwein • 500–700 g Zucker (je nach gewünschter Süße)
1–2 Stück Zimtrinde (insgesamt 7 g) • 15 Nelken • 1 aufgeschnittene Vanilleschote • Saft von je 2 Zitronen und Orangen • etwas unbehandelte Orangen- und Zitronenschale • 500 ml Rum oder Weinbrand (38 oder 60 %)

ZUBEREITUNG
Rotwein mit Zucker und Gewürzen 15–20 Minuten kochen lassen. Abkühlen lassen und Rum dazurühren. Einige Tage ziehen lassen, abseihen und abfüllen.

Orangenpunsch

ZUTATEN FÜR CA. 1,8 L
500 ml Orangensaft • 500 ml Weißwein • 350–600 g Zucker (je nach gewünschter Süße) • 250 ml weißer Rum • 150 ml Cointreau • 100 ml Maraschino
Schale von 2–3 unbehandelten Orangen • Schale von 1 unbehandelten Zitrone

ZUBEREITUNG
Orangensaft, Wein, Zucker und Schalen ca. 10–15 Minuten kochen, abseihen und abkühlen lassen. Alkohol dazugeben und in vorbereitete Flaschen füllen.

Teepunsch

ZUTATEN FÜR CA. 1 1/2 L
1 l Wasser • 8–10 Beutel Assamtee • unbehandelte Schale von 2 Orangen und 1 Zitrone • 250–400 g Zucker (je nach gewünschter Süße)
150 ml Orangenlikör oder Cointreau • 1 aufgeschnittene Vanillestange

ZUBEREITUNG
Wasser aufkochen, Tee dazugeben und 6 Minuten ziehen lassen. Abseihen und nochmals mit Schalen, Vanilleschote und Zucker aufkochen, ca. 10 Minuten einkochen und abkühlen lassen. Mit dem Alkohol vermischen, abseihen und in vorbereitete Flaschen füllen. 2 Wochen reifen lassen.

Kompotte, Muse und Röster

Das „Einkochen in Gläser" hat eine lange Tradition. Und gerade heutzutage, trotz Mikrowelle, Tiefkühlschrank und ganzjährigem Angebot an frischem Gemüse, hat dieses „Veredeln bzw. Verlängern der Haltbarkeit" wieder einen besonderen Stellenwert erhalten – Einkochen ist wieder in. Der zeitliche Aufwand für „Selbst-Eingemachtes" lohnt sich auf zumeist köstlichste Art und Weise.

Häufig werden die Begriffe „Einmachen" und „Einwecken" mit „Sterilisieren" gleichgesetzt. Sterilisiert wird jedoch bei Temperaturen über 100 °C, beim Einkochen bleibt man meistens darunter. Diese Temperaturen reichen aus, um Keime im Einmachgut zu vernichten.

Zum traditionellen Einkochen von Früchten, für die Saftgewinnung sowie zum Einfrieren von Früchten mit Zuckerlösung wird ein spezieller Einmachzucker verwendet. Der eher grobkörnige Zucker ist qualitativ sehr hochwertig.

Bevor aber mit der eigentlichen Arbeit begonnen werden kann, sollten folgende Vorbereitungen getroffen werden:

- Spülen Sie alle Gläser, Deckel, Ringe und Schraubdeckel gründlich und stellen Sie die Gläser zum Ablaufen mit der Öffnung nach unten auf ein sauberes Tuch.
- Waschen Sie Obst kurz, aber gründlich und lassen Sie es im Sieb abtropfen. Erst dann entfernen Sie Schalen, Stiele, Steine, Kerngehäuse usw.
- Damit der Glasrand sauber bleibt, verwenden Sie bitte einen Einfüllring. Stoßen Sie die Gläser zwischendurch auf einem feuchten Tuch auf, damit sie dichter gefüllt werden können.
- Schichten Sie das Obst bis auf etwa 2 cm unter den Rand der Gläser ein und verschließen sie dann mit Gummiringen, Deckeln und Klammern. Rundrandgläser können Sie übrigens bis ganz unter den Rand füllen.
- Saftreiche Obstsorten füllen Sie direkt mit dem Einmachzucker schichtweise in die Gläser und kochen sie im eigenen Saft ein. Saftarme (harte) Früchte werden mit einer Zuckerlösung eingekocht. Dazu schichten Sie die vorbereiteten Früchte eng in die Gläser. Dann gießen Sie den mit Wasser aufgekochten und abgekühlten Zucker darüber, bis die Früchte gerade mit Flüssigkeit bedeckt sind. Sehr harte Früchte, z. B. manche Birnensorten oder Quitten, sollten Sie ungefähr 10 Minuten in der Zuckerlösung vorkochen.

EINKOCHEN IM BACKOFEN: Setzen Sie Gläser gleicher Größe in eine 3 cm hoch mit Wasser gefüllte Bratpfanne und stellen Sie den Temperaturregler des Backofens auf ca. 140 °C (Ober-, Unterhitze oder Heißluft) ein Wenn in den Gläsern Luftbläschen aufsteigen, schalten Sie den Herd aus. Nach 25–35 Minuten nehmen Sie die Gläser aus dem Ofen.
Foto Seite 124

IM GROSSEN EINKOCHTOPF: Stellen Sie die Gläser so hinein, dass sie sich nicht berühren. Je nach Obstsorte wird bei Temperaturen zwischen 85 und 98 °C 25–30 Minuten lang eingekocht.

EINKOCHEN IM DAMPFGARER: Eine einfache und unkomplizierte Art, Kompotte oder andere Lebensmittel einzukochen, ist mit einem sogenannten „Dampfgarer" möglich. Hierzu stellen Sie die fertig gefüllten Gläser in den kalten Dampfgarer und geben die erforderliche Einkochtemperatur bzw. Zeit ein. Am Ende der angegebenen Zeit lassen Sie das Gargut im Gerät auskühlen.

KOMPOTTE · MUSE · RÖSTER

**EINE ALTBEWÄHRTE, ABER AUCH
SCHNELLE VERARBEITUNG IST FOLGENDE:**

- Bereiten Sie das Kompott oder den Röster nach Rezept zu und füllen das Eingekochte sofort in vorbereitete, heiße Gläser ab. Mithilfe einer Pipette träufeln Sie einige Tropfen Alkohol (80 %) darüber, zünden ihn an und verschließen das Glas sofort. Durch die Verbrennung des Sauerstoffes im Glaszwischenraum wird das Kompott haltbar gemacht.
- Kontrollieren Sie vor dem Einlagern nochmals, ob der Deckel auch fest schließt, denn nur wirklich fest verschlossene Gläser können länger aufbewahrt werden.
- Lassen Sie das Einkochgut langsam abkühlen. Dadurch werden eventuell noch vorhandene Mikroorganismen abgetötet. Am besten decken Sie die Gläser mit einem Tuch oder einer leichten Decke ab oder, falls vorhanden, stellen sie in eine Styroporkiste.
- **Prüfen Sie vor dem Verzehr auf jeden Fall den Inhalt des Glases. Farbe, Geruch und Geschmack müssen einwandfrei sein. Durch unsauberes Arbeiten oder schlechten Verschluss kann das Einmachgut verderben. In diesem Fall darf es nicht mehr verzehrt werden; auch nicht, wenn man den Schimmelbefall entfernt. Der gesamte Inhalt ist zu entsorgen.**

Kompotte

Kirschenkompott

ZUTATEN FÜR CA. 5 GLÄSER À 1 L
3 kg Kirschen • 500–750 g Kristallzucker (je nach gewünschter Süße)
1,4 l Wasser (eventuell mit Most oder Weißwein gemischt) • abgeriebene
Schale und Saft einer unbehandelten Orange • 1 Stück Zimtrinde (ca. 3 cm)
1 aufgeschnittene Vanilleschote • 20 ml Zitronensaft

ZUBEREITUNG
Wasser, Zucker, Zitronensaft, Orangensaft, -schale, Zimt sowie Vanilleschote aufkochen und abkühlen lassen; Zimtstange und Vanilleschote entfernen. Die gereinigten Kirschen in vorbereitete Gläser aufteilen und mit der Zuckerlösung auffüllen, bis die Früchte bedeckt sind. Gut verschließen. Gläser in einen breiten Topf stellen und diesen mit heißem Wasser füllen, bis ca. 2/3 der Gläser bedeckt sind. Im vorgeheizten Rohr bei 100 °C 35–40 Minuten einkochen, herausnehmen und abkühlen lassen. Am besten auf ein feuchtes Tuch stellen, damit eventuell vorhandene Gummidichtungen nicht so schnell austrocknen. Selbstverständlich können Sie das Kompott auch im Dampfgarer oder Einkochtopf bei 98 °C 40–60 Minuten einkochen.

TIPPS
- Sie können zusätzlich 60 g frische, dünn geschnittene Ingwerscheiben sowie 50 ml Rum (60 %) in die Zuckerwasserlösung rühren.
- Aus vielen anderen Obstsorten können auf diese Art und Weise ebenfalls Kompotte zubereitet werden.

Weichselkompott

ZUTATEN FÜR 10 GLÄSER À 250 ML
1,7 kg entsteinte Weichseln • 500 ml Wasser • 500 ml Weißwein (kann durch Wasser ersetzt werden) • 300–400 g Feinkristallzucker • 1 Stück Zimtrinde (3 cm) • 1 aufgeschnittene Vanilleschote • 20 ml Zitronensaft (ersatzweise 1/4 TL Zitronensäure)

ZUBEREITUNG
Wasser mit Wein, Gewürzen und Zucker aufkochen. Früchte in die vorbereiteten, heißen Gläser schichten und mit dem Sud aufgießen. Gläser verschließen und bei 90 °C im Einkochtopf oder im Dampfgarer ca. 30 Minuten einkochen.

Ribiseln auf „Preiselbeerart"

ZUTATEN FÜR 2 GLÄSER À 500 ML
1 kg verlesene Ribiseln • 700 g Feinkristallzucker

ZUBEREITUNG
Ribiseln in einer Kasserolle oder einem Topf aufsetzen und 15 Minuten kochen. Früchte dabei keinesfalls umrühren, sondern Kasserolle oder Topf gelegentlich leicht rütteln. Feinkristallzucker zufügen und 15 Minuten weiterkochen. Noch heiß in Gläser füllen und dicht verschließen.

TIPP: Diese Ribiseln passen vorzüglich zu Wildbret und Rindsbraten.

Pfirsichkompott

ZUTATEN FÜR CA. 2 GLÄSER À 1 L
2 1/2 kg ganze Pfirsiche

FOND
500 ml Wasser • 150 g Feinkristallzucker • 5 g Zitronensäure oder Saft von 2 Zitronen • eventuell 1–2 Nelken

ZUBEREITUNG
Pfirsiche schälen, entkernen und in Spalten schneiden. Fest in vorbereitete Gläser schlichten. Für den Fond alle Zutaten vermischen und aufkochen. Früchte mit dem aufgekochten Fond übergießen. Gläserrand säubern, verschließen und im Wasserbad (auf einem Geschirrtuch) bei ca. 85 °C etwa 30–40 Minuten einkochen (an den Obststücken bilden sich kleine Bläschen).

Würziges Winterapfelkompott

ZUTATEN FÜR 3 GLÄSER À 720 ML
1 kg geschälte, entkernte, in Spalten geschnittene Äpfel • 750 ml Wasser
ca. 100–300 g Feinkristallzucker (je nach Geschmack und Säure der Äpfel)
40 ml Zitronensaft • Prise fein gemahlener Zimt und fein gemahlene Nelken
5 g Orangenschalenpulver (s. S. 295) oder frisch geriebene Orangenschale
eventuell 60 ml Orangenlikör • etwas Alkohol (80 %)

ZUBEREITUNG
Wasser mit Zucker, Gewürzen und Zitronensaft aufkochen und die Äpfel darin einmal aufkochen lassen. Apfelspalten mit einem Lochschöpfer in vorbereitete, heiße Gläser füllen. Die Kochflüssigkeit noch einmal aufkochen lassen. Eventuell Orangenlikör untermischen und dann über die Äpfel gießen. Mithilfe einer Pipette einige Tropfen Alkohol darüberträufeln, anzünden und sofort verschließen. Für eine längere Haltbarkeit im Einkochtopf oder Dampfgarer zusätzlich bei 90 °C 30 Minuten einkochen.

KOMPOTTE · MUSE · RÖSTER

TIPPS
- Die Äpfel sofort nach dem Schneiden in die Flüssigkeit geben, damit sie sich nicht verfärben.
- Auf die gleiche Weise wie oben beschrieben können Kirschen, Zwetschken, Pfirsiche, Nektarinen, Quitten, Marillen und Birnen eingekocht werden. Die Zuckermenge kann man je nach Geschmack erhöhen. Bei harten Früchten (z. B. Quitten) erhöhen Sie die Einkochzeit um 10–20 Minuten.
- Pfirsiche, Marillen und Nektarinen lassen sich am besten schälen, wenn Sie die Haut leicht einritzen und das Obst kurz in kochendes Wasser legen. Sobald sich die Haut bei der Einschnittstelle leicht wölbt, nehmen Sie die Früchte mit einem Lochschöpfer heraus und schrecken diese sofort in kaltem Wasser ab. Die Haut lässt sich nun leicht abziehen. Gut abtropfen lassen und dann entsteinen.
- Wer den Saft leicht geliert haben möchte, verwendet Gelierzucker, Agar-Agar oder Pektin. Das Kompott darf aber in diesem Fall nicht zu lange kochen, da sonst die Gelierkraft verloren geht.
- Zusätzliche Gewürze wie Lebkuchengewürz, Anis, Fenchel, Sternanis, Zitronen-, Orangen-, Apfelschalenpulver (s. S. 295), Gewürznelken, kandierte Ingwerstücke, Bittermandelöl und Rosenblütenwasser eignen sich zum Verfeinern. Aber auch mit Likör, Schnaps oder Rum lässt sich ein Kompott ausgezeichnet aromatisieren.
- Ein Teil der Flüssigkeit kann durch selbst angesetzte Fruchtsirupe ersetzt werden.
- Eine säuerliche Note erhält man, wenn etwas Flüssigkeit durch Essig oder Wein ersetzt wird. Hierfür kann man zusätzlich mit Salz, Knoblauch, Korianderkörnern, Piment, Senfkörnern oder anderen Kräutern würzen.

Quittenkompott

ZUTATEN FÜR 2 GLÄSER À 500 ML
500 g vollreife, gewaschene Quitten
500 ml Wasser • 100 g Feinkristallzucker
etwas Quittenschnaps

ZUBEREITUNG
Quitten in Spalten schneiden und das Kerngehäuse entfernen. Quittenspalten in Gläser schlichten. Wasser mit Zucker aufkochen, etwas Quittenschnaps zugeben und über die Quitten gießen. Gläser verschließen. Die Quitten zugedeckt im Wasserbad bei 90 °C zugedeckt oder über Dampf 50 Minuten garen.

Eingemachte Quitten mit Ingwer

Rezept von Gabi Strahammer

ZUTATEN FÜR 20 GLÄSER À 270 ML
5 kg geschälte, entkernte Quitten • 2 l Wasser • ein Schuss Obstessig
850 g Feinkristallzucker • 1 kleine Ingwerwurzel

ZUBEREITUNG
Die Quitten in Spalten teilen und sofort in Wasser-Essig-Gemisch legen, damit sie sich nicht zu stark verfärben. Zucker und die klein geschnittene Ingwerwurzel hinzufügen und Quittenspalten darin weich kochen. In vorbereitete Gläser abfüllen und mit einem Schraubdeckel verschließen. Anschließend die Gläser im heißen Wasserbad ca. 20 Minuten bei 95 °C einkochen.

Rotweinquitten

ZUTATEN FÜR 2 GLÄSER À 500 ML
ca. 600 g Quitten (am besten Birnenquitten; ersatzweise Äpfel bzw. Birnen)
ca. 100 g Feinkristallzucker • 500–750 ml Rotwein • eventuell 40 ml Quittenbrand • etwas Zimt • etwas Maisstärke

ZUBEREITUNG
Quitten waschen, vierteln und das Kerngehäuse ausschneiden. Mit der Schale in Spalten und anschließend in kleine Stücke schneiden. Zucker in heißer, trockener Pfanne karamellisieren, mit Rotwein ablöschen (nicht rühren, sonst wird der karamellisierte Zucker ganz hart!), kurz einkochen, Quitten zugeben und weich dünsten. Wenn die Quitten weich werden, etwas Rotwein mit Maisstärke verrühren und damit die Rotweinquitten sämig binden. Sollte der Rotwein schon eingekocht und die Quitten noch nicht weich sein, müsste noch Wein nach Bedarf nachgegossen werden.

Eingekochtes Feigenkompott

ZUTATEN FÜR 6 GLÄSER À 270 ML
1 kg frische Feigen • 400 ml Wasser, Rotwein oder eine Mischung daraus
160 g Feinkristall- oder Rohzucker • 1/2 Zimtstange oder 1/4 TL gemahlener
Zimt • 3 Gewürznelken • 1/4 TL Zitronenschale, ersatzweise Zitronenschalenpulver (s. S. 295)

ZUBEREITUNG
Die Früchte mehrmals mit einer Nadel einstechen, Wasser und Zucker mit allen
Gewürzen aufkochen, die Feigen in Gläser schichten, mit dem Kochsud übergießen und
verschließen. Im Einkochtopf oder im Dampfgarer 20 Minuten bei 85 °C einkochen.

Zwetschkenkompott

ZUTATEN FÜR 9 GLÄSER À 270 ML
1,7 kg entkernte, halbierte oder geviertelte Zwetschken • 300 ml Wasser
400 ml Weiß- oder Rotwein • 250–400 g Gelb- oder Feinkristallzucker
(je nach Geschmack) • 20 ml Zitronensaft

ZUBEREITUNG
Die Zwetschken eng in vorbereitete Gläser füllen. Restliche Zutaten aufkochen, etwas
einkochen und die Flüssigkeit über die Zwetschken gießen, die Gläser verschließen
und im Einkochtopf, Dampfgarer oder im Backrohr ca. 30 Minuten bei 90 °C einkochen.
Gläser herausnehmen, abkühlen lassen und die Verschlüsse überprüfen. Nur fest
verschlossene Gläser eignen sich zur Lagerung.

TIPP: Mit Gewürzen wie Zimt, Nelken, Orangenschalen, Ingwer, Mandelaroma, Bittermandelöl, aufgeschnittener Vanilleschote, Rum, Mandel- oder Orangenlikör können Sie
das Kompott verfeinern.

VARIANTE

Einkochen „à la Mama"

Aus Wasser, Wein, Zucker und Zitronensaft einen Sirup bereiten, die Zwetschken zugeben und nicht zu weich kochen. Mit einem Lochschöpfer aus dem Sud nehmen und
in vorbereitete Rexgläser füllen. Den Sud noch einmal aufkochen, über die Zwetschken
gießen, Gummiringe auflegen, mit 80%igem Alkohol beträufeln, anzünden, Deckel sofort
auflegen und kurz andrücken. Gläser mit einer Wolldecke abdecken und so auskühlen
lassen. Nach 1 Woche kontrollieren, ob alle Deckel fest sitzen.

TIPP: Dieses Kompott kann selbstverständlich auch mit anderen Früchten zubereitet
werden.

Eingelegte Nüsse (Schwarze Nüsse)

ZUTATEN FÜR 6 GLÄSER À 300 ML
60 unreife, noch weiche, grüne Walnüsse • ca. 5–5 1/2 l Wasser
1 3/4 kg Feinkristallzucker • 10–12 Gewürznelken • 2 kleine Stücke Zimtrinde
je etwas abgeriebene Schale einer unbehandelten Zitrone und Orange

ZUBEREITUNG

Grüne Nüsse mit einer Gabel mehrmals einstechen (Handschuhe verwenden, die Farbe der grünen Nüsse ist schwer zu entfernen!) und für 14 Tage in Wasser einlegen (Wasser zweimal täglich wechseln).
Am 15. Tag die Nüsse in klarem Wasser einige Minuten blanchieren. Kalt abspülen und in leichtem Zuckerwasser (2 l Wasser und ca. 200 g Kristallzucker) ca. 10 Minuten kochen. Zuckerwasser abgießen und die Nüsse in kaltem Wasser auskühlen lassen. Restliches Wasser mit restlichem Kristallzucker, Gewürznelken, Zimtstangen und etwas Zitronen- und Orangenschale aufkochen, heiß über die Nüsse geben und über Nacht auskühlen lassen.
Am nächsten Tag die Zuckerlösung abseihen, aufkochen, abschäumen, kalt werden lassen und über die Nüsse gießen. Diesen Vorgang an den folgenden beiden Tagen wiederholen. Dann die Zuckerlösung etwas einkochen lassen und die Nüsse darin mehrmals aufkochen, sie sollten nicht zu weich sein. In vorbereitete Gläser füllen, mit dem sirupartig eingekochten Saft begießen und gut verschließen. Kühl und dunkel gelagert, sind die Nüsse 1–2 Jahre haltbar.

TIPPS

- Als grüne Nüsse bezeichnet man Walnüsse, die geerntet werden, bevor die Schalen hart sind, also gegen Ende Juni, Anfang Juli.
- Wer es würziger möchte, kann dem Sud noch Essig beigeben.
- Bleibt Nuss-Sud übrig, so können Sie diesen eventuell als Würzmittel verwenden.
- Geschmackliche Varianten können Sie mit Ingwer, Sternanis, Fenchel, Kalmuswurzel, Orangen- und Zitronenschalenpulver, aufgeschnittener Vanilleschote, Muskatnuss, Anis, Anislikör, Sternanis, Pfefferminz, Kümmel, Piment oder Kakaopulver erzielen.
- Die Nüsse eignen sich als Beilage bzw. Dekoration für Desserts, Käse oder Wildgerichte.

Fruchtsoßen und Fruchtmark

für Eis, Joghurt, Milchdrinks oder Limonaden

ZUBEREITUNG

Beeren oder Früchte nach Wahl zerkleinern und mit ca. 200 g Feinkristallzucker auf 1 kg Frucht 5–6 Stunden marinieren. Rasch aufkochen, mixen, eventuell wegen der Kerne und für eine feinere Konsistenz durch ein Spitzsieb abseihen bzw. passieren und nochmals kurz aufkochen. Bei Bedarf bzw. für dickeres Fruchtmark mit Gelatine oder Agar-Agar binden. Sofort in vorbereitete Gläser füllen, verschließen und gleich auf den Kopf stellen, bis das Mark abgekühlt ist.

Heidelbeerkompott mit Wein

ZUTATEN FÜR CA. 5 GLÄSER À 650 ML
2 kg Heidelbeeren • 30 ml frisch gepresster Zitronensaft
700 ml Rotwein (ersatzweise Apfel- oder Orangensaft, eventuell Wasser)
1 TL gemahlener Zimt • 300–700 g Gelierzucker 3 : 1 • eventuell Vanilleschote

ZUBEREITUNG
Wein mit Zitronensaft, Zimt und Zucker sowie eventuell Vanilleschote aufkochen und ca. 10 Minuten ziehen lassen. Die vorbereiteten Heidelbeeren dicht in Gläser füllen, dabei die Gläser vorsichtig aufklopfen, damit sich die Heidelbeeren gleichmäßig darin verteilen. Den Sud auf die Gläser verteilen, wobei die Früchte nicht vollständig damit bedeckt sein müssen (Beeren geben noch Flüssigkeit ab). Dann in den Einkochtopf oder Dampfgarer stellen, bei 85 °C ca. 30 Minuten einkochen und im Topf auskühlen lassen.

TIPP: In dieser Form eignen sich die Heidelbeeren besonders als Beigabe zu Desserts, aber auch als Belag für Torten. Hierfür den Saft abseihen und mit Tortengelee oder Gelatineblätter eindicken und über die Beeren verteilen.

Heidelbeeren in Zucker

ZUTATEN FÜR CA. 7 GLÄSER À 650 ML
3 kg Heidelbeeren • 250–400 g Feinkristallzucker
eventuell etwas Zitronen- oder Orangenschalenpulver (s. S. 295)

ZUBEREITUNG
Heidelbeeren sauber verlesen und nur bei Bedarf mit reichlich Wasser waschen und gut abtropfen lassen. Heidelbeeren sowie Zucker vorsichtig mischen und ca. 2 Stunden stehen lassen. Dann mit leichtem Druck in die vorbereiteten Gläser füllen. Dabei die Beeren rütteln, sodass sie dicht in den Gläsern verteilt sind. Mit einem Twist-off-Verschluss verschließen und in den Einkochtopf stellen. Mit kaltem Wasser auffüllen, sodass die Gläser zu 2/3 mit Wasser bedeckt sind. Thermostat auf 85 °C einstellen. Wenn die Temperaturanzeige erlischt, 30 Minuten lang einkochen und im Wasserbad auskühlen lassen.

TIPPS
- In geschmacklicher Hinsicht sind Waldheidelbeeren zu bevorzugen. Die Beeren in viel Wasser legen, die oben schwimmenden Blättchen entfernen und die Früchte in einem breiten Sieb gut abtropfen lassen. Bei Kulturheidelbeeren entfällt das Waschen meistens.
- Heidelbeeren eignen sich sehr gut als Beigabe zu Desserts, Eis sowie als Einlage für Torten oder Cremen. Zu Grießflammeri, Eisparfaits oder unter einen Kaiserschmarrenteig gemischt munden sie hervorragend.

Hollerfleisch mit Birnen

ZUTATEN FÜR 3 GLÄSER À 750 ML
1 1/2 kg ausgereifte, gewaschene, entstielte Hollerbeeren
750 g ungeschälte, entkernte, fein geriebene Birnen • 300 g Feinkristallzucker

ZUBEREITUNG
Hollerbeeren und Birnen mit Feinkristallzucker vermischen, in einem Topf unter ständigem Rühren zum Kochen bringen und ca. 20 Minuten köcheln. Heiß in Einsiedegläser füllen, verschließen und im Wasserbad ca. 15 Minuten dünsten.

TIPPS
- Dieses Hollerfleisch stellt eine hervorragende Fülle für Kuchen aus Germteig dar.
- Warm serviert und mit etwas Wasser verdünnt ist es eine beliebte Beigabe zu Topfenknödeln oder Kaiserschmarren.
- Statt Hollerbeeren und Birnen können z. B. auch Preiselbeeren und Zwetschken oder Preiselbeeren und Äpfel verwendet werden.

Preiselbeerkompott

ZUTATEN FÜR 4 GLÄSER À 390 ML UND 2 GLÄSER À CA. 210 ML
1,2 kg Preiselbeeren • 200 ml Orangensaft (ersatzweise Rotwein, Traubensaft oder Wasser) • 100 ml Portwein • 40 ml Zitronensaft • 700 g Gelierzucker 3 : 1 etwas gemahlener Zimt, Nelken, Vanilleschote und Orangenschale

ZUBEREITUNG
Preiselbeeren mit Orangensaft, Portwein, Zitronensaft und Gewürzen aufkochen und kurz kochen lassen. Gelierzucker einrühren, nochmals aufkochen, 4 Minuten kochen lassen, in vorbereitete Gläser füllen und verschließen. Im Einkochtopf oder Dampfgarer 20–25 Minuten bei 90 °C einkochen.

Traubenweinkompott

ZUTATEN 3 GLÄSER À 220 ML UND 3 GLÄSER À 270 ML
1 kg rote oder grüne kleine, möglichst kernlose Weintrauben
500 ml Rot- oder Weißwein (je nach Traubenfarbe) • 300 g Gelierzucker 3 : 1
5 g Orangenschalenpulver oder frisch geriebene, unbehandelte Orangenschale
80 ml Orangenlikör • Prise Zimt

ZUBEREITUNG
Wein mit Orangenschale aufkochen. Trauben dazugeben und ca. 3 Minuten knapp unter dem Siedepunkt ziehen, auf keinen Fall kochen lassen. Darauf achten, dass die Trauben nicht aufspringen. Früchte mit einem Lochschöpfer aus dem Sud nehmen und in vorbereitete, heiße Gläser füllen. Sud mit Gelierzucker vermischen, aufkochen und über die Trauben gießen. Gläser verschließen und im Einkochtopf oder Dampfgarer bei 85 °C 20 Minuten einkochen.

Traubenkompott

ZUTATEN FÜR CA. 2 GLÄSER À 500 ML
1 kg kernlose Trauben

FÜR DEN FOND
250 ml Wasser • 250 ml Weißwein • 150 g Feinkristallzucker
1 kleines Stück Zimtrinde • 2 Gewürznelken

ZUBEREITUNG
Trauben waschen und eventuell vorhandene Stielansätze entfernen. In vorbereitete Gläser füllen. Für den Fond alle Zutaten vermischen und aufkochen. Früchte mit heißem Fond begießen, im Wasserbad bei 85 °C ca. 30–35 Minuten zugedeckt ziehen lassen (an den Obststücken bilden sich kleine Bläschen).

TIPP: Die Temperatur darf nicht höher als angegeben sein, da die Trauben sonst aufplatzen würden.

Muse

Apfelmus

ZUTATEN FÜR 7 GLÄSER À 270 ML UND 1 GLAS À 210 ML
2 kg geschälte, entkernte, säuerliche Äpfel (z. B. Boskoop)
150–400 ml Wasser, Apfelsaft, Fruchtsaft oder Wein (oder gemischt)
160–240 g Feinkristallzucker • 40 ml Zitronensaft • eventuell Prise Zimt und aufgeschnittene Vanilleschote • etwas Alkohol (80 %)

ZUBEREITUNG
Äpfel mit dem Gemüsehobel raspeln oder in kleine Spalten schneiden. Mit Wasser sowie Zucker zugedeckt weich dünsten, dabei öfters umrühren. Je länger die Äpfel eingekocht werden, umso dicker wird die Konsistenz. Mixen, abschmecken und sofort in vorbereitete Gläser füllen. Mithilfe einer Pipette einige Tropfen Alkohol daraufträufeln, anzünden und gleich verschließen.

TIPPS
- Für eine längere Haltbarkeit im Einkochtopf oder Dampfgarer bei 90 °C 30 Minuten einkochen.
- Die Flüssigkeitsmenge richtet sich nach Saftgehalt und Kochzeit der Äpfel. Anfangs nicht zu viel Wasser beigeben.
- Das Mus kann als Zutat für eine Apfel-Zimt-Torte oder als Beigabe zu Holzknechtnocken und Kaiserschmarren verwendet werden. Mit Gelatine vermischt eignet es sich auch als Tortenglasur.
- Es kann auch als Apfelkren zu gekochtem Rindfleisch genossen werden. Hierzu pro Glas 10–20 g frisch geriebenen oder blanchierten Kren beigeben.
- In Streifen geschnittene, getrocknete Marillen oder Dörrzwetschken, einige Pfefferkörner, Orangen-, Apfel- oder Zitronenschalen, fein gehackte Minze-, Rosen- oder Melisseblätter, kandierter Ingwer, Rumrosinen, Prise Kardamom, Nelkenpulver, Rum, Orangenlikör, Apfelschnaps, Mandelblättchen oder karamellisierte Nüsse verleihen dem Mus eine besondere Note.
- Zucker kann durch Honig, Rohrzucker oder Süßstoff ersetzt werden.
- Apfelmus ist eine gute Verwertungsmöglichkeit für Fallobst. Hierfür die gewaschenen Äpfel mit der Schale verarbeiten, passieren und wie oben beschrieben zubereiten.

VARIANTEN: Statt Äpfel können Birnen, Quitten oder Kürbisfleisch verwendet werden.
Foto 1 · Seite 137

Quittenmus mit Preiselbeeren

ZUTATEN FÜR 3 GLÄSER À 390 ML UND 1 GLAS À 210 ML
600 g Quittenmus (s. Quittenmarmelade S. 57) • 600 g Preiselbeeren
500 g Gelierzucker 3 : 1 • etwas Alkohol (80 %)

ZUBEREITUNG
Quittenmus mit Preiselbeeren sowie Gelierzucker mischen, unter Rühren aufkochen und ca. 4–5 Minuten wallend kochen lassen. Gelierprobe machen (s. S. 22). In vorbereitete Gläser füllen, mithilfe einer Pipette einige Tropfen Alkohol darüberträufeln, anzünden und sofort verschließen.

TIPPS
- Passt sehr gut zu Wild- und kräftigen Rindfleischgerichten.
- Auch aus Ribiseln, Heidelbeeren, Hollerbeeren und Brombeeren lässt sich mit diesem Rezept wohlschmeckendes Mus bereiten. **Foto 2 · rechts**

Vogelbeermus

ZUTATEN FÜR 1,8 KG
2 kg eingefrorene Vogelbeeren • 1 l Wasser

ZUBEREITUNG
Beeren auftauen lassen. In Salz-, Essig- oder mit etwas Mehl verrührtem Wasser aufkochen, kurz stehen lassen, abgießen, mit Wasser erneut aufkochen und ca. 20 Minuten kochen lassen. Über Nacht zugedeckt stehen lassen. Am nächsten Tag mit der Flotten Lotte passieren oder durch das Passiersieb der Küchenmaschine streichen.

Dieses Mus ist das Ausgangsprodukt für viele verschiedene Zubereitungen und Vogelbeermischungen. Das Mus ist zur Weiterverarbeitung sehr gut geeignet, da es weder Kerne noch Schale enthält.

Für **VOGELBEERGELEE** auf 1 kg Mus 500 g Gelierzucker 3 : 1 verwenden und wie Marmelade (Grundrezept, s. S. 25) einkochen.

Vogelbeermus mit Holler und Zwetschken

ZUTATEN FÜR 4 GLÄSER À 390 ML
200 g Vogelbeermus (s. o.) • 500 g entkernte, klein geschnittene Zwetschken • 400 g entstielte Hollerbeeren • 500 g Gelierzucker 3 : 1
5 g Orangenschalenpulver • etwas Alkohol (80 %)

ZUBEREITUNG
Mus mit Zwetschken, Orangenschale und Hollerbeeren ca. 5–8 Minuten weich kochen. Gelierzucker einrühren, nochmals aufkochen und ca. 4–5 Minuten wallend kochen lassen. Gelierprobe machen (s. S. 22) und in vorbereitete, heiße Gläser füllen. Mithilfe einer Pipette einige Tropfen Alkohol darüberträufeln, anzünden und sofort verschließen.

Zwetschkenmus

ZUTATEN FÜR 8–10 GLÄSER À 210 ML
3 kg Zwetschken • 750 g Zucker • 20 ml Zitronensaft • etwas gemahlener Zimt und gemahlene Nelken • eventuell etwas Rum (80 %)

ZUBEREITUNG
Die vorbereiteten Zwetschken grob faschieren oder schneiden. Mit restlichen Zutaten (außer Rum) vermischen, auf ein Blech geben und auf die unterste Schiene im Backrohr bei 200 °C (oder in die Mitte bei einem Heißluftherd) einschieben und so zum Kochen bringen (dauert ca. 30 Minuten), dabei öfters umrühren. Die Hitze auf ca. 165 °C reduzieren und nochmals 45–60 Minuten, je nach gewünschter Konsistenz, einkochen. Immer wieder sorgfältig umrühren und vom Rand lösen. Das Mus ist fertig, wenn man mit einem Löffel Streifen ziehen kann. Sofort in vorbereitete Gläser füllen, eventuell mit Rum beträufeln, anzünden und verschließen.

TIPP: Mit Ingwer, Sternanis, Piment, Kardamom, aufgeschnittener Vanilleschote, Apfelschalenpulver (s. S. 295), Bittermandelaroma, Rum, Orangenschale oder Zitronenschale können Sie das Mus verfeinern.

KOMPOTTE • **MUSE** • RÖSTER

Quittenkäse

Den Fruchtkuchen, der bei der Herstellung von Quitten-Zitronen-Marmelade (s. S. 58) entsteht, können Sie zu Quittenkäse weiterverarbeiten. Hierfür den Fruchtkuchen mit einer Flotten Lotte passieren oder durch ein Passiersieb streichen. Es verbleiben etwa 1 1/2 kg Masse. 750 g Feinkristall-, Gelb- oder Rohrzucker (Fruchtkuchen : Zucker 2 : 1) dazugeben. Fruchtmus ungefähr 30–40 Minuten unter ständigem Rühren einkochen. Heißes Mus in Puddingformen füllen oder 2 cm hoch auf ein mit Backpapier oder Silikonmatte ausgelegtes Blech streichen und im vorgeheizten Backrohr bei 120–140 °C ca. 1–3 Stunden trocknen lassen. Backrohrtür leicht geöffnet halten oder mit offenem Zug trocknen, damit der Dampf entweichen kann. Dann das Rohr ausschalten und über Nacht auskühlen lassen. Formen entnehmen und stürzen. Sind die in Form gegossenen Fruchtstücke noch etwas feucht, nachtrocknen lassen. Den Quittenkäse in beliebige Rauten, Würfel oder Rechtecke schneiden oder Figuren ausstechen, in Feinkristallzucker wälzen und eventuell mit Schokoladeglasur überziehen.

TIPPS

- Quittenkäse ist ein ausgezeichnetes Weihnachtsgebäck.
- Als Geschmacksträger können Sie Vanillestange, Zimtrinde, Nelken oder Lebkuchengewürz mitkochen.
- Zudem können Sie fein gehackte Wal- oder Haselnüsse, Kürbiskerne, Pistazien oder Pinienkerne vor dem Trocknen unter die Masse mischen.

ZWETSCHKENKÄSE ODER -PASTE

(s. Quittenkäse S. 138)

Hagebuttenmus

ZUTATEN FÜR 3,3 KG

3 kg Hagebutten (nach dem ersten Frost geerntet) • 3 l Wasser
20 g Zitronensäure oder 50 ml Zitronensaft • 1 kg Zucker

ZUBEREITUNG

Hagebutten waschen, gut abtropfen lassen, Früchte durchschneiden und mit Wasser, Zucker sowie Zitronensäure zum Kochen bringen. Ungefähr 30 Minuten weich kochen lassen, weitere 30 Minuten stehen lassen, abseihen bzw. passieren.

TIPP: Dieses Mus ist eine gute Ausgangsbasis für Mischungen mit anderen Früchten wie Zwetschken, Heidelbeeren, Preiselbeeren etc.

Hetscherlsoße (Hagebuttensoße)

Rezept von Traudl Wolfschwänger

ZUTATEN FÜR CA. 6 GLÄSER À 250 ML

1 kg Hagebutten • 250 g Feinkristallzucker • 250–500 g Gelierzucker 3 : 1
ca. 750 ml Riesling • abgeriebene Schale einer unbehandelten Zitrone
1 Messerspitze–1/2 TL Cayennepfeffer • 1 Stück Zimtrinde

ZUBEREITUNG

Hagebutten waschen und von Bärten sowie Stängeln befreien. Mit dem Wein und den Gewürzen aufkochen und ziehen lassen, bis die Hagebutten weich sind. Auskühlen lassen und die Zimtrinde entfernen. Hagebutten durch ein Sieb passieren. Die noch sehr dünne Masse mit dem Zucker und dem Cayennepfeffer einkochen, bis sie dickflüssig ist. Sofort in saubere Gläser füllen und verschließen.

TIPP: Passt sehr gut zu Wild- und Rindfleischgerichten, aber auch zu Pasteten und Terrinen.

Röster

Hollerröster

ZUTATEN FÜR 2 GLÄSER À 250 ML

ca. 400 g Hollerbeeren • 1 kleine, geschälte, geschabte Birne (ersatzweise ein Apfel) • 500 ml Rotwein • 100 g Feinkristallzucker • Zimt • etwas Alkohol (80 %)

ZUBEREITUNG

Alle Zutaten (außer Alkohol) vermischen und in einem hohen Topf (Vorsicht: Masse kocht leicht über) ca.1–1 1/2 Stunden köcheln lassen, bis der Röster eine dickliche Konsistenz hat. In vorbereitete Gläser füllen, mithilfe einer Pipette einige Tropfen Alkohol darüberträufeln, anzünden und sofort verschließen.

TIPPS

- Um die Kochzeit zu verkürzen, kann der Röster auch mit einer Mischung aus etwas Rotwein und 1 EL Maisstärke gebunden werden.
- Holler keinesfalls roh genießen. Er kann so genossen Magenschmerzen oder Übelkeit hervorrufen.

Hollerröster mit Zwetschken und Äpfeln

ZUTATEN FÜR CA. 8 GLÄSER À 250 ML

700 g Hollerbeeren • 160 g Zucker • 200 g Zwetschkenstücke
200 g geschälte Apfelspalten • ca. 600 ml Wasser oder Traubensaft
140 ml Rotwein • etwas gemahlener Zimt und gemahlene Nelken
20 g Vanillezucker oder 1 aufgeschnittene Vanilleschote • je nach Geschmack
20 ml Rum • Spritzer Zitronensaft oder Prise Zitronenschalenpulver (s. S. 295)
20 g Vanillepuddingpulver oder Weizenstärke

ZUBEREITUNG

Hollerbeeren mit Früchten, Zucker, Wasser und Gewürzen aufkochen und etwa 10 Minuten kochen lassen. Mit etwas Wasser angerührtes Vanillepuddingpulver einrühren und ca. 4 Minuten weiterkochen lassen. In vorbereitete Rex- oder Weckgläser füllen, Gummiring auflegen, mithilfe einer Pipette einige Tropfen Alkohol darüberträufeln, anzünden und sofort verschließen.

TIPPS

- Sie können den Röster auch in Schraubverschlussgläser füllen und mit Twist-off-Deckeln verschließen.
- Jeweils nur 1 Glas beträufeln, anzünden und sofort verschließen, da der Alkohol durch die Hitze schnell verdampft.
- Zusätzliches Einkochen im Einkochtopf oder Dampfgarer (ca. 30 Minuten bei 95 °C) verlängert die Haltbarkeit.

Zwetschkenröster 1

ZUTATEN FÜR 2 GLÄSER À 750 ML
1 kg reife, saubere, entkernte Zwetschken • 200 g Feinkristallzucker
Zimtrinde • 125 ml Wasser

ZUBEREITUNG
Zwetschken mit Zimt und Wasser weich kochen. Passieren, Zucker beimischen und so lange kochen, bis ein Brei entsteht, der beim Durchrühren mit dem Kochlöffel erkennbare Wellen zeigt. In vorbereitete Gläser füllen und luftdicht verschließen.

TIPP: Nach diesem Rezept können Sie vorbereitete geschnittene Äpfel, Marillen, Birnen und Quitten zubereiten und je nach Fruchtsüße zuckern. Der Röster ist als Fülle für diverse Mehlspeisen geeignet.

Zwetschkenröster 2

ZUTATEN FÜR CA. 7 GLÄSER À 500 ML
3 kg entsteinte Zwetschken • 500 g Gelierzucker 3 : 1 • 30 ml Rum
Saft einer Zitrone • 1 aufgeschnittene Vanilleschote • etwas Zimt und Nelken
etwas Rum oder Weingeist (80 %)

ZUBEREITUNG
Zwetschken mit Zimt, Nelken, Rum, Zitronensaft und Gelierzucker vermischen, aufkochen und 4 Minuten kochen lassen. In vorbereitete Gläser füllen (am besten Rex- oder Weckgläser mit Gummiring). Mithilfe einer Pipette einige Tropfen Rum oder Weingeist darüberträufeln, anzünden und Deckel sofort fest andrücken.

TIPPS
- Sie können den Röster auch in Schraubverschlussgläser füllen und mit Twist-off-Deckeln verschließen.
- Beträufeln Sie immer nur 1 Glas mit Alkohol, zünden ihn an und verschließen es dann sofort, da der Alkohol durch die Hitze schnell verdampft.
- Marillen können ebenso verarbeitet werden.

Marillenröster

ZUTATEN FÜR 2 GLÄSER À 750 ML
1 kg Marillen • 200–250 g Feinkristallzucker
eventuell Zimtrinde nach Bedarf • etwas Alkohol (80 %)

ZUBEREITUNG
Früchte waschen und entkernen. Zimtrinde nach Bedarf und Zucker mit den Früchten über Nacht marinieren lassen. Am nächsten Tag bei mäßiger Hitze und oftmaligem Rühren (brennt leicht an!) gut bzw. sehr dick einkochen, bis die meiste Flüssigkeit verdunstet ist. Röster in vorbereitete Gläser abfüllen. Mithilfe einer Pipette einige Tropfen Alkohol darüberträufeln, anzünden und sofort verschließen.

VARIANTE: Statt Marillen können auch Weichseln verwendet werden.
Fotos oben

KOMPOTTE • MUSE • **RÖSTER**

Aromatische Öle und Essige

Aromatische Öle

Öle können mit den unterschiedlichsten Kräutern und Gewürzen aromatisiert werden. Sei es mit duftenden Rosenblüten, Hollerblüten, intensiv riechendem Lavendel, mit Petersilie, Melisse, Rosmarin oder „feurigen" Gewürzen. Mit solch einer Veredelung lassen sich Öle auf vielfältige Weise verwenden. Das Aromatisieren und Verfeinern beschränkt sich jedoch nicht nur auf Altbekanntes, sondern kann ebenso mit etwas außergewöhnlicheren Zutaten wie gerösteten Nüssen, Koriander, Zimt, Safran, Chili und dergleichen geschehen. Gewürze sind das ganze Jahr in gleicher Qualität vorhanden, das Ansetzen der Öle ist somit zeitlich nicht beschränkt. Bevor Sie aber so richtig loslegen, sollten Sie Folgendes beachten:

- Verwenden Sie zum Ansetzen eher neutrale Öle wie Sonnenblumen-, Raps-, Maiskeim- oder Distelöl. Ein mildes Olivenöl ist ebenfalls geeignet.
- Kalt gepresste Öle sind eine besonders gute Ausgangsbasis für Aromaöle.
- Probieren Sie selbst aus, wie unterschiedlich Gerichte anstatt mit herkömmlichem Öl, beispielsweise mit Erdnuss- oder Sojaöl schmecken.
- Öle lassen sich auch untereinander mischen, z. B. Oliven- oder Sonnenblumenöl mit Kürbiskernöl (50 : 50). Probieren lohnt sich allemal.
- Schütteln Sie abgefülltes Öl während des Ziehens gelegentlich leicht auf.
- Vor dem Abfüllen sollte Öl geschmacklich getestet werden. Wenn erforderlich, geben Sie Öl bzw. Kräuter dazu.
- Aromen, die nicht abgeseiht werden, sondern mit in die Flasche kommen, verstärken im Laufe der Zeit das Aroma.
- Die Haltbarkeit beträgt 4–6 Monate. Öl sollte dabei unbedingt kühl und dunkel gelagert werden, da es leicht ranzig wird und Lichteinwirkung eine Oxydation des Öles bewirkt. Gefäße aus Steingut oder getönte Flaschen sind am besten geeignet. Herkömmliche Gläser umwickeln Sie mit einer Alufolie.
- Schaf- oder Ziegenkäse, der in Gewürz- oder Kräuteröl eingelegt wird, nimmt den Geschmack besonders intensiv an.
- Lassen Sie frische Kräuter vor Gebrauch unbedingt antrocknen (ca. 2 Tage), da sich das Öl sonst nach einiger Zeit eintrüben kann. Werden die Kräuter leicht zerdrückt oder geschnitten, setzen sie mehr Aromastoffe frei. Je länger die Kräuter ziehen, umso geschmacksintensiver machen sie sich bemerkbar.
- Öl kann auch mit Stein- oder Meersalz gewürzt werden. Dies trägt zur längeren Haltbarkeit bei. Speisen dann eher vorsichtig oder gar nicht salzen. Als Faustregel gilt: Auf 500 ml Öl gibt man ca. 1/2 TL Salz.
- Gewürzkörner oder -samen (Anis, Fenchel, Koriander, Kümmel, Kreuzkümmel, Wacholderbeeren) erhalten durch trockenes Rösten einen besseren und intensiveren Geschmack. Die Gewürze können vor dem Einlegen auch grob zerkleinert werden.

Anbei nur einige Vorschläge, wie man Öle nicht nur geschmacklich, sondern auch dekorativ verfeinern kann: Orangen- und Zitronenschalen, getrocknetes Wurzel-

gemüse, Knoblauchviertel mit oder ohne Schale, bunte Pfefferoni, getrocknete Pilze, Chilischoten, getrocknete Tomaten, einige Körner grobes Salz, Wacholderbeeren und Pfefferkörner, Lorbeerblätter, Zimtstange, Safranfäden, Vanilleschote, Neugewürz, Fenchel, Gewürznelken, Kardamom, Sternanis, getrocknete Apfelscheiben mit oder ohne Schale, Orangen- und Zitronenzesten, aber auch alle Trockenfrüchte wie Marillen, Zwetschken, Preiselbeeren, Kirschen, Kiwi, Mango, Feigen oder Datteln und vieles mehr.

- Aromaöle können Sie auch als Butterersatz zum Verfeinern von Gerichten verwenden.
- Achten Sie darauf, dass die Flaschen und Gläser beim Einfüllen völlig trocken sind.

Chili-Schalotten-Öl

ZUTATEN FÜR 2 FLASCHEN À 500 ML
600 ml neutrales Öl (Sonnenblumen-, Raps- oder Distelöl)
30–40 g getrocknete Chilischoten • 150 g geschälte Schalotten
5 Knoblauchzehen

ZUBEREITUNG
Alle genannten Gewürze klein schneiden, mit Öl vermischen und langsam erhitzen. Etwa 20 Minuten leicht ziehen lassen (keinesfalls kochen), bis die Schalotten eine hellbraune Farbe angenommen haben. Abkühlen lassen, abseihen und abfüllen.

TIPP: Passt sehr gut zu Suppen, Reis- und Nudel-, Wild- oder Rindfleischgerichten.

Bärlauchöl

ZUTATEN FÜR 1 FLASCHE À 750 ML
600 ml neutrales Öl (Sonnenblumen-, Raps- oder Distelöl)
100–150 g Bärlauch • 2 Knoblauchzehen • frisch gemahlener Pfeffer

ZUBEREITUNG
Grob zerkleinerten Bärlauch mit Knoblauch sowie dem Öl pürieren und mit Pfeffer würzen. Einige Tage ziehen lassen. Dieses Öl müssen Sie nicht abseihen, sondern vor Gebrauch lediglich aufschütteln.

TIPP: Verwenden Sie Bärlauch ausschließlich frisch, denn durch das Überbrühen würde er Farbe und Geschmack einbüßen.

Basilikumöl

ZUTATEN FÜR 1 FLASCHE À 750 ML
600 ml neutrales Öl (Sonnenblumen-, Raps- oder Distelöl)
1 großer Bund frisches Basilikum • 3–4 geschälte, gehackte Knoblauchzehen
2–4 TL Salz (je nach Geschmack)

ZUBEREITUNG
Basilikum vorsichtig waschen, am besten auf einem Küchenpapier antrocknen lassen und grob zerschneiden. Alle Zutaten miteinander mischen und abfüllen. Zwei Wochen ziehen lassen und dann die Kräuter entfernen.

TIPP: Nach dem Abseihen einen Kirschtomatenzweig in die Flasche geben. Auch getrocknete Tomaten machen sich hier ganz gut als Dekoration.

Chiliöl

ZUTATEN FÜR 1 FLASCHE À 750 ML
600 ml neutrales Öl (Sonnenblumen-, Raps- oder Distelöl)
ca. 8 frische oder getrocknete, aufgeschnittene Chilischoten
(mit oder ohne Kerne, je nach gewünschter Schärfe)

ZUBEREITUNG
Chilis mit dem Öl mischen. In einem Glas 2 Wochen ziehen lassen, dann abseihen und abfüllen.

TIPP: Wenn Sie das Öl sofort verwenden wollen, dann erwärmen Sie die in Ringe geschnittenen Chilischoten in etwas Öl und lassen sie 15 Minuten darin ziehen.

WÜRZVARIANTEN
- Mengen Sie 1 EL grob geschrotete, kurz geröstete, weiße Pfefferkörner, süßes oder scharfes Paprikapulver oder 1 TL Fenchelsamen unter.
- Beim Verarbeiten von Chilischoten ziehen Sie am besten Handschuhe an und vermeiden Sie jede Berührung mit den Augen.

Exotisches Öl

ZUTATEN FÜR 1 FLASCHE À 750 ML
600 ml Sonnenblumenöl • 4 Stängel Zitronengras • 4 frische Zweige Koriandergrün • 2 getrocknete, aufgeschnittene, rote Chilis • 1–2 Knoblauchzehen oder geröstete Korianderkörner bzw. Kreuzkümmel

ZUBEREITUNG
Zitronengras klein schneiden. Koriandergrün grob zerpflücken. Alle Zutaten mit dem Öl in ein Glasgefäß geben. 2 Wochen ziehen lassen, währenddessen mehrmals durchschütteln. Knoblauch entfernen und das Öl nach einer weiteren Woche abseihen und abfüllen.

AROMATISCHE ÖLE · AROMATISCHE ESSIGE

Curryöl

ZUTATEN FÜR 1 FLASCHE À 750 ML
600 ml neutrales Öl (Sonnenblumen-, Raps- oder Distelöl) • 2–3 TL Currypulver

ZUBEREITUNG
Alle Zutaten miteinander vermischen und 1–2 Wochen ziehen lassen.

TIPP: Dieses Öl ist zum Anbraten und Würzen von Geflügelgerichten bestens geeignet.

Grillöl

ZUTATEN FÜR 1 FLASCHE À 750 ML
600 ml neutrales Öl (Sonnenblumen-, Raps- oder Distelöl)
2 TL grob zerstoßener, weißer Pfeffer • 1 TL Currypulver
1–1 1/2 EL edelsüßes Paprikapulver • Prise Cayennepfeffer

ZUBEREITUNG
Alle genannten Gewürze mit dem Öl gut vermischen und in ein vorbereitetes Glas oder eine Flasche füllen. 2 Wochen ziehen lassen und währenddessen gelegentlich schütteln. Dieses Öl muss nicht abgeseiht werden.

TIPP: Dieses Öl ist sowohl zum Marinieren als auch zum Würzen von Grillfleisch hervorragend geeignet. Probieren Sie folgende Grillmarinade: Einige klein geschnittene Knoblauchzehen, Joghurt und Salz mit dem Grillöl vermischen, die Fleischstücke über Nacht (oder auch länger) marinieren. Vor Gebrauch die Marinade vom Fleisch abstreifen, in Sesamkörner wälzen und mit wenig Öl grillen oder braten. Schmeckt vorzüglich!

VARIANTE: Zusätzlich können Sie je 1 Salbei- sowie Rosmarinzweig, 3 Knoblauchzehen und etwas Majoran dazugeben.

Lorbeeröl

ZUTATEN FÜR 1 FLASCHE À 750 ML
600 ml neutrales Öl (Sonnenblumen-, Raps- oder Distelöl)
8–10 grob zerkleinerte Lorbeerblätter • 1/2 TL grob geschrotete, schwarze Pfefferkörner • eventuell grob zerstoßene Wacholderbeeren

ZUBEREITUNG
Alle Zutaten miteinander vermengen und 2 Wochen ziehen lassen, abseihen und abfüllen.

TIPP: Dieses Öl passt sehr gut zu Rot- oder Weißkrautsalat, Kartoffel- oder Linsensalat und eignet sich zum Verfeinern von Wildsoßen.

AROMATISCHE ÖLE · AROMATISCHE ESSIGE

Gewürzöl

ZUTATEN FÜR 1 FLASCHE À 300 ML
250 ml neutrales Öl (Sonnenblumen-, Raps- oder Distelöl) • 2 EL schwarze Pfefferkörner • 2 EL Fenchelsamen • 1 TL oder 20 Kardamomkapseln 1/2 EL Currypulver • eventuell etwas Anis • eventuell 20 g Salz

ZUBEREITUNG
Alle Gewürze vermahlen und zusammen m t dem Öl auf 70–80 °C erwärmen. 30 Minuten ziehen lassen. Nach Belieben durch ein feines Mulltuch oder Filter abseihen oder Gewürze mit dem Öl abfüllen.

Fenchelöl

ZUTATEN FÜR 1 FLASCHE À 750 ML
600 ml neutrales Öl (Sonnenblumen-, Raps- oder Distelöl)
getrocknete Fenchelzweige (ersatzweise das Kraut der Fenchelknolle oder Fenchelsamen)

ZUBEREITUNG
Öl und Fenchel in ein Glasgefäß geben, 2–3 Wochen ziehen lassen, abseihen und abfüllen.

TIPP: Dieses Öl können Sie für Salate und Fischspeisen verwenden.

Orangenöl

ZUTATEN FÜR 1 FLASCHE À 750 ML
600 ml neutrales Öl (Sonnenblumen-, Raps- oder Distelöl)
1 EL grob zerstoßene, geröstete Koriandersamen
3 breite Schalenstreifen einer unbehandelten, heiß gewaschenen Orange

ZUBEREITUNG
Die Orangenschale am besten 2 Stunden im warmen Ofen trocknen lassen und klein schneiden. Alle Zutaten mit dem Öl vermischen und 2 Wochen ziehen lassen; ab und zu durchschwenken. Abseihen und abfüllen.

Grünes Walnussöl

ZUTATEN FÜR 2 FLASCHEN À 500 ML
200 g grüne Nüsse • 1 Stück Zimtrinde (ca. 3 cm) • 10 g Salz
1 l Sonnenblumen- oder Rapsöl

ZUBEREITUNG
Die Nüsse mehrmals mit einer Nähnadel einstechen. Öl erwärmen und in einen Glasbehälter füllen. Alle anderen Zutaten einmengen, ca. 10 Tage kühl stehen und reifen lassen. Durch ein feines Tuch oder Sieb abseihen und in Flaschen füllen. Öl unbedingt kühl lagern.

TIPPS
- Grüne Walnüsse werden Ende Juni/Anfang Juli geerntet. Sie müssen innen noch weich sein und eine geleeartige Flüssigkeit enthalten, der Kern darf noch nicht ausgebildet sein. Unreife Früchte haben eine grüne, sehr bitter schmeckende Schale, in der sich die verholzte Steinschale einschließt. Beim Schneiden der Nüsse am besten Einweghandschuhe überziehen, die Farbe lässt sich nur sehr schwer abwaschen.
- Zusätzlich können Sie noch 10 ganze Kaffeebohnen dazumengen, aber auch etwas Orangen- und Zitronenschale passt sehr gut.
- Das Öl sollte innerhalb von 2 Monaten aufgebraucht werden und eignet sich besonders zum Würzen von Salatmarinaden.

Knoblauchöl

ZUTATEN FÜR 2 FLASCHEN À 500 ML
600 ml neutrales Öl (Sonnenblumen-, Raps- oder Distelöl)
250 g frische Knoblauchzehen • je 2 kleine Thymian- und Rosmarinzweige
eventuell 1 klein geschnittene Chilischote

ZUBEREITUNG
Knoblauch und eventuell Chilischote kurz in heißem (Essig-)Wasser überkochen, abtrocknen und abkühlen lassen. Knoblauch in Scheiben schneiden, mit den restlichen Zutaten vermengen und 2 Wochen ziehen lassen. Abseihen und in Flaschen füllen.

TIPP: So erhalten Sie vorzügliche, in Öl eingelegte Knoblauchzehen: Ungefähr 550 g geschälte Knoblauchzehen mit Milch blanchieren, abschrecken, abkühlen und trocknen lassen. Mit 2 EL Salz und 1 TL Zucker würzen und mit Öl auffüllen. Nach Belieben Gewürze wie Wacholderbeeren, Koriander, Pfefferkörner, Senfkörner, Lorbeerblatt, Neugewürz, Nelken, Rosmarin oder Thymian zufügen.

Limetten- oder Zitronenöl

ZUTATEN FÜR 1 FLASCHE À 750 ML
600 ml neutrales Öl (Sonnenblumen-, Raps- oder Distelöl)
2 unbehandelte, heiß gewaschene, gut getrocknete Zitronen oder Limetten

ZUBEREITUNG
Schalen der Zitrusfrüchte mit einem Zestenreißer dünn abschälen und in feine Streifen bzw. Spiralen schneiden. Etwas antrocknen lassen und mit dem Öl vermischen. Etwa 2 Wochen ziehen lassen, abseihen und abfüllen.

TIPP: Dieses Öl eignet sich sehr gut zum Anbraten, Marinieren oder Würzen von Fischen und passt zu Fischsalaten, aber auch zu Geflügelgerichten.

Kräuteröl

ZUTATEN FÜR 1 FLASCHE À 750 ML
500 ml neutrales Öl (Sonnenblumen-, Raps- oder Distelöl) • 1 EL Rosmarin
1 EL Oregano • 1 EL Thymian • 1 EL Basilikum • 1 EL Pfefferkörner
6 Lorbeerblätter • 10 g Knoblauch • 1 Prise Chilipulver • eventuell 1 TL Salz

ZUBEREITUNG
Alle genannten Zutaten miteinander vermengen und in ein Glas füllen. Mit Öl aufgießen und gut verschlossen 1 Woche stehen lassen. Durch ein Mull- oder Leinentuch abseihen und die Rückstände kräftig auspressen. Das Öl in eine geeignete Flasche füllen.

TIPPS
- Als Dekoration können Sie einige Kräuterzweige in die Flasche geben.
- Das Öl eignet sich sehr gut zum Marinieren von Fleisch (Lamm und Rind) sowie zum Verfeinern von (Salat-)Soßen und Suppen.

AROMATISCHE ÖLE • AROMATISCHE ESSIGE

Chilis in Öl

ZUTATEN FÜR 3–4 GLÄSER À 250 ML
250 g nicht zu scharfe, frische Chilischoten • 500–700 ml Sonnenblumenöl
eventuell 1 EL süßes oder scharfes Paprikapulver oder angedrückte Pfefferkörner • eventuell Lorbeerblätter, Koriander oder Knoblauch

ZUBEREITUNG
Chilischoten waschen, entstielen, aufschneiden und die Kerne herauslösen. Auf Küchenpapier auflegen und trocknen. In vorbereitete Gläser füllen. Öl auf 70–80 °C erhitzen, Paprikapulver oder Pfefferkörner zugeben und über die Chilis gießen, sodass diese bedeckt sind. Lorbeerblätter, Koriander oder Knoblauch miteinlegen. Gläser verschließen und kühl sowie dunkel lagern. Je nach Schärfe einige Tage oder länger ziehen lassen.

TIPPS
- Chiliöl eignet sich sehr gut zum Dünsten, Kochen, Abschmecken sowie Würzen von Soßen, Suppen, Salaten und Nudelgerichten. Beim Verkosten sollten Sie unbedingt auf die Schärfe hinweisen.
- Da Chilis unterschiedlich scharf sind, sollten Sie das Öl hin und wieder probieren, ob es die passende Schärfe erreicht hat. Dann die Chilis entfernen und abfüllen.
- Arbeiten Sie mit Handschuhen und vermeiden Sie jede Berührung mit den Augen.

Mini-Mozzarella in Öl mariniert

Rezept von Gabi Fuhrmann

ZUTATEN FÜR 1 GLAS À 750 ML
500 g Mini-Mozzarellakugeln • 4 in Scheiben geschnittene Knoblauchzehen
2 frische, rote, in dünne Ringe geschnittene Peperoni • je 2 TL grob gemahlene
Pfeffer- und Senfkörner • je 2 frische Rosmarin- und Thymianzweige
Oliven- oder Sonnenblumenöl

ZUBEREITUNG
Mozzarella in einem Sieb abtropfen lassen und mit Küchenpapier trocken tupfen. Mit den Kräutern und Gewürzen mischen und abfüllen. Mit so viel Olivenöl auffüllen, dass alle Zutaten vollständig bedeckt sind. Gläser gut verschließen und im Kühlschrank 2–3 Tage durchziehen lassen.

TIPPS
- Schmeckt – eventuell mit Balsamico verfeinert – sehr gut mit Tomaten und frischem Weißbrot. Bildet eine tolle Vorspeise und ist auch ein nettes Mitbringsel.
- Der marinierte Käse ist mindestens eine Woche haltbar.

Eingelegter Schafkäse

ZUTATEN FÜR 1 GLAS À 750 ML
200 g Schafkäse • 2 TL rote und grüne Pfefferkörner • 1 TL grobes Steinsalz
einige Chilischoten • 60 g Oliven • ca. 250 g Sonnenblumenöl oder Olivenöl
einige Basilikum- oder Bärlauchblätter

ZUBEREITUNG
Alle Zutaten (außer Käse) mit dem Öl vermischen. Käse in ein Glas legen und so viel Öl angießen, dass der Käse mindestens 2 cm damit bedeckt ist. Vor dem Verzehr mindestens 2 Tage ziehen lassen.

TIPPS
- Zusätzlich können Sie noch schwarze Pfefferkörner, Rosmarin, Zitronenschale, Bohnenkraut, Thymian oder einige Knoblauchzehen dazugeben.
- Das verbliebene Öl können Sie zum Anbraten von Lammgerichten verwenden.
- Der Käse ist im Kühlschrank 2 Wochen haltbar.
- Andere Frischkäse können ebenfalls auf diese Weise eingelegt werden.

Eingelegter Ziegenkäse

ZUTATEN FÜR 1 GLAS À 750 ML
250 g Fetakäse • **etwas Zitronenthymian** • **etwas frisch geriebene Zitronenschale** • **4 TL Kapern** • **60 g in feine Ringe geschnittene Zwiebeln** **ca. 400 ml Sonnenblumen- oder Olivenöl**

ZUBEREITUNG
Käse und Zwiebeln mit den restlichen Zutaten (außer Öl) in ein Glas schlichten. So viel Öl zugeben, dass der Käse mindestens 2 cm damit bedeckt ist. Vor dem Verzehr mindestens 2 Tage ziehen lassen.

TIPPS
- Auch hier können Sie noch verschiedenste Kräuter (Rosmarin, Majoran, Lorbeerblätter) untermischen. Auch getrocknete Tomaten, Kürbisfleisch oder Karotten können miteingelegt werden.
- Der Käse ist im Kühlschrank 2 Wochen haltbar.
- Andere Frischkäse können ebenfalls auf diese Weise eingelegt werden.

Aromatische Essige

Essig ist aus unserer Küche kaum mehr wegzudenken. Man findet ihn in Senf, Ketchup, Würzpasten, Soßen, Marinaden oder Mayonnaisen. Essig wird aber auch zum Reinigen und Desinfizieren von Geschirr und Besteck, zum Entkalken von Teekesseln, Spülbecken usw. verwendet. Auch das Einlegen in Essig gewinnt wieder zunehmend an Bedeutung. Essig ist ein faszinierendes Naturprodukt und kann mithilfe einer so genannten „Essigmutter" (geleeartige Haut), die z. B. in Apotheken erhältlich ist, leicht selbst hergestellt werden. Dazu werden Wein, Most oder vergorene Säfte mit der Essigmutter vermischt und bei ca. 25–30 °C etwa 3–4 Wochen einer Gärung ausgesetzt. Am besten vermehren sich Essigbakterien bei ca. 25 °C. Man kann aber auch Früchte mit Zucker in Flaschen oder Gläser füllen und lässt diese vergären, bis sich die Früchte am Boden abgesetzt haben. Dann filtert man die Flüssigkeit in eine andere Flasche um und lagert sie so lange, bis sich die Essigmutter gebildet hat. Dabei setzt sich ein trüber Satz am Flaschenboden ab. Beim Gärvorgang ist darauf zu achten, dass die Gefäße nur locker verschlossen sind, da sich Gärgase bilden, die so stark sein können, dass der Glasbehälter zu Bruch gehen könnte. Am sichersten ist es, wenn ein Gaze- oder Wattebausch locker in den Flaschenhals gestopft wird.

Die Essigmutter sollte nach dem Gärvorgang nicht weggeworfen werden. Sie kann zur weiteren Essigherstellung wieder eingesetzt werden. Zur Zwischenlagerung legt man sie in eine bauchige Flasche, die mit einer Wein-Wasser-Mischung (60 : 40) gefüllt ist. Der fertige Essig wird in einem sehr gut gereinigten Glas oder einer Flasche mit Twist-off-Verschluss an einem dunklen Ort (oder Sie umwickeln das Behältnis mit Alufolie) nicht über 18 °C gelagert. Gummi- oder Metallkappen sowie Korkstoppeln sind als Verschluss ebenfalls geeignet. Die Reifezeit beträgt je nach Intensität und Geschmack zwischen 2 und 5 Wochen. Wird Essig erwärmt, so entfaltet sich das Aroma noch besser, die Reifezeit wird dadurch kürzer.

Am einfachsten ist es, fertigen Weißwein-, Rotwein- oder Obstessig zu kaufen und daraus aromatisierten Essig herzustellen. Essig nimmt – ebenso wie Öl – Aromen und Geschmack besonders gut auf. Essige können mit den unterschiedlichsten Aromastoffen versetzt werden. So passt z. B. Schalotten- und Estragonessig vorzüglich zu Salaten. Rotweinessig verleiht Marinaden, Fleischgerichten und Soßen eine kräftige Würze. Sherryessig, der mit Rosmarin, Salbei, Thymian, Chili, Kren oder Knoblauch angesetzt werden kann, eignet sich zum Verfeinern von pikanten Soßen und Gerichten. Soßen von Tomaten wie auch Paprika, Gerichte vom Rind, Wild- und Fischgerichte, Mayonnaise, Salat- und Buttersoßen können damit ebenso verfeinert werden. Balsamico passt vorzüglich zu Leber- und Entengerichten. Für Kräuter- und Gewürzessige sollten nur frische Kräuter verwendet werden. Getrocknet geben diese kein intensives Aroma ab, zudem verändert sich die Farbe. Als Grundprodukt eignet sich jeder aromafreie Wein-, Apfel-, Most- oder Obstessig. Der Essig kann je nach Belieben mit einer oder mehreren Kräutersorten angesetzt werden. Auf 1 l Essig nimmt man ca. 20–40 g Kräuter oder Blütenblätter. Während des Ansatzes sollte der Essig an einem dunklen Ort aufbewahrt werden, da durch Lichteinfluss Kräuter und Gewürze braun werden können.

TIPPS ZUM THEMA „ESSIGE"

- Nehmen Sie Essig niemals unverdünnt zu sich. Ab einem Säuregehalt von mehr als 10 % muss sogar ein Warnhinweis auf der Flasche vermerkt sein.
- Zur Aromatisierung eignet sich eine Vielzahl von Kräutern und Gewürzen. Hier einige Vorschläge: Bärlauch, Basilikum, Salbei, Estragon, Majoran, Zitronenmelisse, Thymian, Koriandergrün, Fenchelgrün, Dille, Liebstöckel, Minze, Rosmarin, Borretsch, Ysop, Bohnenkraut, Minze, Oregano, aber auch Zimt, Nelken, Knoblauch, rote oder weiße Zwiebeln und vieles mehr können verwendet werden.
- Beachten Sie, dass scharfe Gewürze nicht zu lange im Essig verbleiben sollen. Das gilt auch bei Kren und Ingwer.
- Essig kann nach Belieben gesüßt werden. Auf 1 l Essig geben Sie 2–4 EL Feinkristall-, Gelb- oder Rohrzucker, Birnendicksaft, Ahornsirup oder Honig dazu.
- Wenn Sie den Essig eher mild bevorzugen, dann mischen Sie Honig, Zucker, Ahornsirup sowie auch Rohrzucker unter den Ansatz. Die Beigabe von geräuchertem Steinsalz verleiht Essig eine außergewöhnliche Geschmacksnote.
- Eine rasche Methode, Essig zu aromatisieren, ist es, die entsprechenden Gewürze mit Salz sowie dem Grundessig einige Minuten einzukochen. Die Gewürze können währenddessen in ein Mulltuch oder ein Tee-Ei gefüllt werden, sie lassen sich dann leicht wieder entfernen. Der so aromatisierte Essig kann sofort verwendet werden. Beim Nachreifen gewinnt er zusätzlich an Aroma.
- Weinessig kann mit Veilchen-, Holunder-, Flieder-, Linden- sowie Lavendelblüten angesetzt werden. Aber auch Kapuzinerkresse, Rosenblütenblätter bzw. diverse Blütenkuchen, die bei der Süßsaftherstellung anfallen, sind geeignet.
- Zur Produktion von Obst- bzw. Fruchtessigen bietet sich Weißweinessig als Grundlage deshalb gut an, weil dieser die Fruchtfarbe besonders intensiv annimmt. Zur Aromatisierung können die Früchte frisch, wie auch gefroren sowie getrocknet verwendet werden. Einige Beispiele dafür sind Himbeeren, Erdbeeren, Weichseln, Kirschen, Äpfel, Brombeeren, Ribiseln, Quitten, Preiselbeeren, Birnen, Zwetschken, Marillen sowie grüne Nüsse. Auch Säfte von verschiedensten Obstsorten können verarbeitet werden.
- Obst- und Fruchtessige sollten aber mindestens 7 % Säure aufweisen, da durch die enthaltene Fruchtsäure des Obstes die Essigkonzentration herabgesetzt wird. Bei Bedarf können Sie eine geringe Menge Essigessenz dazugeben.
- Geben Sie kleine Früchte nicht zerkleinert, größere hingegen unbedingt zerkleinert bei. Auch Fruchtkuchen (Restprodukt, das beim Ansetzen diverser Säfte entsteht) können Sie verwenden. Dazu den Frucht-, Kräuter- oder Blütenkuchen gut ausdrücken, mit Essig übergießen und ruhen lassen. Hierbei können Sie die Menge jederzeit beliebig verändern bzw. großzügig erhöhen, da ja ein Teil des Aromas schon durch den ersten Ansatz entzogen wurde.
- Getrocknete oder gedörrte Früchte können ebenso verwendet werden. Die entsprechenden Früchte mit dem Essig nur erwärmen, nicht kochen und je nach Geschmack ziehen lassen.
- Hasel- oder Walnüsse sind ebenfalls als Einlage möglich. Sie sollten vorher aber im Backrohr geröstet und dann grob zerkleinert werden.
- Meist schmecken Obst- bzw. Fruchtessige nach längerer Lagerzeit zwar fruchtiger und aromatischer, doch verfärben sich diese zumeist unansehnlich, mitunter werden sie sogar trüb. Die Ursache dafür ist, dass der Essig zu oft aufgeschüttelt oder bewegt

wurde. Mit einem Trick lassen sich aber eingetrübte Essige wieder klären: Zwei Eiklar schaumig schlagen und nach und nach unter den trüben Essig einheben. So versetzt den Essig wieder in Flaschen abfüllen und ca. 1 Woche an einem kühlen Ort stehen lassen, bis sich der Satz am Boden abgesetzt hat. Den geklärten Essig abseihen und erneut abfüllen.

Tannenwipfelessig
Rezept von Gabi Strahammer

ZUTATEN
1 kg junge Tannenschösslinge • 1 l Weißweinessig • 3 Lorbeerblätter
1 EL Senfkörner • 4 Nelken • 1 EL Wacholderbeeren

ZUBEREITUNG
Tannenwipfel blanchieren, abtropfen lassen und in Gläser verteilen. Essig mit den Gewürzen aufkochen und heiß über die Tannenwipfel gießen. Gut verschließen und 2 Monate ziehen lassen. Filtern und in entsprechende Flaschen abfüllen.

TIPP: Dieser Essig eignet sich zum Würzen von Pilzgerichten und -salaten.

Gewürzessig 1

ZUTATEN
1 l Weißwein-, Most- oder Apfelessig • 10 g Senfkörner • 8 g Pfefferkörner
5 g Gewürznelken • 2 g grob zerbröselte Muskatblüten • Prise gemahlene Muskatnuss • 1 Zimtstange (4 cm) • 4 Lorbeerblätter • 1 TL Salz

ZUBEREITUNG
Alle Zutaten mit dem Essig vermischen, in vorbereitete Gläser oder Flaschen füllen und 2–3 Wochen ziehen lassen. Dann eine Kostprobe nehmen, eventuell noch länger ziehen lassen bzw. nachträglich abschmecken. Filtern und in entsprechende Flaschen abfüllen.

TIPP: Zusätzlich können Sie mit roten Chilischoten, Zucker, Knoblauch, Koriander, Piment, Dille, Kren oder Ingwer würzen.

**Foto links:
Eingelegte Senfkörner
Rezept Seite 223**

Gewürzessig 2

ZUTATEN

1 l Wein- oder Mostessig • Prise fein gemahlene Muskatnuss
20–40 g frischer Ingwer (ersatzweise kandierter, fein gehackter Ingwer)
1/4 TL Gewürznelke • 1 TL Senfkörner • 1 1/2 EL Salz • 1/2 TL schwarze Pfefferkörner • 3 g Orangenschalenpulver • 3 geschälte, geviertelte Schalotten

ZUBEREITUNG

Die Gewürze im Mörser grob zerstoßen. Schalotten und Orangenschalenpulver beifügen, mit dem Essig in einen vorbereiteten Glasbehälter geben und ca. 2–3 Wochen an einem warmen Ort ziehen lassen. Dann eine Kostprobe nehmen, eventuell noch länger ziehen lassen bzw. nachträglich abschmecken. Durch ein Mulltuch filtern und gut auspressen. In vorbereitete Flaschen füllen und verschließen.

TIPP: Eignet sich sehr gut als Würze von Salat-, Fleischsoßen und Marinaden.

Scharfer Gewürzessig

ZUTATEN

1 l Weißwein-, Most- oder Apfelessig • 30 g frisch geriebener oder kandierter Ingwer • 50 g fein gehackte Schalotten oder Zwiebeln • 1 Zimtstange (4 cm) je 2 g schwarze Pfeffer- und Pimentkörner • 1 Gewürznelke • 1 TL Salz je nach Schärfe und Geschmack 1–2 getrocknete Chilischoten

ZUBEREITUNG

Gewürze im Mörser grob zerkleinern. Alle Zutaten mit dem Essig vermischen und in vorbereitete Gläser füllen. 2–4 Wochen ziehen lassen. Dann eine Kostprobe nehmen und eventuell noch länger ziehen lassen bzw. nachträglich abschmecken. Filtern und in entsprechende Flaschen abfüllen.

Aromatischer Gewürzessig

ZUTATEN

1 l Weißwein-, Most- oder Apfelessig • je 2 g schwarze Pfefferkörner, Kardamomkapseln, Pimentkörner, Koriander, Anissamen • 1 grob zerkleinerte Zimtstange (3 g) • 20–30 g grob geraspelter oder in Würfel geschnittener Ingwer • Prise grob zerkleinerte Muskatnuss • etwas Orangen- oder Zitronenschalenpulver (s. S. 295) • 1 TL Salz

ZUBEREITUNG

Die Gewürze im Mörser grob zerkleinern. Alle Zutaten mit dem Essig vermischen und in vorbereitete Gläser füllen. 2–4 Wochen ziehen lassen. Dann eine Kostprobe nehmen und eventuell noch länger ziehen lassen bzw. nachträglich abschmecken. Filtern und in entsprechende Flaschen abfüllen.

Milder Gewürzessig

ZUTATEN

1 l Weißwein-, Most- oder Apfelessig • je 2 g schwarze Pfeffer-
und Pimentkörner, Wacholderbeeren und Kümmel • 2 Lorbeerblätter
20 g klein gehackter Knoblauch • je 1 TL Sellerie- oder Dillsamen
10 g Salz • 1–2 getrocknete Chilischoten, je nach Schärfe und Geschmack
eventuell Koriander, Orangenschalen, etwas Ribiselsaft

ZUBEREITUNG

Die Gewürze im Mörser grob zerkleinern. Alle Zutaten mit dem Essig vermischen und
in vorbereitete Gläser füllen. 2–4 Wochen ziehen lassen. Dann eine Kostprobe nehmen
und eventuell noch länger ziehen lassen bzw. nachträglich abschmecken. Filtern und
in entsprechende Flaschen abfüllen.

Gewürzessig mit Kren

ZUTATEN

1 l Weißwein-, Most- oder Apfelessig • 50 g in feine Streifen geschnittener
oder geraspelter Kren • 3 g Senfkörner • je 2 g Piment- und schwarze
Pfefferkörner • 1 Gewürznelke • 10 g frisch geriebener Ingwer
1 grob zerdrückte Zimtstange (5 g) • 10 g Salz

ZUBEREITUNG

Gewürze im Mörser grob zerkleinern. Alle Zutaten mit dem Essig vermischen und in
vorbereitete Gläser füllen. 2–4 Wochen ziehen lassen. Dann eine Kostprobe nehmen
und eventuell noch länger ziehen lassen bzw. nachträglich abschmecken. Filtern und
in entsprechende Flaschen abfüllen.

Kräuteressig

ZUTATEN

1 l Weißweinessig • 50–70 g gemischte, frische Kräuter oder nach Belieben
eine Sorte • eventuell 10 g Salz

ZUBEREITUNG

Essig aufkochen, Kräuter und eventuell Salz in eine geeignete Flasche füllen und mit
dem heißen Essig übergießen. Flasche verschließen, die Kräuter ca. 2 Wochen darin
ziehen lassen und währenddessen öfters aufschütteln. Dann eine Kostprobe nehmen,
eventuell noch länger ziehen lassen und nachträglich abschmecken. Filtern und in
entsprechende Flaschen abfüllen.

Würziger Salatessig

ZUTATEN
1 l Weißwein-, Most- oder Apfelessig • je 2 Thymian- und Estragonzweige (oder je 1 EL getrocknete Kräuter) • 30 g fein gehackter Knoblauch
5 g Pfefferkörner • 5 g Salz • eventuell Prise getrockneter Chili

ZUBEREITUNG
Pfefferkörner und Chili im Mörser zerstoßen. Alle Zutaten mit dem Essig vermischen und in vorbereitete Gläser füllen. 2–4 Wochen ziehen lassen. Dann eine Kostprobe nehmen, eventuell noch länger ziehen lassen bzw. nachträglich abschmecken. Filtern und in entsprechende Flaschen abfüllen.

VARIANTEN
- Je 2 Lavendel-, Thymian- und Rosmarinzweige; bei dieser Kombination können zusätzlich noch Erdbeeren oder Himbeeren eingelegt werden.
- 300 g Schalottenspalten oder -würfel mit dem Essig kurz erhitzen, dann auf 40 °C abkühlen lassen, oben genannte Kräuter und Gewürze dazugeben und weiterverarbeiten.
- Zum Grundrezept können noch Zitronen- und Orangenschalenpulver (s. S. 295) eingerührt werden.

Fruchtessig

ZUTATEN
1 l Weißweinessig • 250–350 g Beeren (je nach Saison bzw. Geschmack, auch gemischt)

ZUBEREITUNG
Essig mit Beeren vermischen, in ein Glas geben und ca. 2 Wochen an einem warmen Ort stehen lassen, währenddessen öfters aufschütteln. Dann eine Kostprobe nehmen, eventuell noch länger ziehen lassen bzw. nachträglich abschmecken. Dann zuerst durch ein Sieb abseihen, anschließend noch durch ein feuchtes Mulltuch filtern. Dabei sehr gut andrücken, damit man möglichst viel Saft erhält. Je nach Belieben kann man dann noch 1–2 EL Feinkristall-, Rohrzucker oder Honig einrühren. In entsprechende Flaschen abfüllen.

TIPPS
- Länger haltbar und geschmacklich intensiver wird der Fruchtessig, wenn Sie ihn nach dem Abseihen auf kleiner Flamme erhitzen und ca. 10 Minuten leicht köcheln lassen. Dann sofort in vorbereitete Flaschen füllen und verschließen.
- Zur Dekoration können Sie noch einige Beeren in die Flasche geben. Der Essig sollte allerdings nicht mehr zu lange gelagert werden, da die Beeren nach ca. 2 Wochen aufquellen und unansehnlich werden. Auch Basilikumblätter, Minze oder Zitronenmelisse eignen sich als Einlage.
- Setzen Sie den Essig mit 600 g zerkleinerten Beeren an. Nach 2 Wochen gut ausdrücken, abseihen und mit 600–700 g Zucker 10 Minuten einkochen. Mit Wasser verdünnt haben Sie damit ein herrliches Erfrischungsgetränk.

Schalotten- oder Zwiebelessig

ZUTATEN
1 l Weiß- oder Rotweinessig • 150 g geschälte, würfelig geschnittene, blanchierte Schalotten (ersatzweise Zwiebeln) • 1/2 Bund Dille • 1 TL Kapern
5 Lorbeerblätter • 4 Gewürznelken • 1 TL grob zerstoßene Pfefferkörner
eventuell Chilischoten, Knoblauchzehe, Senfkörner, Koriander

ZUBEREITUNG
Alle Zutaten miteinander vermischen und bis kurz vor den Siedepunkt erhitzen und in Gläser füllen. 1–2 Wochen reifen lassen. Dann eine Kostprobe nehmen, eventuell noch länger ziehen lassen und nachträglich abschmecken. Filtern und in entsprechende Flaschen abfüllen.

TIPP: Dieser Essig passt sehr gut zu Salaten, bei denen eine milde Zwiebelwürzung gewünscht wird.

Zwiebel-Estragon-Essig

ZUTATEN
1 l Weißwein-, Most- oder Apfelessig • 70 g blanchierte Zwiebel- oder Schalottenwürfel • 1 kleiner Bund frischer oder 1 gehäufter EL getrockneter Estragon • 10–20 g fein gehackter Knoblauch • 2 g schwarze Pfefferkörner
8 g Salz • eventuell einige Chilischoten oder Lorbeerblätter

ZUBEREITUNG
Gewürze im Mörser grob zerkleinern. Alle Zutaten mit dem Essig vermischen und in vorbereitete Gläser füllen. 2–4 Wochen ziehen lassen. Dann eine Kostprobe nehmen, eventuell noch länger ziehen lassen und nachträglich abschmecken. Filtern und in entsprechende Flaschen abfüllen.

Honig-Kräuter-Essig

ZUTATEN
1 l Weißwein- oder Apfelessig • ca. 100–250 g Wald- oder Wiesenhonig
diverse Blüten oder Kräuter (Malven, Holler, Rosen, Thymian)

ZUBEREITUNG (MIT MALVEN)
Essig etwas erwärmen und den Honig darin auflösen. Wenn Sie 3–4 Aufgussbeutel Malvenblütentee in etwas heißem Essig ziehen lassen und dann mit den anderen Zutaten mischen, erhalten Sie einen Essig mit einer intensiv roten Farbe. Dann eine Kostprobe nehmen und eventuell noch länger ziehen lassen, nachträglich abschmecken. Filtern und in entsprechende Flaschen abfüllen. Nach dem Abseihen eventuell Malvenblüten als Dekoration einlegen.

TIPP: Auf diese Art kann jeder Essig eingefärbt werden.

Kümmelessig

ZUTATEN

1 l Weißwein- oder Apfelessig • je 10 g Kümmel und Kreuzkümmel • 60 g Honig

ZUBEREITUNG

Honig sowie Essig miteinander vermischen und auf 40 °C erhitzen. Kümmel in einem Mörser oder einer ausgedienten Kaffeemühle grob reiben und in den erhitzten Essig rühren. 2–4 Wochen reifen lassen. Dann eine Kostprobe nehmen und eventuell noch länger ziehen lassen bzw. nachträglich abschmecken. Filtern und in entsprechende Flaschen abfüllen.

TIPP: Der Essig eignet sich sehr gut zum Abschmecken von Krautsalaten sowie Krautfleckerln und überall dort, wo Kümmel als Gewürz eingesetzt wird.

Pikanter Rotweinessig

ZUTATEN

1 l Rotweinessig • abgeriebene Schale einer unbehandelten Orange und Zitrone (ersatzweise Pulver) • 30 g frischer, klein geschnittener Ingwer (ersatzweise 60 g kandierter) • 20 g Senfkörner • 60 ml Portwein eventuell einige Chilischoten

ZUBEREITUNG

Alle Zutaten in eine Flasche mit größerer Öffnung geben, Essig erwärmen und über die Gewürze gießen. Gut verschlossen ca. 2–4 Wochen durchziehen lassen. Dann eine Kostprobe nehmen und eventuell noch länger ziehen lassen bzw. nachträglich mit Salz oder Zucker abschmecken. Filtern, je nach gewünschter Schärfe noch einige Chilischoten einlegen und in entsprechende Flaschen abfüllen.

Hollerblütenessig

ZUTATEN

1 l heller Apfel- oder Weißweinessig • 30–40 g Hollerblüten
1 unbehandelte, in Spalten geschnittene Zitrone • eventuell 30 g Feinkristallzucker • eventuell Pfefferkörner, Estragon, Knoblauch

ZUBEREITUNG

Blüten sowie restliche Zutaten mit dem auf 40 °C erwärmten Essig vermengen und 2–4 Wochen reifen lassen. Dann eine Kostprobe nehmen und eventuell noch länger ziehen lassen bzw. nachträglich abschmecken. Filtern und in entsprechende Flaschen abfüllen.

TIPPS

- Sie können den Essig auch mit gut ausgedrücktem Hollerkuchen (bleibt z. B. bei der Zubereitung von Hollersirup übrig) oder mit anderen Sirupen ansetzen (auf 100 ml Essig nehmen Sie 10–15 ml Sirup).
- Diverse eingelegte Blüten machen den fertigen Essig zu einem echten Hingucker.

Rosinenessig

ZUTATEN
1 l Weiß- oder Rotweinessig • 100 g Rosinen • etwas Zimt und Nelken

ZUBEREITUNG
Essig und Rosinen in einem Topf erhitzen. Abkühlen lassen und in eine vorbereitete Flasche füllen. Gewürze dazugeben und 2–4 Wochen ziehen lassen. Dann eine Kostprobe nehmen und eventuell noch länger ziehen lassen bzw. nachträglich abschmecken. Filtern und in entsprechende Flaschen abfüllen.

TIPPS
- Die Rosinen nicht wegwerfen, sondern als Einlage für Geflügelleberterrinen, zu Süßkrautsalat, Rotkraut, für Wildgerichte oder als Soßeneinlage verwenden.
- Wer es gerne scharf hat, kann 20 g grob zerstoßene rote Pfefferkörner dazugeben. Damit sich diese nicht mit den Rosinen vermischen, wickeln Sie sie in ein Mulltuch ein und lassen sie so im Essig ziehen.

VARIANTE: Die Rosinen können durch Zwetschken, Marillen, Preiselbeeren, Datteln, Feigen, Aranzini oder Heidelbeeren ersetzt werden.

Basilikumessig

ZUTATEN
1 l Weißwein- oder Apfelessig • 30 g Basilikumblätter
7 Pfefferkörner • 2 TL Salz

ZUBEREITUNG
Pfefferkörner grob zerstoßen, mit den anderen Zutaten in ein geeignetes Behältnis geben und 2–4 Wochen ziehen lassen. Dann eine Kostprobe nehmen und eventuell noch länger ziehen lassen bzw. nachträglich abschmecken. Filtern und in entsprechende Flaschen abfüllen.

TIPPS
- Wenn Sie zusätzlich noch 3 grob gehackte Knoblauchzehen und etwas grob gehackte Zwiebel dazugeben, verleihen Sie dem Essig eine ganz besondere Note. In diesem Fall sollte der Essig aber etwas früher abgeseiht und abgefüllt werden.
- Wenn Sie nach dem Abseihen verschiedene Kräutersträußchen in die Flaschen geben, ist das ein ganz besonderer Blickfang.

VARIANTEN: Geben Sie unter den Grundansatz je 1 geschälte, klein geschnittene Orange und Zitrone oder fügen Sie nach dem Abseihen zusätzlich Orangenschalen und einige Blätter Basilikum als Einlage zu.

Ingweressig

ZUTATEN

1 l Apfel- oder Mostessig • 30–60 g geschälter, frisch geschnittener Ingwer
30–50 g Honig oder Ahornsirup (ersatzweise Rohr- oder Feinkristallzucker)

ZUBEREITUNG

Alle Zutaten miteinander vermischen und mindestens 2 Wochen ziehen lassen.

TIPP: Diesen zugegebenermaßen etwas gewöhnungsbedürftigen Essig können Sie zu Eiersalaten, Fischgerichten oder zum Würzen von deftigen Fleischspeisen, die eine Schärfe vertragen, verwenden.

VARIANTE: Sie können den Grundansatz ebenso mit 20 g grob geschnittenen Rosmarinnadeln und etwas Salz ansetzen. Dann lassen Sie aber den Honig weg. Der Essig sollte in diesem Fall mindestens 4 Wochen ziehen.

Schwarzer Ribiselessig

ZUTATEN

1 l Rotweinessig • 1 unbehandelte Orange • 200 g schwarze Ribiseln
1 in Ringe geschnittene Peperone • Ribiseln als Dekoration

ZUBEREITUNG

Orange in grobe Stücke schneiden, mit den vorbereiteten, leicht angedrückten Ribiseln, den Peperone und dem auf 40 °C erwärmten Essig vermengen. Nach 3 Wochen Kostprobe nehmen und eventuell noch 1 Woche ziehen lassen sowie nachträglich abschmecken. Abseihen und in vorbereitete Flaschen füllen. Einige Ribiseln als Dekoration dazugeben.

TIPPS

- Die Beeren nicht wegwerfen. Sie können bei der Zubereitung von Wild- oder Rindfleischgerichten als Einlage und Soßenwürze beigefügt werden. Aber auch Rotkraut lässt sich damit verfeinern.
- Anstelle von Ribiseln kann auch Holler genommen werden. Dieser sollte aber einmal kurz im Essig aufgekocht werden.

Himbeeressig

ZUTATEN
1 l Rot- oder Weißweinessig • 150–200 g Himbeeren
eventuell etwas Himbeersaft • eventuell Malvenblütentee

ZUBEREITUNG
Essig mit Himbeeren vermischen, eventuell Himbeersaft bzw. Malvenblütentee beimengen und mindestens 2–3 Wochen reifen lassen. Kostprobe nehmen und eventuell noch ziehen lassen sowie nachträglich abschmecken. Abseihen und in entsprechende Flaschen abfüllen.

TIPP: Die Himbeeren können für Rotkraut oder Wild- bzw. Rindsbratensoße verwendet werden. Zum rohen Verzehr sind sie jedoch zu essigscharf.

VARIANTE ERDBEERESSIG: Er wird genauso wie Himbeeressig zubereitet. Geben Sie aber noch 15 g Feinkristallzucker dazu und erhöhen Sie die Fruchtmenge. Verwenden Sie am besten getrocknete Erdbeeren, die Sie mit dem Essig kurz erwärmen, aber nicht kochen. Frische Erdbeeren laugen zu sehr aus und sind daher als Einlage nicht geeignet.

Angesetzter Himbeeressig

ZUTATEN
1 l Rotweinessig • 600 g Himbeeren

ZUBEREITUNG
Eine weithalsige Flasche oder Karaffe mit reifen Himbeeren zu zwei Dritteln anfüllen, mit Rotweinessig aufgießen, gut verschließen und an einem hellen, jedoch nicht sonnigen Standort ca. 3–4 Wochen stehen lassen. Zwischendurch zwei- bis dreimal pro Woche kurz aufschütteln. Kostprobe nehmen und eventuell nachreifen lassen. Abseihen und in entsprechende Flaschen füllen. Gut verschlossen, kühl und dunkel gelagert ist der Fruchtessig 1–2 Jahre haltbar.

TIPPS
- Auch andere Früchte können auf diese Weise verarbeitet werden.
- Der Fruchtgeschmack ist vom Verhältnis Essig : Himbeeren abhängig.
- Der Himbeeressig eignet sich insbesondere zum Aromatisieren von Speisen oder Salaten (Blatt-, Nudel-, Fischsalate).

Angesetzter Himbeer-Limonaden-Essig

ZUTATEN
1 kg verlesene Himbeeren • 375 ml Wein- oder Obstessig (6 %)
125 ml Wasser • 75 g Feinkristallzucker

ZUBEREITUNG
Früchte mit Essig und Wasser übergießen und 3 Tage gut zugedeckt an einem kühlen Ort stehen lassen. Täglich zweimal umrühren. Kostprobe nehmen und eventuell nachreifen lassen. Durch ein Etamin oder grobes Leintuch abseihen. Saft in einem Emaille- oder Chromstahltopf mit dem Zucker vermischen, langsam aufkochen und abschäumen. Noch heiß in saubere, heiß ausgespülte Flaschen füllen und gut zukorken.

TIPPS
- Fruchtrückstände nach dem Abseihen beiseite stellen. Diese mit Wein- oder Obstessig verrühren, 2 Tage stehen lassen und abseihen.
- Dieser Himbeeressig gibt Salaten eine neue Note und empfiehlt sich vor allem für „amerikanische Salate".
- Mit Wasser verdünnt ist der Essig ein tolles Erfrischungsgetränk.

Estragonessig

ZUTATEN
1 l Most- oder Apfelessig • 30–40 g Estragonblätter • 1–2 TL Salz

ZUBEREITUNG
Estragonblätter in den Essig einlegen und 2–4 Wochen ziehen lassen. Dann eine Kostprobe nehmen und eventuell noch länger ziehen lassen bzw. nachträglich abschmecken. Filtern und in entsprechende Flaschen abfüllen.

TIPP: Estragonessig passt sehr gut zu Senfgerichten und eignet sich zum Würzen von Soßen, Mayonnaise und Salatmarinaden.

VARIANTEN
- Statt Estragon können Sie auch Majoran verwenden. Hier sollten Sie aber zur Abrundung noch ca. 6 g grob zerstoßenen Kümmel dazugeben. Dieser Essig rundet Lammgerichte und mediterrane Spezialitäten sehr gut ab.
- Probieren Sie doch einmal eine Mischung aus Petersilie, Liebstöckel, Majoran, Thymian, Oregano und Thymian. Kräuter zu gleichen Teilen mischen, insgesamt 30–40 g.

Apfelessig

ZUTATEN
800 ml Apfel- oder Mostessig • 200 g Apfelscheiben • 200 ml Apfelsaft
1 Zimtrinde (7 cm) • eventuell 40 g Rosinen • eventuell Honig oder Rohrzucker

ZUBEREITUNG
Zimtrinde grob zerstoßen. Essig auf 40–50 °C erhitzen, alle Zutaten miteinander vermischen und ca. 3 Wochen ziehen lassen. Dann eine Kostprobe nehmen und eventuell noch länger ziehen lassen bzw. nachträglich abschmecken. Filtern und in entsprechende Flaschen abfüllen.

TIPPS
- Apfelscheiben nicht wegwerfen. Sie können zerkleinert beim Ansatz für Rinds- oder Wildsoßen verwendet werden.
- Getrocknete Apfelringe oder einige getrocknete Apfelschalen sind eine besondere Einlage.

Chilis in Essig

ZUTATEN FÜR 3–4 GLÄSER À 250 ML
250 g frische, nicht zu scharfe Chilischoten • 700 ml Weißweinessig
3 Knoblauchzehen • 20 g Feinkristall- oder Gelbzucker
je 1 TL leicht angedrückte Nelken und Koriandersamen
4 Lorbeerblätter • eventuell einige Knoblauchzehen

ZUBEREITUNG
Ganze Chilischoten in einen Topf geben, mit Wasser bedecken, aufkochen lassen und ca. 5 Minuten leicht köcheln lassen. Wasser abgießen und Chilis zum Abtropfen auf ein Küchenpapier legen. Weißweinessig auf etwa 70 °C erwärmen und mit den Chilis sowie den restlichen Zutaten in ein vorbereitetes Glas geben. Mehrmals umrühren oder das Glas schwenken, bis sich der Zucker aufgelöst hat. Etwa 2–3 Wochen kühl und dunkel ziehen lassen, dabei das Glas gelegentlich schwenken.

Pikantes und Süß-Saures

Hier gibt es einen besonderen Variantenreichtum an Rezepten und Ideen. Wir sind aber sicher, dass Sie schnell Ihr(e) Lieblingsrezept(e) finden werden. Während für den einen die „eingelegten Honiggurken" eine Besonderheit darstellen, bevorzugen andere wiederum diese nur, wenn Ingwer dabei eine Rolle spielt.

In der Natur hat bekanntlich alles seine Ordnung. Infolgedessen bringt der Sommer die meiste Arbeit beim Einlegen mit sich. In dieser Jahreszeit ist der Tisch reich gedeckt mit Obst und Früchten. Anlass genug, mit der Bevorratung für den Herbst bzw. Winter zu beginnen.

ALLGEMEINE TIPPS

- Bei vielen Rezepten werden die Früchte zumeist mit einer gekochten Essig-Zucker-Lösung übergossen und die Gläser anschließend sofort verschlossen. Wie bei der Marmeladeherstellung kann auch hier zur Keimabtötung mit Alkohol gearbeitet werden.
- Sowohl Essig als auch Zucker tragen zur Konservierung bei. Werden die geschlossenen Gläser zusätzlich noch mithilfe eines Einkochtopfes oder Dampfgarers eingekocht, verlängert sich die Haltbarkeit auf mehr als 1 Jahr.
- Beachten Sie, dass Essig den jeweiligen Fruchtgeschmack erheblich übertönen kann. Sein Anteil sollte zum Einlegen ca. 50 % betragen. Wird das Gemüse eingekocht bzw. sterilisiert, reicht auch weniger. Die Essigmenge entscheidet auch, ob eingelegte Gurkerln weicher oder fester (mehr Essig) geraten.
- Anstelle von Salz können Sie auch selbst hergestellte Gemüsewürze (s. S. 213) verwenden.
- Schneiden Sie schadhafte Stellen von Nahrungsmitteln vor dem Einlegen unbedingt aus und entfernen Sie Stielansätze.
- Verwenden Sie zum Einlegen größere Gläser, da hier das Gemüse besser eingeschichtet werden kann. Es sollte mit sanftem Druck sehr eng in die vorbereiteten Gläser eingelegt werden.
- Beim Einkauf von Einlegegurken, sollten Sie darauf achten, dass die Gurken frisch sind und in etwa die gleiche Größe aufweisen.
- Übrige Einkochflüssigkeit können Sie für Salatsoßen, fertigen Gurkenessig als Würze für Salatmarinaden verwenden.
- Bewahren Sie bereits geöffnete Gläser unbedingt im Kühlschrank auf. Berühren Sie die Gurkerln nie mit den Fingern oder entnehmen sie mit benutztem Essbesteck, da sie dadurch rascher verderben.
- Anbei einige Würzvorschläge für Essiggurkerln: Dille, Koriander, Pfefferkörner, Senfkörner, frisch geriebener Kren oder Krenstücke, Lorbeerblätter, Estragon, Bohnenkraut, frisch geriebener, in Scheiben geschnittener oder kandierter Ingwer, Muskatblüte, Prise Zimt und Gewürznelken, Piment oder Neugewürz, Lorbeerblätter, Honig, Wacholder, gelbe Senfkörner, Rosmarin, Pimpinelle, Salbeiblätter und Thymian.
- Als Einlage eignen sich Perlzwiebeln, Schalotten, Zwiebelringe oder -stücke, Paprika in allen Farben als Würfel oder Streifen, Chilischoten, Knoblauchzehen, Radieschen, Kürbiswürfel, Karfiol, Fenchel, Zucchini, Champignons, aber auch kandierte oder getrocknete Früchte wie Dörrzwetschken, Marillen etc.
- Nachstehend angeführte Rezepte können ebenso mit Karotten, Tomaten, Zucchini, Radieschen, Gelben Rüben, Kürbissen, Paprika usw. zubereitet werden.

- Eingelegtes braucht genügend Zeit – mindestens 2 Wochen – zum Reifen. Die Haltbarkeit reicht von 3 bis 12 Monaten, je nach Zubereitungsart.
- Die Lagerung sollte vor allem kühl und dunkel erfolgen.
- Bei ungünstigen Lagerverhältnissen (zum Beispiel hoher Luftfeuchtigkeit) bzw. um auf Nummer sicher zu gehen, kann ein zusätzlicher Arbeitsschritt von Vorteil sein: Schneiden Sie ein Stück Einmachhaut auf die Größe des Glases zurecht, tauchen es kurz in hochprozentigen Alkohol und legen es auf das Einmachgut. Obenauf streuen Sie zusätzlich noch etwas Einsiedehilfe und verschließen dann rasch das Glas.
- **Bildet sich bei gelagerten Gläsern ein weißer Schleier oder Bodensatz bzw. ist die Flüssigkeit trübe und unansehnlich, dann sollten Sie den Inhalt nicht mehr genießen, sondern entsorgen.**

Pikante Essigzwieberln in Weinsud

ZUTATEN FÜR 10 GLÄSER À 270 ML
1 1/2 kg kleine Zwiebeln oder Schalotten • Salzwasser zum Kochen
(auf 1 l Kochwasser ca. 10–20 g Salz) • 4 Knoblauchzehen
400 ml Weißweinessig (6 %) • 500 ml Weißwein • 250 g Feinkristallzucker
70 ml Wasser • 2 EL Salz • 3 Lorbeerblätter • 1 TL weiße Pfefferkörner
1 TL Senfkörner • 1 EL getrockneter Estragon

ZUBEREITUNG
Geschälte Zwiebeln und Knoblauch in kochendes Salzwasser geben und 10–15 Minuten je nach Größe darin garen. Mit einem Lochschöpfer herausnehmen und gut abtropfen lassen. Wein, 70 ml Wasser und die restlichen Zutaten (außer Estragon, Zwiebeln und Knoblauch) vermischen und aufkochen lassen, bis sich der Zucker gelöst hat, und dann abseihen. Zwiebeln, Knoblauch sowie Estragonblätter in vorbereitete Gläser schichten und mit dem Sud übergießen. Am nächsten Tag den Sud nochmals abgießen, aufkochen und wieder über Zwiebeln, Knoblauch und Estragon gießen. Gläser sofort verschließen.

TIPPS
- Die Haltbarkeit verlängert sich durch zusätzliches Einkochen im Einkochtopf oder Dampfgarer. Dazu die Gläser nach dem ersten Übergießen verschließen und ca. 30 Minuten bei 90 °C einkochen.
- Radieschen oder beliebiges Gemüse kann nach dieser Methode ebenso eingelegt werden.
- Wer mag, kann etwas abgeseihte Gewürze als Einlage dazugeben.

Foto 3 · Seite 173

Pikante Zwieberln in Rotweinessig

ZUTATEN FÜR 6 GLÄSER À 270 ML
1 kg geschälte, kleine Schalotten (größere halbieren oder vierteln)
Salzwasser zum Kochen (auf 1 l Kochwasser ca. 10–20 g Salz)
350 ml Rotweinessig (6 %) • 200 ml Rotwein • ca. 350 ml Wasser
60–80 g Feinkristall- oder Gelbzucker • 25 g Salz • 3 Lorbeerblätter
1 Zweig Estragon

ZUBEREITUNG
Schalotten in Salzwasser kurz kochen, je nach Größe etwas länger, kalt abschrecken und in vorbereitete Gläser schichten. Alle anderen Zutaten miteinander vermischen, aufkochen, und den Sud heiß über die Zwiebeln gießen. Bei 90 °C ca. 30 Minuten im Einkochtopf oder Dampfgarer einkochen. Vor dem Verzehr mindestens 2 Wochen ziehen lassen.

TIPP: Zusätzlich können noch Knoblauchzehen, Paprikastreifen oder -würfel, Pimentkörner, Senfkörner, Dillblüten, Nelken, Ingwer, Pfefferkörner, Liebstöckel, Estragon, Bohnenkraut oder Chilischoten miteingelegt werden. **Foto 4 · Seite 173**

Eingekochte Salatbohnen

ZUTATEN FÜR CA. 4 GLÄSER À 700 ML
1 1/2 kg gelbe oder grüne Bohnen • 60 g Salz (60 g) • 80 g Feinkristall-
oder Gelbzucker • 2 l Salzwasser (auf 1 l Kochwasser ca. 10–20 g Salz geben)
500 ml Rotweinessig (6 %) • 500 ml Bohnenkochwasser • 1–3 EL Senfkörner
etwas weißer gemahlener Pfeffer

ZUBEREITUNG
Die zugeputzten Bohnen in aufgekochtem Salzwasser 10–14 Minuten nicht zu weich kochen. Bohnen entnehmen und sofort in kaltem Wasser abschrecken und abgekühlt in ein Sieb geben. Restliche Zutaten mit 500 ml vom Bohnenkochwasser zum Kochen bringen. Bohnen stehend und sehr dicht in vorbereitete Gläser füllen, den kochend heißen Sud darübergießen und die Gewürze gleichmäßig verteilen. Gläser sofort verschließen und bei ca. 98 °C noch 30 Minuten im Einkochtopf oder Dampfgarer einkochen. Einige Stängel Bohnenkraut als Einlage dazugeben.

TIPP: Bei allen Essiggemüsen kann man vor dem Verschließen einige Tropfen Alkohol (80 %) auf das Einlegegut tröpfeln und entzünden, das verbessert die Haltbarkeit. Die Gläser nach dem Anzünden des Alkohols sofort verschließen. **Foto 1 · rechts**

Gelber oder grüner Bohnensalat

ZUTATEN FÜR CA. 4 GLÄSER À 700 ML
1 1/2 kg gelbe oder grüne Bohnen • 2 l Salzwasser (auf 1 l Bohnenkochwasser • ca. 10–20 g Salz) • 60 g Salz • 400 ml Weißweinessig (6 %)
600 ml Kochwasser • 140–160 g Feinkristall- oder Gelbzucker
etwas weißer gemahlener Pfeffer • 250 g in Ringe oder Würfel geschnittene
Zwiebeln • 6 Stängel Bohnenkraut als Einlage • 1–2 EL Senfkörner

ZUBEREITUNG
Die zugeputzten Bohnen in ca. 4 cm lange Stücke schneiden, Salzwasser aufkochen und Bohnen darin ca. 10–14 Minuten weich kochen. Bohnen entnehmen und sofort in kaltem Wasser abschrecken, in ein Sieb geben, abtropfen lassen und in die vorbereiteten Gläser füllen. Restliche Zutaten in 600 ml Bohnenkochwasser aufkochen, sofort heiß über die Bohnen gießen und die Gewürze gleichmäßig verteilen. In jedes Glas einen Stängel Bohnenkraut einlegen und die Gläser sofort verschließen. Bei ca. 98 °C noch 30 Minuten im Einkochtopf oder Dampfgarer einkochen.

TIPPS
- Geschnittene Gurken-, Zucchinischeiben oder anderes Gemüse können Sie ebenso zubereiten.
- Ausschließlich mit Salzwasser haltbar gemachte Bohnen müssen vorgekocht werden, in Gläser geschichtet, mit heißem Salzwasser (kein Kochwasser) übergossen und gut verschlossen werden, bevor sie im Einkochtopf oder Dampfgarer bei 98 °C ca. 2 Stunden eingekocht werden. **Foto 2 · rechts**

Eingelegte Tomaten mit Zwiebeln

ZUTATEN FÜR 8 GLÄSER À 270 ML
1 kg kleine, feste, rote Tomaten • 400 ml Weißweinessig (6 %)
500 ml Wasser • 250 g geschälte, geviertelte Zwiebeln oder Schalotten
60 g Feinkristallzucker • 30 g Salz • 5 Lorbeerblätter • 1 TL Senfkörner
1 TL schwarze Pfefferkörner • 1 TL Koriander • eventuell noch 4 Nelken
etwas Einsiedehilfe

ZUBEREITUNG
Die gewaschenen Tomaten mit einem Zahnstocher oder Spießchen einstechen. Die geschälten Zwiebeln mit Essig, Wasser sowie den Gewürzen aufkochen und 10 Minuten kochen lassen. Zwiebeln mit einem Lochschöpfer aus dem Sud heben und mit den Tomaten in die vorbereiteten Gläser füllen. Sud mit Einsiedehilfe vermischen, lauwarm über die Tomaten und Zwiebeln gießen, die Gläser verschließen und kühl stellen. Nach drei Tagen den Sud nochmals abgießen, wieder aufkochen und überkühlt über die Tomaten gießen. Verschlossene Gläser mit Tüchern abdecken und auskühlen lassen. Kühl und dunkel lagern.

TIPPS
- Die Tomaten müssen immer mit Sud bedeckt sein und sind ca. 2 Monate haltbar.
- Die Haltbarkeit verlängert sich, wenn Sie die Tomaten bei 95 °C 30 Minuten im Einkochtopf oder Dampfgarer einkochen.
- Wer mag, kann einige Knoblauchzehen miteinlegen.
- Die Tomaten schmecken nicht nur vorzüglich, sie sind auch eine tolle Dekoration.

Rote-Rüben-Salat

ZUTATEN FÜR 10 GLÄSER À 270 ML
1,6 kg Rote Rüben • 600 ml Wasser • 400 ml Rotweinessig (6 %)
80–100 g Feinkristall- oder Gelbzucker • 40 g Salz • 1 TL gemahlener Kümmel
4 Lorbeerblätter • 1/4 TL weißer, gemahlener Pfeffer

ZUBEREITUNG
Die Rüben waschen und ca. 60–90 Minuten in Salzwasser kochen (je nach Größe). In kaltem Wasser abschrecken und in abgekühltem Zustand schälen. In feine Streifen oder Würfel schneiden und in vorbreitete Gläser füllen. Restliche Zutaten aufkochen, würzig abschmecken, abseihen und über die Rüben gießen. Gläser mehrmals auf einer Stoffunterlage aufklopfen, damit Luftblasen entweichen können, verschließen und im Einkochtopf oder Dampfgarer bei 90 °C 30 Minuten einkochen.

TIPP: Zusätzliche Würze verleihen Sie dem Salat durch die Beigabe von gemahlenen Nelken, Estragon, geriebenem Kren oder Piment.

Rotkrautsalat

ZUTATEN FÜR CA. 3 GLÄSER À 720 ML
1,2 kg vorbereitetes Rotkraut • 20–30 g Stein- oder Meersalz (je nach Geschmack) • 370 ml Weiß- oder Rotweinessig (6 %) oder Gewürzessig
480 ml Wasser • 180 g in feine Ringe geschnittene Zwiebeln • 60 g Rosinen
Saft und Schale von 1 unbehandelten Orangen (ersatzweise Orangenschalenpulver, s. S. 295) • 80–100 g Gelb- oder Rohrzucker • 2 Lorbeerblätter*
frisch gemahlener Pfeffer* • Prise Zimt* • Prise fein gemahlener Kümmel*

ZUBEREITUNG
Das fein geschnittene Rotkraut in eine Schüssel geben, einsalzen, gut durchdrücken und ca. 2 Stunden ziehen lassen. Mit Zwiebeln vermischen. Essig mit den Gewürzen und allen anderen Zutaten (außer Kraut und Zwiebeln) aufkochen, bis sich der Zucker gelöst hat. Von der Kochstelle nehmen, Kraut sowie Zwiebeln dicht in vorgewärmte Gläser schichten, mit dem heißen Essigfond übergießen und verschließen. Die Gläser vorsichtig auf eine Unterlage, die mit einem dicker Wolltuch ausgelegt ist, aufklopfen, damit sich der Essig gleichmäßig verteilt und eventuell Luftblasen entweichen können.
Nach 2 Tagen den Essig nochmals ableeren, Sud wiederum aufkochen und über das Kraut leeren. Gläser verschließen und ca. 2 Wochen ziehen lassen oder nach dem ersten Einfüllen im Einkochtopf oder Dampfgarer bei 90 °C 35 Minuten einkochen.

* Die so gekennzeichneten Zutaten müssen bei der Verwendung von selbst hergestelltem Gewürzessig nicht zugegeben werden.

TIPPS
- Rotkrautsalat ist ein ausgezeichneter Begleiter zu kalten Gerichten wie Terrinen, Wild-, Rind- und Schweinefleisch.
- Wirsing oder Weißkraut können Sie ebenso zubereiten. Allerdings sollten Sie dann Weißweinessig verwenden.

Klassisch gewürzte Gurkerln (Grundrezept)

ZUTATEN FÜR 3 GLÄSER À 650 ML
1,2 kg kleine, fingerdicke Einlegegurkerln (Cornichons)
1/2 TL Korianderkörner • einige Dillzweige • 16 Pfefferkörner
300 ml Weißweinessig (6 %) • 25 g Salz • 50–80 g Feinkristallzucker
600 ml Wasser • 100 g in schmale Stifte geschnittene Karotten
eventuell Knoblauchzehen

ZUBEREITUNG
Gurkerln mit einer weichen Bürste oder Tuch gründlich waschen. In eine Schüssel geben und mit Salzwasser übergießen. Dabei einen etwas kleineren Deckel auflegen, damit die Gurkerln vollkommen mit Wasser bedeckt sind. Auf 1 l Wasser rechnet man ca. 30 g Salz, dadurch werden den Gurkerln Saft und etwaige Bitterstoffe entzogen. 1–2 Tage an einem kühlen Ort ziehen lassen.

Die Gurken danach kalt abspülen, abtropfen lassen und mit einem Tuch trocknen. Gurkerln stehend in Twist-off- oder Rexgläser schichten. Karottenscheiben dazwischen schieben und fest eindrücken. Zusätzlich einige Dillzweige einlegen. Für den Sud die restlichen Zutaten aufkochen, heiß bis knapp unter den Glasrand über die Gurkerln gießen und mit einem Deckel gut verschließen. Im Einkochtopf oder Dampfgarer bei 85–90 °C ca. 30 Minuten einkochen. Gläser im Wasserbad oder Ofen auskühlen lassen.

TIPP: Wenn Sie die Gurkerln geschnitten in ein Glas schichten möchten, schneiden Sie sie erst nach dem Einsalzen.

Gurkerln mit Ingwer

ZUTATEN FÜR CA. 3 GLÄSER À 650 ML
1,3 kg kleine Einlegegurkerln (Cornichons) • 30–60 g frischer, geriebener Ingwer (ersatzweise kandierter Ingwer) • 500 ml Weißwein oder Mischung aus Most und Wasser • 250 ml Weißweinessig (6 %) • 30 g Salz
80–120 g Honig (ersatzweise Gelb- oder Feinkristallzucker)

ZUBEREITUNG
siehe Grundrezept S. 175

TIPPS
- Sie können die Gurkerln noch mit etwas Kurkuma, Senfkörnern, Currypulver oder Kreuzkümmel würzen.
- Für Liebhaber der Ingwerknolle sind diese Gurkerln eine kulinarische Offenbarung zu Eiergerichten, Nudeln, Currygerichten, aber auch zu Wild.

Zuckergurkerln

ZUTATEN FÜR 3 GLÄSER À 650 ML
1,3 kg Einlegegurkerln (Cornichons) • 500 g Feinkristall- oder Rohrzucker
500 ml Weißweinessig (6 %) • 250 ml Wasser, Weißwein oder Most
1/2 TL Zimt • 15 ganze Nelken

ZUBEREITUNG
siehe Grundrezept S. 175

TIPPS
- Auch hier kann man noch als Garnitur einige Chilischoten oder Dörrzwetschken miteinlegen.
- Generell ist folgendes Mischverhältnis anzuraten: 1 Teil Essig und 2 Teile Wasser, Weißwein oder Most.
- Passt sehr gut zu Wild- und Rindsragout, aber auch zu würzigem Käse.
- Diverse Gemüsesorten wie etwa Kürbis können Sie ebenso zubereiten.

Süß-saure Gurkerln

ZUTATEN FÜR 3 GLÄSER À 650 ML
1 kg Einlegegurkerln (Cornichons) • 25–30 g Salz • 250 g halbierte oder geviertelte Jungzwiebeln (je nach Größe) • 1 EL Senfkörner
1 EL Pfefferkörner • 250 ml Weißweinessig (6 %) • 100 g Feinkristallzucker
500 ml Wasser oder eine Mischung aus Wein und Wasser • 3 Lorbeerblätter

Zubereitung siehe Grundrezept S. 175 **Foto 1 · rechts**

Gurkerln mit Chili

ZUTATEN FÜR 3 GLÄSER À 250 ML
1,3 kg Einlegegurkerln (Cornichons) • 250 ml Weißwein oder Most
250 ml Wasser • 250 ml Weißweinessig (6 %) • 6 Lorbeerblätter
1 EL Senfkörner • 1 EL Koriander • einige Dillzweige • 10–20 g frisch geriebener Kren • Chilischoten, nach gewünschter Schärfe
eventuell Knoblauchzehen • 30 g Salz • 60–80 g Feinkristallzucker

ZUBEREITUNG
Gurkerln wie im Grundrezept beschrieben vorbereiten. Dann die Gurken eng in die Gläser schichten, eventuell noch Chilischoten oder Knoblauch einlegen, Dillzweige obenauf legen. Restliche Zutaten aufkochen. Heiß bis kurz unter den Glasrand über die Gurkerln gießen. Gläser verschließen und im Einkochtopf oder Dampfgarer bei 85–90 °C ca. 30 Minuten einkochen.

TIPP: Chilischoten geben sehr viel Schärfe an Gurkerln und Sud ab. Also mit Bedacht verwenden. **Foto 3 · rechts**

Senfgurken

ZUTATEN FÜR CA. 3 GLÄSER À 500 ML
5–6 ungespritzte Feldgurken (ca. 2 1/2 kg) • 60 g Salz • 500 ml Wasser
250 ml Weißweinessig • 130 g Feinkristallzucker • 3 Lorbeerblätter
1–2 EL Senfkörner • weiße Pfefferkörner • ein kleines Stück Kren
1 Dillzweig bzw. Dillkrone • 1 kleine, geschnittene Zwiebel
8 g Einlegehilfe

ZUBEREITUNG
Für die Marinade alle Zutaten (außer Feldgurken und 30 g Salz) zusammen aufkochen und abkühlen lassen. Feldgurken schälen, halbieren sowie entkernen und mit ca. 30 g Salz 1 Stunde marinieren lassen. In kochendes Wasser geben und kurz blanchieren (ca. 2–3 Minuten), abtropfen lassen und in Gläser füllen. Mit abgekühlter Marinade begießen und verschließen. Gläser ca. 15 Minuten auf den Kopf stellen.
Die Senfgurken sind ca. 6 Monate haltbar. **Foto 2 · rechts**

PIKANTES · SÜSS-SAURES

Gurkerln mit Knoblauch und Zwiebeln

ZUTATEN FÜR 3 GLÄSER À 650 ML

1 kg Einlegegurkerln (Cornichons)
200 g gemischte, in grobe Streifen oder Viertel geschnittene rote und gelbe Paprika • 100 g geschälte Knoblauchzehen • 100 g in grobe Ringe geschnittene Zwiebeln
250 ml Weißweinessig (6 %)
500 ml Wasser • 15–25 g Salz
40–60 g Feinkristallzucker • 1 TL Pfefferkörner • 1 TL Koriander
1 TL Senfkörner • 6 Lorbeerblätter
1 TL Pimentkörner • eventuell Wacholderbeeren und einige Dillzweige (je nach Geschmack)

ZUBEREITUNG
siehe Grundrezept S. 175

Schüttelgurke

Rezept von Gabi Fuhrmann

ZUTATEN FÜR 4 GLÄSER À 250 ML
1 kg geschälte, entkernte Gurken • 2 TL Salz • 2 TL Senfkörner
1/2 TL Pfefferkörner (eventuell bunte, da bessere Optik) • 1 EL Feinkristallzucker • 6 EL Essig (6 %) • 2 halbierte, in Scheiben geschnittene Zwiebeln
1–2 EL gehackte Dille (frisch oder getrocknet) • je nach Geschmack auch etwas frischen Kren oder in dünne Scheiben geschnittene Peperoni

ZUBEREITUNG
Gurken in etwa 1/2 cm dicke Scheiben schneiden, in einer Schüssel mit fest schließendem Deckel mit den genannten Gewürzen vermischen und für 5–6 Stunden in den Kühlschrank stellen. Ab und zu kräftig durchschütteln, damit sich die Zutaten gut vermengen und die Gurken schön mürbe werden.

TIPPS
- Dieses Rezept ist schnell zubereitet und schmeckt wirklich köstlich als Beilage zu Gegrilltem, zu einer Jause mit Wurst und Schinken oder als Bereicherung einer Salatplatte.
- Für eine längere Haltbarkeit sollten Sie die Schüttelgurken im Einkochtopf oder Dampfgarer bei 85–90 °C ca. 30 Minuten einkochen.

Gurkerln mit Senf

ZUTATEN FÜR 3 GLÄSER À 650 ML
1,2 kg Einlegegurkerln (Cornichons) • 150 g in grobe Ringe geschnittene Zwiebeln oder Schalotten • 110 g Feinkristallzucker • 3 Lorbeerblätter
200 g Estragonsenf • 15 g Salz • 500 ml Weißweinessig (6 %) • 100 ml Wasser
Dill- oder Estragonzweige • eventuell 1 TL Pfefferkörner

ZUBEREITUNG
Gurken wie im Grundrezept S. 175 beschrieben vorbereiten. Dann zusammen mit Zwiebelringen eng in die Gläser schichten und wie im Grundrezept fortfahren. Da sich der Senf etwas absetzt, das Glas vor dem Entnehmen aufschütteln.

TIPP: Die leicht eingetrübte Marinade können Sie für Salate, zu einer Sauerrahmsoße mit Äpfeln, Zwiebeln und Gurkerln zu Matjes oder eingelegtem Fisch weiterverwenden.

Salzgurken nach traditioneller Art

Nicht durch Essig, sondern durch die eigene Milchsäure vergoren.
Natürlich und bekömmlich.

ZUTATEN FÜR 3–4 GLÄSER À 1 L
1,4 kg ungespritzte Feldgurken (ca. 10 Stück) • 60 g Dillstängel mit Blütendolden (ersatzweise frische Dille mit einer Beigabe von 1/4 TL Dillsamen) • 4 große Knoblauchzehen samt Schalen • 150 g grobkörniges Salz
4 l Wasser • 30 g Schwarzbrot • 4 TL Einmachgewürz (eventuell Bertram, Gurkenkraut und Weichselblätter beifügen)

ZUBEREITUNG
Die Gurken waschen und vorsichtig abbürsten. Wasser mit Salz und Einmachgewürz aufkochen und vollständig abkühlen lassen. Die Gurken in einen Steinguttopf oder in ein Gurkenglas schlichten. Das in Scheiben geschnittene Schwarzbrot, die Dillstängel sowie die mit einem Messer zerdrückten Knoblauchzehen dazwischen schlichten und die Lake so darübergießen, dass sie die Gurken ca. 5 cm überdeckt. Mit einem schweren Teller die Gurken so beschweren, dass sie zur Gänze mit der Lake bedeckt oder mit einem an der Oberfläche eingespannten, sauberen dünnen Holzspatel in die Marinade gedrückt sind.
In einem warmen Raum zugedeckt stehen lassen und täglich den sich bildenden Schaum entfernen. Nach 3 Tagen luftdicht verschließen und im Kühlschrank aufbewahren.

TIPPS
- Je länger man die Gurken in der Lake liegen lässt, umso glasiger und würziger werden sie. Haben sie den gewünschten Würzegrad erreicht, mit etwas Lake in ein anderes Glas füllen. Luftdicht verschlossen halten sie im Kühlschrank einige Wochen.
- Diese Methode eignet sich auch für grüne, feste Tomaten, Zwiebeln, Knoblauch, Kürbisse und dergleichen.

PIKANTES • SÜSS-SAURES

Geschnittene Gurkerln mit Zwiebeln und Paprika

ZUTATEN FÜR 4 GLÄSER À 650 ML

1,4 kg in dickere Scheiben geschnittene Einlegegurkerln (Cornichons)
200 g in grobe Würfel oder Scheiben geschnittene Zwiebeln
100 g gemischte Paprikawürfel • 300 ml Weißweinessig (6 %)
600 ml Wasser • 30 g Salz • 30–50 g Feinkristallzucker • etwas gemahlener Pfeffer • eventuell frisch geriebener Kren oder Dillzweige zum Einlegen

ZUBEREITUNG

Geschnittene Gurken wie im Grundrezept S. 175 beschrieben vorbereiten. Dann die Gurken mit dem restlichen Gemüse vermischen und in die vorbereiteten Gläser dicht einschichten. Fortfahren wie im Grundrezept beschrieben.

Essiggurkerln

ZUTATEN FÜR 4 GLÄSER À 500 ML

1 kg kleine, gewaschene Einlegegurken (Cornichons) • 500 ml verdünnter Wein- oder Kräuteressig • Pfefferkörner • Koriander, Senfkörner, Lorbeerlaub gesäubertes Weinlaub • Zucker, Salz

ZUBEREITUNG

Gurken in Gläser schichten, deren Boden mit Weinlaub ausgelegt ist. Essig und Gewürze gut aufkochen und heiß über die Gurken gießen. Überkühlen lassen, abgießen, aufkochen und wieder über die Gurken gießen. Die verschlossenen Gläser über Nacht stehen lassen. Dann im Einkochtopf oder Dampfgarer bei 75 °C ca. 15 Minuten einkochen.

Eingelegte grüne Tomaten

ZUTATEN FÜR 1 GLAS À 750 ML

ca. 400 g grüne Tomaten • 500 ml Wasser • 250 ml Essig (6 %) • 10 g Salz
2 Lorbeerblätter • Pfefferkörner, Senfkörner • 8 g Einlegehilfe
1 kleine, halbe, geschnittene Zwiebel • Dillzweig oder Dillkrone

ZUBEREITUNG

Tomaten ca. 3 Minuten in Salzwasser blanchieren und in ein Glas füllen.
Für die Marinade alle anderen Zutaten mischen und aufkochen. Vorbereitetes Glas mit heißer Marinade auffüllen, abkühlen lassen und verschließen. Die eingelegten Tomaten sind ca. 6 Monate haltbar.

TIPPS

- Für dieses Rezept sollten keine harten unreifen Früchte verwendet werden, sondern nur jene, die zwar nicht mehr rot geworden, aber schon weich sind.
- Anstelle von grünen Tomaten können auch Karfiol, Karotten, Kohlrabi einzeln oder gemischt eingelegt werden. **Foto rechts**

Eingelegter Knoblauch nach Opas Art

ZUTATEN FÜR 1 GLAS À 750 ML
350 g geschälte Knoblauchzehen • Milch • ca. 250 ml Apfelessig (6 %)
250 ml Wasser • 4 Lorbeerblätter • 1 TL schwarze Pfefferkörner
2 TL Salz • 10 Wacholderbeeren • 1 EL Koriander

ZUBEREITUNG
Knoblauch mit Milch bedecken, aufkochen und gut abtropfen lassen. Dadurch bekommt der Knoblauch eine schöne weiße Farbe. Restliche Zutaten in einen Topf geben und ebenfalls aufkochen lassen. Knoblauch zugeben und im Sud noch einmal kurz aufkochen. In vorbereitete Gläser füllen und verschließen.

TIPPS
- Sie können auch zusätzlich Gewürze wie Piment, Zucker, Senfkörner, Honig, Kardamom, Rosmarin oder Thymian verwenden.
- Eventuell können Sie den Knoblauch vor dem Verschließen der Gläser mit etwas Öl abdecken.
- Die für den Knoblauch gebrauchte Milch können Sie für ein Knoblauchdressing oder Marinaden weiterverwenden. **Foto 1 · links**

Pikanter Knoblauch

ZUTATEN FÜR 1 GLAS À 750 ML
350 g geschälte Knoblauchzehen • Milch • 250 ml Essig (6 %) • 250 ml Weißwein • 60 g Feinkristallzucker • 25 g Salz • je 1 TL getrockneter Rosmarin und Thymian • 10 Gewürznelken • 1 TL weiße Pfefferkörner • 5 Lorbeerblätter ca. 50 ml Oliven- oder Sonnenblumenöl • eventuell 1 TL rote Pfefferkörner oder Chili • 1 Lavendelzweig

ZUBEREITUNG
Knoblauch mit Milch bedecken, aufkochen und gut abtropfen lassen. Dadurch bekommt der Knoblauch eine schöne weiße Farbe. Essig mit allen Gewürzen aufkochen lassen, Knoblauchzehen dazugeben und ca. 2–3 Minuten kochen lassen. Eventuell gut abgedeckt über Nacht stehen lassen und am nächsten Tag nochmals aufkochen und weitere 3 Minuten kochen. Noch heiß in vorbereitete Gläser füllen und abkühlen lassen. Mit Öl bedecken, Lavendelzweig dazugeben und gut verschließen.

TIPPS
- Statt Zucker können Sie auch Honig verwenden.
- Solcherart verarbeiteter Knoblauch passt sehr gut zu gegrilltem Fleisch, Käse oder einer herzhaften Jause.
- Die für den Knoblauch gebrauchte Milch können Sie für eine Marinade weiterverwenden. **Foto 2 · links**

Eingelegte Kirschtomaten

Rezept von Gabi Fuhrmann

ZUTATEN FÜR 2 GLÄSER À 500 ML
500 g Cocktailtomaten • 2–3 Stängel Basilikum • 200 ml Weißwein- oder Apfelessig (6 %) • 200 ml Wasser • 2 TL Salz • 40 g Feinkristallzucker
1 TL Pfefferkörner • eventuell 1 TL getrocknetes Basilikum • Salz und Wasser für die Tomaten

ZUBEREITUNG
Basilikum waschen, trocken schütteln und die Blätter abzupfen. Essig mit Zucker, Salz, Pfefferkörnern, Basilikumstängel sowie Wasser mischen und bei schwacher Hitze 10 Minuten köcheln lassen. Tomaten waschen, in kochendem Salzwasser kurz überbrühen, abgießen, in Eiswasser abschrecken und häuten. Tomaten und Basilikumblätter in die Gläser füllen, heiße Marinade darübergießen, gut verschließen und 2–3 Tage ziehen lassen. So sind die Tomaten im Kühlschrank 3–4 Wochen haltbar.

TIPP: Für eine längere Haltbarkeit können Sie die Kirschtomaten im Einkochtopf oder Dampfgarer bei 85–90 °C ca. 30 Minuten einkochen. **Foto 3 · Seite 184**

Süß-sauer eingelegte Paprika

Rezept von Gabi Fuhrmann

ZUTATEN FÜR 6 GLÄSER À 250 ML
je 3 rote, gelbe und orange oder grüne Paprika • 2 Knoblauchzehen
2 TL Salz • 1 TL getrockneter Oregano • 2–3 Lorbeerblätter
500–600 g Feinkristallzucker • 750 ml Obstessig

ZUBEREITUNG
Um die Paprika leichter schälen zu können, diese halbieren und im Backofen bei 200 °C 15–20 Minuten braten, bis die Haut Blasen wirft. Unter einem feuchten Tuch leicht abkühlen lassen, dann schälen und in ca. 2 cm breite Streifen schneiden. Essig mit den restlichen Zutaten vermischen und zum Kochen bringen. Paprika darin ca. 3 Minuten mitkochen, dann mit einem Lochschöpfer herausnehmen und dekorativ in Gläser schichten. Den heißen Sud darübergießen und sofort verschließen. Die Gläser auf den Kopf stellen und abkühlen lassen.

TIPP: Für eine längere Haltbarkeit mithilfe einer Pipette einige Tropfen Alkohol (80 %) darüberträufeln, anzünden und gleich verschließen. **Foto 4 · Seite 184**

Eingelegte Maiskolben

ZUTATEN FÜR 1 GLAS À 500 ML
ca. 15 junge, weiche Maiskolben (ca. 200 g) • 20 g Salz • Basilikum oder Dille
1/2 EL Feinkristallzucker • weiße Pfefferkörner • 60 ml Weißweinessig (6 %)
20 ml Balsamico • 300 ml Wasser

ZUBEREITUNG
Maiskolben am besten über Nacht mit dem Salz marinieren lassen. Danach kurz abspülen, abtropfen lassen und in Gläser füllen. Basilikum oder Dille zugeben. Für die Marinade alle anderen Zutaten mischen und aufkochen. Glas mit heißer Marinade randvoll auffüllen. Sofort verschließen und das Glas einige Zeit auf den Kopf stellen. Die Maiskolben sind ca. 1 Jahr haltbar.

Blütenknospen-Kapern

Rezept von Gabi Strahammer

ZUTATEN FÜR CA. 4 GLÄSER À 210 ML
105 g Salz • 250 ml Wasser • 100 g Blütenknospen (Gänseblümchen, Spitzwegerich, Sumpfdotterblume, Margeriten etc.) • 1 Lorbeerblatt
1 Nelke • 1 TL Senfkörner • 5 Pfefferkörner • 250 ml Weißweinessig (6 %)

ZUBEREITUNG
100 g Salz im Wasser auflösen und die Blütenknospen 5 Tage darin einlegen; ab und zu umrühren. Dann gut abspülen, abtropfen lassen und trocknen. Zusammen mit den Gewürzen (inklusive restlichem Salz) in ein Glas geben. Mit dem Essig bedecken und gut verschlossen etwa 2 Monate ziehen lassen.

Falsche Oliven

Rezept von Gabi Strahammer

ZUTATEN FÜR 1 GLAS À 2 L
1 l Wasser • 1/2 Bund Thymian • 1 Lorbeerblatt • 1 Nelke
3 Rosmarinstängel • 400 g Meersalz • 500 g Schlehen

ZUBEREITUNG
Das Wasser mit den Kräutern, den Gewürzen und dem Salz aufkochen und abkühlen lassen. Die Schlehen in ein hohes Tongefäß füllen, mit dem Gewürzsud bedecken, mit einem Deckel beschweren und ca. 5 Monate ziehen lassen.

TIPP: Statt Schlehen können Sie auch Dirndln verwenden.

Süß-saure Karotten

ZUTATEN FÜR 3 GLÄSER À 390 ML
1 kg geschälte, gestiftelte Karotten • 60 ml Öl • 30 g Feinkristallzucker
2–3 in Scheiben geschnittene Knoblauchzehen • 1 EL getrockneter
(Zitronen-)Thymian • 250 ml Weißwein (ersatzweise Wasser)
250 ml Essig (6 %) • 20–30 g Salz (je nach Geschmack) • frisch gemahlener
Pfeffer • eventuell einige eingelegte Kapern • eventuell Koriander oder
Orangen- bzw. Zitronenschale • etwas Alkohol (80 %)

ZUBEREITUNG
Karotten in Öl andünsten und mit Zucker karamellisieren. Mit Wein und Essig ablöschen, Knoblauch sowie Thymian, eventuell Kapern und Koriander bzw. Schalen, Salz und Pfeffer zugeben und ca. 10 Minuten kochen, die Karotten sollten danach noch bissfest sein. Karotten in vorbereitete Gläser schichten. Sud nochmals etwas einreduzieren, würzig abschmecken, über die Karotten geben und über Nacht durchziehen lassen.
Am nächsten Tag den Sud abgießen, nochmals aufkochen lassen und wieder über die Karotten gießen. Mithilfe einer Pipette einige Tropfen Alkohol darüberträufeln, anzünden und sofort verschließen.

TIPPS
- Die Haltbarkeit verlängert sich, wenn Sie die Karotten zusätzlich ca. 30 Minuten bei 85 °C im Einkochtopf oder Dampfgarer einkochen.
- Sollte Ihnen die Marinade bei in Essig eingelegtem Gemüse oder bei Früchten einmal zu würzig sein, dann gießen Sie vor dem Verzehr etwas davon ab und füllen mit Wasser oder Apfelsaft auf.
- Die übrig gebliebene Marinade können Sie für Salatmarinaden oder Soßen verwenden.

Süß-saure Essigfrüchte

ZUTATEN FÜR 2 GLÄSER À 500 ML
ca. 750 g Birnen, Äpfel oder Zwetschken • 200 ml Rotweinessig
200 ml Wasser • 5 gehäufte EL Feinkristallzucker • Zimt, etwas Muskatnuss
eventuell Kardamom

ZUBEREITUNG
Rotweinessig und Wasser mit Zucker und Gewürzen aufkochen. Die Früchte in ein vorbereitetes Glas geben, mit dem Fond übergießen und wie Kompott einkochen (je nach Früchten, mindestens aber 30 Minuten).

TIPP: Die Essigfrüchte eignen sich gut als Beilage für Wild- und Rinderbraten oder auch für Pasteten.

Süß-sauer eingelegte Zwiebeln

ZUTATEN FÜR 2 GLÄSER À 500 ML
1 kg geschälte, ganze Schalotten oder kleine Zwiebeln • 50 ml Sonnenblumenöl
80–100 g Feinkristallzucker • 2 1/2 TL Salz • 250 ml Rotwein
200 ml Rotweinessig (6 %) • 40 ml Apfelbalsamico • 3 Lorbeerblätter
2–3 Knoblauchzehen • Rosmarin, Thymian

ZUBEREITUNG
Schalotten in Öl hell anrösten, mit Zucker bestreuen und karamellisieren lassen. Langsam weich schmoren und mit Rotwein, Rotweinessig sowie Balsamico ablöschen. Mit Lorbeerblättern, Knoblauch, Salz, Rosmarin und Thymian würzen, heiß in ein Glas gießen und mit Öl randvoll auffüllen. Verschließen und in einer mit einem Tuch ausgelegten Wanne auf den Kopf stellen.

TIPPS
- Die Zwiebeln können Sie kalt oder lauwarm als Beilage bzw. Vorspeise servieren.
- Sie sind im Kühlschrank ca. 3–4 Wochen haltbar.
- Die Zwiebeln lassen sich leichter schälen, wenn sie vor dem Schälen für einige Minuten in lauwarmes Wasser gelegt werden.

Eingekochtes Kürbiskraut

ZUTATEN FÜR 6 GLÄSER À 390 ML
1 1/2 kg in feine Streifen geschnittenes Kürbisfleisch • 300 g Zwiebelwürfel
150 ml Sonnenblumenöl • 30 g Salz • 20–40 g Zucker • 1 TL gemahlener
Kümmel • Prise Muskatnuss • 1/2 TL gemahlener Pfeffer • 1 TL edelsüßer
Paprika • 100 ml Weißwein- oder Apfelessig (6 %) • 150 ml Wasser
eventuell fein gehackte Petersilie oder Liebstöckel

ZUBEREITUNG
Öl in einem breiten Topf erhitzen, Zwiebel darin hell anschwitzen, Kürbis dazugeben und ca. 5 Minuten dünsten. Restliche Zutaten zufügen, weitere 10–15 Minuten kochen lassen, würzig abschmecken und in vorbereitete Gläser füllen. Verschließen und im Einkochtopf oder Dampfgarer bei 95 °C 60 Minuten einkochen.

TIPPS
- Das Kürbiskraut passt sehr gut zu gekochtem Rindfleisch, Wildgerichten, Rindsbraten, Fasan, Lebergerichten u. v. m.
- Beim Anrichten können Sie das Kraut mit Obers oder Crème fraîche verfeinern.
- Zusätzlich können Sie Currypulver, Piment, Kardamom und Nelken zum Aromatisieren dazugeben.

Süß-saurer Kürbis

ZUTATEN FÜR 8 GLÄSER À 210 ML
1 kg Kürbisfleisch (Hokkaido, Muskat oder Butternut) • 400–500 ml Weißwein- oder Apfelessig (6 %) • 500 ml Wasser (Apfelsaft oder Weißwein) 80 g Feinkristallzucker • 14 Nelken • 1/2 TL gemahlener Zimt • 2 EL Honig 2–4 TL Salz (je nach Geschmack) • ev. etwas Sternanis • etwas Alkohol (80 %)

ZUBEREITUNG
Kürbisfleisch in 1 cm große Würfel oder in Scheiben schneiden. Alle anderen Zutaten aufkochen und würzig abschmecken. Der Sud soll kräftig süßsauer sein. Die Kürbiswürfel darin ca. 5–7 Minuten bissfest kochen. Dann mit einem Lochschöpfer herausnehmen und in vorbereitete Gläser füllen. Den Sud noch einmal aufkochen und etwas einkochen lassen, es sollten ca. 600 ml übrig bleiben. Sofort über das Kürbisfleisch gießen und die Gläser verschließen.

TIPPS
- Für eine längere Haltbarkeit können Sie mithilfe einer Pipette einige Tropfen Alkohol darüberträufeln, anzünden und sofort verschließen.
- Sie können von dem Kürbisfleisch auch mit einem kleinen Keksausstecher schöne Stücke ausstechen. Da bei dieser Methode aber relativ viel Abfall entsteht, sollten Sie von vornherein mehr Kürbisfleisch vorsehen.
- Als weitere Aromen können Senfkörner, Kardamom, aufgeschnittene Vanilleschote, Orangen- oder Zitronenschalenpulver (s. S. 295), Chilischoten oder rote Pfefferkörner beigemengt werden.
- Diese pikant-süße Beilage passt gut zu Vorspeisen und Terrinen sowie zu Wildbret, Lamm und anderen Fleischspeisen.
- Auf diese Weise können Sie auch Karotten, Zucchini oder ganze, feste Zwetschken (Essigzwetschken) zubereiten. **Foto rechts**

Marinierte Melanzani

ZUTATEN FÜR 1 GLAS À 500 ML
400 g Melanzani • Salz, schwarzer Pfeffer aus der Mühle • ev. griffiges Mehl 200 ml Raps-, Sonnenblumen- oder Olivenöl • 20 ml milder Balsamico 3 Knoblauchzehen • Petersilie, Rosmarin

ZUBEREITUNG
Melanzani in ca. 1/2–1 cm dicke Scheiben schneiden, gut einsalzen und eine halbe Stunde stehen lassen. Gut abtrocknen, eventuell in griffigem Mehl wenden und in reichlich Öl beidseitig braun braten. In noch lauwarmem Zustand mit Balsamico (wahlweise auch Zitronensaft) säuern und mit Öl und Kräutern marinieren.

TIPP: Gebratene oder gekochte Gemüse müssen generell in lauwarmem Zustand weiterverarbeitet werden. **Foto Seite 192**

Eingekochtes Gemüsesugo

ZUTATEN FÜR 8 GLÄSER À 390 ML UND 1 GLAS À 210 ML
300 g Zwiebeln • 200 g Lauch • 400 g Kürbisfleisch oder Zucchini
200 g Knollensellerie • 600 g Karotten (oder Karotten : Gelbe Rüben 50 : 50)
120 ml Sonnenblumenöl zum Anbraten • 250 g Tomatenmark
1 kg gewürfelte Tomaten, eventuell gehäutet (ersatzweise Pelati aus der Dose)
500 ml Gemüsefond oder Suppe • 4 Knoblauchzehen • 1 EL getrockneter
Oregano • je 1 TL getrockneter Rosmarin und Thymian • 80 g Feinkristallzucker • 40–60 g Salz • 3/4 TL frisch gemahlener Pfeffer • eventuell edelsüßes Paprikapulver • eventuell 1 geschälter Erdapfel oder Maisstärke

ZUBEREITUNG

Das Gemüse nicht zu fein faschieren oder mit dem Gemüsehobel fein reiben. Öl in einem breiten Topf erhitzen, das Gemüse dazugeben und kurz anschwitzen, dabei gut umrühren, damit sich nichts am Topfboden anlegt. Tomatenmark und Tomatenwürfel zufügen, etwas einkochen lassen, mit Fond oder Suppe aufgießen und 30–40 Minuten einreduzieren. Würzig abschmecken. Eventuell zur besseren Bindung einen geschälten Erdapfel hineinreiben oder mit angerührter Stärke eindicken. In vorbereitete heiße Gläser füllen und verschließen. Im Einkochtopf oder Dampfgarer bei 98 °C 60 Minuten einkochen.

TIPPS

- Dieses Sugo passt zu Nudelgerichten, Gegrilltem oder gebratenen Fischfilets.
- Mit Topfen vermischt ist das Gemüsesugo ein vorzüglicher Aufstrich.
- Das Sugo kann auch unter Dotterbutter (s. S. 260) gemischt werden.
- Wenn es auch für Kinder geeignet sein soll, reduzieren Sie die Pfeffermenge. Für mehr Würze Pfeffermenge erhöhen bzw. Chilischoten beimengen.
- Auf Vorrat hergestellt lässt sich Sugo auch sehr gut tiefkühlen.

Marinierte Zucchini

ZUTATEN FÜR 1 GLAS À 500 ML
400 g Zucchini • Salz, schwarzer Pfeffer aus der Mühle
80 ml Raps-, Sonnenblumen- oder Olivenöl • 20 ml Balsamico, mild
3 Knoblauchzehen • Petersilie, Thymian

ZUBEREITUNG

Zucchini in ca. 1/2 –1 cm dicke Scheiben schneiden, gut einsalzen und eine halbe Stunde stehen lassen. Gut abtrocknen, eventuell in griffigem Mehl wenden und in reichlich Öl beidseitig braun braten. In noch lauwarmem Zustand mit Balsamico (wahlweise auch Zitronensaft) säuern und mit Öl und Kräutern marinieren.

TIPP: Gebratene oder gekochte Gemüse müssen generell in lauwarmem Zustand weiterverarbeitet werden. **Foto Seite 195**

PIKANTES · SÜSS-SAURES

Steirische Salse

ZUTATEN FÜR CA. 5 GLÄSER À 390 ML

650 g reife Fleischtomaten (eventuell gehäutet) • 250 g rote, in Würfel geschnittene Paprika • 300 g kleingewürfelte Karotten • 300 g kleingewürfelte Zwiebeln • 100 ml Sonnenblumenöl • 70 g Zucker • 30 g Salz 7 geschnittene Knoblauchzehen • Prise Chili • 1 EL Thymian • 100 g Tomatenmark • 100 ml Weißwein • 1/4 TL fein geriebener Pfeffer

ZUBEREITUNG

Öl in einer Pfanne erhitzen. Zwiebeln und Knoblauch darin hell anschwitzen und restliches Gemüse dazugeben. Tomatenmark einrühren und kurz durchrösten. Mit Weißwein aufgießen und würzen, 30–40 Minuten unter Rühren im Topf sämig einkochen lassen, abschmecken und in vorbereitete Gläser füllen. Im Einkochtopf oder Dampfgarer 45 Minuten bei 95 °C einkochen.

TIPPS

- Die Salse passt ausgezeichnet zu Nudelgerichten und Gegrilltem, aber auch zu Käsegerichten.
- Sie können auch Gewürze wie Rosmarin, Oregano, Majoran, Basilikum, Zitronenschale, Liebstöckel, Lorbeerblätter oder Wacholderbeeren verwenden.
- Paprika und Karotten können Sie durch beliebige andere Gemüsesorten (z. B. Lauch, Petersilienwurzeln, Sellerie, Zucchini, Fenchel) ersetzen.
- Statt Weißwein können Sie auch Rindsuppe oder Gemüsefond verwenden.
- Die Flüssigkeitsmenge kann auch erhöht werden, dann eventuell mit angerührter Stärke eindicken.

Sauerkraut

Für Sauerkraut verwendet man am besten ein flaches mürbes Kraut mit kleinem, weichem Strunk. Die beste Zeit für das Ansetzen des Sauerkrautes ist – je nach Witterung und Reifestadium des Krauts – im November.

ZUBEREITUNG

Vollreifes, abgelegenes Weißkraut mit dem Krauthobel fein schaben. Mit 10–12 g Salz pro kg geschabtem Kraut, ganzem Kümmel, Wacholderbeeren und Lorbeerblättern in ein vorbereitetes hölzernes Krautfass oder Edelstahlgefäß gut eindrücken. Mit einem sauberen Leinentuch abdecken, mit passend geschnittenen Brettern oder großem Teller verschließen und mit einem Stein beschweren. Mindestens 6 Wochen lagern bzw. „milchsauer" vergären lassen.

Den während der Gärung entstehenden weißen Schaum öfters abschöpfen und das Kraut wieder mit einem feuchten, sauberen Leinentuch abdecken und beschweren. Das Krautfass sollte während dieser Zeit bei ca. 4–5 °C und dunkel gelagert werden. Durch Lichteinfall z. B. in Kunststoffgefäßen könnte das Sauerkraut eher grau werden. Nach abgeschlossener Gärung kann das Kraut bei etwa 2 °C noch weitere 6–8 Wochen gelagert werden. Dabei wird das Kraut allerdings auch etwas intensiver.

TIPPS
- Sie können das Sauerkraut roh als Salat (mit Kernöl, Sauerrahm und Nüssen), mit geraspelten Gemüsestreifen wie Karotten, Sellerie und Petersilwurzel zu einem schmackhaften „Vitaminstoß" und gekocht als Beilage zu sämtlichen Fleischspeisen, Knödeln und Erdäpfeln reichen.
- Die gleiche Zubereitungsart eignet sich auch für saure, weiße Rüben. Sie haben allerdings eine kürzere Reifezeit von nur 3–4 Wochen.

Pikantes Kraut

ZUTATEN FÜR 3 GLÄSER À 720 ML
600 g fein geschnittenes Weißkraut
200 g in sehr feine Streifen geschnittene Karotten • 200 g in feine Streifen geschnittene Paprika beliebiger Farbe • 30 g Salz • 90 g Zucker • 3 Lorbeerblätter • 1 EL Senfkörner • 400–450 ml Weißweinessig (6 %) • 450 ml Wasser
1/4 TL gemahlener Kümmel
1/4 TL gemahlener weißer Pfeffer

ZUBEREITUNG
Geschnittenes Kraut mit Salz vermischen und gut durchdrücken, damit es weich wird. Mit Karotten und Paprika mischen und in vorbereitete Gläser füllen. Restliche Zutaten aufkochen und ca. 5 Minuten einkochen lassen. Den Sud über das Kraut gießen und Gläser verschließen. Gläser auf einem Tuch mehrmals aufklopfen, damit die Luftblasen entweichen. Am nächsten Tag Sud ableeren, nochmals aufkochen und wieder in die Gläser füllen. Im Einkochtopf oder Dampfgarer bei 90 °C etwa 30 Minuten einkochen.

Würzig eingekochtes Speckkraut

ZUTATEN FÜR 4 GLÄSER À 210 ML
600 g sehr fein geschnittenes Weißkraut • 100 g kleine Zwiebelwürfel
150 g Feinkristallzucker • 250 ml Weißweinessig (6 %) • 1 1/2 TL Salz
1/4 TL fein gemahlener Pfeffer • 70 g Speckwürfel • 70 ml Öl
Prise Kümmel, eventuell Wacholder und Lorbeerblätter • ca. 650 ml Wasser (je nach Kochzeit) • etwas Alkohol (80%)

ZUBEREITUNG
Öl in einer Pfanne erhitzen und Zwiebel sowie Speck darin glasig anbraten. Mit Zucker leicht karamellisieren, Kraut dazugeben, kurz durchrösten, mit Wasser aufgießen und

etwa 30 Minuten sehr weich kochen. Würzig abschmecken, in vorbereitete Gläser füllen und mit einem Löffel gut eindrücken. Mithilfe einer Pipette einige Tropfen Alkohol darüberträufeln, anzünden und sofort verschließen.

TIPPS
- Verlängern Sie die Haltbarkeitsdauer, indem Sie das Kraut im Einkochtopf oder Dampfgarer bei 90 °C ca. 30 Minuten einkochen.
- Das Kraut passt sehr gut zu einer Jause und zu einem Sur- oder Schweinsbraten als Garnitur.
- Sie können zusätzlich Rosinen oder Äpfel einmengen und mitkochen.
- Die Flüssigkeitsmenge kann sich erhöhen, wenn das Kraut länger eingekocht wird.
- Eine zusätzliche Würze verleihen Sie dem Kraut mit Wacholder und Lorbeer.

Sauer eingelegte Pilze
Rezept von Heinrich Metz

ZUTATEN FÜR 2 GLÄSER À 500 ML
1 kg Eierschwammerln • leicht gesalzenes Wasser zum Kochen
750 ml Wasser • 250 ml Weißweinessig (6 %) • 2–3 Knoblauchzehen
1/2 EL Wacholderbeeren • 2–3 Lorbeerblätter • 40 g Salz, eventuell
10 g Aromat (Streuwürze) • 10 g Feinkristallzucker • 100 g Zwiebeln
1 Rosmarin- und 1 Thymianzweig • Öl zum Begießen bzw. Auffüllen

ZUBEREITUNG
Eierschwammerln putzen, große Stücke halbieren oder vierteln. In leicht gesalzenem Wasser kurz (knackig weich) oder 5–10 Minuten (weich) kochen, abseihen und in Gläser füllen. Für die Marinade alle anderen Zutaten vermischen und aufkochen. Pilze damit aufgießen, mit Öl bedecken bzw. randvoll füllen und verschließen. Zum Auskühlen eventuell in einer mit einem Tuch ausgelegten Wanne auf den Kopf stellen, damit Pilze, die aus der Marinade ragen, sich nicht verfärben.

TIPPS
- Bei größeren Mengen die Kräuter- und Gewürzzugabe reduzieren und eventuell beim Abfüllen auch noch teilweise entfernen.
- Anstelle von Eierschwammerln können z. B. auch Steinpilze, Champignons oder Austernpilze verwendet werden.
- Um eine „schleimige" Konsistenz im Glas zu vermeiden, empfiehlt es sich, die Pilze vor der Verarbeitung in Salzwasser zu blanchieren. Kühl und dunkel gelagert sind die Pilze ca. 1 Jahr haltbar.
- Werden Eierschwammerln tiefgekühlt, so müssen diese vorher angedünstet oder blanchiert bzw. gut überkocht werden.
- Pilze sollten möglichst bald nach dem Sammeln verarbeitet und vor dem Einlegen unbedingt vorgekocht werden. Junge, kleine Pilze sind zu bevorzugen.

Essig-Eierschwammerln

ZUTATEN FÜR 8 GLÄSER À 500 ML

4 kg Eierschwammerln
750 ml Wasser • 1 1/2 l Weißweinessig • 30 g Salz • 6 Lorbeerblätter • 1 EL Pfefferkörner • 20 Wacholderbeeren • eventuell einige Pfefferschoten • ca. 1,9 l Sonnenblumenöl nach Bedarf

ZUBEREITUNG

Frische, nicht zu große Pilze auswählen, vorbereiten und säubern. Mit einem feuchten Tuch abreiben (Pilze sollte man nicht waschen). Wasser mit Essig, Salz und allen anderen Gewürzen aufkochen. Nach dem Aufkochen die Pilze dazugeben und ca. 10 Minuten kochen. Mit einem Siebschöpfer herausnehmen und auf einem Tuch abtropfen lassen. Zusammen mit den Gewürzen in Gläser füllen und dabei leicht andrücken, mit Öl auffüllen und abdecken. Gläser dabei mehrmals auf einem feuchten Tuch vorsichtig aufklopfen, damit etwaige Luftblasen entweichen können. Am nächsten Tag kontrollieren und bei Bedarf noch Öl auffüllen.

TIPP: Den abgeseihten Essigsud können Sie zum Würzen von Salatsoßen verwenden.

VARIANTE: Statt Eierschwammerln können Sie auch Steinpilze verwenden.

Eingekochte Pilze

ZUTATEN FÜR 6 GLÄSER À 210 ML

1,1 kg Eierschwammerln • 500 ml Wasser • Wasser zum Kochen der Pilze
2 1/2 TL Salz

ZUBEREITUNG

Größere Pilze blättrig schneiden. Wasser aufkochen und die Pilze 8–15 Minuten kochen (je nach Größe), abseihen, abtropfen lassen und in vorbereitete Gläser schichten. Für den Sud 500 ml Wasser mit Salz aufkochen und über die Pilze gießen, sodass die Pilze damit bedeckt sind. Gläser verschließen und im Einkochtopf oder Dampfgarer bei 100 °C ca. 80–100 Minuten (je nach Größe) einkochen.

Würzige Zwiebel-Paprika-Pilze

ZUTATEN FÜR
CA. 5 GLÄSER À 270 ML

1 kg vorbereitete Pilze (Eierschwammerln, Steinpilze oder Champignons)
150 g Zwiebeln • 120 g klein geschnittene, rote oder grüne Paprikawürfel • 3 geschnittene Knoblauchzehen • ca. 550 ml Sonnenblumen- oder Olivenöl • 50 ml Öl zum Anbraten • 350–400 ml Weißweinessig (6 %) • 200 ml Wasser • je 1 Zweig Thymian und Petersilie • 1/2 TL Rosmarin • 4 Lorbeerblätter
20 angedrückte Pfefferkörner
15 g Salz

ZUBEREITUNG

Pilze in eine Schüssel legen. Zwiebeln, Knoblauch und Paprika in Öl, ohne Farbe nehmen zu lassen, anbraten. Alle anderen Zutaten (außer Pilze) dazugeben und ca. 15 Minuten einkochen lassen. Heiße Flüssigkeit über die Pilze gießen, mit Klarsichtfolie abdecken und mit einem Teller beschweren, damit die Pilze gut bedeckt sind. Mindestens 1 Tag gut durchziehen lassen. Pilze abseihen, gut abtropfen und auf einem Küchenpapier abtrocknen lassen. In vorbereitete Gläser füllen und mit Öl aufgießen, sodass die Pilze gut mit Öl bedeckt sind. Die Gläser mehrmals vorsichtig auf einem Küchentuch aufklopfen, damit die Luftblasen entweichen können. Gläser verschließen und vor dem Verzehr ca. 2 Wochen kühl und dunkel lagern.

TIPPS

- Diese Pilze passen zu kalten Gerichten, Terrinen sowie Pasteten und eignen sich auch als Garnitur für Wild- oder Rindfleischgerichte.
- Schütten Sie das nach dem Verzehr übrig gebliebene Öl nicht weg, sondern verwenden Sie es zum Anbraten von Fle sch. Den abgeseihten Essigsud können Sie als Würzmittel für Salatsoßen nutzen.

Süß-saure Gewürznüsse

ZUTATEN FÜR CA. 5 GLÄSER À 210 ML
300 g Walnüsse (ersatzweise Haselnüsse oder Mandeln)
400 g Feinkristallzucker • 150 ml Weißweinessig (6 %) • 150 ml Weißwein
150 ml Wasser • 60 ml Zitronensaft • 1 1/2 TL Lebkuchengewürz oder
Zimtrinde (3 cm) und 5 Nelken • eventuell 40 ml Nuss-Schnaps

ZUBEREITUNG
Alle Zutaten (außer Nuss-Schnaps) aufkochen. Nüsse dazugeben und ca. 20 Minuten kochen, je nach gewünschter Konsistenz des Sirups. Eventuell Nuss-Schnaps einrühren. In Gläser füllen und einige Wochen ziehen lassen.

TIPPS
- Den Zucker können Sie durch Honig ersetzen. Diesen aber erst in der etwas überkühlten Marinade auflösen.
- Am besten eignen sich frische Walnüsse, bei denen die Haut noch geschält werden kann.
- Wer mag, kann eine Vanilleschote oder einen Rosmarinzweig mitkochen und mit Bittermandelaroma abschmecken.
- Die Nüsse passen sehr gut zu Wild- sowie Rindfleischgerichten, zu Blattsalaten, Lamm und Käse.
- Kürbiskerne, Pignoli, Sonnenblumenkerne und Sesam können Sie ebenso zubereiten.

Süß-saure Hollerbeerensoße

ZUTATEN FÜR CA. 2 GLÄSER À 210 ML
450 g Hollerbeeren • 2 fein gemahlene Gewürznelken
10 gemahlene Korianderkörner • Prise frisch gemahlener Piment
1 cm Zimtstange • Prise Chilipulver • 150 ml Rotweinessig (6 %)
70 g fein gehackte Zwiebeln oder Schalotten • 250–330 g Feinkristallzucker
1/2 TL Salz • etwas Alkohol (80 %) • eventuell Maisstärke oder Pektin

ZUBEREITUNG
Die Gewürze mit dem Essig aufkochen und einige Stunden ziehen lassen. Restliche Zutaten dazugeben und 10–15 Minuten kochen, bis die Beeren weich sind. Bei Bedarf noch mit etwas Maisstärke oder Pektin eindicken. Nochmals abschmecken und in vorbereitete, heiße Gläser füllen. Mithilfe einer Pipette einige Tropfen Alkohol darüberträufeln, anzünden und sofort verschließen.

TIPP
- Diese Soße passt besonders gut zu Wild-, Enten- oder würzigen Rindfleischgerichten.
- Früchte wie Äpfel, Birnen, Zwetschken, Weichseln, Heidelbeeren, Preiselbeeren oder Weintrauben, ebenso Kürbisfleischwürfel und diverse andere Beeren können Sie ebenfalls auf diese Art zubereiten.
- Zusätzlich dazugegebene Apfel- oder Birnenwürfel sollten Sie nicht zu lange mitkochen, damit diese nicht zu weich geraten.

Süß-saure Kirschen

ZUTATEN FÜR CA. 4 GLÄSER À 250 ML
1 1/2 kg gewaschene, entstielte Kirschen (ersatzweise auch Weichseln)
ca. 250–300 ml Wein- oder Mostessig (6 %) • 500 g Feinkristallzucker
1 Vanilleschote

ZUBEREITUNG
Die Kirschen mit Essig, Zucker und Vanilleschote verrühren, mindestens 24 Stunden ziehen lassen und dann entsteinen. Die Kirschen im Sud ca. 10 Minuten weich kochen. Mit einem Siebschöpfer herausnehmen und in vorbereitete Gläser füllen. Sud noch 10–15 Minuten einkochen. Dann vom Feuer nehmen und über die Kirschen gießen, sodass diese vollständig bedeckt sind. Falls die Flüssigkeit nicht ausreicht, mit etwas verdünntem Essig auffüllen.

TIPP: Zur Geschmacksverfeinerung können Sie Chilischoten, eingelegte grüne Pfefferkörner und Kräuter wie Rosmarin, Thymian, Fenchel, Anis oder Lorbeerblätter beigeben.

Süß-saure Heidelbeeren

ZUTATEN FÜR 4 GLÄSER À 210 ML
800 g Heidelbeeren • 200 ml Most- oder Apfelessig (6 %) • 250 ml Wasser, Apfelsaft oder Wein • 200–300 g Rohr- oder Feinkristallzucker • 50 g Honig
1/4 TL gemahlener Zimt • 1/4 TL fein gemahlene Neugewürzkörner
Prise gemahlene Nelken • etwas Alkohol (80 %)

ZUBEREITUNG
Zucker in einem Topf bei mittlerer Hitze karamellisieren und mit Wasser sowie Essig ablöschen. Alle Gewürze dazugeben und gut einkochen lassen. Nun die Früchte zufügen, ca. 10 Minuten kochen lassen, von der Feuerstelle nehmen und zugedeckt über Nacht ziehen lassen. Dann die Beeren mit einem Lochschöpfer aus dem Sud heben und in vorbereitete Gläser füllen. Sud zu einer breiigen Konsistenz einkochen (200–250 ml Flüssigkeit sollten übrig bleiben) und über die Beeren gießen. Mithilfe einer Pipette einige Tropfen Alkohol darüberträufeln, anzünden und sofort verschließen. Vor dem Verzehr mindestens 5 Wochen ziehen lassen.

TIPPS
- Statt Heidelbeeren können auch Schlehen, Hagebutten oder Dirndln verwendet werden. Diese Früchte sollten vor der Verarbeitung zuerst tiefgekühlt werden.
- Hollerbeeren, Preiselbeeren, Stachelbeeren, Ribiseln, Brombeeren, Weichseln, Kirschen, Äpfel, Birnen und Quitten können ebenso zubereitet werden.
- Geschmackliche Abänderungen erzielen Sie durch Beigabe von einigen Senfkörnern, Korianderkörnern, Lorbeerblättern, Wacholderbeeren, Neugewürzkörnern, Sternanis, aufgeschnittener Vanilleschote, Apfel-, Zitronen- oder Orangenschalenpulver (s. S. 295), Zitronenthymian, Kardamom, Prise Cayennepfeffer oder Muskatnuss. Auch getrocknete Kräuter wie Thymian und Rosmarin verleihen dem Rezept eine außerordentliche Note.

Würz-, Salatsoßen und Pasten

Die Qualität einer Soße ist entscheidend für den Gesamteindruck einer Speise. Das Angebot an Soßen, ob kalt oder warm, ob süß oder pikant, scharf oder mild, ist beinahe unbegrenzt. Je nach Art ist die Herstellung mehr oder weniger aufwendig, ein gutes Grundwissen ist zumeist unerlässlich.

TIPPS UND TRICKS FÜR DIE SOSSENKÜCHE

- Bei der Herstellung von Grundsoßen bzw. Suppen oder Fonds sollten Sie kein Salz verwenden, da durch das Einkochen sowie Einreduzieren die Soße zu salzig schmecken würde.
- Je mehr Parüren (Sehnen, Abschnitte, Knochen, Fischabfälle, Gräten und Köpfe) bzw. je weniger Flüssigkeit verwendet wird, umso kräftiger wird die Soße bzw. der Fond.
- Knochen und Parüren stets klein hacken oder schneiden und in einer Kasserolle mit dickem Boden in Öl langsam dunkel rösten (nicht verbrennen lassen, sonst entsteht ein bitterer Geschmack), überschüssiges Fett abseihen oder mit Küchenpapier trocken tupfen.
- Dunkle Fleischsoßen bzw. -fonds werden erst nach 3–4 Stunden Kochzeit kräftig und geschmackvoll. Fischfonds sollten allerdings spätestens nach ca. 30 Minuten abgeseiht werden, da bei einer längeren Kochzeit eher unangenehme Geschmacksstoffe entstehen.
- Verwenden Sie Tomatenmark eher sparsam und rösten es gut durch. Das verhindert, dass die Soße eine nicht erwünschte rote Farbe und einen Tomatengeschmack erhält.
- Zum Ablöschen verwenden Sie nur trockene Weiß- oder Rotweine und lassen diese gut einkochen. Der Alkohol sollte vollständig verdunsten, das heißt die Säure und die Geschmacksstoffe müssen einreduzieren.
- Löschen Sie den Bratensatz allmählich, in mehreren Stufen ab und gießen am Schluss mit warmer, ungesalzener Suppe nach und nach langsam auf.
- Soßen sollten ca. 3 Stunden langsam köcheln, dabei öfters abschäumen bzw. abfetten (degraissieren). Wenn Soßen oder Fonds durch ein Etamin (spezielles Passiertuch) abgeseiht werden, sollten sie vorher nicht gestaubt bzw. gebunden werden. Das Etamin sollten Sie vor Gebrauch in heißem Wasser durchspülen und beim Abseihen eventuell mit Wäscheklammern am Topf befestigen.
- Dunkle, kräftige Soßen können mit Alkohol (reduziert), Essig (alter Balsamico) oder Honig abgerundet werden. Achtung: Eine Soße darf nicht zu süß oder zu sauer schmecken.
- Dunkle Grundsoßen und Fonds können gut in Eiswürfelsäckchen auf Vorrat eingefroren werden (Beschriftung nicht vergessen). Bei –18 bis –20 °C gelagert, sind sie ca. 1 Jahr haltbar.
- Soßen, die mit Mehl gebunden wurden, gut durchkochen. Mit Stärke gebundene Soßen nur kurz aufkochen.
- Bei hellen Kräutersoßen rühren Sie die frischen, nicht zu fein gehackten Kräuter immer erst kurz vor dem Anrichten ein.
- Helle Soßen werden durch Aufmixen leichter und luftiger. Sie können mit geschlagenem Obers vor dem Servieren verfeinert werden. Ein Nebeneffekt ist, dass sie dadurch auch etwas kühler werden.
- Die unverzichtbare Grundzutat für gute Soßen wie auch für Suppen und Ragouts ist ein kräftiger, ungesalzener Aufguss-Stoff (Fond); Wasser und Wein allein reichen nicht aus.

WÜRZ-, SALATSOSSEN UND PASTEN

Fischfond (klarer Fischsud)

Grundrezept für Fischsud bzw. -fond, zum Herstellen von Suppen, Soßen oder eingemachten Fischgerichten

ZUTATEN FÜR CA. 1 1/2 L

9 EL Öl • 750 g klein gehackte Fischkarkassen (Abfälle vom Filetieren der Fische ohne Haut, Kopf ohne Kiemen, Gräten, eventuell Innereien, alles gut auswässern!) • 150 g grob gehackte Zwiebeln • 150 g grob gehacktes Wurzelgemüse (Sellerie, Petersilie, eher keine Karotten) • einige klein gehackte Petersilien- oder Dillstängel • etwas trockener Weißwein ca. 2 l sehr kaltes Wasser (eventuell Eiswürfel dazugeben) • 3–6 Lorbeerblätter • Pfefferkörner • etwas geschnittener Knoblauch

ZUBEREITUNG

Öl in einer breiten Kasserolle erwärmen. Zwiebeln, Wurzelgemüse, Dill- oder Petersilienstängel anschwitzen und klein gehackte Fischkarkassen darin andünsten. Mit Weißwein ablöschen, kurz einkochen und mit sehr kaltem Wasser aufgießen (durch das kalte Wasser wird der Fischfond langsamer warm, wodurch das Fischeiweiß besser abstockt und der Fond schöner geklärt wird). Mit Lorbeerblättern, Pfefferkörnern und Knoblauch würzen. Kurz aufkochen lassen und auf kleiner Flamme höchstens 30–40 Minuten ziehen bzw. leicht köcheln lassen (zwischendurch abschäumen). Den Fischsud vorsichtig durch ein mit heißem Wasser befeuchtetes Passiertuch oder ein feines Sieb abseihen, um die Trübstoffe zu entfernen, bis zur gewünschten Kraft (intensiver Geschmack) einkochen, kalt stellen oder auf Vorrat in Eiswürfelsäckchen, Beutel oder Behälter füllen und einfrieren. Erst kurz vor der Verwendung salzen. Oder in kleine Gläser füllen und bei 98 °C 40–50 Minuten im Einkochtopf oder Dampfgarer einkochen. Auf diese Weise sind Fonds ca. 8 Monate haltbar.

TIPPS

- Sie können Geflügel-, Hühner- oder Lammfond ebenso zubereiten. Lassen Sie dabei jedoch die Dille weg und verwenden stattdessen Gewürze wie Wacholder, Thymian, Liebstöckel oder Rosmarin.

Die wichtigsten Grundsoßen

Als Geschmacksbasis nutzen Sie einfach den in der Pfanne verbliebenen Bratensatz. Zu dessen Bildung dürfen Sie allerdings keine beschichteten Pfannen verwenden, da sich damit kein Bratrückstand zum Ablöschen bilden kann. Vor der Zubereitung das überschüssige Fett aus der Pfanne gießen, eventuell etwas Tomatenmark zugeben und nach Bedarf mit wenig Mehl stauben. Gegebenenfalls mit Weiß- oder Rotwein ablöschen, einkochen und mit ungewürzter Suppe oder Wasser aufgießen und gut durchkochen. Abgekühlt in Behälter füllen oder einfrieren.

TIPP: Je nach Bedarf mit Butter oder Mehlbutter binden. Soll die Soße für Naturschnitzel oder Braten von hellem Fleisch verwendet werden, dann verzichten Sie eher auf Tomatenmark und Rotwein.

Einfacher Soßenansatz

ZUBEREITUNG

Zwiebel in Öl langsam goldgelb anrösten, Tomatenmark zugeben und gut durchrösten. Dabei immer wieder mit etwas Rotwein oder Bier ablöschen und nach Möglichkeit mit ungesalzener Suppe (Fond) oder Wasser aufgießen. 2–3 Stunden sanft köcheln lassen und nicht pürieren, da die Soße dadurch heller und süß wird.

TIPP: Tomatenmark und Rotwein eher sparsam verwenden und gut durchrösten. Das verhindert, dass die Soße eine nicht erwünschte rote Farbe erhält.

VERWENDUNGSMÖGLICHKEITEN: Diese Soße dient als Basis für sämtliche Braten und Ragouts von Rind, Lamm oder Wild.
In vorbereiteten Beuteln (flach aufgelegt) können Sie sie portionsweise tiefkühlen.

Dunkler Fond (Glace)

ZUTATEN FÜR 750 ML

1 1/2–2 kg klein gehackte Knochen und Fleischparüren (Sehnen, Abschnitte)
Fett oder Öl • ca. 300 g Zwiebeln mit Schale • ca. 300 g kleinwürfeliges
Wurzelgemüse • 2–3 EL Tomatenmark • 2–3 Lorbeerblätter
eventuell Petersilienstängel • ca. 500 ml trockener Rotwein
3–4 l ungewürzte Suppe oder Wasser

ZUBEREITUNG

Knochen und Fleischparüren in Fett oder Öl langsam dunkel anrösten. Zwiebeln goldgelb anrösten, Wurzelgemüse zugeben und mitrösten. Tomatenmark hinzufügen, gut durchrühren und ebenfalls mitrösten. Lorbeerblätter und eventuell Petersilienstängel dazugeben, mit Rotwein nach und nach ablöschen, einkochen und mit Suppe oder Wasser aufgießen.
Auf kleiner Flamme 3–4 Stunden köcheln lassen. Nach Bedarf mit etwas Wasser aufgießen, öfters abschäumen und abfetten. Durch ein feuchtes Etamin (Leinentuch) oder feines Sieb abseihen und auf 750 ml Flüssigkeit einkochen. Diese Herstellung ist bei sämtlichen Grundsoßen gleich.

TIPPS

- Wenn der Fond so kräftig ist, dass er in kaltem Zustand geliert und schnittfest wird, so spricht man von einer Glace.
- Je nachdem wie konzentriert der Fond oder die Glace werden soll, desto weniger Salz sollten Sie bei deren Herstellung verwenden. Gerichte, die damit zubereitet werden, könnten sonst leicht versalzen schmecken.
- Da die Herstellung von dunklem Fond zeitaufwendig ist, empfiehlt es sich, gleich eine größere Menge herzustellen und in Eiswürfelbehälter auf Vorrat tiefzukühlen. Bitte nicht vergessen, die Säckchen zu beschriften (Inhalt, Abfülldatum). Auf diese Weise sind Fonds ca. 1 Jahr haltbar. Sie können den Fond aber auch in kleine Gläser füllen und im Einkochtopf oder Dampfgarer bei 98 °C 40–50 Minuten einkochen.

Foto Seite 206

VARIATIONEN

Kalbs-, Rindsfond

Verwenden Sie dafür Kalbs- oder Rindsknochen sowie Parüren, Thymian, Majoran und Rosmarin. Kalbsfond ist eher neutral im Geschmack und kann daher im Notfall auch als Basis für Rind, Lamm, Wild, Geflügel, Kaninchen u. a. verwendet werden.

Lammfond

Lammknochen und Parüren, Thymian, Rosmarin, Majoran, Knoblauch sind dafür die Zutaten.

Wildfond

Als Zutaten dienen Wildknochen und Parüren, Wacholder, Koriander, Nelken, Orangenschalen, Preiselbeeren, Pilze, Speck, Cognac, Thymian und Hollerbeeren.

Geflügelfond

Er wird mit Geflügelknochen und Parüren, Thymian, Rosmarin, Salbei und Estragon hergestellt. Der jeweilige dunkle Grundfond kann zum Aufgießen für Bratengerichte oder gebunden als Soße zu kurz gebratenem Fleisch serviert werden.

Brauner Fond

von Lamm, Kalb, Wild, Geflügel oder Rind

Ausgangsbasis für feine Soßen

ZUTATEN FÜR 1,7 L
2 kg Fleischknochen • 50 ml Öl • 350–400 g klein geschnittene Parüren (Fleischabschnitte) • 150 g Karotten • 130 g Sellerie • 50 g Lauch
80 g Petersilienwurzeln • 250 g Zwiebeln • 2 Knoblauchzehen
1 EL Tomatenmark • 3 Lorbeerblätter • 1 Zweig Thymian • 6 Wacholderbeeren • 10 Pfefferkörner • 50 g Tomatenmark, je nach Geschmack
ca. 600 ml Rotwein • 5–6 l kaltes Wasser

ZUBEREITUNG

Gemüse in mittelgroße Würfel schneiden. Die Knochen am besten vom Fleischer in 3 cm große Stücke sägen oder hacken lassen. Öl in einem großen, breiten Topf erhitzen und die Knochen darin bei starker Hitze rundum unter oftmaligem Wenden dunkelbraun anbraten, Gemüse beigeben und mitrösten, bis es gebräunt ist. Öl ableeren, Tomatenmark einrühren, weiterrösten und dabei den Topfboden immer wieder abschaben, damit alles eine dunkle Farbe bekommt. Bratensatz mehrmals mit Rotwein ablöschen, einkochen lassen und mit kaltem Wasser aufgießen, bis die Knochen bedeckt sind. Gewürze zugeben und alles 2–3 Stunden leicht köchelnd einkochen lassen. Dabei immer wieder mit Wasser aufgießen und Schaum sowie Fett abschöpfen. Durch ein feines Sieb abseihen und nochmals einkochen lassen, eventuell noch durch ein Passiertuch seihen. Frieren Sie die fertige Grundsoße in vorbereitete Beutel (flach aufgelegt) oder Silikonformen portionsweise ein. Oder füllen Sie die fertige Grundsoße heiß bis etwa 3 cm unter den Rand in vorbereitete Gläser und kochen sie im Einkochtopf oder Dampfgarer bei 100 °C 40–50 Minuten ein. Gesalzen wird die Grundmasse erst bei der weiteren Verwendung.

TIPPS

- Wählen Sie am besten fleischige und knorpelige Knochen von Schwanz, Brust und Bein. Sie erhalten dadurch einen kräftigen, gut gelierenden Fond.
- Für die Weiterverarbeitung reduzieren Sie den Fond zuerst ein und runden dann mit folgenden Gewürzen oder Beigaben beliebig ab: Majoran, Rosmarin, Piment, Preiselbeeren, Ribiselmarmelade, Heidelbeeren, Holunderbeeren, Sherry, Orangensaft, Orangenschale, Noilly Prat, Weinbrand, Gin, grob zerdrückte Wacholderbeeren, eingelegte, grüne Pfefferkörner, Thymian, Beizkraut, Worcestersoße, Senf, Gemüsestreifen, Kapern, ansautierte Pilze, Bitterkuvertüre, Liebstöckel, Honig, Rotwein, Nelken und Zimt. Mit Obers, Crème fraîche oder Sauerrahm verfeinern.

Sauce Cumberland

ZUTATEN FÜR 1 L
500 g Preiselbeerkompott • 500 g Ribiselmarmelade • 125 ml Rotwein
80 ml Portwein • Saft und Schale von 2 Orangen und 1/2 Zitrone
1 TL englischer Senf • 10 g frischer Ingwer • Prise Cayennepfeffer
Prise Salz

ZUBEREITUNG
Ingwer fein hacken oder auf einer Küchenreibe fein raspeln. Sämtliche Zutaten für die Soße in einem Topf gut verrühren und aufkochen. Soße anschließend durch ein Haarsieb streichen. Passierrückstände hacken und wieder in die Soße einrühren. In Gläser füllen, gut verschließen und kühl sowie dunkel lagern. Es empfiehlt sich, die Soße mindestens 1–2 Wochen zu lagern, bevor man sie verwendet. Sie ist mindestens ein halbes Jahr haltbar.

Zwetschkenwürzsoße

ZUTATEN FÜR 7 GLÄSER À CA. 210 ML
1 kg entkernte, klein geschnittene Zwetschken • 350–450 ml Rotwein-, Weißwein- oder Apfelessig (6 %) • 500 g Feinkristallzucker • ca. 2 TL Salz
1/2 TL Cayennepfeffer • etwas Chilischoten • 1/2 TL gemahlene Nelken
1/2 TL gemahlener Ingwer (ersatzweise frischer Ingwer) • eventuell Knoblauch, Zimt, Thymian und Zitrone • etwas Alkohol (80 %)

ZUBEREITUNG
Alle Zutaten in einen Topf geben, aufkochen und bei mittlerer Hitze so lange köcheln lassen, bis die Zwetschken weich und die Masse eingedickt ist (dauert 30–40 Minuten). Heiß in vorbereitete Gläser füllen, mithilfe einer Pipette einige Tropfen Alkohol darüberträufeln, anzünden und sofort verschließen.

TIPPS
- Wer mag, kann die fertige Soße auch mixen.
- Apfelwürfel, Bohnenkraut und Zwiebe können ebenfalls mitgekocht werden.
- Zusätzlich können Sie mit Piment, 20 g Senfkörnern, Kardamom und Koriander verfeinern.
- Die Soße passt sehr gut zu Grill- und Gemüsegerichten sowie Käse.

Tomatensoße

ZUTATEN FÜR CA. 1 L
1 1/2 kg vollreife, halbierte Tomaten
80 g Butter oder eventuell Butterschmalz • 30 g Feinkristallzucker
80 g glattes Weizenmehl • etwas Tomatenmark • Wasser, Salz

ZUBEREITUNG
Tomaten in etwas Wasser verkochen und passieren. Zucker in Butter hellgelb karamellisieren und mit Mehl stauben. Tomatenmark dazugeben, ca. 20 Minuten köcheln lassen und mit Salz abschmecken. In kleine Gläser füllen und im Einkochtopf oder Dampfgarer bei 98 °C ca. 40 Minuten einkochen.

TIPP: Es empfiehlt, sich gleich eine größere Menge herzustellen und in Eiswürfelsäckchen auf Vorrat tiefzukühlen. Bitte nicht vergessen, die Säckchen zu beschriften (Inhalt, Abfülldatum).

Tomatenpüree (Steirisches Ketchup)

ZUTATEN FÜR 15 GLÄSER À 200 ML
5–6 kg Fleischtomaten • 250 ml Weißweinessig (6 %) • 2 EL Balsamico
100 g Feinkristallzucker • 30 g Salz • 30 g Aromat (Suppenwürze)
2–3 Nelken • 6 Pimentkörner • etwas Zimt und Ingwer • 1/2 EL Senfkörner
weiße Pfefferkörner • 3–4 Lorbeerblätter

ZUBEREITUNG
Vollreife Tomaten waschen, schneiden und ca. 45 Minuten köcheln lassen. Überschüssige Flüssigkeit abschöpfen. Tomaten mixen und durch ein Spitzsieb abseihen. Mit Weißweinessig, Balsamico, Zucker, Salz, Aromat und den Gewürzen gut bzw. dick einkochen lassen (ca. 3 kg Masse) und noch heiß mithilfe eines breiten Trichters in vorbereitete heiße Gläser füllen.

TIPPS
- Die Gewürze geben Sie am besten in einem Gewürzbeutel oder Tee-Ei dazu, dann können sie nachher leichter entfernt werden.
- Für eine längere Lagerung mengen Sie 8 g Einlegehilfe bei. So ist das Ketchup ca. 1 Jahr haltbar.
- Um die Farbe zu intensivieren, geben Sie 30–40 g Tomatenmark und 3–4 rote, zerkleinerte Paprikaschoten dazu. Für Hot-Ketchup kochen Sie 1–2 ganze Chilischoten mit.
- Das Ketchup passt ausgezeichnet zu Nudelgerichten und Salaten.

Pikante Tomatensoße

ZUTATEN FÜR 1 GLAS À 270 ML UND 3 GLÄSER À 370 ML
300 g feine Zwiebelwürfel • 500 g Tomatenwürfel • je 250 g rote und grüne Paprikawürfel • 60–80 g Feinkristall- oder Rohzucker • 4 fein geschnittene Knoblauchzehen • 30–40 g Salz, je nach gewünschtem Geschmack • 100 ml Rotweinessig (6 %) • 1 EL Senfkörner • 1 EL Thymian • 2–4 EL Tomatenmark 100 ml Öl

ZUBEREITUNG
Öl in einem Topf erhitzen und Zwiebeln sowie Knoblauch darin hell anschwitzen. Tomaten und Paprika dazugeben, kurz durchrösten, Tomatenmark einrühren und mit Essig ablöschen. Würzig abschmecken und 8–15 Minuten (je nach gewünschter Konsistenz) einkochen lassen. In vorbereitete Gläser füllen, verschließen und im Einkochtopf oder Dampfgarer bei 98 °C 40 Minuten einkochen lassen.

TIPP: Zusätzlich können Sie mit Rosmarin, Oregano, Bohnenkraut oder Pfeffer würzen.

Kürbissoße

ZUTATEN FÜR CA. 1 L
375–500 g Fleisch vom Muskat-, Brot- oder Hokkaidokürbis
5 EL Butter • 400 ml Gemüsesuppe • 300 ml Obers • gemahlener Kümmel, Dille • Salz, etwas Pfeffer • Dillzweige • einige Tropfen Kernöl
eventuell geröstete Kürbiskerne

ZUBEREITUNG
Kürbisfleisch in kleine Würfel schneiden und in leicht gebräunter Butter andünsten. Mit Suppe und Obers aufgießen, mit gemahlenem Kümmel, Dille, Salz sowie etwas Pfeffer abschmecken und ca. 20 Minuten köcheln lassen. Mit einem Mixer pürieren und gegebenenfalls abseihen.

TIPPS
- Es empfiehlt sich, gleich eine größere Menge herzustellen und in Eiswürfelsäckchen auf Vorrat tiefzukühlen. Bitte nicht vergessen, die Säckchen zu beschriften (Inhalt, Abfülldatum).
- Die Kürbissoße können Sie zu gekochtem Kalb-, Rind- oder Schweinefleisch sowie auch zu Geflügel, Lamm, Wild und Fisch reichen.
- Mit etwas mehr Suppe aufgegossen, wird daraus eine schmackhafte Kürbissuppe. Diese sollten Sie kurz vor dem Anrichten nochmals aufmixen, mit ein paar Tropfen Kernöl abschmecken oder beim Anrichten damit dekorieren. Zum Schluss mit Dillzweigen und eventuell gerösteten Kürbiskernen garnieren.

Mayonnaise (Grundrezept)

ZUTATEN FÜR CA. 1 L
400–700 ml Öl (Sonnenblumen-, Erdnuss-, Raps-, Kern- oder Olivenöl), je nach gewünschter Festigkeit • 125 ml Obers • 10 g Maisstärke
2 Eier • 1 Eidotter • ca. 5 g Salz • 10 g Senf • 1/4 TL gemahlener, weißer Pfeffer • 10 ml Weißweinessig

ZUBEREITUNG
Obers mithilfe eines Schneebesens mit Maisstärke, Senf, Salz sowie Pfeffer verrühren und unter ständigem Rühren aufkochen lassen. Von der Kochstelle nehmen; Eier und Dotter zügig mit einem Schneebesen dazurühren. In eine Rührschüssel umgießen und fast ganz kalt rühren. Mit Essig und eventuell noch Salz bzw. Pfeffer würzen. Öl in einem feinen Strahl einschlagen, bis die Mayonnaise bindet.

TIPP: Wenn Ihnen die Mayonnaise einmal geronnen ist, bereiten Sie noch einmal einen Ansatz zu und schlagen oder mixen die geronnene Masse und Öl langsam wieder ein.

VARIANTEN
Dieses Grundrezept können Sie mit verschiedenen Zutaten ganz leicht nach Ihren eigenen Geschmacksvorlieben abändern:
Frisch geriebener Kren, Zitronensaft, Tomatenmark, Sardellenpaste oder -ringerln, frisch gehackte Kräuter (Basilikum, Bärlauch, Kerbel, Dille, Schnittlauch, Petersilie), Mais, Champignons, Erbsen, Sellerie, Karotten, Kohlrabi, Essiggurkerln, Perlzwieberln, hart gekochte Eier oder Tomatenwürfel verleihen der Mayonnaise neue Geschmackserlebnisse. Mediterrane bzw. exotische Akzente erhält die Mayonnaise durch Pesto, Oliven- und Thunfischwürfel, Räucherlachs, Shrimps, Curry, Cayennepfeffer, Cognac, Sherry, Worcester- oder Tabascosoße.

KNOBLAUCH-MAYONNAISE: Mayonnaise mit Knoblauch oder Knoblauchpaste und frisch gehackten Kräutern wie Thymian, Oregano, Minze, Dille, Petersilie, Majoran, Basilikum, Bärlauch, Estragon etc. abschmecken.
PAPRIKA-MAYONNAISE: Rote, gelbe oder grüne Paprikaschoten im Ofen anbraten, bis sich die Haut leicht schälen lässt. Geschälte Paprikaschoten pürieren, in einem Sieb abtropfen lassen und mit etwas Zitronensaft unter die Mayonnaise rühren.
ROTE-RÜBEN-MAYONNAISE: Mayonnaise mit gekochten, pürierten, gut abgetropften roten Rüben vermengen.

Würziges Champignonketchup

ZUTATEN FÜR 8 GLÄSER À CA. 210 ML
1 kg kleine Champignons (ersatzweise Pilze je nach Geschmack und Verfügbarkeit) geschnitten • ca. 1 EL Salz • 1/4 TL Nelkenpulver
1/4 TL gemahlener Zimt • 1 TL gemahlener, weißer Pfeffer
40 ml Weißweinessig (6 %) • 8 Lorbeerblätter • 1 Stängel Estragon oder
1 EL Estragonpaste (s. Kräuterpaste S. 216) • 1 kleiner Bund Basilikum
1 EL Liebstöckel • 250 g in Würfel geschnittene Schalotten oder Zwiebeln
100 ml Öl • 2 Knoblauchzehen • 350 ml Weißwein • etwas Alkohol (80 %)

ZUBEREITUNG

Die Pilze säubern und in kleine Stücke schneiden. Öl in einem breiten Topf erhitzen und Zwiebeln sowie Knoblauch darin kurz anschwitzen. Alle anderen Zutaten (außer Wein und Alkohol) dazugeben und ca. 30 Minuten im eigenen Saft dünsten lassen. Mixen und eventuell passieren. Weißwein zufügen und noch weitere 30 Minuten leicht kochen lassen. In vorbereitete Gläser füllen, mithilfe einer Pipette einige Tropfen Alkohol darüberträufeln, anzünden und sofort verschließen.

TIPPS

- Für eine längere Haltbarkeit in vorbereitete Gläser füllen und im Einkochtopf oder Dampfgarer bei 98 °C 40 Minuten einkochen.
- Das Pilzketchup passt ausgezeichnet für braune Soßen, Suppen und zum Würzen von Fleischgerichten und Aromatisieren von Kräuterbutter, Topfen oder Erdäpfelgerichten.

Hausgemachte Gemüsesuppenwürze

ZUTATEN

150 g Sellerieknollen • 300 g Petersilienwurzeln • 50 g frisches Liebstöckel (ersatzweise auch getrocknet) • 20 g Petersiliengrün mit Stängel
350 g Karotten • 150 g Lauch • 150 g Zwiebeln • 30–50 g Knoblauch (nach Geschmack) • 250–350 g Salz (am besten Steinsalz) • 5 Lorbeerblätter
20 Wacholderbeeren • 1/2 TL Pfefferkörner • 1/2 TL gemahlene Muskatnuss

ZUBEREITUNG

Die Gewürze in einem Mörser zerstoßen oder in einer ausgedienten Kaffeemühle reiben. Das Gemüse waschen, gut trocknen und mit den frischen Kräutern durch den Fleischwolf (kleinste Scheibe) drehen. Das Gemüse sollte eine breiige Konsistenz aufweisen. Gewürze mit dem Salz unter das Gemüse mengen und gut vermischen. In saubere Gläser füllen, festdrücken und gut verschließen. Kühl aufbewahrt hält diese Gemüsepaste einige Monate. Der intensive Geschmack entfaltet sich erst nach einigen Tagen.

TIPPS

- Die Würze eignet sich für Gemüsefonds, Suppen, Soßen, aber auch Fleisch- und Fischgerichte, Wild, Geflügel und Lamm. Topfenaufstriche, Mayonnaise, Buttersoße, Kräuterbutter, Gemüsestrudel, Grießknödel, Semmelknödel, Kartoffelgerichte, Gnocchi oder Pürees können damit abgerundet werden.
- Zusätzlich können Sie Basilikum, Bärlauch, Korianderkörner, faschierte Tomaten, Kohlrabi oder Tomatenmark beimengen.
- Für Fischgerichte fügen Sie insbesondere Fenchel, Anis oder Zitronenschalenpulver (s. S. 295) dazu.
- Da die Suppenwürze bereits sehr kräftig schmeckt, sollten Sie mit dem Würzen generell vorsichtig sein.

Getrocknetes Suppenpulver

ZUTATEN FÜR CA. 1 KG
400 g Zwiebeln • 300 g Karotten • 80 g Lauch • 300 g Tomaten
200 g Sellerie • 60–80 g Steinsalz • 20 g frische Petersilie

ZUBEREITUNG

Das geputzte und vorbereitete Gemüse grob schneiden und faschieren. Gut mit Salz vermischen und dünn auf mit Backpapier oder einer Silikonmatte ausgelegte Backbleche mithilfe einer Winkelpalette oder Tortenschaufel dünn aufstreichen. Im vorgeheizten Backrohr bei 75–85 °C und leicht geöffneter Ofentür ca. 4 Stunden trocknen (kann je nach Flüssigkeitsgehalt des Gemüses auch länger dauern). Die getrocknete Platte von Hand grob zerkleinern und in einer ausgedienten Kaffeemühle oder einer Küchenmaschine fein reiben. Gut verschlossen aufbewahren.

TIPPS
- Selbstverständlich können auch andere frische Kräuter wie Liebstöckel, Thymian, Majoran, Basilikum oder Sellerieblätter mitgetrocknet werden.
- Fein gemahlene Lorbeerblätter, Pfefferkörner, Wacholderbeeren und Muskatnuss sowie fein geschnittene Paprikaschoten, gelbe Rüben, Petersilienwurzeln, Fenchel, Oliven und Kapern können eine zusätzliche feine Geschmacksnote bilden.
- Für 1 Suppentasse benötigt man ca. 1 TL Pulver.
- Das Pulver eignet sich sehr gut zum Würzen von Suppen, Soßen und Marinaden.

Hausmarinade

ZUTATEN FÜR CA. 4 L
2 Knoblauchzehen • 50 g Zucker oder Honig • 70 g Salz • 1/4 TL gemahlener, weißer Pfeffer • 50 g klein geschnittene Zwiebeln • 1 l Wasser • 125 ml Wasser
40 g Maisstärke • 1 l Wasser, Rindsuppe oder Gemüsefond • 50 g Senf
50 g passierte Ribiselmarmelade • 1 1/2 l neutrales Öl (z. B. Sonnenblumenöl)
400–500 ml Rotwein- oder Balsamicoessig (6 %)

ZUBEREITUNG

Knoblauch, Zucker, Salz, Pfeffer sowie Zwiebeln mit 1 l Wasser aufkochen und kochen, bis die Zwiebeln weich sind. Mit dem Stabmixer gut mixen und nach Belieben passieren. Wieder erhitzen. Maisstärke in 125 ml Wasser verrühren, mit dem Schneebesen in die kochende Flüssigkeit rühren und gut aufkochen lassen (Vorsicht: Spritzgefahr!). Etwas überkühlen lassen. Dann in die warme Flüssigkeit Rindsuppe, Gemüsefond oder Wasser, Senf, Marmelade und Essig mixen. Das Öl wie bei einer Mayonnaise mit dem Mixstab oder im Rührkessel einrühren. Bei Bedarf und Wunsch noch etwas Essig dazurühren. (Die Soße ist anfangs durch die Wärme noch etwas dünnflüssig, wird dann aber dickflüssiger.) Je nach Verwendung mit Wasser oder Fond verdünnen; vor Gebrauch gut schütteln oder aufrühren.

TIPP: Bei Salatmarinaden ist es ratsam, gleich größere Mengen herzustellen, da sich die Marinade – kühl und gut verschlossen – problemlos bis zu 3 Wochen lagern lässt. Abgesehen davon: Wer hätte keine Freude mit einem selbst gemachten kleinen Mitbringsel?

VARIANTEN: Durch die Zugabe folgender Zutaten gestalten Sie Ihre Salatmarinaden stets abwechslungsreich und geschmacklich vielfältig:
- Zitronensaft oder Orangensaft, Honig statt Zucker, eine Prise Zimt
- Worcestersoße, Tabascosoße, Chili
- frische Kräuter wie Bärlauch, Petersilie, Schnittlauch, Dille, Basilikum, Salbei, Oregano, Kerbel oder getrocknete Kräuter
- Qualitätsessig wie Kräuter-, Holler-, Bier-, Weißwein-, Spargel-, Sherry-, Gurkerl- oder Apfelessig
- Qualitätsöl wie gutes Olivenöl, Sonnenblumen-, Kürbiskern-, Walnuss-, Traubenkern-, Sesam-, Lein-, Raps-, Pinienkern-, Nusskern- oder Marillenkernöl
- Eiswein, eingekochter reduzierter Sherry, Portwein, Pernod, Weizen- oder dunkles Bier
- passierte Himbeer-, Ribisel- oder Preiselbeermarmelade, Orangenwürfel, Limettensaft
- Hefe, Trüffeljus oder -öl
- Gemüsejulienne (-streifen)
- gebratene Pilze, Oliven, getrocknete Tomaten, Gurkerln, blanchierte Zwiebelwürfel, Lauchringe oder Frühlingszwiebeln, gekochte Gemüsewürfel, Speckwürferln, gekochte und angebratene Erdäpfelwürfel, Zucchini-, Tomaten- oder Melanzaniwürfel, gekochte Gerste, in Essigwasser gekochte Linsen, in Öl eingelegte Sardinen oder Sardellen
- eingemixter Schimmelkäse
- getrocknete, klein gehackte Früchte wie Aranzini, Zitronat, Zwetschken, Feigen, Marillen, Sauerkirschen, getrocknete Apfelringe oder grob gehackte Walnüsse, geröstete Kürbiskerne, Sesam, Pinienkerne

Knoblauchdressing

ZUTATEN FÜR 500 ML

120 ml Knoblauchmilch (s. S. 235) • 20 g Senf • 20 ml Weißweinessig (6 %)
100–150 ml Wasser • 7 g Salz • 4 g Zucker • ca. 200 ml Sonnenblumenöl
eventuell frisch gemahlener, weißer Pfeffer

ZUBEREITUNG

Senf mit Salz, Zucker, Knoblauchmilch, Wasser und Essig mixen und das Öl wie bei einer Mayonnaise langsam einmixen.

Kräuterpaste

ZUTATEN FÜR CA. 300 G

100 g gemischte Kräuter (Petersilie, Basilikum, Bärlauch, Majoran, Salbei, Thymian, Oregano, Rucola, Sauerampfer, Schnittlauch, Liebstöckel, Rosmarin etc.) • 150–250 ml Sonnenblumenöl • Prise Salz • Pfeffer nach Belieben
etwas abgeriebene Schale einer unbehandelten Zitrone oder Zitronensaft

ZUBEREITUNG

Alle Kräuter fein hacken oder mit Öl cuttern und mit den anderen Zutaten mischen. In ein Glas füllen und im Kühlschrank aufbewahren.

TIPPS

- Passt sehr gut zu gegrilltem Lamm, Wild- oder Rindfleisch.
- Vermischt mit Weißbrotbröseln (s. S. 266) ergibt die Paste eine Basis für eine würzige Kräuterkruste. Wenn Sie weiche Butter schaumig aufschlagen und der Paste beigeben, erhalten Sie eine ausgezeichnete Kräuterbutter. Grundsuppen, Soßen oder Nudeln munden damit ganz exzellent. Zudem eignet sich die Kräuterpaste mit Knoblauch vermengt und mit etwas Öl verdünnt zum Einlegen von Fleischstücken.
- Mit Topfen, Joghurt, eventuell fein gehackten, blanchierten Zwiebeln oder Stangensellerie verfeinert, entsteht aus der Paste ein wohlschmeckender Aufstrich.

VARIANTE

Mixen Sie in die Kräuterpaste noch 100 g geschälte, geriebene Mandeln oder Pinienkerne, Pfeffer, Chili, 20–40 g kernlose grüne oder schwarze Oliven, eingelegte Tomaten, Paprika oder Pilze, 20 ml Balsamico oder eventuell noch etwas Knoblauch, so erhalten Sie eine Kräutermischung, die z. B. hervorragend zu Schafkäse schmeckt.

Knoblauchpaste 1

ZUTATEN FÜR CA. 2 GLÄSER À 210 ML

4 geschälte Knoblauchknollen (250 g netto) • 90 ml Oliven- oder Sonnenblumenöl • 3 Lorbeerblätter • 6 Gewürznelken • etwas frisch gemahlener Pfeffer nach Geschmack • 10 g Salz • ca. 200 ml Wasser
etwas Alkohol (80 %)

ZUBEREITUNG

Alle Zutaten (außer Öl und Alkohol) im Wasser 10–15 Minuten weich dünsten. Lorbeerblätter und Nelken entfernen. Masse pürieren und das Öl unterrühren (bei Bedarf auch mehr, je nach gewünschter Konsistenz). In vorbereitete Gläser füllen. Mithilfe einer Pipette einige Tropfen Alkohol darüberträufeln, anzünden und sofort verschließen.

TIPPS

- Schmeckt hervorragend zu Gegrilltem, Wurst, kaltem Braten oder auch auf gerösteten Brotscheiben.
- Die Paste ist als Würze für Kräuterbutter, Mayonnaisen, Aufstriche, Salatmarinaden, Suppen und Soßen bestens geeignet.
- Bewahren Sie geöffnete Gläser im Kühlschrank auf.
- Verfeinern können Sie die Paste mit etwas Zitronensaft, Piment, Lorbeer oder Kräutern (Rosmarin, Thymian, Oregano).

Knoblauchpaste 2

ZUTATEN FÜR 1 GLAS À CA. 200 ML

100 g geschälter, grob geschnittener Knoblauch • 100 ml neutrales Öl (z. B. Sonnenblumenöl) • eventuell 1 TL Salz

ZUBEREITUNG

Eventuell Salz mit Öl gut verrühren. Knoblauch dazugeben und mit der Küchenmaschine mixen oder cuttern, sodass eine schöne weiße Paste entsteht. In vorbereitete Gläser füllen, Öl sollte ca. 1 cm darüber stehen, und gut verschlossen im Kühlschrank aufbewahren.

TIPP: Diese Paste eignet sich sehr gut zum Würzen von Suppen, Soßen, Salatmarinaden, Fleischstücken sowie als Beigabe zu Buttermischungen.

Rote-Paprika-Paste

Rezept von Wilfried Scheutz

ZUTATEN FÜR 4–5 GLÄSER À 210 ML

10 große, rote Paprika • etwas Olivenöl zum Anbraten und Vermischen
5 klein gehackte Knoblauchzehen • 2 zerkleinerte Chilischoten • Salz

ZUBEREITUNG

Paprika vorbereiten, in Streifen schneiden und in Öl anbraten. Hitze reduzieren, Knoblauch und Chilischoten dazugeben. Mindestens 30 Minuten schmurgeln (brutzeln), bis die Masse eine sehr sämige Konsistenz aufweist, dann salzen. Pürieren, Olivenöl dazumischen und heiß in Gläser füllen.

TIPP: Die Paste kann im Kühlschrank 2 Monate aufbewahrt werden.

WÜRZ-, SALATSOSSEN UND PASTEN

Tapenade   Rezept von Wilfried Scheutz

ZUTATEN FÜR 2 GLÄSER À 250 ML
300 g entsteinte Oliven • 100 g Kapern • 6–10 Anchovis
2 große Knoblauchzehen • 40 ml Metaxa (ersatzweise Cognac oder Weinbrand) • etwas Thymian • Dijonsenf • Olivenöl • Chili und Pfeffer

ZUBEREITUNG
Alle Zutaten im Mörser zerkleinern oder mit einem Stabmixer nicht zu fein pürieren. In Gläser abfüllen und einige Tage ziehen lassen.

TIPP: Für eine längere Haltbarkeit kochen Sie die Gläser im Einkochtopf oder Dampfgarer bei 98 °C 20 Minuten ein.

Peperonata   (marinierte Paprika)

ZUTATEN FÜR 1 GLAS À 500 ML
je 1 gelber und grüner Paprika sowie 2 rote Paprika (vorbereitet zusammen ca. 400 g) • 125 ml Raps- oder Olivenöl • 2–3 Knoblauchzehen • Prise Salz Balsamico • eventuell Zitronensaft • gehackte Petersilie • Rosmarin, Thymian eventuell Chilischoten

ZUBEREITUNG
Paprika mit einem Sparschäler schälen, vierteln, entkernen und entsprechend klein schneiden. Kurz blanchieren und in Eiswasser abschrecken. Gut abtrocknen und mit Olivenöl, Salz und Knoblauchzehen langsam dünsten. Mit etwas Balsamico oder Zitrone, Petersilie, Rosmarin oder Thymian und eventuell Peperoncini (Chilischoten) marinieren. In ein vorbereitetes Glas abfüllen, bei Bedarf mit kalt gepresstem Olivenöl auffüllen und gut verschließen.

TIPP: Die Peperonata ist im Kühlschrank 1 Woche haltbar.

VARIANTEN
- Statt Paprika können auch gebratene Gemüse wie Zucchini oder Melanzani aber auch Pilze verwendet werden. Hierfür das Gemüse 1/2–1 cm dick schneiden, gut einsalzen und ca. 30 Minuten stehen lassen. Gut abtrocknen, eventuell in griffigem Mehl wenden und in reichlich Raps- oder Olivenöl braun braten.
- Gekochte und abgeschreckte Gemüse wie Mangold, Fenchel, Kohlrabi, Karfiol, Pastinake oder Frühlingszwiebel können noch im lauwarmen Zustand ebenfalls mit Zitronensaft oder Essig sowie Raps- bzw. Olivenöl mariniert und mit Kräutern nach Wunsch (Basilikum, Petersilie, Minze, Koriander, Salbei, Majoran, Rosmarin) gewürzt werden. **Foto rechts**

Mohnpesto
Rezept von Gabi Strahammer

ZUTATEN FÜR CA. 250 G
100 g Mohn • 1 Bund Basilikum • 1 Knoblauchzehe • 60 g Parmesan
50 ml Mohnöl • 50 ml Olivenöl • Meersalz • Pfeffer aus der Mühle

ZUBEREITUNG
Alle Zutaten im Mörser zu einer breiigen Masse verarbeiten. In entsprechend kleine Gläser abfüllen und kalt stellen.

Paprika-Tomaten-Paste

Rezept von Visar Murtezaj. Eine Spezialität aus dem Kosovo

ZUTATEN FÜR CA. 1 KG
600 g gemischte Paprika • 6 Knoblauchzehen • je 2 TL fein gehacktes Basilikum und fein gehackter Thymian • 200 ml Olivenöl • 60 g Zwiebelwürfel
4 EL Tomatenmark • 60 ml Balsamico • Salz • frisch gemahlener Pfeffer
etwas Alkohol (80 %)

ZUBEREITUNG
Paprika im Ganzen im Ofen weich braten, schälen, entkernen und in Viertel schneiden. Zwiebel sowie Knoblauch in Olivenöl goldbraun braten und mit Balsamico ablöschen. Restliche Zutaten (außer Alkohol) dazugeben, aufkochen und mit Salz und Pfeffer würzig abschmecken. In vorbereitete Gläser füllen, mithilfe einer Pipette einige Tropfen Alkohol darüberträufeln, anzünden und sofort verschließen.

TIPP: Die Paste eignet sich zum Verfeinern von Gegrilltem, Suppen, Soßen, Fisch- und Nudelgerichten sowie Buttermischungen.

Kürbiskernpesto

ZUTATEN FÜR CA. 450 G
150 g geröstete, gemahlene Kürbiskerne • 2–3 geschälte Knoblauchzehen
100 ml Kürbiskernöl • 100 ml Sonnenblumenöl • 70 g frisch geriebener Parmesan
Pfeffer aus der Mühle • 1/2 TL Salz • Prise Zucker • eventuell noch etwas Öl zum Auffüllen oder Abdecken der Gläser

ZUBEREITUNG
Kürbiskerne mit den restlichen Zutaten (außer Öl und Parmesan) in einer Küchenmaschine cuttern, mit Öl vermischen, in vorbereitete Gläser füllen, mit Öl abdecken (eventuell auffüllen) und verschließen.

TIPP: Das Pesto passt sehr gut zu Vorspeisen, Schaf-, Ziegenkäse oder Mozzarella. Zusätzlich können Sie es mit etwas Balsamico abschmecken.

Tomatenpesto 1

ZUTATEN FÜR CA. 500 G
150 g Cocktailtomaten • 50 g geröstete, geschälte, fein gemahlene Mandeln (ersatzweise Pinienkerne oder Pistazien) • 2–3 geschälte Knoblauchzehen
200 ml Oliven- oder Sonnenblumenöl • 80 g frisch geriebener Parmesan
Pfeffer aus der Mühle • eventuell noch etwas Öl zum Auffüllen der Gläser

ZUBEREITUNG
Tomaten blanchieren, über einem Sieb abgießen, abtropfen lassen und dann mit Küchenpapier trocken tupfen. Abgekühlt mit den übrigen Zutaten (außer Parmesan und Pfeffer) in der Küchenmaschine oder mit dem Pürierstab zu einer cremigen Paste verarbeiten. Parmesan mit einem Löffel unterrühren, mit Pfeffer abschmecken und in Gläser füllen. Damit sich möglichst keine Luftblasen bilden, Gläser leicht aufklopfen, Oberfläche glatt streichen und mit Olivenöl auffüllen.

TIPPS
- Das Pesto hält sich im Kühlschrank mehrere Wochen. Nach jeder Entnahme den Glasrand säubern, die Oberfläche glatt streichen und wieder mit Öl bedecken.
- Das Pesto ist ein köstlicher Brotaufstrich oder schmeckt zu Nudeln ganz ausgezeichnet.

Tomatenpesto 2

ZUTATEN FÜR CA. 600 G
70 g getrocknete Cocktailtomaten oder Tomaten • ca. 350 ml Wasser
30 g geröstete, geschälte, fein gemahlene Mandeln (ersatzweise Pinienkerne oder Pistazien) • 2–3 geschälte Knoblauchzehen • 200 ml Oliven- oder Sonnenblumenöl • 70 g frisch geriebener Parmesan • Pfeffer aus der Mühle
1/2 TL Salz • Prise Zucker • eventuell noch etwas Öl zum Auffüllen der Gläser

ZUBEREITUNG
Tomaten ca. 10 Minuten kochen, abkühlen lassen, über einem Sieb abgießen und abtropfen lassen. Vollständig abgekühlt mit den übrigen Zutaten (außer Parmesan und Pfeffer) mittels Pürierstab oder Küchenmaschine zu einer cremigen Paste verarbeiten. Parmesan mit einem Löffel unterrühren, mit Pfeffer abschmecken und in Gläser füllen. Pesto mit einem Löffel gut eindrücken, damit sich möglichst keine Luftblasen bilden. Die Oberfläche glatt streichen und mit Öl auffüllen.

TIPPS
- Gut verschlossen ist diese Paste im Kühlschrank mehrere Wochen haltbar. Nach jeder Entnahme den Rand säubern, die Oberfläche glatt streichen und wieder mit Öl bedecken.
- Sie passt ausgezeichnet zu Vorspeisen, Schaf-, Ziegenkäse oder Mozzarella.

Apfelsenf

ZUTATEN FÜR 6 GLÄSER À CA. 210 ML

1 kg geschälte, entkernte, fein gehobelte Äpfel • 500 g Gelierzucker 3 : 1
200 ml weißer Balsamico (ersatzweise Most- oder Apfelessig, 6 %) • 50 g Honig
125 ml Apfelsaft • 30 ml Zitronensaft • 4 EL Senfkörner • 1 TL Salz
1/4 TL fein gemahlene Nelken • 1/4 TL fein gemahlener Piment

ZUBEREITUNG

Äpfel mit Senfkörnern, Zitronensaft, Apfelsaft sowie Essig aufkochen und ca. 10 Minuten kochen lassen. Eventuell mit einem Mixstab pürieren. Gewürze dazugeben, Gelierzucker einrühren und nochmals 4–5 Minuten wallend kochen lassen, abschmecken. Gelierprobe machen (s. S. 22). Honig einrühren, in vorbereitete Gläser füllen und mit Alkohol verschließen.

TIPPS

- Passt zu Käse, Fisch oder einer Fischsoße; mit etwas Mayonnaise und Kren verrührt zu gebeiztem Lachs oder einer Fischterrine.
- Durch Beigabe von Dille, Curry, Kren oder Ingwer erhalten Sie verschiedene Geschmacksrichtungen.

Senfpaste

ZUTATEN FÜR 1 GLAS À 500 ML

150 ml Sonnenblumenöl • 200 g Dijonsenf (ersatzweise Estragonsenf)
1 EL getrockneter Rosmarin • 5 g Kümmel • 2 g Thymian • 30–40 g grüne, eingelegte Pfefferkörner • 7 Gewürznelken • 4 klein geschnittene Knoblauchzehen • 1 TL Salz • 20 g Zucker • 20 g frischer, fein geriebener Ingwer (ersatzweise 1 TL Ingwerpulver)

ZUBEREITUNG

Gewürze fein mörsern oder cuttern und mit den restlichen Zutaten (außer Öl) gut miteinander verrühren. Das Öl mit einem Schneebesen unterrühren. Paste in ein Glas füllen, mit Öl abdecken (eventuell auffüllen) und gut verschlossen lagern.

TIPPS

- Die Paste eignet sich zum Würzen von Schweinefleisch, Geflügel, Lamm, Suppen, Soßen, Buttermischungen und Mayonnaise.
- Durch Beigabe von Weinbrand, Apfel- oder Birnenschnaps bzw. Whiskey runden Sie die Paste geschmacklich ab.
- Als zusätzliche Gewürze bieten sich Rosmarin, Salbei, Kapern, Kren, Piment, Muskatblüte, Honig, Orangenschale, Nelken, Zimt, Dille, Majoran, Oregano, Liebstöckel, Petersilie, Koriander oder Kurkuma an.
- Die Haltbarkeitsdauer beträgt 2–3 Monate.

Eingelegte Senfkörner

ZUTATEN FÜR 3 GLÄSER À 180 ML
150 g ganze Senfkörner • 100 ml Noilly Prat • 100 ml Weißwein
50 g Honig oder Rohrzucker • 2 Lorbeerblätter • 1 Estragonzweig
1/2 TL Steinsalz • eventuell Pfeffer und Balsamico

ZUBEREITUNG
Senfkörner in Salzwasser blanchieren (auf 1/2 l Wasser 10 g Salz), kalt abspülen, mit allen anderen Zutaten in einem Topf aufkochen, in vorbereitete Gläser füllen, verschließen und 20 Minuten bei 90 °C einkochen.

TIPP: Die Senfkörner eignen sich für Salatsoßen, Soßen, Mayonnaise- und Buttermischungen, Chutneys, als Einlage zu Gurkensuppen, zu gekochtem oder gebratenem Fleisch.

Feigensenf   Rezept von Cabi Strahammer

ZUTATEN FÜR 7 GLÄSER À 210 ML
2 EL Senfkörner • 1 kleine Chilischote • 1 kg reife Feigen
1 kg Gelierzucker 3 : 1 • Saft von 2 Zitronen • 1 EL Senfpulver
2 EL würziger Senf • weißer Pfeffer nach Geschmack

ZUBEREITUNG
Senfkörner über Nacht in Wasser einweichen und dann abseihen. Chilischote fein hacken. Feigen dünn abschälen, grob schneiden und in einem großen Topf zustellen. Gelierzucker mit den Feigen vermischen und Zitronensaft, Senfpulver, Senf, Chili, Senfkörner und weißen Pfeffer beigeben, unter ständigem Rühren aufkochen und 4 Minuten sprudelnd kochen lassen, wenn nötig abschäumen. Sofort bis zum Rand in vorbereitete Gläser füllen und verschließen. Gläser anschließend noch 20 Minuten in ein heißes Wasserbad stellen.

TIPP: Dieser Senf ist ein idealer Begleiter zu Käse.

Rote-Rüben-Kren

ZUTATEN FÜR 4 GLÄSER À CA. 210 ML
250 g gekochte, klein geschnittene Rote Rüben • 130 ml Rotweinessig (6 %)
60 g Feinkristallzucker • 20 g Salz • 250–300 g frisch geriebener Kren, je nach gewünschter Schärfe • etwas Alkohol (80 %)

ZUBEREITUNG
Alle Zutaten (außer Kren und Alkohol) kurz erhitzen, Kren dazugeben, im Mixer fein pürieren oder cuttern und würzig abschmecken. Eventuell noch etwas einkochen lassen. In vorbereitete Gläser füllen, mithilfe einer Pipette einige Tropfen Alkohol darüberträufeln, anzünden und sofort verschließen. Dieser Kren ist ca. 5 Monate haltbar.

Aromatische Salze, Zuckermischungen und in Honig Eingelegtes

Aromatische Salze

Früher wurde Salz als „weißes Gold" bezeichnet. Dabei wird deutlich, welchen Stellenwert die Salzgewinnung einmal hatte. Salz kommt in den vielfältigsten Formen auf den Markt. Es ist als raffiniertes Tafelsalz, kristallisiertes oder grobes Steinsalz (aus dem Salzkammergut) sowie Meersalz erhältlich.

Es gibt nur sehr wenige Gerichte, die ohne Salz zubereitet werden. Aber obwohl vom Körper benötigt, sollte es im Zusammenhang mit unserer Ernährung eher mit Bedacht verwendet werden. Sparsam eingesetzt, wird es zum Würzen von Pikantem wie auch, in geringerem Maße, für Süßspeisen verwendet.

Die Eigenschaften von Salz sind vielfältig. Sehr häufig wird es auch zum Konservieren verwendet. Aufgrund seiner entwässernden Wirkung entzieht es bestimmten Gemüsen (z. B. Gurken oder Melanzani) die Bitterstoffe. Da es Feuchtigkeit anzieht, sollten Speisen erst kurz vor dem Garen gesalzen werden. Vorsicht ist bei hoher Luftfeuchtigkeit geboten: Die Beigabe von Reiskörnern (bei Salzspendern) hält das Salz trocken. Werden Lebensmittel mit Salz bestreut oder eingerieben (z. B. Fleisch, Fisch oder Gemüse), so verzögert dies das Wachstum von Bakterien. Ebenso verhält es sich, wenn man die entsprechenden Nahrungsmittel in eine Salzlake legt.

Salz besteht zum Großteil aus Natriumchlorid und zu einem geringen Anteil (1–3 Prozent) aus anderen Salzen. Zumeist werden zur Verbesserung seiner Eigenschaften geringe Mengen anderer Stoffe, wie z. B. Jod, hinzugefügt. Derart bearbeitetes Salz wird als raffiniertes Salz bezeichnet.

STEINSALZ. Eine uralte, traditionelle Art der Salzgewinnung findet man heute noch im Salzkammergut. Dort erfolgt der Abbau von Steinsalz unter Tag in Stollen, die Salzbrocken werden zerkleinert, gesiebt und weiterverarbeitet.

KOCHSALZ ist in Wasser gelöstes Steinsalz. Die Sole wird gekocht, daher auch die Bezeichnung Siedesalz, dabei verdampft das Wasser und es bleibt fast reines Salz zurück.

MEERSALZ. Der Hauptteil der Salzressourcen ist in den großen Ozeanen vorhanden. Der Unterschied zwischen Meer- und Steinsalz ist nicht allzu groß, da auch Steinsalz eine Ablagerung der Meere ist. Ursprünglich entstanden unsere Salzberge vor Millionen von Jahren bei der Verdunstung der Binnenmeere.

SALZ MIT GEWÜRZEN UND KRÄUTERN. Salz kann mit verschiedenen Aromen verfeinert werden. Anbei einige Beispiele: Koriander, Ingwer, Thymian, Piment, Majoran, Zitronenschale, Orangenschale, Sellerie, Anis, Fenchel, Kurkuma, Kerbel, Dille, Estragon, Schnittlauch, Basilikum, Muskat, Macisblüte (Blüte des Muskatnussbaumes) u. v. m.

Salz und -mischungen sind generell trocken, gut verschlossen und dunkel aufzubewahren.

Salzkräuter

Stellen Sie nach Belieben Ihre eigene Kräutermischung zusammen oder verwenden Sie auch nur eine Sorte. Kräuter wie Basilikum, Borretsch, Dille, Kerbel, Petersilie, Liebstöckel, Pimpinelle, Zitronenmelisse, Salbei, Thymian, Majoran, Bohnenkraut, Rosmarin, Estragon, Ysop, Oregano, Bärlauch, Currykraut, Majoran, Estragon und Koriandergrün eignen sich hierfür bestens.

ZUTATEN
100 g frische Kräuter • 25–30 g Stein- oder Meersalz • etwas Alkohol (80 %)

ZUBEREITUNG
Die Kräuter fein schneiden und mit dem Salz in einer Schüssel vermengen. Gut durchmischen und fest in kleine dunkle Gläser füllen. Mithilfe einer Pipette einige Tropfen Alkohol auf den Deckel träufeln, anzünden und sofort verschließen. Auf diese Weise hergestellte Kräuter sind ca. 4 Monate haltbar.

TIPPS
- Berücksichtigen Sie bei der Verwendung das in den Kräutern bereits enthaltene Salz und würzen Sie nur bei Bedarf vorsichtig nach. Nach dem Öffnen sollten die Kräuter relativ schnell verbraucht werden. Bevor Sie das Glas wieder verschließen, träufeln Sie wiederum einige Tropfen Alkohol darauf, zünden diesen an und verschließen das Glas sofort. Kühl und dunkel lagern.
- Eignen sich ausgezeichnet als Suppen- und Salatwürze. Bei Verwendung als Suppenwürze die Salzkräuter erst gegen Ende der Garzeit dazugeben, sonst verlieren sie Aroma und Farbe.

Die nachstehend angeführten Rezepte werden ausschließlich mit getrockneten Kräutern und Gewürzen zubereitet. Hierfür ist grobes Steinsalz zu bevorzugen.

Wildgewürzsalz 1

ZUTATEN
350–400 g grobes Stein- oder Meersalz • 1 1/2 EL schwarze Pfefferkörner
2 EL Koriander • 2 gehäufte EL Thymian • 2 gehäufte EL Majoran
1 gehäufter EL Rosmarin • 4 gehäufte EL Wacholderbeeren
1 gehäufter EL gemahlener Ingwer • 1 EL Lebkuchengewürz
1/2 TL Muskatnuss • 1 EL Macisblüte (Blüte des Muskatnussbaumes)
Prise Cayennepfeffer • eventuell 3 Lorbeerblätter

ZUBEREITUNG
Alle genannten Gewürze in einer Küchenmaschine fein mahlen. Anschließend in einer Schüssel mit dem Salz vermengen, in ein Glas füllen und gut verschlossen aufbewahren.

TIPP: Diese Salzmischung eignet sich zum Bestreichen und Marinieren von Grillgut.

Wildgewürzsalz 2

ZUTATEN
80 g grobes Steinsalz • 1 gestrichener EL Pfefferkörner
1 gehäufter TL Rosmarin • 1 TL Koriander • 4 Wacholderbeeren
2 gehäufte EL Thymian • 3 Nelken • 5 Lorbeerblätter

ZUBEREITUNG
Alle genannten Gewürze in einer Küchenmaschine fein mahlen. Anschließend in einer Schüssel mit dem Salz vermengen, in ein Glas füllen und gut verschlossen aufbewahren.

TIPP: Wer will, kann je nach persönlichem Geschmack Piment, Majoran, Zitronen- oder Orangenschalenpulver (s. S. 295) beimengen.

Nuss-Salz

ZUTATEN
20 g Stein- oder Meersalz • 40 g Sesam (eventuell auch hell und dunkel gemischt) • 100 g ganze Haselnüsse oder Haselnussblättchen
1 EL Koriander • 1/2 EL Pfefferkörner

ZUBEREITUNG
Koriander, Sesam und Nüsse in einer Pfanne hell rösten und abkühlen lassen. Mit Pfeffer mischen und fein reiben. Salz dazumengen, in ein Glas füllen und gut verschlossen aufbewahren.

TIPP: Dieses Salz ist eine ausgezeichnete Würze für Wild und Geflügel bzw. Zutat für Buttermischungen.

Gewürzsalz für Rind- oder Schweinefleisch

ZUTATEN
80 g grobes Stein- oder Meersalz • 1 TL gemahlener Pfeffer • 1 EL Thymian
1 EL Salbei • 1 EL Rosmarin • 2 EL Petersilie • 1 TL Liebstöckel
10 Wacholderbeeren • 6 Lorbeerblätter • etwas getrocknete Zwiebel
eventuell Majoran und Paprikapulver nach Geschmack

ZUBEREITUNG
Alle ganzen Gewürze in einer Küchenmaschine fein mahlen. Anschließend in einer Schüssel mit dem Salz und den restlichen Gewürzen vermengen, in ein Glas füllen und gut verschlossen aufbewahren.

TIPP: Als Grillwürze oder zum Marinieren von Fleisch vermengen Sie das Salz mit etwas Öl und Weinbrand.

Fischgewürz

ZUTATEN

4 EL grobes Stein- oder Meersalz • 2 gehäufte EL Petersilie • 2 EL Fenchel
1 EL Anis • 1 EL Wacholderbeeren • 1 TL gemahlener, weißer Pfeffer
5 g Zitronenschalenpulver

ZUBEREITUNG

s. Gewürzsalz für Rind- oder Schweinefleisch S. 227

Lamm- und Fischgewürz

ZUTATEN

4 EL Stein- oder Meersalz • 3 EL Rosmarin • 1 TL gemahlener Pfeffer
2 EL Liebstöckel • 2 gehäufte EL Petersilie • eventuell Knoblauch,
Pfefferminze, Dille, getrocknete Zwiebel je nach Verwendung

ZUBEREITUNG

s. Gewürzsalz für Rind- oder Schweinefleisch S. 227

Pasteten- und Wildgewürz

ZUTATEN

4 EL grobes Stein- oder Meersalz • 1 TL gemahlener Pfeffer
1 EL rosa Pfefferkörner • 1 TL Anis • 1 EL Macisblüte (Blüte des Muskatnussbaumes) • 1 EL Thymian • 3 Lorbeerblätter • 10 Pimentkörner
10 Wacholderbeeren • 4 Nelken • etwas getrocknete Zwiebel

ZUBEREITUNG

s. Gewürzsalz für Rind- oder Schweinefleisch S. 227

TIPP: Verwenden Sie das Salz auch zum Würzen von Wild, Geflügel, Ente und Leber.

Gewürzsalz für Gemüse und Käse

ZUTATEN

4 EL grobes Stein- oder Meersalz • 2 gehäufte EL Petersilie
1/2 TL edelsüßes Paprikapulver • 1 EL Bohnenkraut • 1 EL Oregano
1 EL Thymian • 1 EL Rosmarin • eventuell Liebstöckel
etwas getrocknete Zwiebel

ZUBEREITUNG

s. Gewürzsalz für Rind- oder Schweinefleisch S. 227

Grillsalz

ZUTATEN
4 EL grobes Stein- oder Meersalz • 1 TL edelsüßes Paprikapulver
1 EL Koriander • 1 TL gemahlener, schwarzer Pfeffer
4 EL getrocknete Zwiebel • 1 EL getrockneter Knoblauch
1/4 TL gemahlene Muskatnuss • 1/2 TL feinst geriebener Ingwer
2 gehäufte EL Petersilie • 1 EL Thymian • etwas getrocknete Zwiebel

ZUBEREITUNG
s. Gewürzsalz für Rind- oder Schweinefleisch S. 227

Kräutersalz

ZUTATEN
4 EL grobes Meer- oder Steinsalz • 1 gehäufter EL Thymian
1 gehäufter EL Rosmarin • etwas getrocknete Zwiebel

ZUBEREITUNG
s. Gewürzsalz für Rind- oder Schweinefleisch S. 227

TIPPS
- Dieses Salz ist eine ausgezeichnete Würze für Wild und Geflügel.
- Als zusätzliche Gewürze eignen sich Wacholderbeeren, Pfefferkörner, Majoran, Oregano, Chilischoten und gemahlener Pfeffer.

Currysalz

ZUTATEN
4 EL grobes Stein- oder Meersalz • 1 EL Curry • eventuell Piment, Kurkuma, Macisblüte (Blüte des Muskatnussbaumes), Orangenschale

ZUBEREITUNG
s. Gewürzsalz für Rind- oder Schweinefleisch S. 227

TIPP: Dieses Currysalz eignet sich zum Würzen von Fisch und Geflügel ganz hervorragend.

HIER NOCH EINIGE WEITERE ANREGUNGEN FÜR WÜRZMISCHUNGEN:

FÜR FISCH: Curry, Pfeffer, Zwiebel, Petersilie, Chilis, Kurkuma, Sellerie, Dille
FÜR AUFSTRICHE: Zwiebeln, Paprika, Dille, Petersilie, Schnittlauch, Kerbel, Liebstöckel, Pfeffer, Bärlauchblätter
ZUM GRILLEN: Paprika, Pfeffer, Koriander, Muskatnuss, Ingwer, Knoblauch, Zwiebeln, rosa Pfefferkörner
FÜR NUDELN: Zwiebeln, Knoblauch, Oregano, Chilis, Thymian, Basilikum, Kurkuma, Paprika, eventuell Rosmarin

Suppenwürze

ZUTATEN

300–400 g grobes Stein- oder Meersalz • 10 g Kümmel
2 TL gemahlene Muskatnuss • 6 kleine Lorbeerblätter • 1 EL Koriander
2 gehäufte EL Majoran • 1 EL Wacholderbeeren • 1 EL Rosenpaprika
1/2 EL Pfefferkörner • 1 gehäufter TL getrocknetes Liebstöckel
1 gehäufter TL getrocknete Petersilie • 60–80 g zerdrückter Knoblauch
(je nach Geschmack)

ZUBEREITUNG

Ganze Gewürze mahlen, mit dem Salz sowie den restlichen Gewürzen und Knoblauch gut vermischen. In Gläser füllen und gut verschlossen aufbewahren.

TIPPS

- Diese Mischung können Sie zum Würzen von Suppen, Soßen, Rindsbraten, Schweinsbraten sowie diversen anderen Fleischgerichten verwenden.
- Für Suppen nehmen Sie davon auf ca. 300 ml Wasser einen gestrichenen Kaffeelöffel.
- Mit Öl vermengt ist die Würze zum Einlegen von Fleisch hervorragend geeignet.

Gewürzmischung

ZUTATEN

2 TL gemahlener Zimt • 1 TL gemahlene Nelken
1 TL gemahlene Muskatnuss • 1 Vanilleschote • 1/2 TL gemahlener, weißer Pfeffer • 1/2 TL gemahlener Piment • 1 TL gemahlener Kardamom

ZUBEREITUNG

Alle Gewürze in einer Küchenmachine fein mahlen und in Gläser füllen.
Gut verschlossen aufbewahren.

TIPP: Diese Mischung passt sehr gut zu Chutneys, Zwetschkenwürzsoße und pikanten Marmeladen, aber auch zu Likören, Punschen und Marmeladen.

Zuckermischungen

Zimtzucker

ZUTATEN
250 g Feinkristall-, Gelb- oder Rohrzucker • 3 TL gemahlener Zimt

ZUBEREITUNG
Zucker und Zimt in einer Kaffeemühle oder Küchenmaschine sehr fein mahlen und gut verschlossen aufbewahren.

TIPPS
- Auch ein wenig Orangenschale eignet sich als Zutat sehr gut.
- Der Zucker schmeckt sehr gut zu Apfel- und Birnengerichten, Marmeladen, Punschen und Likören.

Vanillezucker

ZUTATEN
300 g Feinkristall-, Gelb- oder Rohrzucker • 1 Vanilleschote

ZUBEREITUNG
Zucker und Vanilleschote in einer ausgedienten Kaffeemühle oder einer Küchenmaschine fein mahlen und gut verschlossen aufbewahren.

TIPP: Sie können auch nur das ausgekratzte Mark der Schote verwenden. Werfen Sie die Schote aber nicht weg, sondern verwenden sie für Kompotte, Marmeladen, Sirupe oder Liköre. Bei Verwendung der ganzen Schote wird der Zucker geschmacksintensiver.

Orangen-Ingwer-Zucker

ZUTATEN
250 g Feinkristall-, Gelb- oder Rohrzucker • 4 TL fein gemahlener Ingwer
10 g Orangenschalenpulver (ersatzweise getrocknete, unbehandelte, fein geriebene Orangenschale) • 5 g Zitronenschalenpulver (s. S. 295, ersatzweise getrocknete, unbehandelte, fein geriebene Zitronenschale) • eventuell 1/2 TL Zimt, Safran oder Muskatnuss

ZUBEREITUNG
Alle Zutaten in einer ausgedienten Kaffeemühle oder einer Küchenmaschine fein mahlen und gut verschlossen aufbewahren.

Glühweingewürzzucker

ZUTATEN
250 g Feinkristall-, Gelb- oder Rohrzucker • 1/2 TL gemahlene Nelken
3 TL gemahlener Zimt • 5 g Zitronenschalenpulver (ersatzweise getrocknete, unbehandelte, fein geriebene Zitronenschale) • 10 g Orangenschalenpulver (ersatzweise getrocknete, unbehandelte, fein geriebene Orangenschale)
4–5 TL selbst hergest. Vanillezucker (s. S. 231) • 1/2 TL fein gemahlener Piment

ZUBEREITUNG
Gewürze mit Zucker in einer ausgedienten Kaffeemühle oder einer Küchenmaschine fein mahlen und gut verschlossen aufbewahren.

TIPPS
- Eventuell können Sie auch Apfelschalenpulver (s. S. 295) oder Lebkuchengewürz untermischen.
- Eventuell können Sie den Gewürzzucker in einen Teefilter füllen und dann erst in den erhitzten Wein geben. So bleiben etwaige Partikel nicht im Getränk.
- Den Gewürzzucker können Sie auch als Zutat für Weihnachtsbutter verwenden.

Kakaozucker

ZUTATEN
250 g Feinkristall-, Gelb- oder Rohrzucker • 5 TL selbst hergest. Vanillezucker (s. S. 231) • 1 TL gemahlener Zimt • 1/2 TL gemahlene Nelken • 1/2 TL gemahlener Kardamom • 1/2 TL gemahlener Piment • 2–3 TL Kakaopulver

ZUBEREITUNG
Alle Zutaten in einer ausgedienten Kaffeemühle oder einer Küchenmaschine fein mahlen und gut verschlossen aufbewahren.

TIPP: Dieser Zucker ist zum Süßen für verschiedene Desserts sowie Mus, Joghurts, Heißgetränke, Tiramisu, Grießflammeri, Weihnachtsbutter, Obers, Milchmixgetränke und Punsche geeignet.

VARIANTE: 130 g Kakaozucker mit 4 TL Kokosflocken fein vermahlen.

Aranzini

ZUTATEN FÜR CA. 100 STÜCK
10 unbehandelte Orangen • 1,6 kg Kristallzucker

ZUBEREITUNG
Orangen waschen, halbieren, den Saft auspressen und ca. 5 Stunden in klarem Wasser einweichen. Die weiße Innenhaut mit einem kleinen Löffel behutsam ausschaben **(1)**. Die Schalen für einen halben Tag in lauwarmes Wasser legen **(2)**, anschließend in kräftig gesalzenem Wasser überkochen **(3)**. Kalt abschrecken und abtropfen lassen. Ca. 1 Tag in klarem Wasser einweichen, Wasser mehrmals wechseln.

1 l Wasser mit 1,2 kg Zucker aufkochen **(4)**, Schalen zugeben, nochmals aufkochen (darauf achten, dass die Früchte gänzlich mit Flüssigkeit bedeckt sind) **(5)**, vom Herd nehmen und im Sirup auskühlen lassen. Über Nacht stehen lassen.

Am nächsten Tag die Orangenschalen aus dem Sirup heben **(6)**. 200 g Zucker zum Sirup geben, aufkochen **(7)**, Schalen wieder zugeben und aufkochen. Vom Herd nehmen und im Sirup auskühlen lassen. Über Nacht stehen lassen.

Die Orangenschalen nun nochmals wie oben beschrieben behandeln: aus dem Sirup heben, restlichen Zucker (200 g) zum Sirup geben, aufkochen, Orangenschalen zugeben, erneut aufkochen und auskühlen lassen. Die Orangenschalen 2 Tage im Sirup ziehen lassen.

Orangenschalen aus dem Sirup heben **(8)**, auf einem Sieb abtropfen lassen und 2 Tage auf einem Abtropfgitter bei Zimmertemperatur trocknen lassen **(9)**. Die Orangenschalen können im Kühlschrank 3–4 Wochen oder eingefroren bis zu 6 Monaten aufbewahrt werden.

TIPP: Zum Genuss die Orangenschalen in Streifen schneiden **(10)** und entweder in Kristallzucker wälzen oder mit Schokoladeglasur überziehen bzw. in Schokolade tauchen.

In Honig Eingelegtes

Honig wird vorwiegend als Süßungsmittel eingesetzt und dient als natürlicher Ersatz für diverse Zuckerarten. Sein Einsatz als Konservierungsmittel ist eher weniger bekannt. Aber bereits die Römer hatten den Wert des süßen Elixiers als Konservierungsmittel erkannt und Spargel auf diese Weise haltbar gemacht.

Je nachdem, ob Wald-, Wiesen- oder Blütenhonig unterscheidet sich dieser im Aroma, in der Farbe sowie Konsistenz. Ein weiteres Unterscheidungsmerkmal wird nach der Art seiner Gewinnung getroffen (z. B. Waben-, Schleuder- oder Presshonig). Honig hat die Eigenschaft, seinen charakteristischen Geschmack auf jedes andere Nahrungsmittel mehr oder minder intensiv zu übertragen.

Beim Einlegen in Honig sollte man demnach die jeweiligen Sorten dem eingelegten Nahrungsmittel anpassen. Handelsüblicher Mischblütenhonig vermittelt eher einen dezenten Honiggeschmack. Vor allem Blütenhonige erinnern aufgrund ihrer Herkunft an den jeweiligen Duft der „Wirtspflanze" (Akazienhonig). So mit Aromen angereicherter Honig verfeinert uns manchen süßen Nachtisch, verlängert aber auch durch seine natürliche Feuchtigkeit die Haltbarkeit von Gebäck. Er findet Verwendung bei speziellen Grillsoßen, in der Naturküche und bei vielem mehr.

Wenn Honig kühl, trocken und luftdicht gelagert wird, ist er nahezu unbegrenzt haltbar. Dabei ist es wichtig, den Honig vor direkter Lichteinstrahlung zu schützen. Im Kühlschrank ist er nicht gut aufgehoben, da er hier auskristallisiert. Sollte dies jedoch trotzdem einmal passieren, dann erwärmen Sie den Honig langsam in einem mäßig warmen Wasserbad.

Sesam-Nuss-Honig

ZUTATEN FÜR 1 GLAS À 270 ML

60 g Sesam • 50 g fein gehackte Haselnüsse • 1 TL grob zerkleinerte Korianderkörner • 200–300 g Wald- oder Blütenhonig • 1 TL Rosmarin eventuell etwas Balsamico • etwas Alkohol (80 %)

ZUBEREITUNG

Sesam und Nüsse mit Koriander in einer Pfanne trocken rösten. Mit Honig und Rosmarin vermischen, eventuell mit Essig abschmecken, in ein Glas füllen, verschließen und mindestens 5 Tage reifen lassen. Für eine längere Lagerung träufeln Sie mithilfe einer Pipette einige Tropfen Alkohol (80 %) darüber, zünden ihn an und verschließen das Glas sofort.

TIPP: Der Honig eignet sich sehr gut als Garnitur für kräftige Wild-, Lamm- und Rindfleischgerichte, für Salatsoßen, Krusten, als Beigabe zu Kräuterbutter oder Buttermischungen; er passt auch zu Gemüse und Käse.

Knoblauch in Honig

ZUTATEN FÜR 1 GLAS À 370 ML
200 g Wald- oder Blütenhonig • 40 ml Zitronensaft
1 Chilischote oder einige Chilikerne • 200 g geschälte Knoblauchzehen
1/2 TL Salz • 1/2 TL getrockneter Rosmarin • 150–200 ml Milch
etwas Alkohol (80 %)

ZUBEREITUNG
Knoblauchzehen in heißer Milch kurz aufkochen, kalt abschwemmen, abtropfen und trocknen lassen. Honig mit Zitronensaft sowie Salz aufkochen und Gewürze dazugeben. Knoblauchzehen ins Glas füllen. Mit der heißen Honigmischung übergießen, verschließen und mindestens 5 Tage ziehen lassen. Mithilfe einer Pipette einige Tropfen Alkohol darüberträufeln, anzünden und sofort verschließen.

TIPPS
- Bewahren Sie offene Gläser im Kühlschrank auf.
- Schütten Sie die Knoblauchmilch nicht weg. Mit Zucker, Salz, einer Prise Pfeffer, etwas Senf und Essig verrühren, mit dem Stabmixer Öl einrühren und wie Mayonnaise aufschlagen. Das ergibt ein köstliches Dressing oder eine Salatmarinade. Knoblauchmilch kann auch für einen Aufguss für Knoblauchsuppe oder -soße verwendet werden.
- Der so eingelegte Knoblauch passt sehr gut zu Lamm-, Wild- und Geflügelgerichten.

Honiggemüse

ZUTATEN FÜR 5 GLÄSER À 210 ML
1 kg Zucchini • 1 TL frisch geriebener Ingwer • 200 ml Apfel-, Most- oder Weißweinessig (6 %) • 70 ml Zitronensaft • 350 g Honig (oder 150 g Rohrzucker und 200 g Honig) • 1 EL Senfkörner • etwas Alkohol (80 %)

ZUBEREITUNG
Die gewaschenen Zucchini in fingerbreite Würfel oder Stifte schneiden. Alle anderen Zutaten miteinander vermischen und aufkochen. Gemüse darin 5–10 Minuten kochen. Mit einem Lochschöpfer wieder herausnehmen und in heiße, vorbereitete Gläser füllen. Sud nochmals einkochen lassen, über das Gemüse schöpfen und Gläser verschließen. Nach 2 Tagen den Sud nochmals abgießen, erneut aufkochen lassen und dann wiederum über die Zucchini gießen. Mithilfe einer Pipette einige Tropfen Alkohol darüberträufeln, anzünden und sofort verschließen. Vor dem Verzehr 2–3 Wochen ziehen lassen.

TIPPS
- Für diese Zubereitung benötigen Sie keinen hochwertigen Honig, da er durch das Kochen ohnehin seine Inhaltsstoffe verliert und nur noch Geschmack und Süße bleiben. Er sollte auch keinen zu ausgeprägten Eigengeschmack haben.
- Die gleiche Zubereitungsart können Sie bei Gurken (eventuell ohne Kerne), Kürbisfleisch, Karotten, gelben Rüben, Sellerie usw. anwenden.
- Nach dem Einkochen sollten 400–450 ml Flüssigkeit übrig bleiben.

Essigäpfel in Honig

ZUTATEN FÜR 3 GLÄSER À 370 ML UND 1 GLAS À 210 ML
1 kg geschälte, entkernte Kochäpfel oder Fallobst • 400 g Blüten- oder Waldhonig • 30 ml Zitronensaft • 200–300 ml Weißweinessig (6 %)
1/2 TL gemahlene Nelken • 1–2 TL fein gemahlener Zimt • 3 Lorbeerblätter
1 TL Pektin • etwas Alkohol (80 %)

ZUBEREITUNG
Essig mit Gewürzen aufkochen. Dann die grob geraspelten oder in Würfel geschnittenen Äpfel dazugeben und 20–30 Minuten unter ständigem Rühren einkochen, bis die Mischung eingedickt bzw. die meiste Flüssigkeit verdampft ist. Honig und Pektin mittels Schneebesen einrühren, noch einmal aufkochen und 1 Minute einkochen lassen. Sofort in vorbereitete Gläser füllen. Mithilfe einer Pipette einige Tropfen Alkohol darüberträufeln, anzünden und gleich verschließen.

TIPP: Nach Belieben noch Rosinen, kandierten Ingwer oder andere kandierte Früchte dazumischen. Für ein noch besseres Aroma kochen Sie zusätzlich Apfelschalen-, Zitronen- oder Orangenschalenpulver (s. S. 295) oder Lebkuchengewürz mit den Gewürzen auf.

Walnüsse in Honig Rezept von Irene Lechleitner

ZUTATEN FÜR 2 GLÄSER À CA. 250 G
120 g Walnüsse (am besten im Ofen kurz geröstet) • 200–300 g Wald- oder Blütenhonig • 10 ml Zitronensaft • 40 ml Nuss-Schnaps oder Weinbrand
eventuell eine aufgeschnittene Vanilleschote, Rumrosinen, Chili

ZUBEREITUNG
Alle Zutaten miteinander verrühren. In vorbereitete Gläser füllen, verschließen und einige Tage reifen lassen.

TIPPS
- Die Nüsse sollten Sie – wenn überhaupt – nur sehr grob zerkleinern. Probieren Sie auch eine Mischung aus Pinienkernen, Walnüssen und Haselnüssen.
- Als weitere geschmackliche Verfeinerungen könnten kleine, rote, getrocknete Chilischoten, Senfpulver oder -körner, würziger Senf, Pfeffer, Zimt, Nelken, in Milch gekochter Knoblauch, Koriander, Muskatnuss, geröstete Sesamkörner oder Balsamico dienen.

Dörrzwetschken in Honig Rezept von Irene Lechleitner

ZUTATEN FÜR 2 GLÄSER À 210 ML
200 g Dörrzwetschken • 200–300 g Wald- oder Blütenhonig
30–60 ml Zwetschkenschnaps • eventuell klein geschnittener Ingwer

ZUBEREITUNG
Zwetschken fein faschieren oder in einer Küchenmaschine cuttern. Mit Honig und Schnaps gut verrühren. In vorbereitete Gläser füllen, verschließen und einige Tage reifen lassen.

Getrocknete Marillen in Honig

Rezept von Irene Lechleitner

ZUTATEN FÜR 2 GLÄSER À CA. 250 ML
200 g getrocknete Marillen • 200–300 g Wald- oder Blütenhonig
1 EL grob geschrotete, rote Pfefferkörner • 30–60 ml Marillenschnaps

ZUBEREITUNG
Marillen fein faschieren oder in einer Küchenmaschine cuttern. Mit Honig, Pfefferkörnern und Schnaps gut verrühren. In vorbereitete Gläser füllen, verschließen und einige Tage reifen lassen.

Feigen in Honig
Rezept von Irene Lechleitner

ZUTATEN FÜR 2 GLÄSER À CA. 250 ML
200 g getrocknete Feigen • 200–300 g Wald- oder Blütenhonig
eventuell ca. 1 EL Dijonsenf • 40 ml weißer Rum

ZUBEREITUNG
Feigen fein faschieren oder in einer Küchenmaschine cuttern. Mit Honig, Rum und Senf gut verrühren. In vorbereitete Gläser füllen, verschließen und einige Tage reifen lassen.

Honigpunsch

ZUTATEN FÜR 2 FLASCHEN À 500 ML

500 g Blüten- oder Waldhonig • 1 Zimtstange (12 g) • 30 ml Zitronensaft
je 5 g Zitronen- und Orangenschalenpulver (s. S. 295) oder unbehandelte,
frisch geriebene Schalen • 10 Nelken • 300 ml Rum (60 %) • 100 ml Weißwein
oder Wasser • eventuell eine aufgeschnittene Vanilleschote

ZUBEREITUNG

Wein oder Wasser mit allen Gewürzen aufkochen, etwas einkochen lassen und zugedeckt 2 Stunden ziehen lassen. Abseihen, Honig darin auflösen (eventuell muss die Flüssigkeit erwärmt werden, damit sich der Honig gut auflöst). Ausgekühlt mit Rum vermischen. Abfüllen und einige Zeit reifen lassen. Nach 1–2 Wochen abseihen und in gefällige Flaschen umfüllen.

TIPPS

- Den Honigpunsch können Sie ebenso mit Arrak und Orangenlikör zusätzlich aromatisieren. Kandierter Ingwer, Sternanis, Pimentkörner und Lebkuchengewürz verleihen dem Punsch ebenfalls ein tolles Aroma.
- Der in schöne Flaschen abgefüllte Punsch ist ein ideales Geschenk und Mitbringsel. Er passt zu Glühwein, Glühmost, Tee oder kann nur mit heißem Wasser aufgegossen werden. Als Garnitur macht sich ein Stück Orangen- oder Zitronenschale ganz ausgezeichnet.

Honigwein

ZUTATEN FÜR 2 FLASCHEN À 750 ML

1 l Rot- oder Weißwein • 500 g Blüten- oder Waldhonig • je eine Prise
Lebkuchengewürz und gemahlener Zimt • 5 g Orangenschalenpulver
(ersatzweise unbehandelte, frisch geriebene Schale)

ZUBEREITUNG

Wein mit Gewürzen einmal aufkochen lassen. Abgekühlt gut mit Honig verrühren und abfüllen. Mindestens 1 Woche ziehen lassen, abseihen und in gefällige Flaschen füllen.

TIPPS

- Dieser Honigwein eignet sich hervorragend zum Süßen von heißen Wintergetränken wie Punsch und Tee.
- Wer mag, aromatisiert mit etwas Rum, Orangenlikör oder Zitronensaft.

Backen im Einmachglas, Brote und süße Festtagsgebäcke

Backen im Einmachglas

Der Titel klingt vielleicht ein wenig ungewöhnlich und merkwürdig, aber probieren Sie es einmal aus. Die Vorteile werden Sie wohl überzeugen:

- Der Kuchen schmeckt wie frisch gebacken.
- Er lässt sich – auf Vorrat gebacken – schnell auf den Tisch zaubern.
- Sie können praktisch jeden Rührteigkuchen im Einmachglas backen. Probieren Sie Ihre Lieblingsrezepte einfach aus.
- Der Kuchen muss nicht aufgetaut oder frisch gebacken werden.
- Aus Zeitersparnis können Sie auch gleich mehrere Kuchen backen.
- Diese Kuchen eignen sich hervorragend als nettes Mitbringsel und sind ein sehr persönliches Geschenk.
- Die Haltbarkeit beträgt ca. 6 Monate.

HIER EINIGE TIPPS, WIE IHR KUCHEN IM EINMACHGLAS IMMER GELINGT

- Zum Backen im Einmachglas benötigen Sie spezielle Sturzgläser. Diese haben eine konische Form, werden somit zum Glasrand hin weiter. Ihre Beschaffenheit ist glatt und ohne Rillen. Somit lässt sich jeder Kuchen leicht herausnehmen.
- Fetten Sie die Gläser vor dem Einfüllen gut ein und streuen Sie sie nach Belieben mit geriebenen Nüssen, Mandeln, Semmelbröseln, aber auch Mehl aus. Das gilt vor allem für den Boden, denn die Ränder lassen sich mit dem Messer leicht lösen.
- Achten Sie beim Einfüllen des Teiges darauf, dass der Glasrand völlig sauber bleibt. Der Teig sollte nur bis ungefähr zur Hälfte (maximal bis zu 3/4) der Glashöhe eingefüllt werden. Abhängig ist dies vom jeweiligen Triebmittel der verwendeten Masse.
- Sollte der Teig einmal zu hoch aufgegangen sein, kontrollieren Sie, ob der Glasdeckel noch gut aufliegt. Durch ein Übergehen der Masse würde der Deckel nicht mehr direkt auf dem Glas aufliegen.
- Verschließen Sie den fertigen Kuchen am besten sofort mit vorbereiteten Gummiringen, Deckeln, Bügeln oder Klammern. Stellen Sie die Gläser in einen mit einem Drahtgitter ausgelegten und mit heißem Wasser gefüllten Einkochtopf und kochen sie bei 98 °C 30 Minuten ein.
- Oder verschließen Sie die gefüllten, ungebackenen Gläser sofort und stellen Sie sie im Einkochtopf in ein warmes Wasserbad, das bis zu 2/3 mit Wasser bedeckt ist. Dann kochen Sie alles 90–120 Minuten ein und lassen die Gläser im Wasserbad auskühlen, sodass die Kuchen nachgaren können.
- Achten Sie darauf, dass die Gläser beim Einkochen im Backrohr die Wand des Backofens nicht berühren, da sie sonst leicht Risse bekommen.
- Zum Anrichten öffnen Sie die Gläser und lösen den Kuchen vorsichtig aus dem Glas. Bei Bedarf tauchen Sie das Glas kurz in heißes Wasser. Schneiden Sie den Kuchen in Scheiben und servieren ihn mit Obers, Cremen, Obst oder Tortenguss.

Albins Marmorkuchen

Rezept von Irmi Cuchnal

ZUTATEN FÜR 5 GLÄSER À 500 ML
250 g glattes Weizenmehl • 180 g Staubzucker • 100 g Feinkristallzucker
125 ml Öl • 125 ml Most (ersatzweise Wein oder Wasser, Apfel- oder Traubensaft) • 5 Eidotter • 5 Eiklar • 1 P. Vanillezucker • 1/2 P. Backpulver
3 EL Kakaopulver • Prise Salz • Prise frisch geriebene Schale einer unbehandelten Zitrone

ZUBEREITUNG
Staubzucker, Vanillezucker, Dotter, Öl und Most sehr schaumig rühren. Eiklar mit Feinkristallzucker und einer Prise Salz zu einem steifen Schnee schlagen. Mehl mit dem Backpulver vermengen, Zitronenschale dazugeben und abwechselnd mit dem steif geschlagenen Schnee zu der schaumig gerührten Masse geben. Den Teig halbieren und zu einer Hälfte das Kakaopulver geben. Abwechselnd helle und dunkle Masse in die vorbereiteten, gefetteten, mit Semmelbröseln oder Mehl ausgestreuten Gläser füllen und im vorgeheizten Backrohr bei 165 °C ca. 40 Minuten offen backen. Die Glasränder auf Sauberkeit überprüfen, mit Gummiring belegen, Deckel auflegen und mit Klammern verschließen. In den Einkochtopf oder Dampfgarer stellen und bei 100 °C 30 Minuten einkochen. Die Einkochzeit beginnt erst, wenn die Temperatur erreicht und das Kontrolllicht erloschen ist. Wenn die Gläser ausgekühlt sind, Klammern unbedingt entfernen und vorsichtig prüfen, ob alle Deckel auch fest sitzen.

Schokokuchen

ZUTATEN FÜR 4 GLÄSER À 750 ML
200 g zimmerwarme Butter oder Margarine • 280 g Feinkristallzucker
5 Eier • 400 g glattes Weizenmehl • 200 ml Milch • 30 g Vanillezucker
20 ml Rum (60 %) • 1 P. Backpulver • Prise Salz • 100 g geschmolzene Kuvertüre oder Haushaltsschokolade

ZUBEREITUNG
Butter mit Zucker und Vanillezucker sehr schaumig rühren, nach und nach Eier dazugeben, anschließend Milch und Rum. Zuletzt das mit Backpulver vermengte Mehl einrühren. Die Hälfte der Masse in Sturzgläser füllen. In die restliche Masse die geschmolzene Schokolade rühren und löffelweise in den Gläsern verteilen sowie mit einer Gabel locker verrühren.
Im vorgeheizten Backrohr bei 165 °C 40–50 Minuten offen backen. Die Glasränder auf Sauberkeit überprüfen, mit Gummiring belegen, Deckel auflegen und mit Klammern verschließen. In den Einkochtopf oder Dampfgarer stellen und bei 100 °C 30 Minuten einkochen. Die Einkochzeit beginnt erst, wenn die Temperatur erreicht und das Kontrolllicht erloschen ist. Wenn die Gläser ausgekühlt sind, Klammern unbedingt entfernen und vorsichtig prüfen, ob die Deckel auch fest sitzen.

Mohr im Hemd

ZUTATEN FÜR 1 GLAS À 750 ML UND 1 GLAS À 500 ML
70 g zimmerwarme Butter oder Margarine • 20 g Feinkristallzucker
70 g erweichte Schokolade oder Kuvertüre • 4 Eidotter • 70 g geriebene Haselnüsse (Walnüsse oder Mandeln) • 10 g Weißbrot- oder Semmelbrösel
4 Eiklar • 40 g Feinkristallzucker

ZUBEREITUNG

Butter mit Eidotter und Zucker sehr schaumig rühren. Eiklar mit Zucker zu schmierigem Schnee schlagen, Schokolade oder Kuvertüre zerlassen und unter die Dottermasse mengen. Sämtliche Zutaten vermengen, zuletzt den Schnee unterheben. Sturzgläser einfetten und mit Bröseln ausstreuen. Den Teig bis zur Hälfte einfüllen, Deckel auflegen und mit Klammern verschließen. In den Einkochtopf oder Dampfgarer stellen und bei 100 °C etwa 110 Minuten einkochen. Die Einkochzeit beginnt erst, wenn die Temperatur erreicht und das Kontrolllicht erloschen ist. Wenn die Gläser ausgekühlt sind, Klammern unbedingt entfernen und vorsichtig prüfen, ob die Deckel auch fest sitzen. Vor dem Gebrauch das Glas öffnen, den Gummiring entfernen und den Glasdeckel locker auflegen. Im kochenden Wasserbad auf ein Tuch oder einen Einlegerost (Drahtgestell) stellen, erwärmen, aus dem Glas stürzen und mit Schlagobers und Schokoladesoße servieren.

TIPP: Bei diesem Rezept handelt es sich um einen Dunstpudding, der geschlossen gebacken wird, damit er schön saftig bleibt.

Mohnauflauf

ZUTATEN FÜR 1 GLAS À 750 ML UND 1 GLAS À 500 ML
80 g weiche Butter oder Margarine • 30 g Honig • 3 Eidotter • 3 Eiklar
70 g Feinkristallzucker • 80 g fein gemahlener Mohn • 50 g Brösel
20 ml Rum • Prise Salz • Prise Vanillezucker

ZUBEREITUNG

Butter mit Honig, Vanillezucker, Salz und Eidotter schaumig rühren. Eiklar mit Zucker steif schlagen. Brösel mit Rum anfeuchten. Abwechselnd Schnee, Brösel und Mohn unter den Abtrieb mischen. Sturzgläser einfetten und mit Semmelbröseln ausstreuen. Den Teig bis zur Hälfte einfüllen, Deckel auflegen und mit Klammern verschließen. In den Einkochtopf oder Dampfgarer stellen und bei 100 °C etwa 110 Minuten einkochen. Die Einkochzeit beginnt erst, wenn die Temperatur erreicht und das Kontrolllicht erloschen ist. Wenn die Gläser ausgekühlt sind, Klammern unbedingt entfernen und vorsichtig prüfen, ob die Deckel auch fest sitzen. Vor dem Gebrauch das Glas öffnen, den Gummiring entfernen und den Glasdeckel locker auflegen. Im kochenden Wasserbad auf ein Tuch oder einen Einlegerost (Drahtgestell) stellen, erwärmen, aus dem Glas stürzen und mit Schlagobers und Schokoladesoße servieren. **Foto rechts**

Nusskuchen

ZUTATEN FÜR 4 GLÄSER À 500 ML
180 g zimmertemperierte Butter oder Margarine • 180 g Feinkristallzucker
3 Eier • 240 g glattes Weizenmehl • 1/2 TL Backpulver • 70 g fein gemahlene
Walnüsse (ersatzweise andere Nüsse oder Mandeln) • 40 ml Milch oder Rum

ZUBEREITUNG
Butter mit Zucker sehr schaumig rühren, nach und nach die Eier dazugeben und nochmals schaumig rühren. Restliche Zutaten untermengen. In die Gläser füllen und im vorgeheizten Backrohr bei 165 °C ca. 40 Minuten offen backen. Die Glasränder auf Sauberkeit überprüfen, mit Gummiring belegen, Deckel auflegen und mit Klammern verschließen. In den Einkochtopf oder Dampfgarer stellen und bei 100 °C 30 Minuten einkochen. Die Einkochzeit beginnt erst, wenn die Temperatur erreicht und das Kontrolllicht erloschen ist. Wenn die Gläser ausgekühlt sind, Klammern unbedingt entfernen und vorsichtig prüfen, ob die Deckel auch fest sitzen.

Eierlikörkuchen
Rezept von Irene Lechleitner

ZUTATEN FÜR 4 GLÄSER À 750 ML
5 Eier • 250 g Feinkristallzucker • 125 g Maisstärke • 125 g glattes Weizenmehl • etwas Backpulver • Vanillezucker • etwas Orangenzesten Schuss Orangenlikör • 250 ml Öl • 250 ml Eierlikör

ZUBEREITUNG
Eier mit Zucker sehr schaumig rühren. Restliche Zutaten dazumischen und in die vorbereiteten Gläser füllen. Im vorgeheizten Backrohr bei 170 °C ca. 1 Stunde offen backen. Die Glasränder auf Sauberkeit überprüfen, mit Gummiring belegen, Deckel auflegen und mit Klammern verschließen. In den Einkochtopf oder Dampfgarer stellen und bei 100 °C 30 Minuten einkochen. Die Einkochzeit beginnt erst, wenn die Temperatur erreicht und das Kontrolllicht erloschen ist. Wenn die Gläser ausgekühlt sind, Klammern unbedingt entfernen und vorsichtig prüfen, ob die Deckel auch fest sitzen.

TIPP: Statt Eierlikör können Sie auch Kaffee- oder Nougatlikör verwenden.

Zitronengugelhupf

ZUTATEN FÜR 4 GLÄSER À 750 ML
300 g zimmerwarme Butter oder Margarine • 150 g Feinkristallzucker 3 Eier • 4 Eidotter • 4 Eiklar • 150 g Feinkristallzucker • 240 g glattes Weizenmehl • fein geriebene Schale von 1–2 unbehandelten Zitronen oder Zitronenschalenpulver (s. S. 295) • 10 ml Zitronensaft

ZUBEREITUNG
Butter mit Zucker sehr schaumig rühren. Eidotter nach und nach dazugeben, dann die ganzen Eier nacheinander langsam unter die Masse rühren. Zitronenschale und -saft beimengen. Zucker mit Eiklar zu steifem Schnee schlagen und vorsichtig unter den Abtrieb mengen, zuletzt das Mehl unterheben. In die vorbereiteten Gläser füllen und im vorgeheizten Backrohr bei 165 °C ca. 55 Minuten offen backen. Die Glasränder auf Sauberkeit überprüfen, mit Gummiring belegen, Deckel auflegen und mit Klammern verschließen. In den Einkochtopf stellen und bei 100 °C 30 Minuten einkochen. Die Einkochzeit beginnt erst, wenn die Temperatur erreicht und das Kontrolllicht erloschen ist. Wenn die Gläser ausgekühlt sind, Klammern unbedingt entfernen und vorsichtig prüfen, ob die Deckel auch fest sitzen.

TIPPS
- Anstelle von Zitronen können Sie auch Orangen oder Limetten verwenden.
- Zusätzlich können Sie auch noch entweder abgetropftes Zitronat, das in Zitronensaft mit Läuterzucker mariniert wurde, oder abgetropfte, in Orangensaft mit Läuterzucker marinierte Aranzini beifügen.

Brote

Seit mehreren tausend Jahren steht Brot im Mittelpunkt unserer Ernährung, und die Ausgangsprodukte sind immer noch die gleichen wie anno dazumal. Aber war es früher eine Selbstverständlichkeit, Brot in unterschiedlicher Form selbst zu backen, ist dies heute nicht mehr überall der Fall. Wer jedoch einmal Brot selbst gebacken und dabei den verführerischen Duft von Koriander und Fenchel geschnuppert hat, wird immer wieder gerne die Mühe auf sich nehmen und die unterschiedlichsten Rezepte ausprobieren.

Die wichtigste Zutat für Brot ist das Mehl, welches aus dem Korn unterschiedlicher Getreide gemahlen wird. In erster Linie werden dafür Weizen- und Roggenmehl aber auch Dinkel, Hafer, Mais oder Gerste verarbeitet. Mehl wird in unterschiedlichen Mahlgraden von sehr fein bis grob angeboten. Je feiner das Mehl gemahlen und je höher die Typenbezeichnung ist, desto reicher an Nährstoffen ist es.

Zur Brotherstellung benötigt man neben Mehl und Wasser lediglich noch ein Trieb- oder Lockerungsmittel. Erst dadurch geht der Teig auf. Je nachdem, ob Sie Hefe- oder Sauerteig verwenden, wird das Brot milder oder würziger schmecken. Sauerteig wird vor allem für Roggenbrote verwendet.

DAS SOLLTEN SIE BEI DER BROTHERSTELLUNG BEACHTEN:

- Der Raum (Küche), in dem Sie Brot backen, sollte gleichmäßig temperiert und vor allem zugfrei sein.
- Das Mehl sowie Flüssigkeiten wie Wasser oder Milch sollten Zimmertemperatur haben.
- Kneten Sie den Teig so lange durch, bis er sich von der Schüssel löst. Am besten ist es, Sie verwenden dazu eine Küchenmaschine.
- Lassen Sie den mit einem Tuch abgedeckten Teig immer ausreichend lange an einem warmen Ort gehen. Mit Sauerteig hergestellte Teige müssen etwa um die Hälfte, jene mit Hefe etwa um das Doppelte aufgehen. **Fingerprobe:** Drücken Sie mit dem Finger ein Loch in den Teig. Wenn sich dieses wieder schließt, dann ist der Teig zur Weiterverarbeitung geeignet.
- Bevor Sie das Brot ins Backrohr schieben, sollten Sie den Ofen auf die entsprechende Backtemperatur vorheizen.
- Brot wird anfangs immer mit Wasserdampf, dem sogenannten „Schwaden" gebacken. Hierfür stellen Sie einfach eine Schale mit heißem Wasser ins Rohr. Da z. B. Roggenbrot mehr Wasserdampf benötigt, stellen Sie die Wasserschale bereits während des Aufheizens in den Backofen. Am besten wäre es, wenn Sie das Wasser nach dem Einschieben auf den Innenboden des Ofens schütten, was jedoch auf Dauer die Funktion des Ofens beeinträchtigen kann. Bitte Vorsicht: Bei heißem Dampf kann es leicht zu Verbrennungen kommen.
- Das Brot ist durchgebacken, wenn es beim Anklopfen der Unterseite hohl klingt.
- Einen schönen Glanz bekommt Ihr selbst gebackenes Brot, wenn Sie es nach dem Herausnehmen mit Wasser bestreichen.

Natursauer (selbst gemachter Sauerteig)

Dieses Rezept von Bäckermeister Gerhart Hinterwirth ist die Vorstufe des Sauerteiges und kann ohne Starterkulturen selbst angesetzt werden.

ZUTATEN
4 x 100 g Roggenmehl (Type R960) • 4 x 100 ml lauwarmes Wasser (35 °C)

ZUBEREITUNG
100 g Roggenmehl und 100 ml lauwarmes Wasser gut vermischen. Abgedeckt über Nacht bei Zimmertemperatur stehen lassen. In diesen Teigansatz an den folgenden 3 Tagen erneut jeweils 100 g Mehl und 100 ml lauwarmes Wasser unterrühren. Am vierten Tag ist der selbst gemachte Sauerteig fertig.

Erdäpfelbrot

ZUTATEN
500 g glattes Weizenmehl (Type W700) • 120 g gekochte Erdäpfel ca. 250 ml lauwarmes Wasser • 1 P. Trockengerm • 1 gehäufter TL Salz 1/2 TL Kümmelpulver • Fett für die Form

ZUBEREITUNG
Die gekochten Erdäpfel durch eine Presse drücken. Germ mit lauwarmem Wasser verrühren und mit allen anderen Zutaten vermischen. Würzig abschmecken und mit den Handballen zu einer Kugel kneten. Mit einem Tuch abdecken und ca. 30 Minuten an einem warmen Ort gehen lassen. Dann den Teig nochmals zusammenschlagen und durchkneten. In eine mit Fett ausgestrichene längliche Kastenform füllen und nochmals gehen lassen. Nun mit einer Gabel mehrmals einstechen, mit lauwarmem Wasser bepinseln und im vorgeheizten Backrohr bei 165–175 °C etwa 40–50 Minuten backen. Währenddessen am besten eine Tasse mit Wasser ins Rohr stellen. Das Brot ist fertig, sobald es hohl klingt, wenn man daraufklopft. Brot herausnehmen und mit einem feuchten Tuch leicht abdecken, damit die Kruste nicht zu hart wird. Abgedeckt auskühlen lassen.

TIPPS
- Durch die Zugabe folgender Zutaten können Sie die Geschmacksnote dieses saftigen Brotes beliebig abwandeln und variieren: klein gehackte, gut abgetropfte schwarze oder grüne Oliven, Tomaten oder Pilze, gehackte Hasel- und Walnüsse oder Mandeln, angeröstete und auf Küchenkrepp abgetropfte Speck- oder Zwiebelwürfel, beliebige Kerne, Körner oder frische bzw. getrocknete Kräuter.
- Statt glattem Weizenmehl können Sie auch glattes Dinkelmehl verwenden.

Kürbisbrot (Zucchinibrot)

ZUTATEN
400 g Kürbisfleisch (Hokkaidokürbis oder Zucchini)
600 g glattes Weizenmehl (Type W700) oder feines Dinkelmehl
12 g Salz für den Teig • 30 g Honig • 40 g Germ (oder 1 P. Trockengerm)
ca. 125 ml lauwarmes Wasser (je nach Feuchtigkeit des Kürbisses bzw.
der Zucchini mehr oder weniger Wasser) • wenig Salz für den Kürbis
Butter für die Form

ZUBEREITUNG
Den Kürbis fein reiben, etwas salzen und stehen lassen. Dann mit den Händen oder in einem Geschirrtuch sehr gut ausdrücken. Germ mit Honig und etwas lauwarmem Wasser verrühren und darin auflösen lassen. Mehl in eine Schüssel oder auf eine Arbeitsplatte geben und mit den restlichen Zutaten zu einem Teig verkneten. In eine Schüssel geben, abdecken und an einem warmen Ort ca. 40 Minuten gehen lassen. Wieder zusammenschlagen, nochmals kurz durchkneten und in eine mit zerlassener Butter ausgestrichene Rehrückenform füllen. Nochmals gehen lassen. Dann im vorgeheizten Backrohr bei ca. 165 °C 35–45 Minuten backen. Währenddessen am besten eine Tasse mit Wasser ins Rohr stellen. Das Brot ist fertig, sobald es hohl klingt, wenn man daraufklopft.

TIPP: Für Kürbisbrot können Sie noch zusätzlich Kürbiskerne in den Teig einarbeiten, im Zucchinibrot schmecken wiederum Walnüsse sehr fein.

Hausbrot

ZUTATEN FÜR 2 LAIBE
300 g glattes Weizenmehl (Type W700) • 300 g Roggenmehl • 30 g Germ
100 ml Wasser für den Honig • 20 g Honig oder Zucker • 10 g Salz
1 EL grob gemahlener Kümmel • 1 EL leicht zerdrückte Korianderkörner
1 EL Fenchelsamen • 300 ml lauwarmes Wasser für den Teig
60 g Sonnenblumen-, Walnuss- oder Kürbiskerne • Fett für das Backblech

ZUBEREITUNG
Etwa 100 ml Wasser mit Honig verrühren und etwas erwärmen. Germ darin auflösen, mit den restlichen Zutaten zu einem Teig verkneten und abgedeckt ca. 1 Stunde an einem warmen Ort gehen lassen. Dann den Teig wieder zusammenschlagen und nochmals durchkneten. In zwei Hälften teilen und zu Laiben formen. Die Laibe auf ein gefettetes Backblech (oder Silikonmatte) legen und nochmals ca. 30 Minuten gehen lassen. Im vorgeheizten Backrohr bei etwa 170 °C 50–60 Minuten (je nach Größe) backen. Währenddessen am besten eine Tasse mit Wasser ins Rohr stellen. Das Brot ist fertig, sobald es hohl klingt, wenn man daraufklopft. Aus dem Ofen nehmen und in ein feuchtes Tuch einschlagen, bis das Brot ausgekühlt ist.

TIPP: Brot schmeckt besser, wenn Sie es generell eher würzig abschmecken.

Topfenbrot

ZUTATEN

250 g Weizenvollkornmehl • 100 g Roggenmehl (Type R960)
ca. 200 ml lauwarmes Wasser • 1 P. Trockengerm • 1 TL Salz • 130 g Topfen
je 1 TL Koriander, Fenchel und Kümmel • Fett für die Form

ZUBEREITUNG

Germ in lauwarmem Wasser auflösen, alle restlichen Zutaten dazumengen und zu einem Teig verkneten. Würzig abschmecken und 30–40 Minuten an einem warmen Ort gehen lassen. Wieder zusammenschlagen, durchkneten und in eine befettete Kastenform füllen. Nochmals gehen lassen und mit einer Gabel mehrmals einstechen. Mit lauwarmem Wasser bepinseln und im vorgeheizten Backrohr bei 165–175 °C ca. 40 Minuten backen. Währenddessen am besten eine Tasse mit Wasser ins Rohr stellen. Das Brot ist fertig, sobald es hohl klingt, wenn man daraufklopft. Brot herausnehmen und mit einem feuchten Tuch leicht abdecken, damit die Kruste nicht zu hart wird. Abgedeckt auskühlen lassen.

TIPPS

- Dieses sehr saftige Brot kann individuell geschmacklich abgeändert werden. Etwa durch frische oder getrocknete Kräuter, Hasel- oder Walnüsse, Mandeln, beliebige Kerne, Körner, Mohn, hellbraun gebratene Zwiebelwürfel oder geröstete, gut abgetropfte Speckwürfel.
- Einfache Brotteige eignen sich auch sehr gut zum Einbacken von Fleischstücken. Dafür hüllen Sie nach dem ersten Gehenlassen etwa ein gewürztes, angebratenes und wieder ausgekühltes Lamm-, Kalbs- oder Schweinsfilet in den dünn ausgerollten Brotteig. Nochmals etwa 30 Minuten gehen lassen und im vorgeheizten Backrohr bei 165–175 °C ca. 15 Minuten backen. Mit verquirltem Ei bestreichen, eventuell mit gehackten Kernen, Körnern oder frischen Kräutern bestreuen und nochmals 5 Minuten weiterbacken. Mit würziger Soße servieren.

Roggenbrot   Rezept von Bäckermeister Gerhart Hinterwirth

ZUTATEN FÜR 7–8 KLEINERE BROTE

400 g Natursauer (s. Sauerteig S. 246) • 1,8 kg Roggenmehl (Type R960)
250 g Weizenmehl (Type W700) • 1,6 l lauwarmes Wasser (ca. 40 °C)
60 g Germ • 40 g Salz • 40 g Brotgewürz (Kümmel, Fenchel, Anis, Koriander)
Mehl für das Backblech

ZUBEREITUNG

Den Sauerteig mit sämtlichen Zutaten gut verkneten. Abdecken und 15 Minuten rasten lassen. Den Teig in einzelne Stücke der gewünschten Brotgröße (ca. 500–600 g) teilen. In die gewünschte Form bringen, mit etwas Wasser bestreichen und ca. 35 Minuten gehen lassen.
Dann das Brot auf ein bemehltes Backblech kippen und im vorgeheizten Backrohr bei ca. 240 °C 6 Minuten backen. Währenddessen eine Schale mit Wasser ins Backrohr stellen. Danach die Temperatur auf 185 °C fallend reduzieren und noch ca. 35 Minuten fertig backen.

TIPP: Wenn Sie sich schon die Mühe machen, Brot selbst zu backen, dann bereiten Sie gleich größere Mengen zu. Selbst gemachtes Brot ist nicht nur ein beliebtes Mitbringsel, sondern lässt sich – in Scheiben geschnitten und gut verpackt – auch recht gut tiefkühlen und bei Bedarf wieder auftauen (s. Tipp S. 303).

Vollkorn-Bauernbrot

ZUTATEN FÜR 1 LAIB
1 1/2 kg Roggenvollmehl • 1/2 kg Weizenvollmehl • 100 g Sauerteig (s. S. 246) 40 g Germ • 2 EL Salz • 1–1 1/2 l Wasser • eventuell 200 g Leinsamen, über Nacht in 1/2 l Wasser vorgeweicht

ZUBEREITUNG
Sauerteig in Wasser lösen, in die vorgewärmten Mehle einrühren und über Nacht stehen lassen. Salz und aufgelöste Germ sowie eventuell Leinsamen in die Schüssel geben. Handwarmes Wasser zugießen und gut zu einem Teig durchkneten und ca. 40 Minuten gehen lassen. Hat sich das Volumen verdoppelt, den Teig in befettete Kastenformen geben oder als Laib formen und nochmals etwa 5 Minuten stehen lassen. Im vorgeheizten Rohr bei 180–200 °C 1–1 1/2 Stunden mit Unterhitze backen. Währenddessen am besten eine Tasse mit Wasser ins Rohr stellen. Das Brot ist fertig, sobald es hohl klingt, wenn man daraufklopft.

TIPPS
- Dieser Teig eignet sich auch gut für kleine Weckerln, die auf einem befetteten Blech verschiedenst ausgeformt gebacken werden können.
- Anstelle von Leinsamen können Sie entsprechend vorbereitete Kürbis- oder Sonnenblumenkerne sowie Walnüsse unter den Teig mischen.

Mischbrot

ZUTATEN FÜR 1 LAIB
500 g glattes Weizenmehl (Type W700) • 500 g Roggenmehl (R960) 1 TL Salz • 750 ml Wasser • 40 g Germ • 1 TL Feinkristallzucker

ZUBEREITUNG
Aus den Zutaten einen Teig bereiten und an einem warmen Ort gehen lassen. Nochmals ein wenig Mehl hinzufügen und wiederum durchkneten und gehen lassen. Diesen Vorgang noch zweimal wiederholen. Im vorgeheizten Backrohr bei 180–200 °C etwa 1–1 1/2 Stunden backen. Währenddessen am besten eine Tasse mit Wasser ins Rohr stellen. Das Brot ist fertig, sobald es hohl klingt, wenn man daraufklopft.

TIPP: Dieser Brotteig wird zumeist als Laib oder Wecken, aber auch zu kleinen Weckerln geformt. Unter Beifügung gerösteter Zwiebelwürfel kann daraus auch Zwiebelbrot bereitet werden.

Kümmelweckerln

ZUTATEN FÜR CA. 30–35 STÜCK
500 g Roggenvollmehl • 500 g glattes Weizenmehl (Type W700) 40 g Germ • 1 EL Salz • 1 EL Kümmel • 1 EL Koriander • 1 verquirltes Ei 500 ml lauwarmes Wasser

ZUBEREITUNG
Aus den genannten Zutaten (außer Ei und Kümmel) einen mittelfesten Teig bereiten und aufgehen lassen. Hat sich das Volumen verdoppelt, daraus Weckerln formen. Diese aufgehen lassen, mit Ei bestreichen und mit Kümmel bestreuen. Im vorgeheizten Backrohr bei 220 °C ca. 20–25 Minuten backen. Währenddessen am besten eine Tasse mit Wasser ins Rohr stellen.

Semmeln

ZUTATEN FÜR CA. 18–20 STÜCK
500 g glattes Weizenmehl (Type W700) • 250 ml lauwarme Milch 1 Prise Salz • 50 g Germ • 1/2 TL Feinkristallzucker • 1 Eiklar

ZUBEREITUNG
Germ mit Zucker in lauwarmer Milch auflösen. So viel zimmerwarmes Mehl dazugeben, bis eine breiige Masse entstanden ist. Das Dampfl (Vorteig) an einem warmen Ort gehen lassen, bis sich sein Volumen verdoppelt hat. Restliche Zutaten (außer Eiklar) beifügen, zu einem geschmeidigen Teig kneten und nochmals an einem warmen Ort gehen lassen. Erneut durchkneten, kleine Semmeln formen und auf einem mit Backpapier ausgelegten oder gefetteten Backblech erneut gehen lassen. Mit Eiklar bestreichen, im vorgeheizten Backrohr bei 150 °C etwa 10 Minuten anbacken, dann auf 200 °C erhöhen und weitere 10 Minuten goldgelb fertig backen. Währenddessen am besten eine Tasse mit Wasser ins Rohr stellen.

TIPP: Wenn Sie anstelle von Germ Sauerteig verwenden, dann ergibt das in Kombination mit dem weißen, besonders kleberreichen Mehl besonders schmackhafte Semmeln.

Süße Festtagsgebäcke

Früchte- oder Kletzenbrot

ZUTATEN FÜR 2 BROTE
250 g eingeweichte Kletzen • 250 g Rosinen • 150 g Feigen
30 g Pinienkerne • 50 g gehackte Walnüsse oder gestiftelte Mandeln
80 g Aranzini • ca. 1 TL Lebkuchengewürz • 125 ml Birnenbrand
3 kleine Eier à 50 g • 130 g Honig • 150 g glattes Weizenmehl (Type W700)
1 verquirltes Ei zum Bestreichen • Mandeln zum Belegen

ZUBEREITUNG
Kletzen über Nacht in Wasser einweichen. Alle Früchte klein schneiden, mit Birnenbrand sowie Gewürzen vermischen und 24 Stunden marinieren lassen. Eier mit Honig gut schaumig aufschlagen (Masse wird dadurch feinporig), unter die Früchte rühren und zuletzt das gesiebte Mehl mithilfe einer Gummispachtel (Stielschaber) oder mit einem Kochlöffel einrühren.
Aus dieser eher weichen Masse zwei runde oder längliche Brote formen. Auf ein mit Backpapier ausgelegtes Backblech setzen oder in eine Backform geben, mit gut verschlagenem Ei bestreichen und mit Mandeln belegen. Im vorgeheizten Backrohr bei mittlerer Hitze (160 °C) 60–75 Minuten backen.

TIPP: Gut verpackt und kühl gelagert ist das Früchtebrot 2–3 Wochen haltbar; es kann auch tiefgekühlt werden.

Briochestriezel

ZUTATEN FÜR 2 STRIEZEL

ca. 190 ml Milch • 30 g Germ • 60 g Feinkristallzucker • 3 Eidotter abgeriebene Schale einer unbehandelten Zitrone • Prise Salz • 1 TL Vanillezucker • 60 g Butter • 500 g glattes Weizenmehl (Type W700) • 2 EL Rum 1 verquirltes Ei • eventuell Hagelzucker zum Bestreuen

ZUBEREITUNG

Etwa 65 ml lauwarme Milch mit der zerbröselten Germ gut verrühren, bis diese sich aufgelöst hat. 1 TL Kristallzucker sowie 4 EL Mehl dazugeben und gut verrühren. Den Vorteig (Dampfl) mit etwas Mehl stauben und zugedeckt an einem warmen Ort gehen lassen, bis sich das Volumen verdoppelt hat. Restliche Milch mit Butter und Kristallzucker auf ca. 40 °C erwärmen. Alle weiteren Zutaten in eine Schüssel geben, Milch-Butter-Mischung einrühren und kurz durchkneten. Dampfl zufügen und zu einem zähen, aber eher weichen Teig abschlagen. Er sollte sich vom Rand der Rührschüssel lösen; tut er das nach längerem Abschlagen noch immer nicht, ein wenig Mehl dazugeben. Teig am besten auf ein bemehltes Holzbrett legen, mit Mehl bestauben und mit einem Tuch zugedeckt rasten lassen.

Den Teig halbieren, rund formen und etwas gehen lassen. Anschließend in 8 gleiche Stücke teilen, zu langen Strängen formen und jeweils 4 Stränge zu einem Striezel flechten. Beim Formen der einzelnen Stränge darauf achten, dass sie am Anfang und am Ende etwas dünner als in der Mitte sind, damit der fertige Striezel seine bauchige Form bekommt. Striezel auf ein mit Backpapier ausgelegtes oder bebuttertes, bemehltes Blech legen, mit einem Tuch bedecken und an einem warmen Ort aufgehen lassen. Danach mit versprudeltem Ei bestreichen, eventuell mit Hagelzucker bestreuen und im vorgeheizten Backrohr bei 200 °C ca. 5 Minuten anbacken und bei 160 °C ca. 20 Minuten fertig backen.

TIPP: Zum Flechten beschweren Sie die vier Teigstränge am Anfang am besten z. B. mit einer Flasche, dann fällt das Flechten leichter. Dazu legen Sie vier Teigstränge in Kreuzform auf und legen dann abwechselnd jeweils zwei Stränge über Kreuz in die ursprüngliche Kreuzform. Wenn Sie Rosinen zum Teig geben, sollten Sie diese am Schluss kurz mitkneten.

Allerheiligenstriezel

ZUTATEN FÜR 1 GROSSEN ODER 2 KLEINERE STRIEZEL
1 kg glattes Weizenmehl (Type W700) • 500 ml Milch • 50 g Germ
Prise Feinkristallzucker • 2 Eidotter • Prise Salz • Milch zum Bestreichen

ZUBEREITUNG

Germ mit Zucker in etwas lauwarmer Milch auflösen. So viel zimmerwarmes Mehl dazugeben, bis eine breiige Masse entstanden ist. Vorteig (Dampfl) an einem warmen Ort gehen lassen, bis sich sein Volumen verdoppelt hat. Restliche Zutaten dazugeben, alles zu einem geschmeidigen Teig kneten und an einem warmen Ort zugedeckt gehen lassen. Erneut durchkneten, in 4–6 längliche Stangen formen und zu Striezeln flechten (s. Tipp oben). Auf einem mit Backpapier ausgelegten oder gefetteten Blech nochmals gehen lassen. Mit Milch bestreichen und im vorgeheizten Rohr bei ca. 200 °C goldbraun backen. Abschließend wiederum mit Milch bestreichen, damit die Striezel Glanz bekommen.

TIPP: Sie können den Teig auch mit Rosinen verfeinern.

Joghurtbrot

ZUTATEN FÜR 2 STÜCK À 500 G
500 g glattes Weizenmehl (Type W700) • 30 g Germ • 50 g Butter
40 g Staubzucker • 250 ml Joghurt • 2 kleine Eier • 2 EL Rum • 1 TL Salz
1 TL Vanillezucker • abgeriebene Schale von 1/2 Zitrone • 1 verquirltes Ei zum Bestreichen

ZUBEREITUNG

Hälfte des Joghurts leicht erwärmen und mit zerbröselter Germ, etwas Staubzucker und 2 EL Mehl anrühren und an einem warmen Ort aufgehen lassen, bis sich das Volumen des Dampfls (Vorteig) verdoppelt hat. Butter auf ca. 40 °C erwärmen, mit den anderen Zutaten vermischen und zum Dampfl geben. Sollte der Teig zu weich sein, etwas Mehl dazukneten. Zugedeckt an einem warmen Ort ca. 30 Minuten aufgehen lassen. Teig halbieren, zu zwei Laiben formen, auf ein mit Backpapier ausgelegtes Backblech setzen und an einem warmen Ort aufgehen lassen. Mit Ei bestreichen, den Teig an verschiedenen Stellen einschneiden und im vorgeheizten Rohr bei 200 °C ca. 5 Minuten anbacken und bei 160 °C etwa 20 Minuten backen.

TIPP: Statt zu Laiben können Sie den Teig auch zu kleinen Frühstückskipferln formen.

Osterpinze

ZUTATEN FÜR CA. 10 STÜCK À 200 G

5 g ganze Anis • 250 ml trockener Weißwein • 1 kg glattes Weizenmehl (Type W700) • 50 g Germ • 150 g Feinkristallzucker • 200 g flüssige Butter 10 g Salz • 8 Eidotter • 250 ml Milch • 1 TL Vanillezucker • abgeriebene Schale einer unbehandelten Zitrone • 2 Dotter und ein ganzes Ei zum Bestreichen

ZUBEREITUNG

Weißwein mit Anis lauwarm ca. 3 Stunden ziehen lassen und abseihen.
Germ mit einer Prise Zucker in lauwarmer Milch auflösen und so viel Mehl dazugeben, bis eine breiige Masse entstanden ist. Vorteig (Dampfl) zugedeckt an einem warmen Ort gehen lassen, bis sich sein Volumen verdoppelt hat. Dampfl mit den restlichen Zutaten zu einem Teig verkneten und an einem warmen Ort gehen lassen.
Zweimal zusammenstoßen, in beliebig große Stücke teilen und zu Kugeln formen.
Auf ein mit Backpapier ausgelegtes Backblech setzen, mit Ei-Dotter-Mischung bestreichen und halb aufgehen lassen.
Anschließend mit einer Schere tief einschneiden. Ein zweites Mal bestreichen (jedoch nicht die Schnittfläche) und nochmals gehen lassen.
Im vorgeheizten Backrohr bei 160 °C 30–40 Minuten je nach Größe der Pinzen backen.

Osterbrot
Rezept von Anni Nager

ZUTATEN FÜR 2 LAIBE ODER 2 STRIEZEL À 1 KG
500 ml lauwarme Milch • 80 g Germ • 2 EL zimmerwarme Butter
120 g Feinkristallzucker • 1 Ei • 2 Eidotter • 1 TL Rum
abgeriebene Schale von 1/2 unbehandelten Zitrone • etwas Weißwein
1,2 kg Universalweizenmehl • 1 1/2 TL Salz • 1 verquirltes Ei zum Bestreichen

ZUBEREITUNG
Milch, Germ, Butter, Kristallzucker, Ei, Dotter und Geschmackszutaten anrühren und ruhen lassen, bis sich das Volumen etwas vergrößert hat. Mehl sowie Salz dazugeben und zu einem geschmeidigen Teig kneten. Warm stellen und gehen lassen. Erneut durchkneten, Laibe oder Striezel formen und auf einem mit Backpapier ausgelegten oder gefetteten Backblech erneut gehen lassen. Mit verquirltem Ei bestreichen und im vorgeheizten Backrohr bei 180 °C ca. 40 Minuten backen.

TIPP: Zu diesem Osterbrot können Sie auch Rosinen dazumischen.

Nuss- oder Mohnpotitze
Rezept von Gertrude Heiling

ZUTATEN FÜR 1 GROSSE ODER 2 KLEINERE POTITZE(N)
FÜR DEN TEIG
500 g glattes Weizenmehl (Type W700) • 20 g Germ • 125 ml lauwarme Milch • 60 g Feinkristallzucker • 60 g lauwarme Butter • 2 Eidotter • Salz

FÜR DIE FÜLLE
150 g geriebene Walnüsse • 2 EL Brösel • 2 EL Honig • 2 cl Rum • 80 ml Milch • 1/2 TL Zimt • 1 verquirltes Ei zum Bestreichen

ZUBEREITUNG
Germ mit Zucker in lauwarmer Milch auflösen. So viel Mehl dazugeben, bis eine breiige Masse entstanden ist. Das Dampfl (Vorteig) zugedeckt an einem warmen Ort gehen lassen, bis sich sein Volumen verdoppelt hat. Mit den restlichen Zutaten zu einem Teig verkneten und zugedeckt an einem warmen Ort aufgehen lassen. Mit einem Rollholz fingerdick ausrollen. Für die Fülle alle Zutaten miteinander vermischen, aufkochen und erkalten lassen. Teig mit der Fülle bestreichen, zusammenrollen und in einer gut befetteten Potitzenform nochmals aufgehen lassen. Mehrmals mit einer Gabel bis zum Pfannenboden einstechen, mit Ei bestreichen und im vorgeheizten Backrohr bei 170 °C ca. 45 Minuten backen.

TIPP: Anstelle von Nüssen und Bröseln kann geriebener Mohn mit etwas Zitronenschale als Fülle verwendet werden.

VARIANTE: Sie können die Potitze auch mit einer aufgekochten und erkalteten Kürbiskernfülle aus 150 g geriebenen Kürbiskernen, 125 ml Milch, 2 EL Honig, 30 g Bröseln, 2 EL Rum, 20 g Germ und einer Prise Zimt zubereiten.

Weihnachtsstollen

ZUTATEN FÜR 2 STOLLEN
FÜR DEN TEIG
700 g glattes Weizenmehl (Type W700) • 60 g Germ • 200 g Milch
250 g Butter • 3 Eidotter • 100 g Staubzucker • Prise Salz • abgeriebene Schale einer unbehandelten Zitrone • 1 TL Vanillezucker • Prise Zimt
20 ml Rum

FÜR DIE FRÜCHTEMISCHUNG
150 g Aranzini • 240 g Rumrosinen • 80 g gehackte Walnüsse oder gestiftelte Mandeln

FÜR DIE MARZIPANFÜLLE
150 g Rohmarzipan • 60 g faschierte Aranzini • 1 Eidotter
Saft einer halben Zitrone

150 g flüssige Butter zum Bestreichen • 180 g Staub- und Vanillezucker zum Bestreuen

ZUBEREITUNG
Germ mit Vanillezucker in der lauwarmen Milch auflösen. So viel Mehl dazugeben, bis eine breiige Masse entstanden ist. Vorteig (Dampfl) an einem warmen Ort gehen lassen, bis sich sein Volumen verdoppelt hat. Butter, Eidotter und Staubzucker schaumig rühren. Dampfl, Buttermischung, Gewürze und restliches Mehl rasch zu einem eher weichen Teig verkneten und 30 Minuten zugedeckt rasten lassen.
Früchtemischung in den Teig einarbeiten, kurz durchkneten und ca. 30 Minuten rasten lassen. Den Teig halbieren und mit Mehl bestauben. Jeweils ca. 30 cm lange Stangen formen und kühl rasten lassen. Die Stangen mit dem Rollholz rechteckig ausrollen, in der Mitte dünner, sodass an den Längsseiten dickere Wülste bleiben. Jeweils die Hälfte der Marzipanfülle einlegen und zur typischen Stollenform zusammenschlagen. Auf ein mit Backpapier ausgelegtes Backblech setzen und zugedeckt ca. 20 Minuten gehen lassen. Im vorgeheizten Backrohr bei 170 °C 50–60 Minuten backen. Den noch warmen Stollen gut mit flüssiger Butter einstreichen und großzügig mit einem Gemisch aus Staub- und Vanillezucker bestreuen.

TIPP: Der Stollen sollte eher kühl verarbeitet werden.

Herzhaftes zur Jause

Butter

Zu Zeiten, als man „echte" Bauernbutter noch nicht im Supermarkt, sondern eben beim Bauern oder der Bäuerin holte, genoss Butter noch einen ganz anderen Stellenwert als heutzutage. Butter, zumal selbst hergestellte, war etwas Besonderes, das es nicht alle Tage gab. Frische Butter, auf frisches, selbst gebackenes Brot gestrichen und mit Schnittlauch oder Radieschen aus dem eigenen Garten belegt – allein schon der bloße Gedanke ist geradezu verführerisch. Zur Verwendung gelangt Butter darüber hinaus etwa beim Verfeinern von Speisen oder zur Soßenherstellung und in der Back- und Mehlspeisküche ist Butter ja bekanntlich auch eine Grundzutat.

Butter gibt es in unterschiedlichen Handelsformen. Je nach Verarbeitung unterscheidet man Süßrahmbutter, die eher mild im Geschmack ist, und Sauerrahmbutter, welche leicht säuerlich schmeckt. Sommerbutter ist vitaminreicher sowie streichfähiger als Winterbutter. Zu erwähnen wäre noch das sogenannte Butterschmalz (Milchfett ohne Eiweiß und Wasser), das sehr geschmacksintensiv ist und stärker erhitzt werden kann.

- Bewahren Sie Butter immer in geschlossenen Behältern auf, da Fremdgerüche leicht angenommen werden.
- Zum Portionieren und Aufbewahren Wachspapier mit Öl einreiben. Butter mittels einer Palette in die Mitte legen und eine Seite des Papiers darüberschlagen. Palette oder Lineal anlegen und sanft an das Päckchen drücken, bis eine 3–4 cm dicke Rolle entstanden ist. Im Kühlschrank fest werden lassen, in Portionen schneiden und luftdicht verpackt im Tiefkühler lagern.
- Je nach Art der Weiterverarbeitung sollten Sie Butter rechtzeitig auf Zimmertemperatur bringen.
- Erhitzen Sie Butter vorsichtig, da sie rasch braun wird.
- Butter kann ohne allzu große Qualitätsverluste eingefroren werden.
- Für die Herstellung von Kräuterbutter, müssen Sie diese sehr schaumig (fast weißlich) rühren.
- Würzige Butter kann zu Gemüse oder Erdäpfeln gereicht bzw. können Suppen und Soßen damit montiert werden. Hierfür die kalte Butter mit einem Mixstab in eine heiße, nicht mehr kochende Soße oder Suppe einmixen und sofort servieren.
- Für einen ausgewogenen Geschmack bzw. zur besseren Verträglichkeit der Butter, können Sie Zwiebel und Knoblauch (ansautiert oder kurz überbrüht und abgekühlt) beimengen.
- Zur Herstellung von Blätterteig für pikante Gerichte können Sie einen Teil der dazu erforderlichen Buttermenge durch Kräuterbutter ersetzen.
- Wenn Sie der Würzbutter eine eher süßliche Note verleihen möchten, verrühren Sie die Butter mit etwas Zucker, Zimt, Nüssen und faschierten oder kandierten Früchten. Zerlassen können Sie sie dann zu diversen Süßspeisen reichen (z. B. Topfenknödel, Powidltascherln, Palatschinken etc.).
- Butter als tierisches Fett ist zwar gesund. Wegen des hohen Cholesterinanteils sollte sie aber in Maßen genossen werden.

Dotterbutter

ZUTATEN
200 ml Obers • 20 g Maisstärke • 6 Eidotter • 250 g weiche Butter

ZUBEREITUNG
Obers mit Maisstärke verrühren, unter ständigem Rühren mit dem Schneebesen aufkochen und etwas einkochen lassen. Eidotter in eine Schüssel geben und mit dem Schneebesen zügig in die heiße Masse rühren, dann erst von der Herdstelle nehmen. In einen Rührkessel umfüllen und mit dem Schneebesen kalt rühren. Schließlich die weiche Butter (wie für eine Buttercreme) nach und nach einschlagen.

TIPPS
- Diese Butter findet überall dort Verwendung, wo aufgrund der Salmonellengefahr keine rohen Eidotter gewünscht sind, wie z. B. beim Gratinieren, bei Kräuterbutter, Krusten usw.
- Bleibt etwas Dotterbutter übrig, kann diese zu Kräuterbutter verarbeitet und eingefroren werden.

Nuss- oder Weihnachtsbutter

ZUTATEN
200 g weiche Dotterbutter (s. o.) oder schaumig gerührte Butter
140–200 g gemahlene Haselnüsse • 280 g Honig • 20 ml Zitronensaft
Prise Zimt • etwas Alkohol (80 %)

ZUBEREITUNG
Butter und Honig mit einem Handrührgerät oder Schneebesen glatt rühren. Nüsse, Zitronensaft und Zimt dazugeben und alles nochmals kurz verrühren. Die Masse in gefällige, nicht zu hohe Gläser füllen. Mithilfe einer Pipette einige Tropfen Alkohol darüberträufeln, anzünden und sofort verschließen. In den Kühlschrank stellen und fest werden lassen.

TIPPS
- In kleine Kaffee-, Keramiktassen oder Schälchen gefüllt und in Cellophanfolie eingepackt, ist diese Butter ein nettes Geschenk bzw. Mitbringsel.
- Nuss- oder Weihnachtsbutter passt besonders gut zu Früchtebrot, Germstriezeln, Toast und Zwieback. Leicht geschmolzen auf heiße Palatschinken oder Kaiserschmarren gestrichen, schmeckt sie herrlich und ist vor allem bei Kindern sehr beliebt.
- Die Butter kann zusätzlich mit etwas Rum, Orangenlikör, Gewürzmischungen (s. S. 230) oder Zuckermischungen aromatisiert werden.

Schnittlauchbutter

ZUTATEN
250 g weiche Dotterbutter (s. S. 260) oder schaumig gerührte Butter
etwa 30 g frischer, in Röllchen geschnittener Schnittlauch • 10 ml Zitronensaft
1 TL Salz • frisch gemahlener Pfeffer

ZUBEREITUNG
Weiche Butter sehr schaumig aufschlagen und sämtliche Gewürze dazugeben.
Mit einer großen Sterntülle auf Backtrennpapier dressieren und tiefkühlen.
Verschlossen in einer Dose im Tiefkühler aufbewahren.

TIPP: Schnittlauch sollte schnell verbraucht oder eingefroren werden, da er ähnlich wie rohe Zwiebeln nach kurzer Zeit einen unangenehmen Geschmack bekommt.

Steakbutter

ZUTATEN
250 g weiche Dotterbutter (s. S. 260) oder schaumig gerührte Butter
1 Knoblauchzehe • 100 g Schalotten oder Zwiebeln • 125 ml Weißwein
2 TL klein geschnittene Petersilie • je 1/2 TL klein geschnittener Majoran,
Thymian, Estragon • 1/2 TL klein geschnittenes Basilikum • 1 TL Sardellenpaste
1 TL Estragon- oder Dijonsenf • 10 ml Zitronensaft • 2 Spritzer Worcestersoße
50 ml Obers • frisch gemahlener Pfeffer • 1 TL Salz

ZUBEREITUNG
Schalotten und Knoblauch fein schneiden und in Wein kochen, bis dieser verdampft ist.
Zusammen mit den anderen Zutaten (außer Obers) in die Dotterbutter einrühren, nach
und nach Obers zugeben, schaumig rühren und würzig abschmecken.

Shrimpsbutter

ZUTATEN
250 g weiche Dotterbutter (s. S. 260) oder schaumig gerührte Butter
200 g in etwas Butter und Knoblauch gebratene, ausgekühlte,
fein gehackte Shrimps • 20 ml Gin • Prise Zucker • 1/2 TL Salz
frisch gemahlener, weißer Pfeffer

ZUBEREITUNG
Alle Zutaten vermischen und würzig abschmecken.

TIPPS
- Sie können die Butter zusätzlich mit Muskatblütenpulver oder Cayennepfeffer würzen.
- Unter Weißbrotwürfel gemischt ist die Shrimpsbutter sehr gut zum Gratinieren geeignet.

Knoblauchbutter

ZUTATEN

250 g weiche Dotterbutter (s. S. 260) oder schaumig gerührte Butter
40 g fein gehackter Knoblauch oder Knoblauchpaste (s. S. 216) • 1 TL Salz
frisch gemahlener Pfeffer • fein gehackte Petersilie

ZUBEREITUNG

Knoblauch blanchieren, kurz anschwitzen oder im Rohr backen und ausgekühlt zur Butter geben. Mit Salz, Pfeffer und Petersilie abschmecken.

Scharfe Krenbutter

ZUTATEN

250 g weiche Dotterbutter (s. S. 260) oder schaumig gerührte Butter
30–50 g frisch geriebener Kren oder Oberskren aus dem Glas • 30 g Apfelmus oder 50 g fein geriebene Äpfel • 30 ml Obers • Schuss Zitronensaft
2–5 g Salz (je nach Geschmack)

ZUBEREITUNG

Alle Zutaten vermischen und würzig abschmecken.

Tomatenbutter

ZUTATEN

250 g weiche Dotterbutter (s. S. 260) oder schaumig gerührte Butter
70 g Tomatenmark • 50 g Sauerrahm • Prise Zucker • 10 ml Zitronensaft
1 TL Salz

ZUBEREITUNG

Alle Zutaten miteinander vermischen und würzig abschmecken.

Kräuterbutter

ZUTATEN

250 g weiche Dotterbutter (s. S. 260) oder schaumig gerührte Butter
3 g gehackter Knoblauch • 1 TL Salz • 15 g frisch gemahlener Pfeffer
10 ml Zitronensaft • 10 ml Worcestersoße (ersatzweise Sojasoße)
1 EL gehackte Petersilie oder andere Kräuter • 1/2 TL frisch gemahlener Pfeffer • 1/2 TL Paprika • Prise frisch geriebene Muskatnuss

ZUBEREITUNG

Alle Zutaten miteinander vermischen und würzig abschmecken.

TIPP: Diese Butter ist ein ausgezeichneter Aufstrich für Brote sowie Toasts und eignet sich als Beilage und Würzbutter für Fisch, Fleisch, Erdäpfel, Nudeln und Gemüse.

Würzige Grillbutter

ZUTATEN
500 g Dotterbutter (s. S. 260) oder zimmerwarme Butter • 20 g fein gehackte Petersilie • 1/2 TL Rosmarin • 1/2 TL Thymian • 5 g edelsüßes Paprikapulver 10 g Currypulver • 20 ml Zitronensaft • Prise Cayennepfeffer • 50 ml Cognac 20 g Salz • frisch gemahlener Pfeffer

REDUKTION
120 g fein würfelig geschnittene Schalotten oder Zwiebeln
2 kleine, fein geschnittene Knoblauchzehen • 250 ml kräftiger Rotwein
20 ml Öl • 4 Eidotter • 4 Sardellenfilets

ZUBEREITUNG
Zuerst die Reduktion zubereiten. Hierfür Schalotten, Knoblauch, Rotwein und Öl vermischen und auf ein Drittel einkochen. Dann mit einem Mixstab die Dotter einrühren. Sardellenfilets dazugeben und mixen, abkühlen lassen. Reduktion sowie restliche Zutaten in die schaumig gerührte Butter einrühren und würzig abschmecken. In eine mit Klarsichtfolie ausgelegte Dachziegelform füllen oder mit einem Spritzsack kleine Gupferl auf ein mit Backpapier ausgelegtes Blech spritzen und einfrieren.

TIPP: Eventuell können Sie der Butter noch ein bisschen gehackten Thymian beigeben.

Hausbutter „Grünberg"

ZUTATEN
250 g weiche Dotterbutter (s. S. 260) od. schaumig gerührte Butter • 10 ml Worcestershire- od. Sojasoße • 1/2 EL Zitronensaft • 10 ml Sherry • 10 ml Weinbrand od. Cognac • 1 gehäufter TL Tomatenketchup od. Tomatenmark • 1 gehäufter TL Senf • 1 TL Paprikapulver • 1/2 TL Currypulver • 30 g fein gehackte Schalottenwürfel • 3 g Knoblauch • 1 gehäufter EL fein gehackte Petersilie
1 EL fein gehackter Schnittlauch • 1/4 TL frisch gemahlener Pfeffer • 1 TL Rosmarin • 1 gehäufter EL Dille • 1 TL Thymian • 1 TL Estragon • 1 TL Salz

ZUBEREITUNG
Alle Gewürze und Zutaten im Mixer oder mit einer Küchenmaschine verrühren und einen Tag bei Zimmertemperatur stehen lassen. Dann unter die schaumig gerührte Dotterbutter rühren. Mit einer großen Sterntülle auf Backtrennpapier dressieren, tiefkühlen und in einer verschlossenen Dose im Tiefkühlschrank aufbewahren.

TIPPS: Die Butter passt sehr gut zu Grillgerichten.

VARIANTEN: Geschmackliche Abänderungen erzielen Sie durch die Beigabe verschiedener Kräuter (Basilikum, Bärlauch, Oregano, Thymian, Salbei oder Majoran) oder Senf, Ketchup, Sojasoße, fein gehackte Essiggurkerln, Tabasco, gehackte, grüne oder schwarze Oliven, rote, gelbe oder grüne Paprikawürfel, Schinkenwürfel oder verschiedene gekochte, gehackte Gemüse.

Paprikabutter

ZUTATEN
250 g weiche Dotterbutter (s. S. 260) oder schaumig gerührte Butter
1 TL Tomatenmark • 50 g blanchierte, rote und gelbe Paprikawürfel
1/2 TL Rosenpaprikapulver • 10 ml Zitronensaft • 1 TL Salz • 1/2 TL Pfeffer
Prise Cayennepfeffer • eventuell getrocknete Tomaten

ZUBEREITUNG
Alle Zutaten miteinander vermischen und würzig abschmecken.

TIPP: Die Butter ist ein hervorragender Brotaufstrich (eventuell mit der gleichen Menge Topfen gemischt) und passt sehr gut zu Gegrilltem.

Sardellenbutter

ZUTATEN
250 g weiche Dotterbutter (s. S. 260) oder schaumig gerührte Butter • 70 g fein gehackte Sardellen • 10 ml Zitronensaft • 1 EL frisch gehackte Petersilie
frisch gemahlener Pfeffer • 2–5 g Salz • eventuell gehackter Knoblauch

ZUBEREITUNG
Alle Zutaten miteinander vermischen und würzig abschmecken.

Wacholderbutter

ZUTATEN

250 g weiche Dotterbutter (s. S. 260) oder schaumig gerührte Butter
1 EL Senf • 10 ml Zitronensaft • 20 ml Gin oder Weinbrand • 1 TL Salz
1/2 TL Pfeffer • 1 TL rote, grob gemahlene Pfefferkörner
10–15 fein gehackte Wacholderbeeren • eventuell Majoran, Tomatenmark, Paprikapulver oder Petersilie, Orangenschale

ZUBEREITUNG

Alle Zutaten miteinander vermischen und würzig abschmecken.

TIPP: Wacholderbutter passt sehr gut zu Wild- und Entengerichten.

Orangen-Pfeffer-Butter

ZUTATEN

250 g weiche Dotterbutter (s. S. 260) oder schaumig gerührte Butter
250 ml Orangensaft auf 40 ml einkochen • 5 g Orangenschalenpulver
1 EL grüne, eingelegte, gut abgetropfte Pfefferkörner • 1/2 TL Salz
1/4 TL frisch gemahlener Pfeffer • 2 TL frische, fein gehackte Petersilie
eventuell 1 TL rote, grob zerdrückte Pfefferkörner

ZUBEREITUNG

Alle Zutaten miteinander vermischen und würzig abschmecken.

TIPP: Diese besondere Butter passt hervorragend zu Wild, Wildgeflügel, aber auch zu Lamm und Leber. Der Orangensaft verleiht ihr einen leicht süßlichen Geschmack.

Weitere Butterideen

Würziger Käse, Prise Cayennepfeffer, Estragonsenf, Prise Muskatnuss, Salz.

LACHSBUTTER

Räucherlachs, fein gehackte Dille, blanchierte Schalottenwürfel, Pfeffer, Salz; statt Dille können auch Kren oder Tomatenwürfel dazugegeben werden, eventuell mit scharfem oder süßem Senf würzen.

OLIVENBUTTER

Grüne und schwarze, entsteinte, fein gewürfelte Oliven, angebratene, abgetropfte Auberginen- und Zucchiniwürfel, Thymian, Rosmarin, Pfeffer, Cayennepfeffer, Zitronensaft, Knoblauch, Petersilie.

RÄUCHERFISCHBUTTER

Faschierter, passierter Räucherfisch (Forelle, Saibling, Reinanke, Lachs), hart gekochte, passierte Eier, Salz, frisch gemahlener Pfeffer, Zitronensaft.

SALAMIBUTTER
Fein faschierte Salami, enthäutete, ansautierte, eingekochte Tomatenwürfel (ersatzweise Ketchup), schwarze, fein gehackte Oliven, Salz, Pfeffer, Rosenpaprikapulver.

Kräuterkruste

ZUTATEN
160 g Dotterbutter (s. S. 260) • 120–140 g Weißbrotbrösel (s. u.)
1 EL frisch gehackte Kräuter (Thymian, Rosmarin, Oregano, Majoran, Bärlauch oder Basilikum) • Salz • Pfeffer aus der Mühle

ZUBEREITUNG
Dotterbutter mit den restlichen Zutaten vermengen und würzig abschmecken. Gerät die Masse zu weich, noch etwas Brösel untermengen, ist sie zu fest, etwas Löffelkäse oder Crème fraîche einrühren. Die Krustenmasse auf eine Alufolie geben und zu einer Rolle formen. Im Kühlschrank aufbewahren und bei Bedarf in Scheiben schneiden. Auf ein gebratenes Fleisch- oder Fischstück dünn auflegen und mit Oberhitze gratinieren.

Nusskruste

ZUTATEN
160 g Dotterbutter (s. S. 260) • 100–140 g Brösel von entrindetem Weißbrot, je nach gewünschter Festigkeit • 20 g fein geriebene Haselnüsse, Mandeln oder Kürbiskerne • Salz • Pfeffer

ZUBEREITUNG
(siehe Kräuterkruste oben)

Weißbrotbrösel (Mie de pain)

ZUTATEN
Weiß- oder Toastbrot nach Belieben

ZUBEREITUNG
Brot entrinden, in grobe Stücke schneiden und in einer Küchenmaschine fein zerkleinern. Nach Bedarf weiterverwenden. Nicht verbrauchte Brösel in kleineren Mengen in Frischhaltedosen oder Säckchen füllen und tiefkühlen. Keinesfalls offen stehen lassen, da sie sonst rasch austrocknen.

TIPPS
- Die weichen und flaumigen Brösel eignen sich ideal zum Binden von Massen. Man kann sie auch unter Aufstriche mengen.
- Die übrig gebliebene Rinde reiben Sie am besten zu Semmelbröseln.

Schmalz

Grammeln bzw. Schmalz entstehen beim Auslassen von Schweine- wie auch Gänsefett. Grammeln werden als Knödel- und Strudelfülle, aber auch als Fettersatz für Süßspeisen verwendet.

Vegetarisches Schmalz

ZUTATEN
600 g Kokosfett (ersatzweise Butter, Margarine od. Butterschmalz) • 100 g Sesam
2 geschnittene Knoblauchzehen • 150 g kleine Zwiebelwürfel • 100 g säuerliche Apfelwürfel • 2 TL Salz oder Kräutersalz • 1/4 TL fein gemahlener Pfeffer
1 EL fein gehackte Petersilie • Prise Majoran • etwas Alkohol (80 %)

ZUBEREITUNG
Sesam mit etwas Salz oder Kräutersalz in der Pfanne leicht anrösten und in der Küchenmaschine mahlen. 100 g Kokosfett in einer Pfanne zerlassen, Zwiebelwürfel und Knoblauch darin hell anschwitzen. Äpfel dazugeben und kurz mitdünsten lassen. Heiße Masse in eine Rührschüssel umfüllen und mit dem Schneebesen rühren, dabei nach und nach restliches Kokosfett einrühren und sehr schaumig aufschlagen. Die Masse wird weich und flaumig. Sesam dazugeben und würzig abschmecken. In vorbereitete Gläser füllen, mithilfe einer Pipette einige Tropfen Alkohol darüberträufeln und sofort verschließen.

TIPPS
- Das Schmalz hält gekühlt mehrere Wochen. Aufgrund seiner festen Konsistenz sollte es rechtzeitig vor Gebrauch auf Zimmertemperatur gebracht werden.
- Sie können auch fein geschnittenen Lauch mit Zwiebeln anschwitzen. Sonnenblumenkerne, Kürbiskerne, aber auch Haferflocken sind eine Alternative. Diese sollten Sie vorher unbedingt trocken rösten.
- Die im Rezept beschriebene Mischung schmeckt wie Grammelschmalz, Sesam würde man hier keinesfalls vermuten.

Grammelschmalz

ZUTATEN
1 kg grob faschierter oder in Würfel geschnittener Rücken- oder Bauchspeck (kein Filz) • Salz • frisch gemahlener Pfeffer

ZUBEREITUNG
Bauchspeck in einem weiten Topf unter ständigem Rühren zerlassen und leicht bräunen (Vorsicht: Spritzgefahr!). Wenn die Grammeln goldbraun sind, sofort in ein breites Sieb, das über einem Topf hängt, ableeren und leicht ausdrücken. Grammeln und Fett auskühlen lassen, miteinander vermengen und würzen. In kleine Keramik- oder Steinguttöpfe füllen und mit Klarsichtfolie abdecken.

TIPPS
- Frieren Sie den Bauchspeck vor dem Schneiden ca. 30 Minuten ein, dann lässt er sich leichter verarbeiten.
- Verwenden Sie für die Zubereitung von Schmalzaufstrichen nur reines Schmalz.
- Bestreuen Sie das Schmalz vor dem Servieren mit frisch gehackter Petersilie oder Schnittlauchröllchen und garnieren es mit Zwiebelringen.
- Nehmen Sie Schmalz immer erst kurz vor dem Gebrauch aus dem Kühlschrank, da es bei Zimmertemperatur oder im Sommer sehr schnell weich wird.
- Verwenden Sie zum Ausbacken von Schweineschnitzeln reines Schmalz.
- Schön braun werden die Grammeln, wenn Sie beim Auslassen einige Löffel Milch dazugeben.
- Verwenden Sie Grammeln mit angeschwitzter Zwiebel und Knoblauch vermischt und mit Petersilie, Salz sowie Pfeffer abgeschmeckt als Knödeleinlage.
- Das Schmalz ist kühl und dunkel gelagert mehrere Wochen haltbar, die Grammeln werden eher kürzer gelagert.

Kürbiskernschmalz

ZUTATEN FÜR 2 GLÄSER À 210 ML
250 g kaltes Schweineschmalz (s. Grammelschmalz S. 268)
20–30 g Kürbiskernöl • 15 g geröstete, gemahlene Kürbiskerne
1/2 TL Salz • 1/4 TL weißer, gemahlener Pfeffer • eventuell 5–10 g
ansautierter Knoblauch • etwas Alkohol (80 %)

ZUBEREITUNG
Alle Zutaten verrühren und würzig abschmecken. In Gläser füllen, mithilfe einer Pipette einige Tropfen Alkohol darüberträufeln, anzünden und sofort verschließen.

Paprikaschmalz

ZUTATEN FÜR 2 GLÄSER À 210 ML
250 g kaltes Schweineschmalz (s. Grammelschmalz S. 268) • 1 TL Tomatenmark
50–80 g angeschwitzte rote Paprikawürfel • 1/2 TL weißer, gemahlener Pfeffer
1 TL Salz • 1/4 TL edelsüßes Paprikapulver • etwas Alkohol (80 %)

ZUBEREITUNG
Alle Zutaten verrühren, würzig abschmecken und in vorbereitete Gläser füllen. Mithilfe einer Pipette einige Tropfen Alkohol darüberträufeln, anzünden und sofort verschließen.

Zwiebelschmalz

ZUTATEN FÜR 2 GLÄSER À 210 ML
250 g Schweineschmalz (s. Grammelschmalz S. 268) • 60 g hellbraun geröstete Zwiebelwürfel • 1 TL Salz • 1/4 TL weißer, gemahlener Pfeffer • Prise Majoran
1 EL frische, gehackte Petersilie • 1–2 Zehen hellbraun gerösteter Knoblauch
Grammeln oder geröstete Sesamkörner nach Belieben

ZUBEREITUNG
Alle Zutaten verrühren und würzig abschmecken. In Gläser füllen, mithilfe einer Pipette einige Tropfen Alkohol darüberträufeln, anzünden und sofort verschließen.
TIPP: Würzen Sie zusätzlich mit gemahlenen, getrockneten Apfelschalen oder grob geschroteten, roten Pfefferkörnern, fein gehackten Oliven, Kräutern oder Paprikapulver.

Zwetschkenschmalz

ZUTATEN FÜR 2 GLÄSER À 210 ML
250 g Schweineschmalz (s. Grammelschmalz S. 268) • 40 g fein geschnittene Dörrzwetschken • 1 TL Salz • 1 gehäufter EL fein gehackte Petersilie
eventuell 20 g braun geröstete Zwiebelwürfel • eventuell fein gemahlene
Apfelschalen • etwas Alkohol (80 %)

ZUBEREITUNG
Alle Zutaten verrühren und würzig abschmecken. In Gläser füllen, mithilfe einer Pipette einige Tropfen Alkohol darüberträufeln, anzünden und sofort verschließen.

Würste, Schinken und Sulzen

Mit Attributen wie „herzhaft" und „deftig" wird zumeist die Küche des ländlichen Raums beschrieben. Die Gründe dafür sind einfach zu erklären: Zum einen wurden die einzelnen Produkte wie Geselchtes, Hauswürste, Sulzen und dergleichen selbst hergestellt. Zum anderen benötigte man eine Kost, die der schweren körperlichen Arbeit entsprach. Ein zusätzlicher Aspekt war es, dass man mit dem haushalten und zurechtkommen musste, was man selber hatte. Und so manche (Arbeits-)Leistung wurde in Naturalien abgegolten. Aber die Arbeitswelt und das Ernährungsverhalten sowie -bewusstsein haben sich seither stark verändert. Heutzutage wird eine eher leicht verträgliche Kost, die sich noch dazu ohne größeren Aufwand zubereiten lässt, geschätzt. Und doch hat „Deftiges" seinen festen Platz im Speisenangebot. „Alles in Maßen genossen, und dies zum richtigen Zeitpunkt", diese Aussage trifft hier voll und ganz zu. Eine „herzhafte Küche" verbinden viele mit Gemütlichkeit. Wer kann schon mit Freunden im schattigen Garten sitzend widerstehen, wenn beispielsweise eine saure Wurst oder eine Sulz aufgetischt wird? Oder wenn nach getaner Arbeit als Lohn dafür eine urige, zünftige Jause mit allerlei Geräuchertem oder Selbstgemachtem in Aussicht gestellt wird? Die nachfolgenden Rezepte sind aber nur ein kleiner und regionsspezifischer Ausschnitt aus der vielfältigen und variantenreichen Palette eines deftigen Speiseangebots.

PÖKELN, BEIZEN, EINSUREN

Unter pökeln, beizen bzw. suren versteht man das Haltbarmachen von Fleisch durch die Zugabe von Salz (und eventuell Staubzucker) bzw. Pökelsalz. Durch die Salzbeigabe und die damit einhergehende Wasserreduktion werden Kleinlebewesen wie Bakterien oder Pilze abgetötet. Dazu ist aber eine relativ hohe Salzzugabe notwendig, die sich jedoch eher negativ auf den Geschmack des Fleisches und ebenso negativ auf die Nährstoffe auswirkt. Das ist einer der Gründe dafür, dass man heutzutage das Pökeln eher nur noch verwendet, wenn man aus dem Pökelgut anschließend Räucherware herstellen will. Vereinzelt wird noch Pökelware direkt (z. B. für Surbraten) verkocht bzw. zubereitet. Man unterscheidet zwei Arten: das Trockenpökeln und das Nasspökeln.

Das Trockenpökeln

ZUTATEN PRO KG FLEISCH

30–35 g Salz und etwas Staubzucker (ergibt eine eher graue Farbe, kaum Umrötung) bzw. Pökelsalz (98 % Kochsalz und 2 % Nitritpökelsalz; wird auch schon fertig abgemischt mit Gewürzen angeboten) • 10 g zerstoßene Wacholderbeeren • 1 fein geschnittene Knoblauchzehe • 1 Lorbeerblatt Gewürze (Nelken, Koriander oder Pfeffer; je nach Geschmack)

ZUBEREITUNG

Zum Pökeln sollten die Fleischteile nach der Schlachtung mindestens 2 Tage abhängen bzw. gut durchkühlen. Die Zutaten der Pökelmischung gut miteinander vermengen, dann damit das Fleisch gründlich einreiben. Mit der Würze sollte ebenso das verwendete Pökelgefäß sowie der Deckel gut aus- bzw. eingerieben werden. Nun das eingesalzene Fleisch in das Gefäß schichten, wobei die größeren oder auch fetteren Stücke nach unten und die kleineren nach oben kommen. Wenn möglich, jeweils eine flache, ebene Fläche formen, diese zusätzlich mit etwas Würzmischung bestreuen, dann die nächste Lage daraufschlichten und so weiter. Anschließend sollte das Fleisch etwa 3–4 Stunden ruhig stehen, ehe es mit einem sauberen Leinentuch abgedeckt und das Gefäß mit dem Deckel verschlossen wird. Am besten eignet sich dafür ein massives Holzbrett (keinesfalls eine Spanplatte!). Deckel zum Schluss mit einem Gewicht beschweren, um einen guten Verschluss zu gewährleisten. Die Pökeldauer beträgt je nach Menge und Größe der Stücke etwa 2–3 Wochen.

Das Nasspökeln

ZUTATEN PRO KG FLEISCH

1 l Wasser • 20–25 g Salz und etwas Staubzucker (ergibt eine eher graue Farbe, kaum Umrötung) bzw. Pökelsalz (98 % Kochsalz und 2 % Nitritpökelsalz) 10 g zerstoßene Wacholderbeeren • 1 Lorbeerblatt und 1 Knoblauchzehe (nach Wunsch) • weitere Gewürze nach Geschmack

ZUBEREITUNG

Salz zuerst zusammen mit den Gewürzen im Wasser aufkochen. Danach die Lake auskühlen lassen. Nun das Fleisch wie beim Trockenpökeln schichtweise in das Pökelgefäß legen. Dabei über jede Fleischlage erkaltete Lake gießen. Dabei sollten alle Fleischstücke vollkommen von der Lake bedeckt sein. Weiter wie oben beschrieben.

Räuchern

Durch das Räuchern wird sogenannte Selch- bzw. Räucherware hergestellt. In der Praxis bedeutet das: Pökelfleisch (Selchfleisch oder Rauchschinken), Speck und Wurst werden durch Rauch haltbarer gemacht. Als Räucherware bezeichnet man alle Arten von geräuchertem Schinken, Rauchfleisch oder Speck sowie auch Halbdauer- und Dauerwürste. Man unterscheidet das Kalträuchern und das Heißräuchern.

DAS KALTRÄUCHERN

Für das Kalträuchern benötigt man einen Räucherschrank oder eine Räucherkammer. Als Rauchmittel eignen sich am besten trockene Holzspäne von Buche oder eventuell Apfelbaum.
Als Basismaterial verwendet man gepökeltes Fleisch (Pökelware). Dies wird nach dem Pökeln bzw. Suren 2–3 Stunden gewässert, um das überschüssige Salz zu entfernen. Danach lässt man das gepökelte oder eingesurte Fleisch 3 Tage lang gut trocknen, ehe man es dann in den Rauch gibt. Der Räucherschrank oder die Räucherkammer sollte bei gleichmäßiger Temperatur zwischen 26 und 28 °C gehalten werden, die 30 °C sollten generell

nicht überschritten werden. Eine permanente Luftzirkulation sowie eine möglichst gleichmäßige Rauchzufuhr sind wichtige Voraussetzungen. Unter diesen Bedingungen beträgt die Dauer des Räuchervorgangs für Fleisch je nach Klima bzw. Luftfeuchtigkeit und Größe der Fleischstücke rund 2 Wochen, für Dauerwürste 4–6 Tage.

Ab und zu sollte der Zustand der Räucherware überprüft werden. Sie ist fertig, wenn sie eine goldgelbe bis mittelbraune Farbe aufweist. Sie darf aber nicht verrußt sein. Wenn Fleisch oder Wurst zu lange im Rauch hängen, werden sie eher zäh und hartfaserig, oft sehen sie dann auch unansehnlich aus. Früher gab es sogenanntes Rauchfleisch, das tatsächlich schwarz geräuchert war. Diese Methode ist aber heute nicht mehr gestattet, da sie eher ungesund ist.

Sobald die Räucherware aus dem Rauch genommen wurde, sollte sie zuerst in Ruhe abkühlen. Danach hängt man sie in einen luftigen, dunklen Raum. Schädlinge wie etwa Fliegen oder Motten haben hier keinen Zutritt.

DAS HEISSRÄUCHERN

Dieses Räucherverfahren wird in der Praxis vor allem bei Halbdauerwürsten vor dem Brühvorgang angewendet: Die Würste werden hierzu in einen etwa 70 °C warmen Rauch gehängt und verbleiben dort rund 6 bis 8 Stunden. So erzielt man neben der längeren Haltbarkeit auch eine Geschmacksverbesserung.

Selch- oder Jausenspeck

Hierfür ist eine Räucherkammer oder ein Räucherofen notwendig.

Für die Herstellung eines Selchspecks verwendet man Bauchfleisch. Der Speck kann je nach Gusto sowohl trocken (s. S. 270) wie auch nass gepökelt bzw. gesurt (s. S. 271) werden. Die Pökel- bzw. Surzeit beträgt je nach Größe ca. 3 Wochen. Nach dem Pökeln den Speck ca. 2 Stunden wässern, damit das überschüssige Salz entfernt wird. Dann den Speck gut abtrocknen, 2–3 Tage trocknen lassen und schließlich 6–8 Tage kalt räuchern. Um einen gekochten oder gebratenen Jausenspeck herzustellen, den Speck nur 3–4 Tage kalt räuchern. Danach in ca. 75 °C heißem Wasser oder in einer milden Würzbrühe kernig weich kochen oder im Rohr bei ca. 130–150 °C kernig weich braten. Nach dem Kochen oder Braten den Speck gut abtrocknen und eventuell in der kalten Räucherkammer noch einige Tage nachreifen lassen.

Räucherwurst

Hierfür ist eine Räucherkammer oder ein Räucherofen notwendig.

ZUTATEN FÜR CA. 10 STANGEN À 600 G
3 kg mageres Rindfleisch ohne Sehnen • 2 kg Schweinsschulter
1 kg Rückenspeck • 125 g Pökelsalzmischung • ca. 300 ml Schweinsknochensuppe • 2–3 fein geschnittene Knoblauchzehen • 3–4 EL edelsüßes Paprikapulver • Pfeffer aus der Mühle • Schweineschmalz (s. Grammelschmalz S. 268)
Naturdärme (23/34) oder Naturfaserdarm (65/50)

ZUBEREITUNG
Fleisch und Speck fein hacken, jeweils die Hälfte davon zusätzlich fein faschieren. Knoblauch in Schmalz eher hell anrösten, mit etwas Suppe aufgießen, leicht abkühlen und gut mit dem Fleisch-Speck-Gemisch sowie den Gewürzen zu einer homogenen Masse (Farce) abmischen und gut abschmecken. Das Wurstbrät mithilfe einer Wurstspritze (eventuell auch passender Aufsatz für den Haushaltsfleischwolf) in gut gereinigte und gewässerte Därme füllen und entsprechend abbinden. Die Würste 3–4 Tage in einem luftigen und kühlen Raum trocknen lassen, dann 2–3 Tage rauchbraun selchen bzw. kalt räuchern. Nach dem Selchen 3–4 Wochen an einem kühlen Ort trocknen lassen.

Verhackert

Bei dieser steirischen Spezialität handelt es sich um einen luftgetrockneten Schweinespeck, der bis zu seiner Verwendung in einem Holzbottich, einem Emailleschmalztopf oder in einem Steingutgefäß luftdicht eingestampft wird. Früher wurden Selchfleisch (Kübelfleisch) und auch Selchwürste für eine längere Lagerung in Verhackert eingelegt. Kühl und dunkel gelagert ist das Verhackert 3–4 Monate haltbar.

ZUTATEN FÜR EIN FASS BZW. EINEN BOTTICH MIT 10 L FASSUNGSVERMÖGEN
8 kg in Streifen geschnittener Rückenspeck • 150–200 g Salz

ZUBEREITUNG

Rückenspeck salzen und den Winter über auf dem Dachboden aufhängen. Den luftgetrockneten Speck fein hacken und mit Salz gut vermischt luftdicht einstampfen. Das Verhackert erst beim Verzehr mit Salz, Pfeffer, Knoblauch und eventuell Zwiebel verfeinern.

Breinwurst

Spezialität aus Kopffleisch, Brein und Schwarten

ZUTATEN FÜR 12 WÜRSTE À 250 G

1 1/2–2 kg Kopffleisch sowie magere Fleischabschnitte • etwas Kochbrühe 500 g Schwarten • 500 g Heidenbrein (Buchweizen) • ca. 5 m gereinigte Schweinsdärme • 60 g Salz • Majoran, schwarzer Pfeffer, Knoblauch nach Geschmack • Schweineschmalz zum Braten

ZUBEREITUNG

Kopffleisch, Schwarten und Fleischabschnitte kernig weich kochen und durch die mittlere Scheibe des Fleischwolfs faschieren. Brein weich kochen, mit der faschierten Masse sowie etwas Kochbrühe vermischen, kräftig würzen und in dickere Schweinsdärme einfüllen.
Längere Würste formen, kranzförmig einrollen, abbinden und in heißem Wasser bei 75 °C 30–60 Minuten je nach Größe brühen (brüten, garziehen). Über Nacht im Kühlschrank auskühlen lassen. In eine Bratpfanne geben, mit Schweinefett übergießen und im Rohr knusprig braten.

TIPPS

- Breinwurst ist tiefgekühlt 3–4 Monate haltbar.
- Dieses Rezept verwendet die klassische Brein aus vorgebrühtem, geschältem Heiden (Buchweizen). Heute wird aber häufiger Gerste oder Hirse, mitunter auch gedünsteter Reis verwendet.
- Eine Breinwurst passt gut zu Sauerkraut und eventuell Röst- oder Braterdäpfeln.

Erdäpfelwurst 1 (aus rohen Erdäpfeln)

Rezept von den Fleischermeistern Peter und Roman Feiertag

ZUTATEN FÜR 8 WÜRSTE À CA. 200 G

1 1/2 kg speckige, geschälte Erdäpfel • ca. 30 g Salz • 100 g Grammeln 50 g Schweinschmalz • 2–3 zerdrückte Knoblauchzehen • 40 g Grieß 20 g Semmelbrösel • ca. 3 m Wurstdärme • Majoran • weißer Pfeffer aus der Mühle

ZUBEREITUNG

Erdäpfel fein schaben und in kaltes Wasser geben. Grammeln im Schmalz kurz anschwitzen, restliche Zutaten sowie gut ausgedrückte Erdäpfel zugeben. Rasch vermischen und in Wurstdärme füllen. Bei 80 °C ca. 45 Minuten köcheln lassen und kurz abschrecken. Auf ein geöltes Backblech legen und im vorgeheizten Rohr bei 220 °C ca. 45 Minuten braten.

TIPPS
- Tiefgekühlt ist die Wurst ca. 1 Monat haltbar.
- Die Erdäpfelwurst schmeckt mit Sauerkraut als Hauptspeise oder zu Bratengerichten als Beilage.

Erdäpfelwurst 2

Gewürzte Erdäpfel in Wurstform mit Zwiebeln, Grammeln und Knoblauch

ZUTATEN FÜR 4 WÜRSTE À 150 G
250 g speckige, rohe Erdäpfel • 250 g speckige, gekochte Erdäpfel
30 g Grammeln • 50 g fein gehackte Zwiebeln • 80 g Schweinefett
2–3 zerdrückte Knoblauchzehen • Salz, Pfeffer, Majoran • 1 m Bratwurstdärme

ZUBEREITUNG
Rohe und gekochte Erdäpfel zusammen mit den Grammeln faschieren. Zwiebeln im Schweinefett bräunen, Erdäpfel-Grammel-Masse sowie Knoblauch zugeben und rösten. Abschmecken und leicht abkühlen lassen. In Bratwurstdärme füllen und abdrehen. Kurz in kochendem Wasser überbrühen. In einer eisernen Pfanne mit flüssigem Schweinefett übergießen und im vorgeheizten Rohr bei 180 °C goldbraun braten.

TIPPS
- Dieses Gericht gelingt nur mit speckigen Erdäpfeln, da die Würste sonst aufspringen. Man kann diese Erdäpfelwurst auch ausschließlich aus rohen Erdäpfeln bereiten: Schälen, schaben, wässern, 1 Stunde ruhen lassen, ausdrücken und mit Zwiebeln sowie Gewürzen im Schweinefett durchrösten. Nach dem Abkühlen in Schweinsdärme abfüllen und wie oben beschrieben weiterverarbeiten.
- Tiefgekühlt ist die Wurst ca. 1 Monat haltbar.

Hausbratwürstel

ZUTATEN FÜR 28 WÜRSTE À 100 G
1 kg fettes Schweinefleisch • 1 kg mageres Schweinefleisch
500 g mageres Rindfleisch • eventuell 4 eingeweichte Semmeln • 60 g Salz
6 gepresste Knoblauchzehen • 300 g Eiswürfel oder 300 ml kaltes Wasser
abgeriebene Schale einer unbehandelten Zitrone • gemahlener, weißer Pfeffer
Schweinefett zum Braten • Schweinsdärme

ZUBEREITUNG
Schweine- und Rindfleisch durch die mittlere Scheibe des Fleischwolfs faschieren. Ein Drittel der Fleischmasse zweimal durch die feine Scheibe des Fleischwolfs faschieren, mit dem Rest der Masse vermischen. Eiswasser beifügen, mit Salz, Pfeffer, Knoblauch sowie Zitronenschale abschmecken und intensiv durchkneten. In Schweinsdärme füllen, abdrehen und in heißem Wasser 10 Minuten schwellen lassen. Anschließend bis zur Abkühlung in kaltes Wasser legen und dann in Schweinefett braten.

TIPP: Tiefgekühlt sind die Würstel etwa 1 Monat haltbar.

Wildkrakauer

ZUTATEN FÜR 2 WÜRSTE À CA. 750 G

ca. 400 g Wildfleisch (Reh, Hirsch, Fasan, Wildente)
ca. 200 g Wildleber oder helle Hühnerleber • ca. 250 ml Obers (oder 200 ml Obers und 80–100 g grüner Speck) • 2 Eier oder 4 Eiklar • Salz, Pfeffer Wacholder, etwas Rosmarin, Weinbrand, eventuell Preiselbeeren
400 g sehr grob faschiertes oder grob gewürfeltes Wildfleisch
eventuell 100 g grob geschnittene kurz angebratene Pilze oder Speckwürfel für zusätzliche Einlage • 2 Brühwurst-Kunstdärme für je 800 g Masse

ZUBEREITUNG

Wildfleisch fein hacken oder faschieren. Daraus zwei gleich große Laibchen formen und ca. 1 1/2 Stunden tiefkühlen. Die Laibchen klein schneiden und in der Küchenmaschine jeweils mit der Hälfte der Leber, Eiern, Gewürzen und eventuell Preiselbeeren pürieren. Nach und nach jeweils für ein Laibchen die Hälfte des Obers sowie bei Bedarf Speck zugeben und sehr fein pürieren (dauert maximal 1–2 Minuten). Beide Massen gut durchrühren und kalt stellen. Mit grob faschiertem Wildfleisch und eventuell gewünschter Einlage (Pilze oder Speck) vermischen sowie nochmals gut abschmecken.
Die Wildbrätmasse mithilfe einer Wurstspritze oder mit einem Dressiersack ohne Tülle in einen lauwarm gewässerten Brühdarm füllen. Öfters anstechen und im heißen

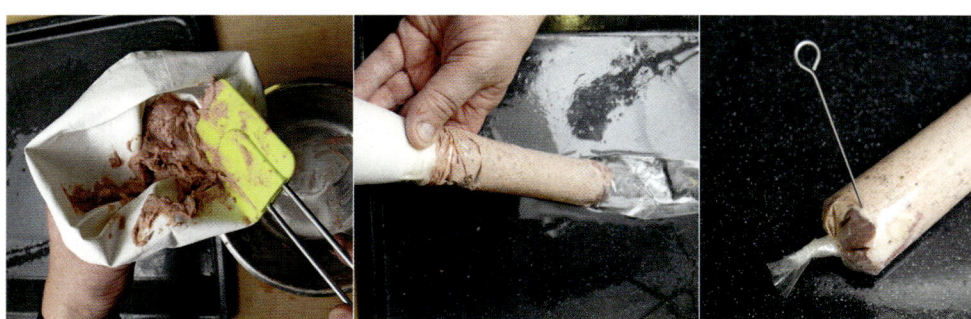

Wasserbad bei 75–80 °C ca. 40 Minuten ziehen lassen. Die Würste in kaltem Wasser ca. 20 Minuten auskühlen und eventuell über Nacht im Kühlschrank durchziehen lassen.

TIPPS
- So können Sie die Wurst ca. 3 Monate im Tiefkühler aufbewahren. Vor der Weiterverarbeitung (grillen oder anbraten) über Nacht im Kühlschrank auftauen lassen.
- Wildkrakauer kann kalt z. B. mit eingelegtem Kürbisfleisch, eingelegten Pilzen und Preiselbeeren oder sanft angebraten z. B. mit Pilzen oder mit Rotkraut-Apfel-Salat serviert werden.

Kalte Leberwurst

ZUTATEN FÜR 4 GLÄSER À 500 ML
1 kg mageres, gebratenes Kopffleisch • 500 g gekochter, feinwürfelig geschnittener Kopf- oder Kragenspeck • 250 g abgebrühte, zweimal faschierte Schweinsleber • 100 g geriebene Zwiebel • Majoran, Knoblauch Salz, Pfeffer • 500 ml Suppe

ZUBEREITUNG
Kopffleisch mit gepresstem Knoblauch, Salz und Pfeffer einreiben, braten und auskühlen lassen. Mit der Schweinsleber durch den Fleischwolf drehen. Mit der Schneerute 20 Minuten abtreiben, Speck beifügen und weiterschlagen. Zwiebel in Fett rösten (gelbe Farbe), der Wurstmasse beifügen und würzen. Bratenrückstand mit Suppe verkochen und dazugeben. In Gläser füllen, verschließen und im Einkochtopf oder Dampfgarer bei 98 °C 30 Minuten einkochen.

TIPPS
- Die Masse kann auch in Schweinsdärme gefüllt und geselcht werden.
- Die Leberwurst ist im Kühlschrank 4–6 Wochen haltbar und kann auch tiefgekühlt werden.

Krainerwürste

Hierfür ist ein Räucherofen oder eine Räucherkammer notwendig.

ZUTATEN FÜR CA. 10 KG
7 1/2 kg Schnerkelfleisch (sehr fein und sorgfältig ausgelöstes Fleisch vom Schweinskopf) • 2 1/2 kg sehr fein faschiertes Rindsbrät • 200 g Salz 16 g gemahlener, schwarzer Pfeffer

ZUBEREITUNG
Schnerkelfleisch in 3–4 cm große Stücke schneiden, mit den restlichen Zutaten vermischen und über Nacht stehen lassen. In Dünndärme füllen und ca. 5 Stunden heiß räuchern. Gekocht oder – nach längerer Aufbewahrung – roh mit Senf und Kren genießen.

TIPP: Die Würste sind kühl gelagert 6–8 Wochen haltbar. Sie können auch tiefgefroren werden.

Gebratene Forellenwurst

ZUTATEN FÜR 2 WÜRSTE À 550 G
400 g Forellen- und Lachsforellenfilet (ohne Haut und Gräten)
250 ml Obers • 2 Eier (ersatzweise 3 Eiklar) • ca. 1/2 EL fein gehackte Dille
Salz, Pfeffer • 1 EL glattes Weizenmehl (ca. 15 g) • 20 ml Wermut (Noilly Prat)
100 g Räucherforellenfilet für Einlage • 100 g Lachsforellenfilet für Einlage
2 Brühwurst-Kunstdärme für je 600 g Masse

ZUBEREITUNG
Je 50 g Lachsforellen- und Forellenfilet klein schneiden, kurz anbraten, abkühlen und mit den restlichen Fischfilets (300 g) fein faschieren oder cuttern. Daraus zwei flache Laibchen à 200 g formen und tiefkühlen. Die leicht angefrorenen Fischlaibchen zerkleinern und mit Obers, Eiern und Mehl im Küchencutter fein pürieren. Mit Salz, Pfeffer, Dille und Wermut gut abschmecken. Räucherforelle und Lachsforelle für die Einlage kleinwürfelig schneiden und untermischen **(1/2)**. Mithilfe einer Wurstspritze oder einem Dressiersack in einen gewässerten Kunstdarm füllen **(3/4)**. Im heißen Wasser bei 75–80 °C ca. 40 Minuten ziehen lassen. In kaltem Wasser auskühlen und eventuell über Nacht im Kühlschrank durchziehen lassen.

TIPPS
- So können Sie die Wurst ca. 3 Monate im Tiefkühler aufbewahren. Vor der Weiterverarbeitung (grillen oder anbraten) über Nacht im Kühlschrank auftauen lassen.
- Sie können die Wurst kalt aufschneiden oder in Öl bzw. Schmalz beidseitig sanft anbraten und dann servieren.
- Aus dieser Masse können auch kleine Cocktailwürstchen (25–30 Stück à 4 cm lang) produziert werden. Dazu wird die gesamte Fischmenge (ohne Einlage) fein gecuttert **(5)** und in Naturdarm (ca. 3 m Schafsaitling 24/26) gefüllt **(6–9)**. Im heißen Wasser bei 75 °C ca. 20 Minuten ziehen lassen. Zwischendurch etwas anstechen, damit sie nicht aufplatzen.
- Die kleinen Forellenwürstchen können z. B. mit Feigensenf als Zwischenmahlzeit gereicht werden. Die größere Wurst kann kalt aufgeschnitten in einer Semmel verzehrt werden.

Hirschwurst

Hierfür ist ein Räucherofen oder eine Räucherkammer notwendig.

ZUTATEN FÜR CA. 25 WÜRSTE À 400 G
4 kg Hirschschlögel • 3 kg Schweinefleisch (am besten leicht durchzogen)
3 kg Speck • 300 g Pökelsalz • 20 g Zucker • 10 g schwarzer Pfeffer aus der Mühle • 5–10 g zerstoßener Koriander • 5–10 g gemahlener Kümmel
20 g Knoblauch • 10 zerstoßene Pimentkörner (Nelkenpfeffer)
Wursthüllen oder Därme

ZUBEREITUNG
Das Hirschfleisch durch die feine Scheibe des Fleischwolfs drehen, das Schweinefleisch durch die mittlere. Den Speck würfelig schneiden. Je nach Gewicht der Fleischmasse nun die Gewürze abwiegen und zugeben. Die Masse kneten, bis sie gut bindet, dann

eng in ca. 20 cm lange Därme oder Wursthüllen füllen. Die Wurst an mehreren Stellen mit einer Nadel anstechen, damit die Luft entweichen kann. An den Enden gut abbinden. Die Würste auf einem Brett noch einige Male hin- und herrollen, damit die Masse noch besser zusammenrutscht und die Wurst weicher wird. Eventuell noch einmal neu abbinden. Nun die Würste 2–3 Tage an einem kühlen und dunklen Ort (Speise-, Räucherkammer oder im Winter Dachboden) aufhängen und anschließend 3 Tage bei höchstens 30 °C räuchern. Schließlich 3–4 Wochen an einem kühlen Ort antrocknen lassen.

Blutwurst   Rezept von Fleischhauer Fritz Pöll

ZUTATEN FÜR 35–40 WÜRSTE
1 gekochter Schweinskopf (ca. 3,3 kg ausgelöstes Fleisch)
500 g Wurzelgemüse, Pfefferkörner, Wacholder, Lorbeerblätter zum Kochen des Schweinekopfes • 500 g Bratenfleisch (ersatzweise gekochter Bauchspeck)
250 g Bratenfett vom gebratenen Fleisch (ersatzweise Schweineschmalz)
300–400 g Knödelbrot • 450 g in Würfel geschnittene Zwiebeln
1 kg Grammeln • 800 ml Milch • 100 g Salz • 1 l Blut • 11 g fein gemahlener Pfeffer • 12 g geröstete, zerriebene Korianderkörner • 30 g Knoblauchpaste (s. S. 216) oder einige Knoblauchzehen • 120 g frische, grob gehackte Petersilie in Salz eingelegte Schweinsdärme • 1 Stück Brot oder 1 Semmel
eventuell Majoran, Thymian, Neugewürz (Piment)

ZUBEREITUNG
Därme in warmem Wasser einweichen. Schweinskopf mit Wurzelgemüse, Pfefferkörnern, Lorbeerblättern und Wacholderbeeren so lange kochen, bis sich das Fleisch von den Knochen löst. Schweinskopf herausnehmen und auskühlen lassen. Zwiebelwürfel in 100 g Bratenfett anschwitzen, Petersilie dazugeben und kurz durchrösten. Kopffleisch mit Schwarten und Bratenfleisch sowie Zwiebel-Petersilie-Gemisch faschieren **(1–4)**. Damit alles Fleisch aus dem Fleischwolf gedrückt wird, ein Stück Brot oder eine Semmel durchlassen. Alles in eine große Schüssel geben, restliches Bratenfett und restliche Zutaten dazugeben, kräftig durchmischen und sehr würzig abschmecken **(5–10)**. Eingeweichte Därme mit Wasser durchspülen, auf den Vorsatz des Fleischwolfes ziehen und die Blutwurstmasse einfüllen. Därme danach immer abdrehen **(11–13)**.
Im Einkochtopf oder Dampfgarer bei 75–80 °C 30–40 Minuten brühen (garziehen, brüten). Dies kann auch in einem mit Wasser gefüllten Topf erfolgen **(14)**. Man sollte dann aber unbedingt ein Thermometer verwenden, denn das Wasser darf nicht kochen, sonst würden die Würste aufplatzen. Die Wurst sollte im Kern eine Temperatur von 70 °C haben.

TIPPS
- Sie können das Brät auch in einer ausgefetteten Rehrücken- bzw. Kastenform im Dampfgarer oder im Wasserbad im Ofen pochieren. Dann schneiden Sie die Blutwurst vor dem Verzehr in Scheiben und braten Sie in wenig Öl knusprig. Wenn Sie ein Blutwurstgröstl zubereiten möchten, sollten Sie Erdäpfel oder Zwiebeln mitbraten. Die fertige Blutwurst eignet sich auch sehr gut als Fülle für Knödel.
- Oder Sie füllen die Blutwurstmasse maximal 3/4 hoch (Würste quellen während des Einkochens noch auf) in vorbereitete Sturz- oder Rexgläser, pressen oder drücken die Masse gut hinein und kochen die verschlossenen Gläser im Einkochtopf oder Dampf-

garer bei 98 °C 70 Minuten ein. Die Masse muss sofort nach Fertigstellung eingekocht werden. Wenn Sie die Würste stürzen wollen, dann sollten Sie nach oben weiter werdende Gläser verwenden. Das Wasser darf nicht kochen, da das Fett dabei herauskochen kann und somit den luftdichten Verschluss verhindert.
- Je weniger Blut verwendet wird, umso heller werden die Würste.
- Ist die Masse zu dünn, dann mengen Sie einfach Semmelwürfel darunter, bis die Konsistenz Ihren Wünschen entspricht.
- Im Kühlschrank können Sie die Würste höchstens 1 Woche aufbewahren. Sie können sie aber ohne Weiteres auch tiefkühlen (3–4 Monate).

Bratwurst
Rezept von Fleischhauer Fritz Pöll

ZUTATEN FÜR 20 WÜRSTE
1 1/2 kg rohes, mageres Schweinefleisch aus der Schulter
1 1/2 kg rohes Backenfleisch (Goder, ohne Drüse) • 750 g zerkleinertes Eis
2 Eiklar • 1/4 TL Zitronenschalenpulver (s. S. 295) • 8 g fein gemahlener Pfeffer
1 EL getrockneter Majoran • 1 g Ingwerpulver • 5 g Knoblauchpaste (s. S. 216)
50 g Pökelsalz • 40–50 g Salz • in Salz eingelegte Schweinsdärme

ZUBEREITUNG
Schulter- und Backenfleisch faschieren oder bereits vom Fleischer faschieren lassen. Därme in warmem Wasser einweichen. Fleisch kurz anfrieren, damit es beim Zerkleinern nicht ausflockt und gerinnt. Dann zusammen mit Eis und Eiklar in den Cutter geben und mixen, bis es eine ganz feine, glatte Konsistenz aufweist **(1–5)**. Das Brät darf dabei nicht wärmer als 12–13 °C werden. Mit den restlichen Zutaten vermengen und sehr würzig abschmecken **(6–9)**.
Eingeweichte Därme mit Wasser durchspülen, auf den Vorsatz des Fleischwolfes ziehen und die Bratwurstmasse einfüllen **(14)**. Därme danach immer abdrehen **(15)**.
Im Einkochtopf oder Dampfgarer bei 75–80 °C etwa 30 Minuten brühen (garziehen, brüten). Dies kann auch in einem mit Wasser gefüllten Topf erfolgen **(16)**. Man sollte dann aber unbedingt ein Thermometer verwenden, denn das Wasser darf nicht kochen, sonst würden die Würste aufplatzen. Die Wurst sollte im Kern eine Temperatur von 70 °C haben.

TIPPS
- Als zusätzliche Gewürze können Sie Chili, Paprikapulver, fein gehackte Petersilie, Kardamom, Currypulver, Ingwer oder Macisblüte (Blüte des Muskatnussbaumes) verwenden.
- Wenn Sie die Masse in eine gefettete Rehrücken- oder Terrinenform füllen und bei 130 °C ca. 1 Stunde backen, dann können Sie sie wie Leberkäse aufschneiden. Je nach Geschmack können noch Käsewürfel, gewürfelte Essiggurkerln (gut abgetropft) oder in Öl eingelegte Pfefferoni zugefügt werden.
- Für eine grobe Bratwurst mischen Sie unter 1 kg fertiges Brät noch 500 g grob faschiertes Fleisch (halb fett und halb mager) **(10–13)**. Da die Fleischzugabe dabei erhöht wurde, müssen Sie unbedingt nachwürzen. Das Kochwasser sollte auf jeden Fall etwas gesalzen werden, damit die Wurst nicht ausgelaugt schmeckt.

- Sie können die Bratwurstmasse auch maximal 3/4 hoch (Würste quellen während des Einkochens noch auf) in vorbereitete Sturz- oder Rexgläser füllen. Pressen oder drücken Sie die Masse gut hinein und kochen die verschlossenen Gläser im Einkochtopf oder Dampfgarer bei 98 °C 70 Minuten ein. Die Masse muss sofort nach Fertigstellung eingekocht werden. Wenn Sie die Würste stürzen wollen, dann sollten Sie nach oben weiter werdende Gläser verwenden. Das Wasser darf nicht kochen, da das Fett dabei herauskochen kann und somit den luftdichten Verschluss verhindert.
- Selbstverständlich eignen sich die Bratwürste auch zum Tiefkühlen (3–4 Monate).

Rehwurst

ZUTATEN FÜR CA. 12 WÜRSTE À 400 G
3 kg Rehschlögel • 2 kg Speck • 90 g Pökelsalz • 6 g Feinkristallzucker
3 g Pfeffer • 1 1/2 g Koriander • 1 1/2 g Kümmel • 9 g Knoblauch
Wursthüllen oder Därme

ZUBEREITUNG
Das Rehfleisch durch die feine Scheibe des Fleischwolfs drehen, den Speck würfelig schneiden. Die Gewürze zugeben und die Masse kneten, bis sie gut bindet, und eng in ca. 20 cm lange Därme oder Wursthüllen füllen. Die Wurst an mehreren Stellen mit einer Nadel anstechen, damit die Luft entweichen kann, und an den Enden gut abbinden. Die Würste auf einem Brett noch einige Male hin- und herrollen, damit die Masse noch besser zusammenrutscht und die Wurst weicher wird. Eventuell noch einmal neu abbinden. Nun die Würste 2–3 Tage an einem kühlen und dunklen Ort (Speise-, Selchkammer oder im Winter Dachboden) aufhängen und anschließend 3 Tage bei höchstens 35 °C räuchern. 3–4 Wochen an einem kühlen Ort antrocknen lassen.

Lammrohschinken

ZUTATEN
1 kg schieres Lammfleisch (eher größere Stücke vom Schlögel wie Schale bzw. Kaiserteil, Nuss oder Rose)

FÜR DIE BEIZE
25 g Salzmischung (23 g Kochsalz und 2 g Nitritpökelsalz) • 1 Lorbeerblatt
25–30 schwarze Pfefferkörner • 20 Wacholderbeeren • 3 EL frischer Thymian
3 EL frischer Rosmarin • 5 Knoblauchzehen

ZUBEREITUNG
Siehe Rezept für Hirschrohschinken (S. 285). Allerdings sollte das Lamm im Ofen eine Kerntemperatur von 62 °C erreichen. Zur Aromatisierung können Sie Rosmarin- und Thymianzweige auf ein Backblech legen.

TIPPS
- Besonders gut mundet Lammrohschinken mit lauwarmen Zwiebeln oder Zucchini mit Knoblauch.
- Der Schinken ist im Kühlschrank maximal 2–3 Wochen haltbar, er kann aber auch tiefgekühlt werden (3–4 Monate).

Hirschrohschinken

ZUTATEN
1 kg schieres Hirschfleisch (eher größere Stücke vom Schlögel wie Schale bzw. Kaiserteil, Nuss oder Rose)

FÜR DIE BEIZE
25 g Salzmischung (ca. 23 g Kochsalz und 2 g Nitritpökelsalz) • 1 Lorbeerblatt
25–30 schwarze Pfefferkörner • 20 Wacholderbeeren • 2 EL frischer Thymian
2 EL frischer Rosmarin • 2–3 Knoblauchzehen • 1–2 Gewürznelken • etwas Zimt

ZUBEREITUNG
Alle Zutaten für die Beize im Cutter oder Mörser zerkleinern. Fleischstücke gut damit einreiben, in einen hohen und eher engen Topf pressen und gut beschweren. Etwa 2–3 Wochen im Kühlschrank lagern, bei mehreren Stücken einmal wöchentlich umschlichten.

Fleisch ohne Anbraten im auf 70–80 °C vorgeheizten Backofen auf einen Gitterrost legen. Frische Kräuter und Zweige nach Wahl als Aromaträger auf ein darunterliegendes Backblech legen (z. B. Wacholder, Lorbeer, Thymian, Rosmarin, Koriander, Orangenschale, Tannenzweige) und mindestens 2–3 Stunden mithilfe eines Bratenthermometers bis ca. 60 °C Kerntemperatur langsam garen.

TIPPS
- Werden mehrere Stücke gleichzeitig im Ofen gegart, sollte eventuell ein Kochlöffel in die Backofentüre gesteckt werden, damit die Feuchtigkeit aus dem Backofen entweichen kann.
- Anstelle von Hirsch oder Damhirsch kann auch Wildschwein oder Gams verwendet werden.
- Dieser Hirschrohschinken hält sich im Kühlschrank maximal 2 Wochen. Sie können ihn aber auch tiefkühlen (3–4 Monate).

Leberpastete

ZUTATEN FÜR CA. 10 GLÄSER À 290 ML
1 kg Schweinsleber oder Geflügelleber • 1 kg Schweinebauch
50 ml Sonnenblumenöl • 170 g fein gewürfelte Zwiebeln oder Schalotten
2–3 fein geschnittene Knoblauchzehen • ca. 1 EL Salz • frisch gemahlener
Pfeffer • 1 EL getrockneter Thymian • 1 EL getrockneter Majoran
ca. 300 ml Kochflüssigkeit • Wasser und Instantsuppenwürze oder hausgemachte Suppenwürze (s. S. 230) zum Kochen • eventuell etwas Schweineschmalz zum Abdecken

ZUBEREITUNG
Wasser mit etwas Suppenwürze aufkochen. In kleine Stücke geschnittene Leber ca. 15 Minuten und Schweinebauch ca. 50 Minuten darin weich kochen, herausnehmen und abkühlen lassen. Von der gekühlten Suppe etwas Fett abnehmen. Zwiebel und Knoblauch in Öl anschwitzen und abkühlen lassen. Leber und Fleisch nach Belieben grob oder fein faschieren. Mit Zwiebeln, Kochflüssigkeit und Gewürzen vermengen,

gut abmischen und würzig abschmecken. Bis 2 cm unter den Rand in vorbereitete Gläser einfüllen, dabei mehrmals auf einem Wolltuch aufklopfen, damit keine Luftblasen im Glas bleiben. Die Oberfläche mit einem Löffel glatt streichen, nochmals gut eindrücken und etwas zerlassenes Fett vom Kochsud auf die Oberfläche verteilen. Die Gläser verschließen und im Einkochtopf oder Dampfgarer bei 98 °C 60 Minuten einkochen.

TIPPS
- Wer mag, kann auch mit gemahlenem Piment, Sardellenpaste, Muskatnuss, Nelkenpulver oder Rosmarin zusätzlich würzen.
- Die Zwiebeln können Sie auch mitfaschieren.

Traditionelle Fasanterrine

ZUTATEN FÜR 1 TERRINENFORM BZW. 14 PORTIONEN
1 kg Fasan- oder anderes Wildfleisch • je 250 g Kalbfleisch, Schweinefleisch und Hühnerleber • 200 g Champignons • 40 g Salz
25 g gehackte Schalotten • 200 g geschälte, in Würfel geschnittene Äpfel
Madeira • Salz, Pfeffer • 350 g grüner bzw. roher, sehr fein faschierter Speck
Öl zum Anrösten • grüne Speckstreifen zum Auslegen der Form

ZUBEREITUNG
Fasanfleisch, Kalb-, Schweinefleisch, Hühnerleber, Pilze, Schalotten, Äpfel getrennt voneinander anrösten und gut durchkühlen lassen. Dann gemeinsam zweimal faschieren (oder mit einem Kleincutter bearbeiten). Mit Madeira, Salz und Pfeffer abschmecken. Zuletzt den sehr kalten, feinst faschierten Speck untermischen.
Eine Kastenform mit Speckstreifen auslegen, sodass diese etwa 5 cm über den Rand hängen. Die Masse einfüllen und gut mit Speck abdecken. In ein Wasserbad stellen und im vorgeheizten Backrohr ca. 1 Stunde bei 140 °C pochieren. Herausnehmen, etwas beschweren bzw. leicht pressen und über Nacht erkalten lassen.

TIPPS
- Zusätzlich können Sie die Terrine mit Pistazien, rohen Speckwürfeln oder gerösteten Pilzen als Einlage verfeinern.
- Diese Terrine eignet sich in Portionen aufgeteilt gut zum Tiefkühlen (3–4 Monate).

Wildterrine

**ZUTATEN FÜR 1 KASTENFORM MIT CA. 1,2 L INHALT
BZW. 10–12 PORTIONEN**

ca. 360 g Wildfleisch (Reh, Hirsch, Fasan, Wildente) • 2 Scheiben entrindetes, in Obers eingeweichtes Toastbrot • 3–4 Stück helle Hühnerleber • ca. 250 ml Obers (oder 200 ml Obers und 80–100 g grüner Speck) • 2 Eier oder 4 Eiklar Salz, Pfeffer • Wacholderbeeren, Weinbrand • eventuell Preiselbeeren in grünen Speck eingewickelte rohe, gewürzte Wildfilets • grüne Speckstreifen zum Auslegen der Form
Einlagen nach Wahl • grob faschiertes oder grob gewürfeltes, rohes oder gebratenes Wildfleisch; klein gewürfelter, grüner Speck; grob geschnittene Pilze; gekochte Rindspökelzunge; Pistazien

ZUBEREITUNG

Wildfleisch fein hacken oder faschieren. Daraus zwei gleich große Laibchen formen und ca. 1 1/2 Stunden tiefkühlen. Eines der Laibchen in der Küchenmaschine mit jeweils der Hälfte von Toastbrot, Hühnerleber, Ei, Gewürzen und eventuell Preiselbeeren pürieren. Nach und nach die Hälfte des Obers sowie bei Bedarf Speck zugeben und sehr fein pürieren (dauert maximal 1 Minute). Zweites Laibchen mit den restlichen Zutaten ebenso zubereiten.
Beide Massen gut durchrühren und kalt stellen. Mit gewünschter Einlage vermischen und nochmals gut abschmecken. Kastenform mit Speck auslegen, sodass die Speckstreifen ca. 5 cm über den Rand hängen. Die Hälfte der gekühlten Masse einfüllen, in grünen Speck eingewickelte rohe, gewürzte Wildfilets einlegen und mit restlicher Masse auffüllen. Glatt streichen, mit den überhängenden Speckstreifen zudecken und leicht andrücken.
Die Kastenform in eine mit Papier oder Geschirrtuch ausgelegte tiefe Bratenpfanne stellen, zwei Finger hoch mit heißem Wasser auffüllen und im vorgeheizten Rohr bei ca. 130 °C ungefähr 1 1/4 Stunden pochieren. Währenddessen soll eine Wassertemperatur von 75 °C und eine Kerntemperatur von 68–70 °C erreicht werden. Die fertige Terrine am besten etwas beschweren bzw. leicht pressen und über Nacht kalt stellen.

TIPP: Diese Terrine eignet sich in Portionen aufgeteilt gut zum Tiefkühlen (3–4 Monate).

Sulz (Grundrezept)

**ZUTATEN FÜR 1 KASTEN- BZW. TERRINENFORM
MIT CA. 1,2 L INHALT ODER 10–12 PORTIONEN**

1 1/2–2 kg Schweineschwarten • grob geschnittenes Wurzelgemüse (Karotten, Sellerie, Lauch, Zwiebel) • 4–5 l Wasser oder 500 ml kräftige, gut gewürzte Suppe und 14 Blatt Gelatine

ZUBEREITUNG

Schweineschwarten mit Wurzelgemüse und Wasser bedeckt 2–3 Stunden auskochen, abseihen und auf 500 ml Flüssigkeit einkochen (oder die heiße Suppe mit der Gelatine verrühren).

TIPPS

- Die Sulz ist im Kühlschrank 5–7 Tage haltbar. Sie kann aber gut verpackt auch tiefgekühlt 3–4 Monate aufbewahrt werden.
- Als Grundprodukt für Sulzen eignet sich eine Vielzahl von Produkten wie z. B. Fleisch (Rind-, Schweine-, Lammfleisch, Ochsenschlepp), Geflügel, Wild, Kaninchen, Fisch (Karpfen, Lachsforelle, Forelle u. v. m.) sowie Pilze und Gemüse.
- Für die Einlage sollten Sie mit ca. 1 1/2–1 3/4 kg (inklusive Knochen und Gräten) bzw. mit einem Reingewicht von ca. 750 g rechnen.
- Alle Zutaten für die Sulz sollten sehr weich gekocht sein.
- Tiefgekühlte Sulzen erhalten eine bessere Konsistenz, wenn sie leicht erwärmt und wieder kalt gestellt werden.

VOM RICHTIGEN UMGANG MIT GELATINE

- Gelatine sollten Sie immer ca. 5 Minuten in kaltem Wasser einweichen.
- In warme Massen können Sie die Gelatine sofort einrühren. Danach müssen Sie sie jedoch gut abkühlen lassen und erst weiterverarbeiten, wenn die Grundmasse zu stocken beginnt. Ansonsten könnte sich die Gelatine am Boden absetzen.
- Gelatine darf beim Auflösen nicht überhitzen oder überkocht werden, da dadurch ihre Gelierkraft vermindert wird.
- Mit Gelatine versetzte Speisen sollten Sie immer kräftig würzen, da die Verwendung von Gelatine eine gewisse Geschmacksreduzierung mit sich bringt. Auch eine gute Kühlung ist wichtig. Mitunter ist es sogar angeraten, die betreffende Speise für ca. 1 Stunde in den Tiefkühler zu stellen.
- Wenn Sie kalte Massen mit Gelatine vermischen, müssen Sie während des Einfüllens der flüssigen bzw. lauwarmen Gelatine unbedingt rühren.
- Achten Sie bei Süßspeisen darauf, dass bei Früchten wie Ananas, Kiwi, Papaya, Feigen, Erdbeeren oder Rhabarber Fruchtsäure und Enzyme eine Bindung der Gelatine verhindern. In diesem Fall müssen Sie das Obst in Zuckerwasser kochen (festeres Obst) oder kurz in lauwarmes Zuckerwasser einlegen.
- Vergessen Sie nicht, die Gelatine einzurühren (auch das kommt vor)!

Schweinesulz

ZUTATEN FÜR 1 KASTEN- BZW. TERRINENFORM MIT CA. 1,2 L INHALT ODER 10–12 PORTIONEN

2 Schweinshaxen • 500 g Schweinsschwarten • 500 g ausgelöster Schweinskopf • 100 g Petersilienwurzeln • Wasser, Pfefferkörner • Lorbeerblätter, Salz

ZUBEREITUNG

Alle Zutaten miteinander in kaltem Wasser aufsetzen und weich kochen. Sollte das Kopffleisch früher weich werden, dieses herausnehmen. Abseihen und das noch warme Fleisch der Schweinshaxen von den Knochen lösen. Über Nacht stehen lassen. Am nächsten Tag den gestockten Sud entfetten. Sollte der Sud nicht fest gestockt sein, nochmals aufstellen und einkochen. Fleisch und Schwarten in heiße Brühe geben, in eine Form gießen und abstocken lassen.

TIPPS

- Diese nach einem traditionellen Rezept zubereitete Sulz passt gut zu Bauernbrot oder kann mit Zwiebel, Essig und Öl angerichtet werden.
- Wenn Sie statt der Sulz eine **PRESSWURST** zubereiten wollen, füllen Sie etwas dickere Sulzmasse in einen gereinigten Saumagen und lassen diesen in leicht wallendem Salzwasser ca. 2 Stunden ziehen. Die Wurst können Sie erkaltet auch tiefkühlen. Zum Servieren dünn aufschneiden und mit Essig, Öl (Kürbiskernöl) sowie eventuell gehackter Zwiebel auftischen.
- Die Sulz kann im Kühlschrank 5–7 Tage aufbewahrt werden. Sie ist aber gut verpackt tiefgekühlt auch 3–4 Monate haltbar (s. Tipps S. 19).

Rindfleischsulz

ZUTATEN FÜR 1 KASTEN- BZW. TERRINENFORM
MIT CA. 1,2 L INHALT ODER 10–12 PORTIONEN

500 ml kräftige Rindsuppe (bei Schwartenfondzugabe nur 250 ml verwenden, s. Grundrezept, S. 205) • 12–14 Blatt Gelatine • 300 g weich gekochtes, klein gewürfeltes Rindfleisch (Schulter, Beinfleisch u. a.) • 400 g weich gekochte Gemüsewürfel (z. B. Karotten, Gelbe Rüben, Sellerie etc.) • Salz, Pfeffer, Liebstöckel, Schnittlauch, Lorbeer • Öl und Klarsichtfolie für die Form

ZUBEREITUNG

Rindfleisch und Gemüse in der kräftigen Rindsuppe kurz köcheln lassen und abschmecken. Eingeweichte und ausgedrückte Gelatine (oder kräftigen Schwartenfond) einrühren und gut abkühlen lassen. Vor dem Stocken die frischen Kräuter dazugeben. Eine Kastenform, Schüssel oder Portionsförmchen mit Öl ausstreichen und mit Klarsichtfolie auslegen. Die Sulz einfüllen, gleichmäßig verteilen und mehrere Stunden kalt stellen. Zum Schluss aus der Form stürzen.

TIPPS

- Zum Aufschneiden verwenden Sie am besten ein Elektromesser. Richten Sie die Sulz mit Salat sowie eventuell Vinaigrette und gehackten, harten Eiern an.
- Für eine „Tafelspitzsulz" wird gekochter Tafelspitz verwendet.
- Die Sulz kann tiefgekühlt 3–4 Monate aufbewahrt werden (s. Tipps S. 19).
- Anstelle der Gelatine können Sie auch 1/4 l Schwartenfond mit 1/4 l kräftiger Rindsuppe vermengen.

Lammsulz

ZUTATEN FÜR 1 KASTENFORM
MIT CA. 1,2–1,5 L INHALT ODER 12–15 PORTIONEN

ca. 750 g Lammfleisch (Schulter oder Hals) • 500 g klein geschnittenes Wurzelgemüse (Karotten, Sellerie, Lauch, Zwiebel) • 2 Lorbeerblätter 3 grob geschnittene Knoblauchzehen • Petersilienstängel frischer Thymian und Majoran • 1 1/2 kg Schweinsschwarten oder 500 ml Suppe und 10–12 Blatt Gelatine • 300 g gekochte Gemüsewürfel (Karotten, Sellerie) • Salz, Pfeffer aus der Mühle • Essig, Öl (eventuell Kernöl) für die Marinade, geröstete Kürbiskerne • Öl und Klarsichtfolie für die Form

ZUBEREITUNG

Das Fleisch, eventuell Schwarten, Wurzelgemüse, Lorbeerblätter, Petersilienstängel und Knoblauchzehen mit 4–5 l leicht gesalzenem Wasser zustellen und weich kochen. Fleisch aus dem Sud nehmen, diesen abseihen und auf ca. 500 ml Flüssigkeit einkochen. (Wenn keine Schwarten verwendet werden, die Gelatine in 500 ml Suppe auflösen.) Mit Salz, Pfeffer und Kräutern würzen. Fleisch in kleine Würfel schneiden und mit den Gemüsewürfeln in den Schwartenfond bzw. die Suppe geben und nochmals abschmecken. In eine geölte und mit Klarsichtfolie ausgelegte Kastenform füllen und über Nacht kalt stellen.

TIPPS

- Am besten schmeckt diese Sulz in Kombination mit einem Salat in Essig-Öl-Marinade.
- Die Einlage können Sie mit gekochten Lammzungenwürfeln oder gegarten Pilzen verfeinern.
- Besonders schmackhaft wird die Sulz, wenn Sie das Fleisch und eventuell die Schwarten mit vorhandenen Knochen und Sehnen (vorher überbrühen und waschen) vom Lamm kochen. Dadurch entsteht eine noch kräftigere Lammsuppe.
- Für eine längere Haltbarkeit füllen Sie die Sulz in vorbereitete Gläser und verschließen diese. Dann kochen Sie die Sulz im Einkochtopf oder Dampfgarer bei 98 °C ca. 30–40 Minuten ein.

Lammpresswurst

ZUTATEN FÜR 1 KASTENFORM MIT CA. 1,2 L INHALT ODER FÜR 1 WURSTDARM (DURCHMESSER 6 CM, LÄNGE 50 CM)

ca. 750 g Lammfleisch (Schulter, Hals oder Kopffleisch für Presskopf)
500 g Lammknochen und Abschnitte (Parüren) für Suppe
ca. 300 g geschältes, grob geschnittenes Wurzelgemüse (Karotten, gelbe Rüben, Sellerie, Petersilienwurzel) • 2 Lorbeerblätter • 2 Knoblauchzehen
Petersilienstängel • frischer Thymian und Majoran
500 ml Schwartenfond gut gewürzt, auf 250 ml eingekocht oder 10–12 Blatt Gelatine in 500 ml Lammsuppe aufgelöst • klein geschnittenes, gekochtes Wurzelgemüse • Salz, Pfeffer • eventuell Öl und Klarsichtfolie für die Form

ZUBEREITUNG

Fleisch mit den überbrühten und abgeschreckten Knochen sowie Abschnitten bzw. Sehnen, geschältem Wurzelgemüse, Lorbeerblättern, Petersilienstängeln und Knoblauchzehen mit ca. 2 l leicht gesalzenem Wasser zustellen. Nach dem Aufkochen bei mäßiger Hitze ca. 2 1/2 Stunden alles gut weich kochen, zwischendurch den sich bildenden Schaum abschöpfen. Fleisch und Wurzelgemüse aus der Suppe geben und sofort in kaltem Wasser kurz abschrecken. Suppe abseihen, auf ca. 300 ml Flüssigkeit einkochen und Schwartenfond dazumischen. (Wenn keine Schwarten verwendet werden, die Suppe auf 500 ml einreduzieren und die Gelatine darin auflösen.) Mit Salz, Pfeffer und eventuell Kräutern (frischer Thymian, Majoran) kräftig würzen. Fleisch in kleine Würfel schneiden, mit dem Suppengemüse in den Schwartenfond bzw. die Suppe geben, kurz ziehen lassen und nochmals abschmecken.
In einen heiß gewässerten Wurstdarm oder ersatzweise in eine geölte und mit Klarsichtfolie ausgelegte Kastenform füllen und über Nacht kalt stellen.

TIPPS
- Die Wurst kann tiefgekühlt 3–4 Monate aufbewahrt werden (s. Tipps S. 19).
- Vor dem Servieren können Sie die Wurst mit hart gekochten Eiern und gerösteten Kürbiskernen dekorieren. Dazu passt Kürbiskernbrot ausgezeichnet.

Sauer eingelegter Fisch (gebraten)

ZUBEREITUNG
Festfleischige heimische Fische wie Karpfen, Amur oder Zander in kleine Streifen schneiden und eventuell schröpfen (s. u.). Mit Salz und Zitrone würzen. In griffigem Mehl wenden, in heißem Öl eher etwas länger frittieren, abkühlen lassen und mit Marinade (s. u.) begießen. Je nach Geschmack Öl dazugeben. Derart vorbereiteter Fisch ist 1–2 Wochen im Kühlschrank lagerfähig.

MARINADE (FÜR CA. 500 G FISCHFILET)
125 ml Essig, 375–500 ml Wasser, 1/2 gehackte Zwiebel, 3 Lorbeerblätter, Dille, Pfefferkörner, Wacholderbeeren, Knoblauch, Salz und Zucker aufkochen und abkühlen lassen.

TIPP: Statt Fischstreifen können auch ganz kleine Fische (ausgenommen, ohne Kopf sowie Hauptgräte) verarbeitet werden.

SCHRÖPFEN
Durch das Schröpfen (Einschnitte in das Filet im Abstand von 3–4 mm) werden die Gräten gekürzt und in weiterer Folge durch die Zugabe von Zitrone und durch die Hitzeeinwirkung bei der Garung weich und sind somit beim Genuss kaum noch spürbar.

Im Folgenden einige Ideen, wie Sie aus den sauer eingelegten Fischen leckere kleine Gerichte zubereiten können:

SAUERFISCH MIT GURKEN UND DILLE
Gurken schälen, entkernen und grob schneiden. Kurz überkochen und in Eiswasser abschrecken. Mit Dille garnieren und mit dem Fisch servieren.

SAUERFISCH MIT ZWIEBEL UND BUNTEM PAPRIKA
Paprika mit dem Sparschäler schälen, vierteln, entkernen und grob schneiden. Ganz kurz überkochen und in Eiswasser abschrecken. Zwiebel grob hacken und dazugeben. Mit Dille garnieren und mit dem Fisch servieren.

SAUERFISCH MIT ZWIEBEL, KÄFERBOHNEN UND RETTICH
Käferbohnen mit Zwiebel sowie Rettich wie für einen Salat anmachen und mit Sauerfisch dekorieren.

SAUERFISCH MIT SPARGEL, TOMATENWÜRFELN UND KERBEL
Spargel schälen, weich kochen und abschrecken. Tomaten ebenfalls schälen, entkernen und in Würfel schneiden. Mit dem Fisch in o. g. Marinade sowie hellem Öl anrichten und mit dem Spargel servieren.

Trocknen von Obst, Gemüse, Blüten und Kräutern

Grundsätzlich ist zu berücksichtigen, dass beim Trocknen ein erheblicher Gewichtsverlust entsteht. So verbleiben bei einem Ausgangsgewicht von 100 g am Ende nur etwa 20–30 g. Man verliert also etwa 70 % und mehr der ursprünglichen Ausgangsmenge.

TROCKNEN AN DER LUFT
- Vorbereitetes, nicht zu dick geschnittenes Dörrgut mit genügend Abstand auf ein Blech oder Gitter legen und dabei des Öfteren wenden.
- Beim Trocknen im Außenbereich Dörrgut nicht in die pralle Sonne, sondern in den Schatten legen. Das Wetter sollte generell eher trocken sein, es sollte also eine geringe Luftfeuchte vorhanden sein. Während der Nachtstunden die zum Trocknen aufgelegten Nahrungsmittel nicht im Freien lassen.
- Im Innenbereich luftige, trockene Räume (z. B. Dachboden) auswählen. Die Küche ist weniger geeignet, da zumeist anfallender Küchendunst wie auch Fremdgeruch das Ergebnis beeinflussen können.

TROCKNEN IM BACKROHR
- Das jeweilige Trockengut wird bei 50–60 °C in das bereits vorgewärmte Backrohr gegeben. Damit der entstehende Wasserdampf entweichen kann, lassen Sie die Backrohrtür leicht geöffnet.
- Am besten eignen sich Backöfen mit Umluft, da durch die Luftzirkulation ein besseres Trocknen ermöglicht wird. Um bei der gleichzeitigen Verwendung mehrerer Roste oder Gitter ein gleichmäßiges Ergebnis zu erzielen, sollten Sie diese hin und wieder umschichten. Dörrgut dabei immer großzügig auflegen.
- Sollten sich während des Trocknens im Backrohr Wassertropfen bilden, so müssen Sie die Temperatur geringfügig erhöhen.
- Als Unterlage können Sie Backpapier, Silikonmatten, fein gelochte Gittereinsätze oder enge Backgitter verwenden.
- Geschlossene Unterlagen benötigen Sie vor allem beim Trocknen von Quitten- oder Zwetschkenkäse, beim Herstellen von Suppenpulver wie auch für Blüten, Samen oder Körner.

Natürlich können **WÄRMEQUELLEN WIE HEIZKÖRPER** u. Ä. genutzt werden. Eine außergewöhnliche, aber dafür überaus zweckdienliche Vorrichtung sind mit Fliegengitter bespannte Holzrahmen in Heizkörpergröße. Diese ergeben eine großflächige und so vor allem günstige Ablage. Auf diese Weise können größere Mengen übereinander gestapelt getrocknet werden. Der dabei entstehende angenehme Duft in Ihrer Wohnung rechtfertigt allemal den etwas zusätzlichen Aufwand.

DÖRREN MIT EINEM ELEKTRISCHEN DÖRRAPPARAT
Sie sind eine gute Alternative, um auf Vorrat zu dörren. Hierbei wird die warme Luft mittels Ventilator durch den Apparat geleitet, anfallende feuchte Luft kann gleich entweichen.

DÖRREN IM KLEIDERSCHRANK

Zugegebenermaßen handelt es sich hierbei um eine etwas ungewöhnliche, aber nützliche Variante. Wenn Sie einen alten Kleiderschrank haben, probieren Sie es doch einfach mal aus. Stellen Sie einen herkömmlichen Dörrapparat ohne Deckel auf den Innenboden des Schrankes. Statt der Einlegeböden sind in gleichen Abständen Gitterregale angebracht. Wenn nicht schon altersbedingte Schlitze und Ritze entstanden sind, bringen Sie gegebenenfalls einige Lüftungsschlitze an. Vorsicht: Betreiben Sie diesen „Trockenschrank" nicht ohne Aufsicht. Insbesondere während der Nacht sollten Sie diesen abschalten (bitte beachten Sie dabei die Gefahr des Wärmestaus bzw. des Glimmbrandes). Tagsüber sollten Sie das Trockengut mehrmals kontrollieren. Der Vorteil bei dieser Methode ist eine optimale Wärmenutzung. Fertig gedörrte Früchte sortieren Sie immer gleich aus. Für größere Mengen gibt es im Fachhandel speziell darauf abgestimmte Dörrschränke.

Trocknen von Obst und Früchten

FRÜCHTE DÖRREN

Aufgrund ihres hohen Zuckergehaltes sind Früchte geradezu ideal zum Trocknen. Es eignen sich insbesondere Äpfel, Birnen, Marillen, Zwetschken, Heidelbeeren, Trauben, aber auch die unterschiedlichsten Beerensorten.

- Verwenden Sie nur einwandfreies sowie ausgereiftes frisches Obst. Es darf keine Faul- und Druckstellen aufweisen und sollte von fester Beschaffenheit sein.
- Je dünner und kleiner die Stücke sind (Scheiben, Streifen), umso rascher sind sie getrocknet.
- Sie können Früchte auch zuerst im Freien vor- und dann erst im Ofen nachtrocknen.
- Die Dauer der Trockenzeit ist von mehreren Faktoren wie etwa Größe, Reifezustand, Flüssigkeitsmenge, Trockentemperatur und auch Luftfeuchtigkeit abhängig.
- Das Trocknen und Dörren im Rohr kann zwischen 2 und 8 Stunden betragen. Der Trockenvorgang muss zügig bei möglichst konstanter Temperatur erfolgen. Ist die Temperatur zu niedrig, kann sich Fäulnis bilden, ist diese zu heiß, können wertvolle Inhaltsstoffe verloren gehen bzw. kann sich das Trockengut dunkel verfärben.

ÄPFEL UND BIRNEN vor dem Trocknen schälen, entkernen und in Ringe oder Spalten schneiden. Für ganze Ringe die Äpfel mit einem speziellen Apfelkernausstecher entkernen. Je nach Belieben kurz in mit Zucker, Zitronensaft bzw. Zitronensäure versetztem Wasser überbrühen und gleich kalt abschrecken. Durch das Blanchieren bleibt die natürliche Farbe erhalten. Auf 1 l Wasser kommen ca. 1/2 TL Zitronensäure oder 40 ml Zitronensaft. Früchte auf einem Küchentuch oder Küchenkrepp gründlich abtrocknen. Zum Trocknen werden Fruchtringe mitunter aufgefädelt, auf Holzstäbe oder auf rostfreie Stäbchen gespießt.

BANANEN in dünne Scheiben schneiden und mit Zitronenwasser bepinseln. Nur ausgereifte Früchte verwenden, die Schale kann ruhig schon braune Flecken aufweisen, das Fruchtfleisch sollte allerdings noch fest sein.

ERDBEEREN schmecken getrocknet aromatischer als eingefroren. Um ein Ausrinnen des Saftes zu vermeiden, nur ganze Beeren verwenden.

GETROCKNETE APFELSCHALEN lassen sich für Tees, zur Punsch- oder Siruperzeugung verwenden. Fein gemahlen können diese unter Zuckermischungen gemengt werden. Sie eignen sich auch für Teige, Kompotte, Muse, Desserts usw.

GETROCKNETE KIRSCHEN sind eine besondere Delikatesse. Vor dem Trocknen unbedingt den Stein entfernen, da sonst die Trocknung sehr lange dauert.

HAGEBUTTENRÜCKSTÄNDE, die durch das Passieren entstehen, streichen Sie dünn auf eine Backmatte oder ein Backpapier. Die getrockneten Früchte können z. B. zur Teebereitung verwendet werden.

MARILLEN, PFIRSICHE, NEKTARINEN SOWIE ZWETSCHKEN entsteinen und mit der Schnittfläche nach oben auflegen. Am besten verwenden Sie nur aromatische Sorten.

Der Trocknungsvorgang ist beendet, wenn blättrig geschnittenes Obst (gilt ebenso für Gemüse) knackig, jedoch gleichzeitig biegsam bleibt. Vor allem Äpfel und Birnen nicht zu lange trocknen. Beim Schneiden darf sich am Messer sowie am Früchterand keine Flüssigkeit mehr bilden.

APFEL- ODER BIRNENCHIPS
Äpfel oder Birnen entkernen. Geschält oder ungeschält in sehr dünne Scheiben schneiden, in Läuterzucker (Wasser : Zucker 1 : 1 aufgekocht) einlegen oder auf eine mit Staubzucker bestreute Silikonmatte legen und trocknen lassen. Je nach Geschmack mit etwas Zimt aromatisieren.

FRÜCHTESCHALEN TROCKNEN
Für die Herstellung von getrocknetem Apfelschalen-, Orangen- oder Zitronenschalenpulver die Früchte heiß abwaschen und gründlich abtrocknen. Schale so dünn wie möglich abschälen, sodass der darunterliegende weiße Teil (bitter) nicht mitgeschnitten wird. Großzügig auf einem Backblech verteilen und am besten im Heißluftherd bei ca. 65 °C trocknen lassen (dabei Backofentür einen Spalt offen lassen). Danach in einer Gewürz- oder Kaffeemühle fein reiben und in einem gut verschlossenen Glas aufbewahren.

ORANGENCHIPS
Unbehandelte Orangen mit einem scharfen Messer oder einer gut gereinigten Aufschnittmaschine in sehr dünne Scheiben schneiden. Diese in kaltem Läuterzucker (Wasser : Zucker 1 : 1 aufgekocht) für einige Zeit einlegen. Anschließend herausnehmen und gut abtropfen lassen. Scheiben auf Silikonmatten oder Backtrennpapier legen und z. B. im Backrohr bei 70–80 °C (je nach Herdart) bei leicht geöffneter Ofentür bzw. offener Zugklappe oder im Dörrapparat trocknen lassen. Die Chips gut verschlossen lagern, sie eignen sich sehr gut zur Speisendekoration. Zitronen- und Limettenchips können ebenso hergestellt werden.

Trocknen von Blüten und Blättern

Entscheidend ist, dass diese nur in trockenem und keinesfalls feuchtem Zustand gesammelt werden. Die Blütenblätter sollten sich hierbei gerade erst geöffnet haben. Je nach Jahreszeit eignen sich Rosen, Linden, Malven, Veilchen, Holler, Gänseblümchen, Ringelblume, Stiefmütterchen, Schafgarbe, Schlüsselblume, Waldmeister, Fenchel, Borretsch, Rosmarin, Weißdorn, Lavendel, Minze, Salbei, Hibiskus …

Trocknen von Gemüse

Am besten lassen sich Karotten, gelbe Rüben, Petersilienwurzeln, Sellerie, Lauch sowie Tomaten, Kürbisse, Zucchini, Rote Rüben, Ingwer, Kren, Knoblauch und Zwiebeln trocknen. Das Gemüse sollte dafür eher dünn aufgeschnitten werden. Man kann aber auch etwa mit einem Rettichschneider, einem Sparschäler oder einer Spezialschneidemaschine ganz spezielle Formen schneiden, die man zum Trocknen am besten über einem Holzgestell aufhängt.

Für die Herstellung von **CHILIPULVER** die getrockneten Schoten fein reiben (z. B. in einer nur dafür verwendeten ausgedienten Kaffeemühle oder einem Mörser) und gut verschlossen in Gläsern aufbewahren. Auf einem Etikett kann – um unliebsame Missverständnisse zu vermeiden – ein entsprechender Hinweis auf die Schärfe des Glasinhalts angebracht werden. Ebenso ist es ratsam, beim Verarbeiten von Chili Handschuhe zu tragen und vor allem eine Berührung mit den Augen zu vermeiden.

CHILISCHOTEN (je nach Belieben mit oder ohne Kerne) auf einen Spagat auffädeln und ca. 1–2 Wochen an einem luftigen, warmen Ort (z. B. Heizraum) trocknen lassen. Wenn die Schoten auf die Hälfte der ursprünglichen Größe geschrumpft sind, vom Spagat nehmen, in ein Glas geben und verschließen.

ERDÄPFEL zum Vorbereiten dünn schneiden, in Salzwasser kurz blanchieren, abtropfen lassen und so auflegen.

KOHLRABI schälen und in 2–3 mm dicke Scheiben geschnitten auf einem Siebeinsatz trocknen lassen.

PAPRIKA werden vor dem Trocknen in Streifen geschnitten.

TOMATEN halbieren, Innenteil entfernen und mit der Schnittfläche nach oben auf einen Gitterrost auflegen und trocknen lassen. Fleischtomaten werden nach dem Halbieren (ohne Entkernen) mit etwas Kräutersalz bestreut und bei höherer Temperatur getrocknet.

Trocknen von Pilzen

VORBEREITUNG
Hierfür sind (handelsübliche) Speisepilze wie Champignons, Boviste, Eierschwammerln oder Steinpilze geeignet. Pilze nur bei Bedarf waschen, ansonsten sauber putzen. Mitunter vorhandene schwammige Haut bzw. schadhafte Stellen entfernen.

PILZE AN DER LUFT TROCKNEN

Hierfür die Pilze in Scheiben schneiden, großzügig auflegen und an einem gut durchlüfteten Ort (z. B. auf dem Dachboden) trocknen lassen. Man kann Pilze zum Trocknen auch auf einem Bindfaden aufziehen, wobei auf einen ausreichend großen Abstand zu achten ist (Luftzirkulation).

Je nach Außentemperatur bzw. Wetterlage sind die Pilze schon nach einigen Tagen fertig getrocknet. Sie verlieren bis zu 80 % ihres ursprünglichen Gewichtes.

PILZE IM BACKROHR TROCKNEN

Dazu die Pilze mit großzügigem Abstand auf einen Grillrost legen, den man vorher mit Krepp- oder Küchenpapier ausgelegt hat. Die Trocknung erfolgt bei einer Temperatur von ca. 50 °C sowie leicht geöffneter Ofentür (damit die Feuchtigkeit verdampfen bzw. abziehen kann). Währenddessen (das Trocknen kann mehrere Stunden dauern) sollten die Pilze öfters gewendet werden. Der Trockenvorgang ist abgeschlossen, wenn die Feuchtigkeit fast zur Gänze entwichen ist, die Pilze jedoch noch biegsam sind. Die Pilze aus dem Ofen nehmen und noch ein bisschen nachtrocknen lassen. Bei Verwendung als Trockenpulver Pilze vollständig austrocknen lassen. Die getrockneten Pilze in vorbereiteten Gläsern oder gut verschließbaren Behältern aufbewahren.

Zur Herstellung von **PILZMEHL** – hierzu müssen die Pilze absolut trocken sein – verwenden Sie eine Küchenmaschine oder ausgediente Kaffeemühle. Es eignet sich sehr gut als Würze für Suppen, Soßen, Marinaden, aber auch für Teige.

Pilze vor der Verarbeitung ca. 4 Stunden in der vierfachen Menge an kaltem Wasser einweichen. Die Einweichflüssigkeit kann später für Soßen und Suppen verwendet werden.

Trocknen von Kräutern

Kräuter können zu kleinen Sträußen gebündelt aufgehängt werden. Die abgezupften Blüten und Blätter kann man ebenso auf einem Blech – nicht zu eng aufgelegt – trocknen lassen.

Lagerung von getrocknetem Obst, Gemüse oder Kräutern

Lassen Sie Trockenobst vor dem Aufbewahren vollständig abkühlen und füllen Sie es erst dann in geeignete Behältnisse ab; vor Licht und Sonne geschützt lagern.

Säcke aus Leinen oder Baumwolle eignen sich nur mäßig zur Aufbewahrung, da hierbei ein Befall mit Motten nicht ausgeschlossen ist. Kontrollieren Sie Trockenware des Öfteren auf Qualität und entfernen Sie Lebensmittel mit Schimmelbefall sofort.

Verwendungsbeispiele

ERDBEEREN eignen sich für Fruchtcremen, Milchmixgetränke sowie zur Teebereitung. In Pulverform sind sie ein ideales Würzmittel für Cremen.

GETROCKNETE BLÜTEN lassen sich für die Tee- und Salatzubereitung oder -garnitur, für Desserts, als Einlage für Bowlen, Mixgetränke, Punsche, Sorbets oder Parfaits verwenden. Sie machen auch gute Figur als Dekoration in Essigen und Ölen. Gemahlene Blüten eignen sich als Würz- bzw. Färbemittel für süße und pikante Teige wie Mürb-, Biskuit- und Germteig. Müslis, Milchmixgetränke oder Ganachemassen lassen sich damit ausgezeichnet verfeinern.

GETROCKNETE GEMÜSE sind eine hervorragende Ausgangsbasis für Pasten, wenn sie vorher in Weißwein oder Suppen mitgekocht, abgeseiht und mit Öl sowie Kräutern gemixt werden.

GETROCKNETE TOMATEN ODER PAPRIKA können mit Kräutern in Öl eingelegt werden. Sie sind eine ideale Beigabe zu Nudelgerichten oder Antipasti. Vor dem Einlegen in Öl die Tomaten ca. 3 Stunden in Wasser einweichen oder kurz aufkochen. Das Einweichwasser kann für Soßen und Suppen verwendet werden. Getrocknete Tomaten können auch zu Pulver vermahlen werden.

PIKANTE GEWÜRZPULVER. Gemüse bzw. Kräuter mit Salz vermengt eignen sich zur Verwendung für zahlreiche Speisen: zum Würzen von Fleisch, Gemüse, Fisch und Geflügelgerichten, zum Abschmecken und Verfeinern von Suppen, Saucen, Buttermischungen, Mayonnaisen und Marinaden, für Teige, Brotaufstriche und vieles mehr.

SÜSSE GEWÜRZPULVER. Früchte, Schalen, Blüten oder Blätter mit Zucker vermischt verleihen Süßspeisen, Kuchen, Desserts, Tees, Punschgetränken und Likören das notwendige Aroma.

TROCKENGEMÜSE sollte bei etwas erhöhter Temperatur getrocknet werden. Es macht sich hervorragend als Suppeneinlage oder Zusatz in Soßen, Suppen und Fonds oder fein gerieben als Gemüsewürzung.

ZITRONEN- ODER ORANGENSCHALENPULVER eignet sich zum Aromatisieren von Cremen, Torten, Biskuit, aber auch für Füllcremen, Buttermischungen, Soßen sowie Salatmarinaden. Mischt man das Schalenpulver zu gleichen Teilen mit schwarzen Pfeffer- oder Korianderkörnern (gemeinsam vermahlen), so lassen sich Gemüse, Suppen und dergleichen verfeinern.

ZWIEBELN sind eine ideale Würze für Suppen, Soßen und Marinaden.

Tipps zum Tiefkühlen

Das **TIEFKÜHLEN** ist die weltweit am meisten verwendete Methode der Haltbarmachung. Vor allem die Industrie hat sich ihrer bemächtigt, denn nur auf diese Art und Weise lassen sich größere Mengen Nahrungsmittel für längere Zeit haltbar machen.

Gefrorene Lebensmittel zeichnen sich, je nach Ausgangsprodukt, durch zumeist hohe Qualität aus. Eine Veränderung der jeweiligen Lebensmittel geschieht infolge einer unsachgemäßen Behandlung, wie dies beim Einfrieren und Auftauen oftmals der Fall ist. Untersuchungen haben ergeben, dass frisches Gemüse, das sofort nach der Ernte eingefroren wurde, kaum einen Verlust an Inhaltsstoffen aufweist. Eine behutsame Vorbehandlung sowie eine perfekte Abfolge des Einfrierprozesses ist aber Voraussetzung dafür. Wird Ware, die bereits einige Tage zwischengelagert wurde, eingefroren, so wird auch das Ergebnis entsprechend sein. Es versteht sich daher von selbst, dass alle Lebensmittel zum Einfrieren frisch und von höchster Qualität sein müssen.

Grundsätzlich können alle Backwaren, Fische, Fischprodukte, Fleisch, Würste, Geflügel, Gemüse, Kartoffelgerichte, Obst- und Süßspeisen tiefgekühlt oder gefrostet werden.

Was Sie beim Einfrieren beachten sollten

ALLGEMEINES

- Die notwendige Temperatur zum Tiefkühlen beträgt −18 °C. Die durchschnittliche Aufbewahrungsdauer beträgt – bei konstanten −18 °C – zwischen 6 und 12 Monaten.
- Die Aufbrauchfrist von Tiefkühlprodukten hängt vom jeweiligen Lebensmittel ab. So werden z. B. Knochen eine kürzere Gefrierdauer haben wie vergleichsweise mageres Fleisch. Neben der Vorbehandlung der Ware kommt auch der Art der Verpackung sowie dem eigentlichen Einfrieren eine wichtige Rolle zu.
- Beachten Sie, dass sich Flüssigkeiten beim Einfrieren ausdehnen. Füllen Sie die Behältnisse daher nicht bis zum Rand an.
- Versehen Sie jedes Tiefkühlgut mit dem Einlagerungsdatum. Hierfür sind Klebeetiketten und Permanentmarker bestens geeignet.
- Aufgetaute, aber auch angetaute Lebensmittel (z. B. Speiseeis) dürfen unter keinen Umständen nochmals eingefroren werden.
- Ein schonendes Einfrieren ist gewährleistet, wenn das Gefriergut so schnell wie möglich herabgekühlt wird (Schockfrosten). Beim Gefriervorgang dehnt sich das in den Lebensmitteln befindliche Wasser mehr oder minder aus und gefriert zu kleinen Eiskristallen. Je kleiner diese sind, umso weniger wird das Zellgewebe zerstört.
- Bei den meisten Haushaltstiefkühlschränken kann beim Einfrieren von größeren Mengen zusätzlich eine größere Kühlleistung zugeschaltet werden.

VERPACKEN

- Zum Verpacken eignen sich Kunststoffbehälter, Gefrierbeutel, Klarsicht- oder Alufolie sowie Silikonformen. Wieder verwertbare Behälter sollten leicht zu reinigen und spülmaschinenfest sein. Zum Verschließen verwenden Sie am besten Klipps, Gummiringe und Klammern. Wer ein Vakuumgerät oder ein Folienschweißgeräte verwendet, verlängert die Haltbarkeitsdauer wesentlich. Denn: Je weniger Luft in der Verpackung ist, desto länger ist die Ware haltbar.
- Beim Einfrieren von größeren Mengen diese keinesfalls übereinanderlegen, sondern zum raschen Tiefkühlen mit genügend Abstand in der Box verteilen. Mit ihren diversen Einzelfächern, die zu einer besseren Übersicht beitragen, sind Tiefkühlschränke

vorteilhaft. Andererseits haben Tiefkühltruhen bei mehr Inhaltsvolumen einen geringeren Stromverbrauch.
- Tiefkühlschränke und -truhen sollten schon bei leichter Bereifung abgetaut werden. Eine Arbeitserleichterung bringen sogenannte „No-frost-Geräte" mit sich, die wie der Name schon sagt nicht mehr abgetaut werden müssen.

LOSES EINFRIEREN VON LEBENSMITTELN
Gemeint ist hier das lose Auflegen auf Bleche, wie es z. B. bei Pilzen, Beeren oder Früchten der Fall ist. Das rasche Durchfrieren verhindert einerseits ein Verklumpen und minimiert andererseits etwaigen Qualitätsverlust. Darüber hinaus lässt sich auf diese Art Eingefrorenes leichter verpacken bzw. auch leichter portionsweise entnehmen.

STICHWORT „GEFRIERBRAND"
Tiefgekühltes ist nicht unbegrenzt haltbar, es kann auch verderben. Die meisten Mängel treten bei unsachgemäßer, teils offener Verpackung auf, bei der die trockene Luft das Tiefkühlgut regelrecht austrocknet. Solch schadhafte, „mit Gefrierbrand befallene" Ware ist an ihrer ausgetrockneten, hellen Oberfläche zu erkennen und umgehend zu entsorgen.

RICHTIG AUFTAUEN – KÜHL UND LANGSAM
- Zum Auftauen sollte man die Lebensmittel gut verschlossen oder abgedeckt im Kühlschrank bei ca. 4 °C auftauen lassen, damit sie keine Fremdgerüche annehmen bzw. Gerüche abgeben.
- Schnelles Auftauen, z. B. in heißem Wasser, vermindert generell die Qualität und beeinträchtigt auch Farbe und Aussehen.
- Wichtig ist, das jeweilige Nahrungsmittel in einem passenden Gefäß auf ein Tropfgitter, Sieb oder Ähnliches zu legen. Damit wird gewährleistet, dass das Auftaugut keinesfalls in der eigenen Flüssigkeit liegt. Auftauflüssigkeiten können nicht erwünschte Keime enthalten und sind zu entsorgen.
- Vermeiden Sie zu lange Auftau- bzw. daran anschließende Lagerzeiten. Einmal aufgetaute Produkte sollten Sie am besten je nach Produkt innerhalb von 1–3 Tagen verarbeiten.
- Obst und fertig gebackene Backwaren können Sie auch bei Zimmertemperatur auftauen lassen.

SO WIRD TIEFGEKÜHLTES RICHTIG TRANSPORTIERT
Verwenden Sie dazu am besten Kühltaschen mit Akkus. Für kurze Zeit können Sie das Gefriergut auch in Zeitungspapier einschlagen. Boxen aus Styropor sind ebenfalls zum Transport geeignet.

Einfriertipps zu einzelnen Lebensmitteln

ÄPFEL, BIRNEN. In Spalten schneiden, mit Zitronensaft beträufeln, lose auf ein Blech legen und einfrieren; noch besser vorher etwas andünsten oder in etwas kaltem Läuterzucker mit Zitronensaft einlegen.

BACKWAREN, BROT. Brot auskühlen lassen, entweder ganz oder in Scheiben portioniert, gut verpackt einfrieren. Gebäckstücke können auch im Backschrank essfertig aufgetaut werden. Backwaren ohne Füllung halten länger.

TIPPS ZUM TIEFKÜHLEN

BEEREN, TRAUBEN. Am besten im Ganzen belassen, lose auf ein Blech oder Tablett legen und einfrieren. Nach dem Durchfrieren aufschütteln und in entsprechende Behälter abfüllen. Oder als fertiges Fruchtpüree einfrieren, hierfür die Beeren mit etwas Zucker pürieren und in kleine Formen abgefüllt einfrieren (s. Bild).

BUTTER. In passende Formen füllen, in Butterpapier zu Rollen oder mit einer Sterntülle zu gefälligen Rosetten formen.

EIER. Gerade bei der Zubereitung von Weihnachtsgebäck oder anderen Süßspeisen kann Dotter oder Eiklar übrig bleiben. Diese können in kleine Beutel gefüllt sehr gut eingefroren werden. Dazu die gefüllten Beutel unbedingt gut verschließen und flach auf eine Tasse legen. Eine andere Möglichkeit ist das Abfüllen in spezielle Silikonformen. Auch ganze Eier (ohne Schale) können so eingefroren werden.

ERDÄPFEL. Nur gekochte Erdäpfel oder fertig zubereitete Erdäpfelgerichte einfrieren.

FASCHIERTES. Nur frisch einfrieren; in Beutel füllen und am besten mit einem Nudelholz ganz flach ausrollen.

FERTIG ZUBEREITETE SPEISEN WIE SUPPEN, GULASCH, GESCHNETZELTES ODER SUGO. Größere Mengen zubereiten und in portionsgerechten Einheiten einfrieren.

FISCH. Im Ganzen oder filetiert; einzeln verpacken, damit er auch portionsweise entnommen werden kann.

FLEISCH UND GEFLÜGEL. Portionieren, kleine Teile können schneller auftauen.

FONDS, SOSSEN UND SUPPEN. In Eiswürfelbeutel, kleinen Behältern oder flach in kleine Plastikbeutel füllen.

FRÜCHTEWÜRFEL. Beliebige Fruchtstücke wie Kirschen oder Beeren mit Flüssigkeit (Fruchtsaft, Limonade, Likör, Wein, Schnaps oder Läuterzucker) in Eiswürfelbehälter oder kleine Silikonformen füllen und einfrieren. Gefroren in geschlossene Behälter geben. Gut geeignet als Einlage für Bowlen etc.

GEMÜSE. Vorbereitetes Gemüse wird vor dem Einfrieren kurz in kochendes Wasser gegeben und anschließend in genügend „Eiswasser" abgeschreckt. Enzyme, die das Gemüse nachreifen bzw. braun werden lassen, werden so zerstört. Wenn Sie dem Kochwasser etwas Zitronensäure zusetzen, dann verfärben sich Gemüse wie z. B. Erbsen, Karfiol oder Spargel nicht so leicht. Das blanchierte Gemüse rasch und trocken einfrieren.

INGWER. roh und geschält, bei Gebrauch davon etwas abreiben und gleich wieder einfrieren.

KÄSE. Schnittkäse am Stück einfrieren; kann dann in gefrorenem Zustand z. B. für Suppen und Soßen gerieben werden; Hartkäse zuerst reiben, dann lose einfrieren, beliebig abfüllen.

KNÖDEL. Kleine süße oder würzige Knödel mit oder ohne Fülle zuerst lose auf ein Blech legen und einfrieren, dann in Säcke oder Behälter füllen.

KRAPFEN, GERMTEIGSTÜCKE. Krapfen am besten ungefüllt einfrieren. Zum Auftauen kurz ins Backrohr geben oder in der Mikrowelle auftauen.

KRÄUTER. Vor dem Einfrieren möglichst nicht waschen. Falls nötig, vorher gut trocknen.
Kräuter können sowohl im Ganzen als auch zerkleinert eingefroren werden. Hierfür diese auf ein Blech (mit Unterlage) aufstreuen, rasch tiefkühlen und in Behälter abfüllen oder mit etwas Öl, Suppe oder Wasser vermengt in kleine Silikonformen geben.

KÜRBISSE. Schälen, in kleine Würfel schneiden und eventuell kurz weich dünsten und/oder pürieren.

MARILLEN, KIRSCHEN, ZWETSCHKEN. Entsteinen, halbieren, lose auf ein Blech legen und einfrieren, dann in entsprechende Behältnisse füllen.

MOHN. Gemahlen einfrieren.

NÜSSE UND MANDELN. Schälen, im Ganzen belassen oder fein mahlen; geriebene Nüsse können gefroren verwendet werden; jedoch nicht zu lange einfrieren, da auch gefrorene Nüsse durch ihren hohen Fettgehalt leicht „ranzig" werden können.

PILZE. Vorbereiten, in Scheiben schneiden oder vierteln, kurz in Salzwasser überbrühen oder im eigenen Saft dämpfen. Lose auf ein Blech legen und einfrieren, dann in Kunststoffbeutel oder Behälter füllen. Eierschwammerln sollten vorher unbedingt blanchiert werden, da sie sonst bitter schmecken.

RHABARBER. Schälen, in Würfel schneiden, lose einfrieren und dann abfüllen.

SCHINKEN. In Scheiben schneiden und in kleinen Portionen tiefkühlen.

SUPPENEINLAGEN. Grießnockern, fertig geschnittene Palatschinken oder Schöberln in verschiedenen Portionsgrößen einfrieren.

TERRINEN, SULZEN UND PASTETEN. Gut verschlossen und ebenfalls portionsweise einfrieren, am besten vakuumiert.

TOMATEN, GURKEN. Sie sind besonders wasserhaltig, daher eher nur für Suppen, Soßen, Chutneys und dergleichen einfrieren. In Würfel oder Scheiben schneiden, eventuell auch püriert einfrieren, gefroren oder angetaut weiterverarbeiten.

TORTEN, STRUDEL UND KUCHEN. Fertig gebackene Tortenböden tauen schnell an und lassen sich beliebig weiterverarbeiten. Strudel gebacken oder ungebacken einfrieren. Kuchen und Torten am besten bereits portioniert einfrieren. Gefülltes Gebäck oder mit Creme gefüllte Torten und Kuchen am Vortag in den Kühlschrank stellen und langsam, vor allem zugedeckt, auftauen lassen. In der Wärme aufgetaut kann das Aussehen der Cremeschicht unappetitlich wirken. Zuckerguss, Glasuren, Schokoladeübergüsse und Krokant eignen sich nicht zum Einfrieren. Diese sollten erst vor dem Servieren auf die Kuchen oder Torten aufgebracht werden.

WÜRSTE. Lose auf ein Blech legen und dann in Beutel verpacken.

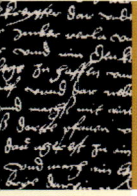

Österreichisch-Deutsches Küchenlatein

Aranzini	Orangeat
Buchtel	mit Marmelade gefülltes Hefegebäck
Dille	Dill
Dirndl	Kornelkirsche
(Ei-)Dotter	Eigelb
Eierschwammerl	Pfifferling
Eiklar	Eiweiß
Erdapfel	Kartoffel
Germ	Hefe
Gupferl	Häufchen
Holler	Holunder (Beere und Blüte)
Jause	Zwischenmahlzeit
Karfiol	Blumenkohl
Kletzen	Dörrbirnen
Kren	Meerrettich
Marille	Aprikose
Maroni	Esskastanien
Melanzani	Aubergine
Pignoli	Pignole, Pinienkern
Pofese	gefüllte, gebackene Weißbrotscheiben
(Schlag-)Obers	(Schlag-)Sahne, Süßrahm
Schlögel	Schlegel
Ribisel	Johannisbeere
Rote Rübe	Rote Bete
Staubzucker	Puderzucker
Topfen	Quark
Weichsel	Sauerkirsche
Zwetschke	Zwetsch(g)e

Die im Kapitel „Brot und süße Festtagsgebäcke" angeführten österreichischen Mehlsorten Type W700 und R960 entsprechen den in Deutschland üblichen Sorten Type 550 und 997 bzw. 1150.

Gewichte, Volumen, Abkürzungen

Gewichte		
kg	Kilogramm	
dag	Dekagramm	
g	Gramm	
1 kg	100 dag	1000 g
3/4 kg	75 dag	750 g
1/2 kg	50 dag	500 g
1/4 kg	25 dag	250 g
1/8 kg	12,5 dag	125 g
	10 dag	100 g
	1 dag	10 g

Volumen			
l	Liter		
dl	Deziliter		
cl	Zentiliter		
ml	Milliliter		
1 l	10 dl	100 cl	1000 ml
3/4 l	7,5 dl	75 cl	750 ml
1/2 l	5 dl	50 cl	500 ml
1/3 l	3,33 dl	33,3 cl	333 ml
1/4 l	2,5 dl	25 cl	250 ml
1/8 l	1,25 dl	12,5 cl	125 ml
1/16 l	0,63 dl	6,25 cl	62,5 ml
	1 dl	10 cl	100 ml
		1 cl	10 ml

	EL	TL
Fenchelsamen	5 bis 7 g	ca. 2 g
gemahlener Kümmel	5 bis 8 g	ca. 3 g
gemahlener Ingwer	5 bis 7 g	ca. 2 g
gemahlener Zimt	6 bis 8 g	ca. 3 g
getrockneter Rosmarin	ca. 4 g	ca. 2 g
getrocknete(s) Liebstöckel, Petersilie	2 bis 3 g	ca. 1 g
Honig	40 bis 50 g	ca. 20 g
Korianderkörner	5 bis 6 g	ca. 2 g
Feinkristallzucker	15 bis 18 g	ca. 6 g
Pfefferkörner	8 bis 10 g	ca. 4 g
Salz	15 bis 19 g	4–6 g
Senfkörner	9 bis 12 g	ca. 3 g
Steinsalz, grob	ca. 20 g	4–6 g

Kulinarischer Jahreszeitenkalender

Aufgrund klimatischer Verhältnisse können die angegebenen Zeiträume Schwankungen unterworfen sein.
Erntezeit: **x** Vor- und Nachsaison **xx** Hauptsaison
Verfügbarkeit: **x** eher geringes Vorkommen **xx** eher häufiges Vorkommen

Produkt	Jän.	Feb.	März	Apr.	Mai	Juni	Juli	Aug.	Sept.	Okt.	Nov.	Dez.
OBST												
Ananas	x	x	xx	x	x	x	x	x	x	x		x
Äpfel	xx	xx	xx	xx	xx	xx	xx	xx	xx	xx	xx	xx
Bananen	x	x	x	x	x	x	x	x	x	x	x	x
Birnen	x	x	x	x	x	x	x	xx	xx	xx	x	xx
Brombeeren						x	x	xx	x	x	x	
Dirndln							x	x	x			
Ebereschen									x	x		
Erdbeeren	x	x	x	x	x	xx	x	x	x	x	x	x
Feigen	xx							x	x	x	xx	xx
Grüne Nüsse					x	xx						
Hagebutten										x	x	
Haselnüsse										x	xx	x
Himbeeren						x	xx	x	x			
Hirschbirnen									x	xx	x	
Hirschbirnen, gedörrte	xx									x	xx	xx
Hollerblüten				x	xx	xx						
Hollerbeeren									xx	xx	x	
Ingwer	x	x	x	x	x	x	x	x	x	x	x	x
Kirschen						x	xx	xx				
Kiwi	xx	xx	x	x	x	x	x	x	x	x	x	xx
Kletzen	xx										x	xx
Kulturheidelbeeren						x	xx	xx	x			
Limetten	x	x	x	x	x	x	x	x	x	x	x	x
Mangos	x	x	x	x	x	x	x	x	x	x	xx	xx
Marillen							x	xx				
Mädesüß							x	x	x			
Maroni	x										x	xx
Melonen	x	x	x	x	x	x	xx	xx	xx	x	x	x
Orangen	x	x	x	x	x	x	x	x	x	xx	xx	xx
Pfirsiche							x	xx	x			
Preiselbeeren										x	x	
Quitten	x								x	xx	xx	x
Rhabarber			x	xx	xx	xx						
Ribiseln, rote						x	xx					
Ribiseln, schwarze							xx	x				
Ringlotten						x	xx					
Schlehen										x	x	
Stachelbeeren							xx	x	x			
Vogelbeeren									x	x		
Waldheidelbeeren						x	xx	x				
Walnüsse									x	xx	xx	xx
Weichseln					xx	x						
Weingartenpfirsiche									x	xx		
Weintrauben	x	x	x	x	x	x	x	x	x	xx	x	x
Zitronen	x	x	x	xx	x	x	x	x	x	x	x	xx
Zwetschken							x	x	xx	x		

Produkt	Jän.	Feb.	März	Apr.	Mai	Juni	Juli	Aug.	Sept.	Okt.	Nov.	Dez.
GEMÜSE												
Bohnenschoten					xx	xx	xx	xx	x	x		
Buschbohnen					xx	xx	xx	xx	xx	xx		
Champignons	xx	xx	xx	xx	xx	xx	xx	xx	xx	xx	xx	xx
Eierschwammerln						x	xx	xx	x	x		
Erdäpfel	xx	xx	xx	xx	xx	xx	xx	xx	xx	xx	xx	xx
Erdäpfel (Heurige)					x	xx	xx	xx				
Pilze							xx	xx	xx	x		
Einlegegurken						x	xx	xx	x			
Fenchel	x	x	x	x	x	x	x	x	x	x	x	x
Fleischtomaten	x	x	x	x	x	x	xx	xx	xx	x	x	x
Karfiol	x	x	x	x	xx	xx	xx	xx	xx	x	x	x
Karotten	xx	xx	xx	xx	xx	xx	xx	xx	xx	xx	xx	xx
Kirschtomaten	x	x	x	x	x	x	xx	xx	xx	x		
Knoblauch	x	x	x	x	x	x	xx	xx	xx	xx	xx	xx
Knollensellerie	xx	xx	xx	xx	xx	xx	xx	xx	xx	xx	xx	xx
Kohlrabi	x	x	x	x	xx	xx	xx	xx	xx	xx	xx	xx
Kren	xx	xx	xx	xx	xx	xx	xx	xx	xx	xx	xx	xx
Kürbisse	x					x	xx	xx	xx	xx	xx	xx
Kürbisblüten						x	xx	xx	xx			
Lauch	xx	xx	xx	xx	xx	xx	xx	xx	xx	xx	xx	xx
Paprika	x	x	x	x	x	xx	xx	xx	xx	xx	x	x
Tomaten	x	x	x	x	x	xx	xx	xx	xx	xx	x	x
Pastinake	xx	xx	xx	xx	xx	xx	xx	xx	xx	xx	xx	xx
Radieschen	x	x	x	x	xx	xx	xx	xx	xx	xx	xx	xx
Stangensellerie	x	x	x	x	x	x	x	x	x	x	x	x
Rettiche	x	x	x	x	x	x	x	x	x	x	x	x
Rhabarber				xx	xx	xx						
Rote Rüben/Rohnen	xx	xx	xx	xx	xx	xx	xx	xx	xx	xx	xx	xx
Rotkraut	x	x	x	x	x	x	xx	xx	xx	xx	xx	xx
Sauerkraut	x	x	x	x	x	x	x	x	x	x	x	x
Schalotten	x	x	x	x	x	x	x	x	x	x	x	x
Spargel				x	xx	x						
Spinat	x	x	x	xx	x	x	x	x	x	x	x	x
Tomaten	x	x	x	x	xx	xx	xx	xx	xx	x	x	x
Stangenbohnen	x	x	x	x	x	x	xx	xx	xx	xx	x	x
Salatgurken	x	x	x	x	xx	xx	xx	xx	xx	xx	x	x
Weißkraut	xx	xx	xx	xx	xx	xx	xx	xx	xx	xx	xx	xx
Zucchini	x	x	x	x	x	xx	xx	xx	xx	xx	x	x
Zuckererbsen					x	x	xx	xx	xx			
Zuckermais								x	x	xx	xx	
Zwiebeln	xx	xx	xx	xx	xx	xx	xx	xx	xx	xx	xx	xx
KRÄUTER												
Bärlauch			x	xx	x							
Basilikum	xx	xx	xx	xx	xx	xx	xx	xx	xx	xx	xx	xx
Bohnenkraut	xx	xx	xx	xx	xx	xx	xx	xx	xx	xx	xx	xx
Küchenkräuter	xx	xx	xx	xx	xx	xx	xx	xx	xx	xx	xx	xx
Liebstöckel	x	x	x	x	xx	xx	xx	xx	xx	xx	x	x
Majoran	xx	xx	xx	xx	xx	xx	xx	xx	xx	xx	xx	xx
Melisse	xx	xx	xx	xx	xx	xx	xx	xx	xx	xx	xx	xx
Petersilie	xx	xx	xx	xx	xx	xx	xx	xx	xx	xx	xx	xx
Pfefferminze	xx	xx	xx	xx	xx	xx	xx	xx	xx	xx	xx	xx
Rosmarin	xx	xx	xx	xx	xx	xx	xx	xx	xx	xx	xx	xx
Thymian	xx	xx	xx	xx	xx	xx	xx	xx	xx	xx	xx	xx

Rezeptregister

Allerheiligenstriezel 253
Ananas-Erdbeer-Marmelade
 s. Erdbeer-Ananas-Marmelade 31
Ananasmarmelade mit Kokosflocken 49
Ananas-Kiwi-Marmelade 49
Ananas-Melonen-Marmelade 50
Apfelchips 295
Apfelchutney mit Ingwer 83
Apfelchutney mit Zwiebeln 84
Apfel-Erdbeer-Marmelade s. Erdbeer-Apfel-Marmelade 28
Apfelessig 167
Apfel-Hagebutten-Marmelade
 s. Hagebutten-Apfel-Marmelade 51
Apfel-Himbeer-Marmelade
 s. Himbeer-Apfel-Marmelade 32
Apfel-Honig-Marmelade mit Sonnenblumenkernen
s. Honig-Apfel-Marmelade
mit Sonnenblumenkernen 48
Apfel-Karamell-Marmelade 44
Apfel-Karotten-Marmelade 43
Apfel-Marillen-Chutney 84
Apfel-Melisse-Marmelade
 s. Birnen-Melisse-Marmelade 45
Apfelmus 135
Apfel-Preiselbeer-Marmelade, würzige
 s. Preiselbeer-Apfel-Marmelade, würzige 79
Apfelringe, getrocknete 294
Apfelschalenpulver 295
Apfelsenf 222
Apfelstrudellikör 110
Apfelstrudelmarmelade 42

Bananenchutney 85
Bananenmarmelade 39
Bärlauchöl 146
Basilikumessig 163
Basilikumöl 147
Beerenlikör
Berberitzen „Cumberland" 77
Bier-Birnen-Chutney 89
Biergelee mit Himbeeren 66

Bierlikör 107
Birnenchips 295
Birnen-Feigen-Marmelade
 s. Feigen- Birnen-Marmelade 54
Birnenmarmelade 46
Birnen-Melisse-Marmelade 45
Birnen-Preiselbeer-Marmelade
 s. Preiselbeer-Birnen-Marmelade 46
Blütenknospen-Kapern 187
Blutwurst 280
Bohnensalat, gelber oder grüner
Bratapfelmarmelade mit Zimt und Nüssen 40
Bratwurst 282
Breinwurst 274
Briochestriezel 252
Brombeer-Marillen-Marmelade
 s. Marillen-Brombeer-Marmelade 37

Champignonketchup, würziges 212
Chiliöl 147
Chilipulver 296
Chilis in Essig 167
Chilis in Öl 152
Chili-Schalotten-Öl 146
Cumberlandmarmelade, würzige 76
Curryöl 148
Currysalz 229

Datteln in Alkohol
 s. Feigen in Alkohol 119
Dirndlmarmelade 52
Dörrzwetschken in Honig 236
Dotterbutter 260
Dunkler Fond 205

Eiercognac oder -likör I 109
Eierlikör II 109
Eierlikörkuchen 244
Eingelegte Nüsse 130
Erdäpfelbrot 246

Erdäpfelmarmelade mit Mohn   69
Erdäpfelwurst I   274
Erdäpfelwurst II   275
Erdbeer-Ananas-Marmelade   31

Erdbeer-Apfel-Marmelade   28
Erdbeeressig   165
Erdbeer-Kiwi-Marmelade   28
Erdbeer-Marillen-Marmelade   28
Erdbeer-Marillen-Ribisel-Marmelade   31
Erdbeermarmelade   31
Erdbeermarmelade mit Pfefferkörnern   30
Erdbeer-Rhabarber-Marmelade
   s. Rhabarber-
Erdbeer-Marmelade   32
Erdbeer-Rosen-Marmelade   30
Essigäpfel in Honig   236
Essig-Eierschwammerln   198
Essigfrüchte, süß-saure   188
Essiggurkerln   182
Essig-Steinpilze
   s. Essig-Eierschwammerln   198
Essigzwieberln in Weinsud, pikante   171
Estragonessig   166

Fasanterrine, traditionelle   286
Feigen- Birnen-Marmelade   54
Feigen in Alkohol   119
Feigen in Honig   237
Feigenkompott, eingekochtes   129
Feigenmarmelade I   54
Feigenmarmelade II   54
Feigenmarmelade, pikante   78
Feigensenf   223
Fenchel-Anis-Marmelade   36
Fenchelöl   150
Fisch, sauer eingelegter   291
Fischfond   204
Fischgewürz   228
Fischsud, klarer s. Fischfond   204
Fond, brauner   207
Früchtebrot   251
Fruchtessig   160
Fruchtmark   130
Fruchtsoßen   130
Frühstückskipferln   253

Geflügelfond   207
Gelee aus Fruchtsäften   67
Gemüsesugo, eingekochtes   193
Gemüsesuppenwürze,
   hausgemachte   213
Gewürzessig I   157

Gewürzessig II   158
Gewürzessig mit Kren   159
Gewürzessig, aromatischer   158
Gewürzessig, milder   159
Gewürzessig, scharfer   158
Gewürzmischung   230
Gewürzmostgelee   65
Gewürznüsse, süß-saure   200
Gewürzöl   149
Gewürzsalz für Gemüse und Käse   228
Gewürzsalz für Rind- oder
   Schweinefleisch   227
Glace s. Fond, dunkler   205
Glühweingelee mit Rumtopffrüchten   64
Glühweingewürzzucker   232
Grammelschmalz   268
Grießmarmelade mit Orangensaft   68
Grillbutter, würzige   263
Grillöl   148
Grillsoße
   s. Mayonnaise (Grundrezept)   212
Gurkerln (Grundrezept), klassisch
   gewürzte   175
Gurkerln mit Chili   178
Gurkerln mit Ingwer   177
Gurkerln mit Knoblauch und
   Zwiebeln   180
Gurkerln mit Senf   181
Gurkerln mit Zwiebeln und Paprika,
   geschnittene   182
Gurkerln, süß-saure   181

Hagebutten-Apfel-Marmelade   51
Hagebuttenchutney   86
Hagebuttenmarmelade   50
Hagebuttenmus   139
Hagebuttenmus mit Birnenwürfel   52
Hagebuttensoße
   s. Hetscherlsoße   139
Hagebutten-Zwetschken-Marmelade   52
Hausbratwürstel   275
Hausbrot   247
Hausbutter „Grünberg"   264
Hausmarinade   214
Heidelbeeren in Zucker   133
Heidelbeeren, pikante   78
Heidelbeeren, süß-saure   201
Heidelbeerkompott mit Wein   132
Heidelbeerlikör   107
Hetscherlsoße   139
Himbeer- oder Heidelbeermarmelade,
   kalt gerührte   33
Himbeer-Apfel-Marmelade   32

Himbeeressig 165
Himbeeressig, angesetzter 165
Himbeerlikör I 108
Himbeerlikör II 108
Himbeerlikör III 108
Himbeer-Limonaden-Essig,
   angesetzter 166
Himbeersaft, dampfentsafteter 96
Himbeersaft, gekochter 95
Hirschrohschinken 285
Hirschwurst 278
Hollerbeerenchutney 86
Hollerbeerensoße, süß-saure 200
Hollerblütenessig 162
Hollerblütengeleewürfel 102
Hollerblütenlikör 103
Hollerblütensaft, gekochter 102
Hollerblütensekt 98
Hollerblütensirup I 101
Hollerblütensirup II 101
Hollerbowle 102
Hollerfleisch mit Birnen 133
Hollerhonig 102
Hollerlikör 111
Hollerpunsch 103
Hollerröster 140
Hollerröster mit Zwetschken
   und Äpfeln 140
Hollersaft, dampfentsafteter 100
Hollersirup 98
Holler-Zwetschken-Marmelade s.
   Zwetschken-Holler-Marmelade 55
Honig-Apfel-Marmelade
   mit Sonnenblumenkernen 50
Honiggemüse 235
Honig-Kräuter-Essig 161
Honigpunsch 238
Honigwein 238
Hühnerfond s. Fischfond 204

Ingweressig 164
Ingwer-Weichsel-Marmelade
   s. Weichsel-Ingwer-Marmelade 38

Jausenspeck 273
Joghurtbrot 253

Kakaozucker 232
Kalbs-, Rindsfond 206
Karamellcreme 72
Karotten, süß-saure 188
Karotten-Apfel-Marmelade
   s. Apfel-Karotten-Marmelade 43

Ketchup, steirisches
   s. Tomatenpüree 210
Kipferln s. Frühstückskipferln 253
Kirschen, süß-saure 201
Kirschenchutney 83
Hagebuttenchutney 83
Kirschenkompott 125
Kirschen-Marillen-Marmelade 36
Kirschen-Pfirsich-Marmelade
   s. Kirschen-Marillen-Marmelade 36
Kirschpunschmarmelade 59
Kirschtomaten, eingelegte 186
Kiwi-Erdbeer-Marmelade
   s. Erdbeer-Kiwi-Marmelade 28
Kiwi-Rosen-Marmelade 36
Kletzenbrot 251
Knoblauch in Honig 235
Knoblauch nach Opas Art,
   eingelegter 185
Knoblauch, pikanter 185
Knoblauchbutter 262
Knoblauchdressing 216
Knoblauch-Mayonnaise
   s. Mayonnaise (Grundrezept) 212
Knoblauchöl 151
Knoblauchpaste I 216
Knoblauchpaste II 217
Kokos-Marillen-Marmelade 38
Krainerwürste 277
Kraut, pikantes 196
Kräuterbutter 262
Kräuteressig 159
Kräuterkruste 266
Kräuteröl 151
Kräuterpaste 216
Kräutersalz 229
Kräutersirup 103
Krenbutter, scharfe 262
Kümmelessig 162
Kümmelweckerln 250
Kürbis, süß-saurer 190
Kürbisbrot 247
Kürbischutney I 87
Kürbischutney II 88
Kürbiskernlikör 107
Kürbiskernpesto 220
Kürbiskernschmalz 269
Kürbiskraut, eingekochtes 189
Kürbis-Ribisel-Marmelade
   s. Ribisel-Kürbis-Marmelade 34
Kürbissoße 211
Kürbis-Vogelbeeren-Chutney
   s. Vogelbeer-Kürbis-Chutney 88

Lachsbutter 265
Lamm- und Fischgewürz 228
Lammfond 206
Lammpresswurst 290
Lammrohschinken 284
Lammsulz 289
Leberpastete 285
Leberwurst, kalte 277
Limettenöl 151
Linsenchutney 82
Linsenmarmelade 34
Lorbeeröl 148

Mädesüßsirup 96
Maiskolben, eingelegte 187
Mangochutney 82
Marillen in Honig, getrocknete 237
Marillen-Apfel-Chutney
   s. Apfel-Marillen-Chutney 84
Marillen-Apfel-Marmelade s. Erdbeer-
Apfel-Marmelade 28
Marillen-Brombeer-Marmelade 37
Marillen-Erdbeer-Marmelade
   s. Erdbeer-Marillen-Marmelade 28
Marillen-Erdbeer-Ribisel-Marmelade s.
Erdbeer-Marillen-Ribisel-Marmelade 31
Marillen-Kirschen-Marmelade
   s. Kirschen-Marillen-Marmelade 36
Marillen-Kokos-Marmelade 38
Marillenmarmelade 25
Marillenmarmelade mit Agar-Agar
   oder Gelatine 27
Marillenmarmelade mit Amaretto 26
Marillenmarmelade mit
   Feinkristallzucker 26
Marillenmarmelade mit Rosenblüten 27
Marillen-Ribisel-Marmelade
   s. Ribisel-Marillen-Marmelade 33
Marillenröster 143
Marillen-Weichsel-Marmelade
   s. Weichsel-Marillen-Marmelade 37
Marmelade (Grundrezept) 25
Marmelade mit gemischten Beeren 32
Marmorkuchen, Albins 241
Maroniaufstrich 72
Maronimarmelade mit Kirschwasser 68
Mayonnaise (Grundrezept) 212
Mini-Mozzarella in Öl mariniert 152
Mischbrot 249
Mispellikör 59
Mispelmarmelade mit
   Rumtopffrüchten 59
Mohnauflauf 242

Mohnpesto 220
Mohnpotitze 256
Mohr im Hemd 242
Mostlikör 111

Natursauer 246
Nougataufstrich für Kinder 70
Nougatlikör 110
Nuss- oder Weihnachtsbutter 260
Nüsse, eingelegte
   s. eingelegte Nüsse 130
Nusskruste 266
Nusskuchen 243
Nusslikör 110
Nusspotitze 256
Nuss-Salz 227
Nuss-Schnaps „Magenfreund" 114
Nusswein 114

Öl, exotisches 147
Oliven, falsche 187
Olivenbutter 265
Orangenchips 295
Orangen-Ingwer-Zucker 231
Orangenmarmelade 46
Orangenöl 150
Orangen-Pfeffer-Butter 265
Orangenpunsch 121
Orangenschalenpulver 295
Osterbrot 255
Osterpinze 254
Paprika, marinierte s. Peperonata 218
Paprika, süß-sauer eingelegte 186
Paprikabutter 264
Paprikamarmelade, süß-scharfe 212
Paprika-Mayonnaise s. Mayonnaise
   (Grundrezept) 212
Paprikaschmalz 29
Paprika-Tomaten-Paste 220
Pasteten- und Wildgewürz 228
Peperonata 218
Pfirsichkompott 126
Pfirsich-Weichsel-Marmelade
   s. Kirschen-Marillen-Marmelade 36
Pilze, eingekochte 198
Pilze, sauer eingelegte 196
Preiselbeer-Apfel-Marmelade,
   würzige 79
Preiselbeer-Birnen-Marmelade 56
Preiselbeeren in Weinbrand 118
Preiselbeerkompott 134
Preiselbeermarmelade mit Rotwein 58
Preiselbeeren, kalt gerührte 58

Preiselbeer-Zwetschken-Marmelade, pikante s. Zwetschken-Preiselbeer-Marmelade, pikante 80
Presswurst 289

Quitten mit Ingwer, eingemachte 128
Quittenkäse 138
Quittenkompott 128
Quittenlikör 109
Quittenmarmelade 57
Quittenmus mit Preiselbeeren 136
Quitten-Zitronen-Marmelade 58

Radlergelee mit Ingwer 67
Räucherfischbutter 265
Räucherwurst 272
Rehwurst 284
Rhabarber-Erdbeer-Marmelade 32
Ribiseln auf „Preiselbeerart" 126
Ribisel-Erdbeer-Marillen-Marmelade
    s. Erdbeer-Marillen-Ribisel-Marmelade 31
Ribisel-Erdbeer-Marmelade
    s. Erdbeer-Ribisel-Marmelade 31
Ribiselessig, schwarzer 164
Ribiselgelee mit Apfelwürfeln 63
Ribiselgelee mit Chili 64
Ribisel-Kürbis-Marmelade 34
Ribisel-Marillen-Marmelade 33
Ribiselsirup 97
Rindfleischsulz 288
Roggenbrot 248
Rosenblütengelee 62
Rosenblütenpaste 120
Rosen-Erdbeer-Marmelade
    s. Erdbeer-Rosen-Marmelade 30
Rosen-Kiwi-Marmelade
    s. Kiwi-Rosen-Marmelade 36
Rosensirup mit Alkohol 120
Rote-Paprika-Paste 217
Rote-Rüben-Kren 223
Rote-Rüben-Mayonnaise
    s. Mayonnaise (Grundrezept) 212
Rote-Rüben-Salat 174
Rotkrautsalat 175
Rotweinessig, pikanter 162
Rosinenessig 163
Rotwein-Punschessenz 121
Rotweinquitten 128
Rumfeigen 118
Rumtopf 115
Rumtopf mit gefrorenen Beeren, leichter 118

Rumtopf, exotische Mischung 117
Rumtopf, schneller 117
Rum-Zwetschken-Marmelade 55

Salamibutter 266
Salatbohnen, eingekochte 172
Salatessig, würziger 160
Salse, steirische 194
Salzgurken nach traditioneller Art 181
Salzkräuter 226
Sardellenbutter 264
Sauce Cumberland 208
Sauerfisch mit Gurken und Dille 291
Sauerfisch mit Spargel, Tomatenwürfeln und Kerbel 291
Sauerfisch mit Zwiebel und buntem Paprika 291
Sauerfisch mit Zwiebel, Käferbohnen und Rettich 291
Sauerkraut 194
Sauerteig, selbst gemachter
    s. Natursauer 246
Schafkäse, eingelegter 153
Schalottenessig 161
Schlehdornsirup 95
Schmalz, vegetarisches 267
Schnittlauchbutter 261
Schokokuchen 241
Schüttelgurke 180
Schwarze Nüsse s. Eingelegte Nüsse 130
Schweinesulz 288
Selchspeck 273
Semmeln 250
Senfgurken 178
Senfkörner, eingelegte 223
Senfpaste 222
Sesam-Nuss-Honig 234
Shrimpsbutter 261
Sirupgelee 103
Soßenansatz, einfacher 205
Speckkraut, würzig eingekochtes 196
Spitzwegerichsaft, vergrabener 98
Stachelbeermarmelade 45
Steakbutter 261
Sulz (Grundrezept) 287
Suppenpulver, getrocknetes 214
Suppenwürze 230

Tannenwipfelessig 157
Tapenade 218
Teepunsch 121
Tomaten mit Zwiebeln, eingelegte 174
Tomaten süß-sauer, grüne 92

Tomaten, eingelegte, grüne 182
Tomaten-Apfel-Chutney, grünes 89
Tomatenbutter 262
Tomatengelee 66
Tomatenmarmelade 60
Tomatenmarmelade, grüne 79
Tomatenmus 66
Tomatenpesto I 221
Tomatenpesto II 221
Tomatenpüree 210
Tomaten-Quitten-Relish 90
Tomatensoße 210
Tomatensoße, pikante 211
Tomaten-Zucchini-Relish
   s. Zucchini-Tomaten-Relish 90
Topfenbrot 248
Traubengelee mit Feigen 66
Traubenkompott 134
Traubenweinkompott 134
Traunseewirte-Zwetschkenmarmelade 55
Trockenfrüchte in Rum und Rotwein 119

Vanillezucker 231
Verhackert 273
Vierkanter 106
Vogelbeergelee 136
Vogelbeer-Kürbis-Chutney 88
Vogelbeermarmelade 60
Vogelbeermus 136
Vogelbeermus mit Holler und
   Zwetschken 136
Vollkorn-Bauernbrot 249

Wacholderbutter 265
Waldbeerengelee, kalt gerührtes 63
Waldbeerenmarmelade 33
Walnüsse in Honig 236
Walnussmarmelade, pikante 80
Walnussöl, grünes 150
Weichsel-Ingwer-Marmelade 38
Weichselkompott 125
Weichsellikör 105
Weichsel-Marillen-Marmelade 37
Weichsel-Marillen-Marmelade
   s. Kirschen-Marillen-Marmelade 36
Weichselmarmelade mit Vanille
   und Rum 38
Weichsel-Pfirsich-Marmelade
   s. Kirschen-Marillen-Marmelade 37

Weichselpunschmarmelade
   s. Kirschpunschmarmelade 59
Weichselröster s. Marillenröster 143
Weihnachtsmarmelade I 40
Weihnachtsmarmelade II 42
Weihnachtsstollen 257
Weinbrandkirschen 120
Weinlikör s. Mostlikör 111
Wein-Nuss-Marmelade 69
Weintraubenmarmelade mit Nüssen 56
Weißbrotbrösel 266
Wermut, weißer oder roter 113
Wildfond 206
Wildgewürzsalz I 226
Wildgewürzsalz II 226
Wildterrine 287
Winterapfelkompott, würziges 126
Winterapfelmarmelade 44

Ziegenkäse, eingelegter 154
Zimtzucker 231
Zirbenschnaps I 105
Zirbenschnaps II 106
Zitronengugelhupf 244
Zitronenmarmelade 70
Zitronenöl s. Limettenöl 151
Zitronensaft 97
Zitronenschalenpulver 295
Zucchinibrot s. Kürbisbrot 247
Zucchinirelish 92
Zucchini-Tomaten-Relish 90
Zuckergurkerln 177
Zwetschkenkäse oder -paste 138
Zwetschkenkompott 129
Zwetschkenmarmelade, würzige 77
Zwetschkenmus 137
Zwetschken-Holler-Marmelade 55
Zwetschken-Preiselbeer-Marmelade,
   pikante 80
Zwetschkenröster I 141
Zwetschkenröster II 141
Zwetschkenschmalz 269
Zwetschkenwürzsoße 209
Zwiebelessig 161
Zwiebel-Estragon-Essig 161
Zwiebelkonfit, eingekochtes 91
Zwiebeln, süß-sauer eingelegte 189
Zwiebel-Paprika-Pilze, würzige 199
Zwiebelschmalz 169

Lieferanten und Partner

Rechberger Gesellschaft m. b. H.
Lastenstraße 42, A-4021 Linz, Tel.: +43 732/69 25-0, Fax: 69 25-77 10
Geschirr, Töpfe, Kochutensilien, Gläser
www.rechberger.at, zentrale@recherger.at

Gasthof Hocheck Traunseewirteschnapsbrenner
Hans und Maria Reisenberger, Kalvarienbergweg 4, A-4813 Altmünster
Tel.: + 43 76 12/874 61, Fax: 874 76
www.hocheck.at, info@hocheck.at

GEG Expert Händler, 4810 Gmunden, Bahnhofstraße 38 mit
Fa. Kenwood und Miele, Tel.: + 43 7612/795 500, Fax: 795 513
www.geg.co.at, expert@geg.co.at

Gemüse Lackner, Lackner Rudolf und Herta, Obst und Gemüse
Oberrudling 16, 4070 Eferding, Tel.: + 43 7272/4088
lackner-gemuesehandel@aon.at

Glaspack Verpackungsglas Handelsges. m. b. H,
Industriestraße 5, A-3701 Großweikersdorf, Tel.: +43 29 55/75 90-0, Fax: 76 10
www.glaspack.com, office@glaspack.com

Gmundner Keramik Manufaktur GmbH
Keramikstraße 24, 4810 Gmunden, Tel.: + 43 7612/786-0, Fax: DW 99
www.gmundner.at, marketing@gmundner.at

Hochland Imker-Honig, 4142 Pfarrkirchen im Mühlkreis
Tel.: +43 72 85/246 09 oder +43 676/526 40 80
www.diehochlandimker.at, office@diehochlandimker.at

Hotel Castel, Malbrettweg 13, A-6534 Serfaus, Tel.: +43 54 76/61 31
Christian Pernkopf
www.castel.at, info@castel.at

Hotel 3 Sonnen, Untere Dorfstraße 17, A-6534 Serfaus, Tel.: +43 54 76/62 07
Franz und Irene Lechleitner
www.dreisonnen.com, hotel@dreisonnen.com

Lohninger Gerhard und Christian
A-4863 Seewalchen, Tel.: +43 76 62/28 42 oder +43 676/641 14 62
Heidelbeeren, Nudeln, Eier
lohninger-gerhard@cablevision.at

M. Maurer GmbH, Laahener Str. 72, A-4600 Wels, Tel.: +43 72 42/463 54
Flaschen und Gläser
www.mostshop.at, r.maurer@mostshop.at

LIEFERANTEN UND PARTNER

Mühlviertler Ölmühle, A-4170 Haslach, Tel.: +43 72 89/712 16
www.oehlmuehle-haslach.at, info@oehlmuehle-haslach.at

Müller Glas & Co Handelsges. m. b. H., Landstraße 100, A-2464 Göttlesbrunn
Tel.: +43 21 62/82 51, Fax: 82 63, www.thm.at, office@thm.at

Österreichische Bergkräuter reg. Gen. m. b. H., A-4192 Hirschbach
Tel.: +43 79 48/87 02, www.bergkraeuter.at, office@bergkraeuter.at

Pöll Friedrich GesmbH & Co KG
A-4655 Vorchdorf, Tel.: +43 76 14/62 59, Fax: 62 59-17
Fleischhauer, www.poell-vorchdorf.at, office@poell-vorchdorf.at

Peter Rauch, Grazbachgasse 5, A-8010 Graz, Tel.: +43 316/83 75 37, Fax: 83 75 38
Haushaltswaren, www.rauch-online.at, office@rauch-online.at

Hedi Lackner, Franziskanerplatz 11–12, A-8010 Graz, Tel.: +43 316/84 90 18
Haushaltswaren

Restaurant 's Schulhus
Glatzegg 58, A-6942 Krumbach, Tel.: +43 55 13/83 89, Fax: 87 15
Herbert und Gabi Strahammer, www.schulhus.com, reservierung@schulhus.com

Salzkammer, Pfarrgasse 8, A-4820 Bad Ischl, Tel.: +43 61 32/238 32
Produkte rund ums Salz, Natursalz aus Österreich
www.salzwelten.at, www.salzkammer.net

Schafkäsebauer, A-4655 Vorchdorf, Tel/Fax: +43 76 19/22 04
Alles vom Schaf, Milch, Käse, Fleisch, Wolle, Karin und Günther Mössl

Spezial Nussbacher Gewürzzubereitung
A-4542 Nußbach 65, Tel.: +43 75 87/82 04
Johann Weigerstorfer

Traunseewirte
Wirtekooperation von 16 Betrieben rund um den Traunsee
www.traunseewirte.at

www.genussland.at

www.gutesvombauernhof.at

www.lagerhaus.at

www.traunsee.at

Firma Süwag, Sechshauserstraße 43, 1150 Wien, Tel. +43 1 8932376,
viele Gewürze, getrocknete und kandierte Früchte, Zitronensäure, Schokolade
http://www.suewag.at

Pfannen Harecker, Jahnstraße 12, D-85661 Forstinning
Tel. +49 (0) 8121 40038, Fax 46640
Koch- und Backutensilien, pfannen@harecker.de, www.harecker.de

Silke Bethäußer, Hermannsdorferstr. 65, D-72393 Burladingen
Tel. +49 (0) 1511 1905027
Gemüsehobel mit Zubehör und Schäler, silke.bethaeusser@freenet.de